Elogios ao Projetando Sistemas de Machine Learning

Para se tornar um engenheiro de machine learning capacitado, é crucial dominar um amplo conjunto de conhecimentos. É difícil separar o joio do trigo para obter as informações mais relevantes, mas, neste livro, Chip faz isso admiravelmente. Se você leva a sério sistemas de ML em produção e se preocupa em como projetar e implementar sistemas de ML de ponta a ponta, este livro é essencial.

— *Laurence Moroney, Líder IA e ML, Google*

Uma das melhores obras que se concentra nos primeiros princípios por trás do design de sistemas de ML para produção. Leitura obrigatória para se orientar no cenário efêmero de ferramentas e opções de plataforma.

— *Goku Mohandas, Fundador do Made With ML*

O manual de Chip é o livro que merecemos e que precisamos agora. Em um ecossistema próspero, ainda que caótico, a visão da obra de princípios presentes sobre ML de ponta a ponta serve como mapa e bússola: uma leitura obrigatória para profissionais dentro e fora da Big Tech, sobretudo para aqueles que trabalham em "escala razoável". Este livro também agradará líderes de dados que buscam as melhores práticas sobre como implementar, gerenciar e monitorar sistemas que já estão em ambiente de desenvolvimento ou fora do controle.

— *Jacopo Tagliabue, Diretor de IA da Coveo; Professor Adjunto de Sistemas de Machine Learning da NYU*

Este é simplesmente o melhor livro para se ler sobre como criar, implementar e dimensionar modelos de machine learning em uma empresa para obter impacto máximo. Chip é uma professora magistral, e a abrangência e a profundidade de seu conhecimento são incomparáveis.

— *Josh Wills, Engenheiro de Software na WeaveGrid e ex-diretor de Data Engineering no Slack*

Este é o tipo de livro que eu gostaria de ter lido quando comecei como engenheira de machine learning.
— *Shreya Shankar, estudante de doutorado de MLOps*

Projetando Sistemas de Machine Learning é uma adição bem-vinda ao campo de machine learning aplicado. O livro fornece um guia detalhado para pessoas que criam sistemas de machine learning de ponta a ponta. Chip Huyen toma como base sua extensa experiência prática na criação de aplicações reais de machine learning.
— *Brian Spiering, Instrutor de Ciência de Dados na Metis*

Chip é realmente uma especialista de renome internacional em sistemas de machine learning, além de uma escritora genial. Ambas as coisas são evidentes neste livro, que é um recurso fantástico para quem quer aprender sobre o assunto.
— *Andrey Kurenkov, doutorando no Stanford AI Lab*

Chip Huyen contribuiu com uma adição importante ao cânone da literatura de machine learning — uma obra com conhecimentos profundos dos fundamentos de machine learning, porém com uma abordagem mais concreta e prática do que a maioria. O foco apenas nas necessidades de negócios é incomum e valioso. Os engenheiros que estão começando no campo de machine learning e as pessoas em qualquer parte da organização que estão tentando compreender como o machine learning funciona se identificarão com este livro.
— *Todd Underwood, Diretor de Engenharia Sênior ML SRE, Google e coautor do livro Reliable Machine Learning*

Projetando Sistemas de Machine Learning

Processo Iterativo para Aplicações Prontas para Produção

Chip Huyen

ALTA BOOKS
GRUPO EDITORIAL
Rio de Janeiro, 2023

Projetando Sistemas de Machine Learning

Copyright © **2023** ALTA BOOKS

ALTA BOOKS é uma empresa do Grupo Editorial Alta Books (Starlin Alta Editora e Consultoria Ltda.)

Copyright © **2022** Huyen Thi Khanh Nguyen.

ISBN: 978-85-508-1967-9

Authorized Portuguese translation of the English edition of Designing Machine Learning Systems ISBN 9781098107963 © 2022 Huyen Thi Khanh Nguyen. This translation is published and sold by permission of O'Reilly Media, Inc., which owns or controls all rights to publish and sell the same. PORTUGUESE language edition published by Grupo Editorial Alta Books Ltda., Copyright © 2023 by STARLIN ALTA EDITORA E CONSULTORIA LTDA.

Impresso no Brasil — 1ª Edição, 2023 — Edição revisada conforme o Acordo Ortográfico da Língua Portuguesa de 2009.

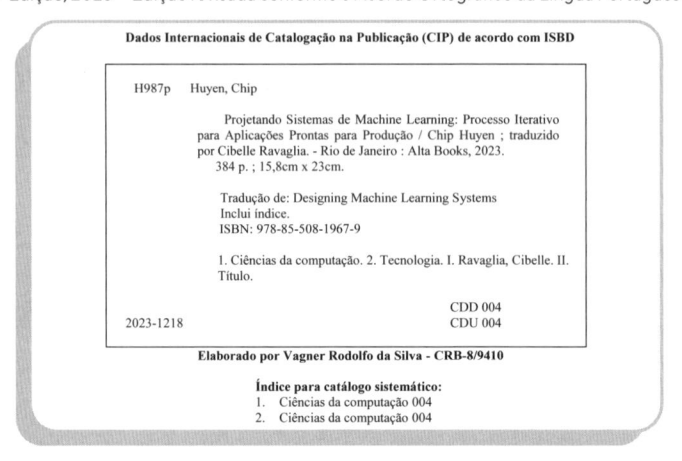

Dados Internacionais de Catalogação na Publicação (CIP) de acordo com ISBD

H987p   Huyen, Chip

Projetando Sistemas de Machine Learning: Processo Iterativo para Aplicações Prontas para Produção / Chip Huyen ; traduzido por Cibelle Ravaglia. - Rio de Janeiro : Alta Books, 2023.
384 p. ; 15,8cm x 23cm.

Tradução de: Designing Machine Learning Systems
Inclui índice.
ISBN: 978-85-508-1967-9

1. Ciências da computação. 2. Tecnologia. I. Ravaglia, Cibelle. II. Título.

2023-1218   CDD 004
                                     CDU 004

Elaborado por Vagner Rodolfo da Silva - CRB-8/9410

Índice para catálogo sistemático:
1. Ciências da computação 004
2. Ciências da computação 004

Todos os direitos estão reservados e protegidos por Lei. Nenhuma parte deste livro, sem autorização prévia por escrito da editora, poderá ser reproduzida ou transmitida. A violação dos Direitos Autorais é crime estabelecido na Lei nº 9.610/98 e com punição de acordo com o artigo 184 do Código Penal.

O conteúdo desta obra fora formulado exclusivamente pelo(s) autor(es).

Marcas Registradas: Todos os termos mencionados e reconhecidos como Marca Registrada e/ou Comercial são de responsabilidade de seus proprietários. A editora informa não estar associada a nenhum produto e/ou fornecedor apresentado no livro.

Material de apoio e erratas: Se parte integrante da obra e/ou por real necessidade, no site da editora o leitor encontrará os materiais de apoio (download), errata e/ou quaisquer outros conteúdos aplicáveis à obra. Acesse o site www.altabooks.com.br e procure pelo título do livro desejado para ter acesso ao conteúdo..

Suporte Técnico: A obra é comercializada na forma em que está, sem direito a suporte técnico ou orientação pessoal/exclusiva ao leitor.

A editora não se responsabiliza pela manutenção, atualização e idioma dos sites, programas, materiais complementares ou similares referidos pelos autores nesta obra.

Produção Editorial: Grupo Editorial Alta Books
Diretor Editorial: Anderson Vieira
Vendas Governamentais: Cristiane Mutüs
Gerência Comercial: Claudio Lima
Gerência Marketing: Andréa Guatiello

Assistente Editorial: Brenda Rodrigues
Tradução: Cibelle Ravaglia
Copidesque: Rafael Surgek
Revisão: Vinicius Barreto; Thamiris Leiroza
Diagramação: Joyce Matos
Revisão Técnica: Ismael Soares
(Especialista em Machine Learning)

Rua Viúva Cláudio, 291 — Bairro Industrial do Jacaré
CEP: 20.970-031 — Rio de Janeiro (RJ)
Tels.: (21) 3278-8069 / 3278-8419
www.altabooks.com.br — altabooks@altabooks.com.br
Ouvidoria: ouvidoria@altabooks.com.br

Sumário

Prefácio .... **vii**

1. Visão Geral dos Sistemas de Machine Learning **1**
    Quando Usar o Machine Learning   3
    Entendendo os Sistemas de Machine Learning   13
    Recapitulando   25

2. Introdução ao Design de Sistemas de Machine Learning **27**
    Objetivos de Negócios e de ML   28
    Requisitos para os Sistemas de ML   31
    Processo Iterativo   34
    Delimitando os Problemas de ML   37
    Mente versus Dados (Data Overmind)   45
    Recapitulando   48

3. Fundamentos de Engenharia de Dados **51**
    Fontes de Dados   52
    Formatos de Dados   55
    Modelos de Dados   60
    Mecanismos de Armazenamento de Dados e Processamento   70
    Modos de Dataflow   75
    Processamento em Lote versus Processamento de Fluxo   80
    Recapitulando   82

4. Treinando os Dados **85**
    Amostragem   86
    Rotulagem   92
    Classes Desbalanceadas   107
    Data Augmentation   118
    Recapitulando   122

5. Engenharia de Features **123**
    Features Aprendidas versus Features Projetadas   123

Operações Comuns de Engenharia de Features	126
Data Leakage	138
Engenharia de Boas Features	144
Recapitulando	148

6. Desenvolvimento de Modelo e Avaliação Offline 151
Desenvolvimento e Treinamento de Modelos	152
Avaliação Offline do Modelo	181
Recapitulando	191

7. Serviço de Predição e Deploy de Modelo 193
Mitos sobre o Deploy de Machine Learning	196
Predição em Lote versus Predição Online	199
Compressão de Modelo	208
ML na Nuvem e na Borda	214
Recapitulando	224

8. Mudanças na Distribuição de Dados e Monitoramento 227
Causas de Falhas de Um Sistema de ML	228
Mudanças na Distribuição de Dados	238
Monitoramento e Observabilidade	252
Recapitulando	263

9. Aprendizado Contínuo e Teste em Produção............................265
Aprendizado Contínuo	266
Teste em Produção	284
Recapitulando	294

10. Infraestrutura e Ferramentas para MLOps.............................297
Armazenamento e Processamento Computacional	301
Ambiente de Desenvolvimento	307
Gerenciamento de Recursos	315
Plataforma de ML	324
Construir versus Comprar	332
Recapitulando	334

11. O Lado Humano do Machine Learning 337
Experiência do Usuário	337
Estrutura de Equipe	341
IA Responsável	345
Recapitulando	359

Epílogo 361

Índice...367

Prefácio

Desde o primeiro curso de machine learning que ministrei em Stanford em 2017, muitas pessoas me pediram conselhos sobre como implementar modelos de machine learning (aprendizado de máquina) em suas organizações. Estas perguntas podem ser genéricas, como: "Qual modelo devo usar?", "Com que frequência devo retreinar meu modelo?", "Como posso detectar mudanças na distribuição de dados?", "Como posso garantir que as features usadas durante o treinamento sejam consistentes com as usadas durante a inferência?".

Como também podem ser específicas: "Estou convencido de que mudar da predição em lote para a predição online fornecerá ao nosso modelo um aumento de desempenho, mas como convenço meu gerente a me deixar fazer isso?" ou "Sou o cientista de dados mais sênior da minha empresa e recentemente recebi a tarefa de configurar nossa primeira plataforma de machine learning; por onde começo?".

Minha resposta curta para todas essas perguntas é sempre: "Depende." Minhas respostas longas normalmente envolvem horas de discussão para entender de onde vem o autor da pergunta, o que está tentando alcançar e os prós e contras de diferentes abordagens para seu caso de uso específico.

Os sistemas de ML [Machine Learning] são complexos e singulares. Complexos porque são compostos de inúmeros componentes diferentes (algoritmos de ML, dados, lógica de negócios, métricas de avaliação, infraestrutura subjacente etc.) e envolvem muitas partes interessadas diferentes (cientistas de dados, engenheiros de machine learning, líderes de negócios, usuários e até a sociedade em geral). Os sistemas de ML são singulares porque dependem de dados e os dados variam muito de um caso de uso para outro.

Por exemplo, duas empresas podem estar no mesmo ramo (e-commerce) e ter o mesmo problema que desejam que o ML resolva (sistema de recomendação), mas seus sistemas de ML resultantes podem ter arquitetura de modelo diferente, usar conjuntos de features diferentes, ser avaliados em diferentes métricas e trazerem diferentes retornos sobre o investimento.

Muitas postagens de blog e tutoriais sobre sistemas de ML em produção se concentram em responder a uma pergunta específica. Embora o foco ajude a entender, pode-se ter a impressão de que é possível considerar cada uma dessas questões isoladamente. Na realidade, é bem provável que as mudanças em um componente impactem outros. Assim sendo, é necessário considerar o sistema como um todo ao tentar tomar qualquer decisão de design.

Este livro tem uma abordagem holística aos sistemas de ML, levando em conta os diferentes componentes do sistema e os objetivos das diferentes partes interessadas envolvidas. O conteúdo deste livro é exemplificado por meio de estudos de caso reais, em muitos dos quais trabalhei pessoalmente, respaldados por amplas referências e revisados por profissionais de ML tanto da academia quanto da indústria. As seções que exigem conhecimento aprofundado de um determinado tópico — por exemplo, processamento em lote versus processamento de fluxo, infraestrutura para armazenamento e cálculo e IA responsável — são revisadas por especialistas cujo trabalho se concentra nesse tópico. Dito de outro modo, este livro é uma tentativa de fornecer respostas diferenciadas às perguntas anteriormente mencionadas e muito mais.

Quando escrevi pela primeira vez as notas de aula que criaram os alicerces para este livro, achei que as havia escrito aos meus alunos a fim de prepará-los para as demandas de seus futuros trabalhos como cientistas de dados e engenheiros de ML. No entanto, logo percebi também que durante esse processo aprendi imensamente. Os rascunhos iniciais que compartilhei com os primeiros leitores provocaram muitas conversas que testaram minhas suposições, obrigaram-me a considerar diferentes perspectivas e apresentaram-me novos problemas e novas abordagens. Espero que este processo de aprendizagem continue para mim agora que o livro está em suas mãos, pois você, leitor, tem experiências e perspectivas que são únicas.

Por favor, sinta-se à vontade para compartilhar comigo qualquer feedback que possa ter para este livro, por meio do servidor MLOps no Discord (*https://discord.gg/Mw77HPrgjF*) que administro (onde é possível também encontrar outros leitores deste livro), do Twitter (*https://twitter.com/chipro*), do LinkedIn (*https://www.linkedin.com/in/chiphuyen*), ou de outros canais que você pode encontrar no meu site (*https://huyenchip.com*).

Quem Deveria Ler Este Livro

Este livro é para quem deseja potencializar o machine learning para resolver problemas reais. Nesta obra, a sigla ML significa machine learning, ou seja, vem do inglês ML, machine learning, e refere-se a algoritmos clássicos e de aprendizado profundo, com inclinação para sistemas de ML em escala, como aqueles vistos em empresas de médio a grande porte e startups em crescimento rápido. Sistemas em uma escala menor costumam ser menos complexos e podem se beneficiar menos da abordagem abrangente apresentada aqui.

Como minha experiência é engenharia, a linguagem deste livro se destina a engenheiros, incluindo engenheiros de ML, cientistas de dados, engenheiros de dados, engenheiros de plataforma de ML e gerentes de engenharia. Talvez você se identifique com um dos seguintes cenários:

- Foi-lhe dado um problema de negócios e muitos dados brutos. Você deseja projetar esses dados e escolher as métricas certas para resolver esse problema.
- Seus modelos iniciais têm um bom desempenho em experimentos offline e você deseja implementá-los.
- Você tem pouco feedback sobre o desempenho de seus modelos após a implementação e quer descobrir uma maneira de detectar, depurar e solucionar rapidamente qualquer problema que seus modelos possam encontrar na produção.
- Para sua equipe, o processo de desenvolvimento, avaliação, implementação e atualização de modelos tem sido em sua maioria manual, lento e suscetível a erros. Você quer automatizar e melhorar esse processo.
- Em sua organização, cada caso de uso de ML foi implementado usando seu próprio fluxo de trabalho e você deseja estabelecer os alicerces (por exemplo, armazenamento de modelos, armazenamento de features, ferramentas de monitoramento) que pode ser compartilhada e reutilizada nos casos de uso.
- Você está preocupado com a possibilidade de haver vieses em seus sistemas de ML e quer responsabilizar seus sistemas!

Você também pode tirar proveito do livro se fizer parte de um dos seguintes grupos:

- Desenvolvedores de ferramentas que querem identificar áreas desassistidas na produção de ML e descobrir como estabelecer suas ferramentas no ecossistema.
- Pessoas que procuram funções relacionadas ao ML no setor.
- Líderes técnicos e de negócios que almejam em adotar soluções de ML para melhorar seus produtos e/ou processos de negócios. Leitores sem formação sólida e técnica podem aproveitar mais os Capítulos 1, 2 e 11.

Quem Não Deveria Ler Este Livro

Esta obra não é uma introdução ao machine learning. Existem muitos livros, cursos e fontes disponíveis para teorias de ML, ou seja, este livro evita esses conceitos para se concentrar nos seus aspectos práticos. Para ser específica, o livro presume que os leitores tenham uma compreensão básica dos seguintes tópicos:

- *Modelos de ML*, como clusterização, regressão logística, árvores de decisão, filtragem colaborativa e várias arquiteturas de rede neural, incluindo redes feed-forward, recorrentes, convolucionais e transformadoras.
- *Técnicas de ML*, como aprendizado supervisionado versus não supervisionado, gradiente descendente, objetivo/perda, regularização, generalização e ajuste de hiperparâmetro.
- *Métricas* como acurácia, F1, precisão, revogação [recall], ROC, erro quadrático médio e probabilidade de log, também conhecida como logit.
- *Conceitos estatísticos*, como variância, probabilidade e distribuição normal/cauda longa [long-tail distribution].
- *Tarefas comuns de ML*, como modelagem de linguagem, detecção de anomalias, classificação de objetos e tradução automática.

Não é necessário conhecer esses tópicos de cor e salteado — para conceitos cujas definições exatas podem exigir algum esforço para lembrar, por exemplo, F1 score, incluímos notas curtas como referências — mas é necessário ter uma noção aproximada do que eles significam.

Apesar deste livro mencionar ferramentas atuais a fim de exemplificar determinados conceitos e soluções, não se trata de um livro de ensino. As tecnologias evoluem com o tempo. As ferramentas entram e saem de moda rapidamente, mas as abordagens fundamentais para a resolução de problemas duram um pouco mais. Esta obra fornece um referencial para que você avalie a ferramenta que funciona melhor para seus casos de uso. Quando se deparar com uma ferramenta que queira usar, geralmente é fácil encontrar tutoriais online que falam sobre ela. Como resultado, este livro tem poucos trechos de código e, em vez disso, concentra-se em fornecer muitas análises sobre trade-offs, prós e contras e exemplos concretos.

Roteiro do Livro

Os capítulos deste livro são organizados para retratar os problemas que os cientistas de dados podem encontrar à medida que progridem no ciclo de vida de um projeto de ML. Os dois primeiros capítulos estabelecem as bases para a definição de um projeto de ML de sucesso, começando pela pergunta mais básica: seu projeto precisa de machine learning? Aborda também a escolha dos objetivos para o seu projeto e como estruturar seu problema de uma forma que proporcione soluções mais simples. Caso já esteja familiarizado com essas considerações e estiver impaciente para chegar às soluções técnicas, sinta-se à vontade para pular os dois primeiros capítulos.

Os Capítulos 4 a 6 abordam a fase de pré-implementação de um projeto de ML: desde a criação dos dados de treinamento e engineering features até o desenvolvimento e avaliação de seus modelos em um ambiente de desenvolvimento. Esta é a fase em que a experiência de ML e no domínio do problema é particularmente necessária.

Os Capítulos 7 a 9 abordam a fase de implementação e pós-implementação de um projeto de ML. Aprenderemos por meio de uma história que muitos leitores podem se identificar, pois ter feito o deploy de um modelo não é o fim do processo de implementação. O modelo implementado precisará ser monitorado e atualizado continuamente para ambientes em mudança e para os requisitos de negócios.

Os Capítulos 3 e 10 focam a infraestrutura necessária para viabilizar com que as partes interessadas de diferentes contextos trabalhem juntas a fim de entregar sistemas de ML bem-sucedidos. O Capítulo 3 foca os sistemas de dados, ao passo que o Capítulo 10 se concentra na infraestrutura computacional e nas plataformas de ML. Analisei por muito tempo o nível de detalhamento que abordaria em sistemas de dados e onde apresentá-lo no livro. Os sistemas de dados, incluindo bancos de dados, formatos de dados, movimentação de dados e mecanismos de processamento de dados, costumam ser pouco abordados nos cursos de ML e, assim, muitos cientistas de dados podem considerá-los de baixo nível ou irrelevantes. Após consultar muitos de meus colegas, decidi que, como os sistemas de ML dependem de dados, abordar os conceitos básicos de sistemas de dados desde o início nos ajudará a falar a mesma língua a fim de analisar questões de dados no restante do livro.

Nesta obra, apesar de tratarmos de muitos aspectos técnicos de um sistema de ML, esses sistemas são construídos por pessoas, para pessoas, e podem impactar enormemente na vida de muitos. Seria negligência escrever um livro sobre ML em produção sem um capítulo sobre o lado humano, foco do Capítulo 11, o último capítulo.

Perceba que "cientista de dados" é uma função que evoluiu muito nos últimos anos, e tem havido muitas discussões a fim de determinar o que essa função deve envolver — no Capítulo 10, entraremos em algumas dessas discussões. Neste livro, usamos "cientista de dados" como um termo abrangente para incluir qualquer pessoa que trabalhe desenvolvendo e implementando modelos de ML, incluindo pessoas cujos cargos podem ser engenheiros de ML, engenheiros de dados, analistas de dados etc.

Vale também lembrar que a maioria dos dados, conteúdos disponibilizados e os links fornecidos nas notas de rodapé de cada capítulo estão em inglês. Desse modo, todos os códigos desta obra seguirão a proposta inicial da autora. Não é necessário ser fluente em inglês para programar ou para estudar, no entanto, como essa é uma questão controversa na comunidade de programação e de machine learning, ainda que alguns afirmem que o inglês seja o idioma oficial de qualquer linguagem de programação, achamos por bem manter os exemplos originais, fornecendo as traduções entre colchetes, quando necessário.

Repositório e Comunidade GitHub

Este livro é acompanhado por um repositório GitHub (*https://github.com/chiphuyen/dmls-book*) que tem:

- Uma revisão dos conceitos básicos de machine learning.
- Uma lista de referências usadas neste livro e outras fontes avançadas e atualizadas.
- Trechos de código usados neste livro.
- Uma lista de ferramentas que você pode usar para determinados problemas com os quais pode se deparar em seus fluxos de trabalho.

Administro também um servidor Discord no MLOps (*https://discord.gg/Mw77HPrgjF*), no qual você é incentivado a discutir e fazer perguntas sobre o livro.

Convenções Usadas Neste Livro

As seguintes convenções tipográficas são usadas neste livro:

Itálico
> Indica condições novas, URLs, endereços de e-mail, nomes de arquivos e extensões de arquivos.

`Fonte monoespaçada`
> Usada para listagens de programas, bem como dentro de parágrafos para referenciar elementos do programa: nomes de variáveis ou funções, bancos de dados, tipos de dados, variáveis de ambiente, declarações e palavras reservadas.

> Este elemento significa uma nota geral.

> Este elemento indica alerta ou cautela.

Exemplos de Códigos

Conforme mencionado, o material complementar (exemplos de código, exercícios etc.) está disponível para download em *https://oreil.ly/designing-machine-learning-systems-code*. Lembre-se de que o material está em inglês.

Se você tiver uma pergunta técnica ou um problema ao usar os exemplos de código, envie um e-mail para *bookquestions@oreilly.com*.

O propósito deste livro é ajudá-lo a alcançar seus objetivos. Em geral, se um código de exemplo for apresentado, você poderá utilizá-lo nos programas e documentações. Não é necessário entrar em contato conosco para obter permissão de uso, a menos que esteja reproduzindo uma parte significativa do código. Por exemplo, escrever um programa que utiliza vários blocos de código deste livro não requer permissão. Vender ou distribuir exemplos dos livros da Alta Books exigirá permissão. Responder a uma pergunta citando este livro e mencionando um exemplo de código não requer permissão, mas a inserção de uma quantidade substancial de exemplos de código referentes a esta obra na documentação do seu produto exige permissão.

Agradecemos, mas não exigimos que você use citações ou referência. Uma referência geralmente inclui o autor, o título, o editor e a data de publicação. Por exemplo: Huyen, Chip. *Projetando Sistemas de Machine Learning*, Rio de Janeiro: Alta Books, 2023.

Agradecimentos

Este livro levou dois anos para ser escrito e muitos anos para prepará-lo. Em retrospecto, estou igualmente surpresa e grata pela enorme ajuda que recebi ao escrevê-lo. Tentei o meu melhor para incluir os nomes de todos que me ajudaram, mas devido à falha inerente da memória humana, sem dúvida deixei de mencionar muitas pessoas. Se esqueci de incluir seu nome, saiba que não foi porque não aprecio sua contribuição e, por favor, lembre-me para que eu possa corrigir o mais rápido possível!

Em primeiro lugar, gostaria de agradecer à equipe do curso que me ajudou tanto a criá-lo como a desenvolver os materiais que tomei como base para escrever este livro: Michael Cooper, Xi Yin, Chloe He, Kinbert Chou, Megan Leszczynski, Karan Goel e Michele Catasta. Gostaria de agradecer aos meus professores, Christopher Ré e Mehran Sahami, sem os quais o curso nem sequer existiria.

Gostaria de agradecer a uma extensa lista de revisores que não apenas incentivaram, mas também melhoraram o livro em muitas ordens de magnitude: Eugene Yan, Josh Wills, Han-chung Lee, Thomas Dietterich, Irene Tematelewo, Goku

Mohandas, Jacopo Tagliabue, Andrey Kurenkov, Zach Nussbaum, Jay Chia, Laurens Geffert, Brian Spiering, Erin Ledell, Rosanne Liu, Chin Ling, Shreya Shankar e Sara Hooker.

Gostaria de agradecer a todos os leitores que leram a versão inicial do livro e me deram ideias sobre como melhorá-lo, incluindo Charles Frye, Xintong Yu, Jordan Zhang, Jonathon Belotti e Cynthia Yu.

Óbvio que o livro não teria sido possível sem a equipe da O'Reilly, especialmente meu editor de desenvolvimento, Jill Leonard, e meus editores de produção, Kristen Brown, Sharon Tripp e Gregory Hyman. Gostaria de agradecer a Laurence Moroney, Hannes Hapke e Rebecca Novack, que me ajudaram a transformar este livro de uma ideia em uma proposta.

Afinal, este livro é um acúmulo de lições inestimáveis que aprendi ao longo de minha carreira até hoje. Devo essas lições aos meus colegas de trabalho extremamente competentes e pacientes e ex-colegas de trabalho da Claypot AI, Primer AI, Netflix, NVIDIA e Snorkel AI. Cada pessoa com quem trabalhei me ensinou algo novo sobre apresentar o ML para o mundo.

Um agradecimento especial ao meu cofundador Zhenzhong Xu por apagar o fogo em nossa startup e me permitir dedicar algum tempo a este livro. Obrigada, Luke, por sempre apoiar tanto tudo o que quero fazer, não importa o quanto ambicioso seja.

CAPÍTULO 1
Visão Geral dos Sistemas de Machine Learning

Em novembro de 2016, a Google anunciou que havia incorporado seu sistema de tradução automática neural multilíngue ao Google Tradutor, sinalizando uma das primeiras histórias de sucesso de redes neurais artificiais profundas implementadas em produção e em escala.[1] Segundo o Google, com essa novidade, a qualidade da tradução melhorou mais em um único avanço do que havia sido visto nos últimos 10 anos combinados.

Esse sucesso do aprendizado profundo reavivou o interesse pelo machine learning (ML) em geral. Desde então, mais e mais empresas se voltaram ao ML em busca de soluções para seus problemas mais desafiadores. Em apenas cinco anos, o ML se introduziu em quase todos os aspectos de nossas vidas: como acessamos informações, como nos comunicamos, como trabalhamos, como encontramos o amor. A disseminação do ML tem sido tão rápida que já é difícil imaginar a vida sem ele. No entanto, ainda há muitos outros casos de uso de ML esperando para serem explorados em campos de atuação como assistência médica, transporte, agricultura e até mesmo para nos ajudar a compreender o universo[2]. Ao ouvirem "sistema de machine learning", muitos pensam somente nos algoritmos de ML que estão sendo usados, como regressão logística ou diferentes tipos de redes neurais. No entanto, o algoritmo é apenas uma pequena parte de um sistema de machine learning em produção. O sistema também engloba os requisitos de negócios que originaram o projeto de ML, a interface em que usuários e desenvolvedores interagem com seu sistema, a data stack e a lógica para desenvolver, monitorar e atualizar seus modelos, bem como a infraestrutura que viabiliza a entrega dessa lógica. A Figura

---

[1] Mike Schuster, Melvin Johnson e Nikhil Thorat, "Zero-Shot Translation with Google's Multilingual Neural Machine Translation System", *Google AI Blog*, 22 de novembro de 2016. Disponível em: *https://oreil.ly/2R1CB*.

[2] Larry Hardesty, "A Method to Image Black Holes", *MIT News*, 6 de junho de 2016. Disponível em: *https://oreil.ly/HpL2F*.

1-1 mostra os diferentes componentes de um sistema de ML e em quais capítulos deste livro eles serão abordados.

> **A Relação entre MLOps e Design de Sistemas de ML**
>
> Ops em MLOps, Machine Learning Operations [Operações de Machine Learning] se origina do termo DevOps, abreviação de Developments and Operations, combinação dos termos Desenvolvimentos e Operações. Operacionalizar algo significa colocá-lo em produção, o que inclui implementá-lo, monitorá-lo e fazer a manutenção. MLOps é um conjunto de ferramentas e melhores práticas para disponibilizar o machine learning em produção. O design de sistemas de ML adota uma abordagem de sistema MLOps. Ou seja, essa abordagem considera um sistema de ML de forma holística para garantir que todos os componentes e suas partes interessadas possam trabalhar juntos a fim de atender os objetivos e requisitos especificados.

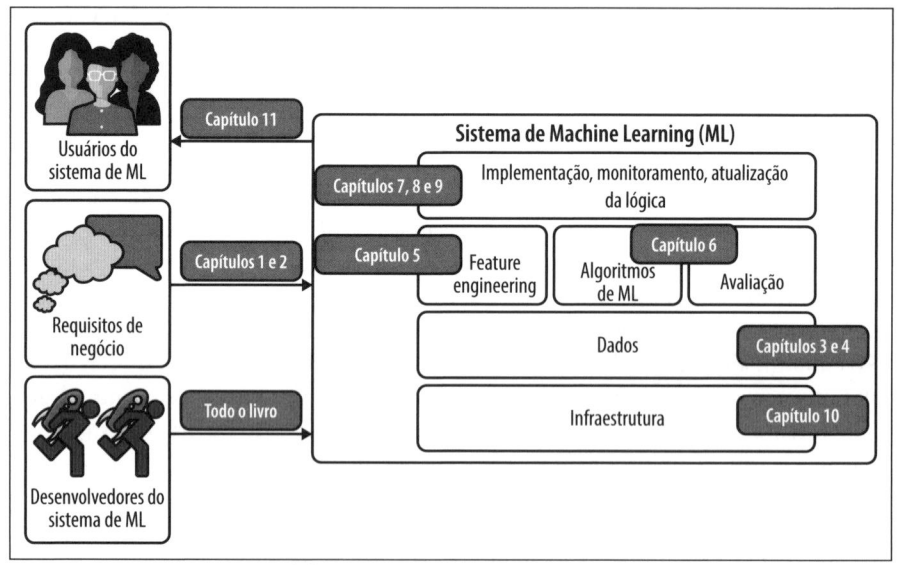

Figura 1-1. Componentes diferentes de um sistema de ML. Em geral, "algoritmos de ML" é o que as pessoas pensam quando dizem machine learning, mas isso é somente uma pequena parte de todo o sistema.

Há muitos livros excelentes sobre uma variedade imensa de algoritmos de ML. Neste livro, não abordamos nenhum algoritmo específico em detalhes, mas ajudamos os leitores a entender o sistema de ML em sua totalidade. Em outras palavras, o objetivo desta obra é dar um referencial a fim de desenvolver uma solução que funcione melhor para o seu problema, independentemente de qual algoritmo você acabe usando. Por mais que os algoritmos fiquem defasados com rapidez, à medida que novos algoritmos são constantemente desenvolvidos, o referencial proposto aqui ainda deve funcionar com novos algoritmos.

O primeiro capítulo tem o intuito de fornecer uma visão geral do que é preciso para disponibilizar um modelo de ML em produção. Antes de analisar como desenvolver um sistema de ML, é importante fazer uma pergunta fundamental sobre quando usar e não usar o ML. Abordaremos alguns dos casos de uso populares de ML para exemplificar esse ponto.

Após os casos de uso, abordaremos os desafios de implementação de sistemas de ML, comparando o ML em produção com o ML em pesquisa, bem como ao software tradicional. Se você esteve na linha de frente do desenvolvimento de sistemas de machine learning, talvez já esteja familiarizado com o conteúdo deste capítulo. No entanto, caso tenha experiência com ML em contextos acadêmicos, este capítulo fornecerá uma perspectiva sincera do ML no mundo real, mostrando como configurar com sucesso sua primeira aplicação.

Quando Usar o Machine Learning

À medida que sua adoção no setor cresce rapidamente, o ML provou ser uma ferramenta poderosa para um amplo leque de problemas. Apesar do tremendo entusiasmo e alarde gerado por pessoas dentro e fora da área, o ML não é uma ferramenta mágica que consegue resolver todos os problemas; ele pode até solucionar problemas, mas suas soluções podem não ser as melhores. Antes de iniciar um projeto de ML, talvez você esteja se perguntando se o machine learning é necessário ou eficaz na redução de custos.[3] Para entender do que o ML é capaz, vamos examinar o que as soluções de ML costumam fazer:

> O machine learning é uma abordagem para (1) *aprender* (2) *padrões complexos* a partir de (3) *dados existentes* e usar esses padrões para fazer (4) *predições* sobre (5) *dados desconhecidos*.

Analisaremos cada uma das frases-chave em itálico acima a fim de compreender suas consequências para os problemas que o ML pode resolver:

1. *Aprender: o sistema tem a capacidade de aprender*
   Um banco de dados relacional não é um sistema de ML porque não tem a capacidade de aprender. Você pode declarar explicitamente o relacionamento entre duas colunas em um banco de dados relacional, mas é improvável que tenha a capacidade de descobrir o relacionamento entre essas duas colunas por si só.

---

[3] Não perguntei se o ML é suficiente porque a resposta é sempre não.

Para que um sistema de ML aprenda, deve haver algo com o qual ele possa aprender. Na maioria dos casos, os sistemas de ML aprendem com os dados. No aprendizado supervisionado, baseados em exemplos de pares de entrada [input] e saída [output], os sistemas de ML aprendem a gerar saídas para entradas arbitrárias. Por exemplo, se o objetivo for construir um sistema de ML a fim de aprender a predizer o valor do aluguel para anúncios do Airbnb, é necessário fornecer um conjunto de dados em que cada entrada seja um anúncio com características relevantes (metros quadrados, número de quartos, bairro, comodidades, avaliação desse anúncio etc.) e a saída associada seja o valor do aluguel desse anúncio. Quando aprender, esse sistema de ML deve ser capaz de predizer o valor de um novo anúncio, dadas as suas características.

2. *Padrões complexos: há padrões para aprender e eles são complexos*
As soluções de ML só são vantajosas quando há padrões para aprender. Pessoas sensatas não investem dinheiro na construção de um sistema de ML a fim de predizer o próximo resultado do lançamento de um dado porque não há um padrão em como esses resultados são gerados.[4] Contudo, há padrões na precificação das ações, por isso as empresas investiram bilhões de dólares na construção de sistemas de ML para aprender esses padrões.

A existência de um padrão pode não ser óbvia ou, se existirem, seu conjunto de dados ou algoritmos de ML podem não ser suficientes para capturá-los. Por exemplo, pode haver um padrão em como os tweets de Elon Musk impactam os preços das criptomoedas. No entanto, você não saberia até ter treinado e avaliado rigorosamente seus modelos de ML nos tweets dele. Mesmo que todos os seus modelos não consigam realizar predições razoáveis dos preços das criptomoedas, isso não significa que não haja um padrão.

Pense em um site como o Airbnb, com muitos anúncios de casas; cada anúncio é acompanhado de um CEP. Se você quiser classificar os anúncios nos estados em que estão localizados, não precisará de um sistema de ML. Como o padrão é simples — cada código postal corresponde a um estado conhecido — é possível usar uma tabela lookup.

A relação entre o valor de um aluguel e todas as suas características segue um padrão bem mais complexo, que seria bastante desafiador de especificar manualmente. Uma boa solução para isso é o ML. Em vez de informar ao seu sistema como calcular o valor a partir de uma lista de características, você pode fornecer preços e características e deixá-lo descobrir o padrão. A diferença entre as soluções de ML e a solução de tabela lookup, assim como as soluções

---

[4] Os padrões são diferentes das distribuições. Conhecemos a distribuição dos resultados do lançamento de um dado, mas não há padrões na forma como os resultados são gerados.

de software tradicionais gerais, é mostrada na Figura 1-2. Por isso, também chamamos o ML de Software 2.0.[5]

O ML tem sido um grande sucesso com tarefas de padrões complexos, como detecção de objetos e reconhecimento de fala, pois os níveis de complexidade para máquinas e para humanos são diferentes. Os humanos têm dificuldade de fazer muitas tarefas que são fáceis para as máquinas — por exemplo, elevar um número à potência de 10. Em contrapartida, muitas tarefas fáceis para os seres humanos podem ser difíceis para as máquinas — por exemplo, decidir se há um gato em uma imagem.

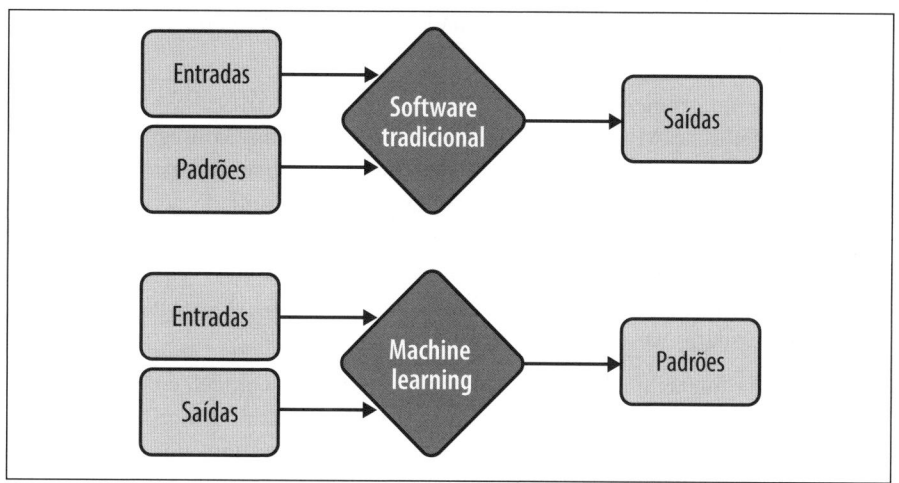

Figura 1-2. Em vez de exigir padrões especificados manualmente para calcular saídas, as soluções de ML aprendem padrões a partir de entradas e saídas.

3. *Dados existentes: os dados estão disponíveis ou é possível coletar dados*

Como o ML aprende com os dados, é necessário haver dados com os quais ele possa aprender. É curioso pensar em construir um modelo para predizer quanto imposto uma pessoa deve pagar por ano, só que isso não é possível a menos que você tenha acesso a dados de impostos e do salário de uma grande população.

No contexto do aprendizado zero-shot (*https://oreil.ly/ZshSg*) (às vezes conhecido como aprendizado de dados zero), é possível que um sistema de ML faça boas predições para uma tarefa, sem antes ter sido treinado em dados para ela. No entanto, esse sistema de ML foi previamente treinado em dados para outras

---

[5] Andrej Karpathy, "Software 2.0", *Medium*, 11 de novembro de 2017. Disponível em: *https://oreil.ly/yHZrE*.

tarefas, muitas vezes relacionadas à tarefa em questão. Portanto, mesmo que o sistema não exija dados para a tarefa, ele ainda exige dados para aprender.

É possível também lançar um sistema de ML sem dados. Por exemplo, no contexto da aprendizagem contínua, é possível fazer deploy de modelos que não tenham sido treinados em nenhum dado, já que eles aprenderão com os dados de entrada em produção.[6] No entanto, disponibilizar modelos insuficientemente treinados aos usuários apresenta certos riscos, como uma customer experience medíocre. Sem dados e sem aprendizado contínuo, muitas empresas adotam uma abordagem de "fingir até se tornar real": lançando um produto que disponibiliza predições feitas por seres humanos em vez de modelos de ML, com a esperança de usar os dados gerados para treinar posteriormente os modelos de ML.

4. *Predições: um problema preditivo*

Os modelos de ML realizam predições, então apenas conseguem resolver problemas que exigem respostas preditivas. O ML pode ser bastante atrativo quando você pode se beneficiar de uma grande quantidade de predições de baixo custo, ainda que aproximadas. Em inglês, a palavra "predict [predição]" significa "estimar um valor no futuro". Por exemplo, como estará o tempo amanhã? Quem ganhará o Super Bowl este ano? Qual o próximo filme que um usuário vai querer assistir?

À medida que as máquinas preditivas (por exemplo, modelos de ML) estão se tornando mais eficazes, mais e mais problemas estão sendo ressignificados como problemas preditivos. Seja qual for a pergunta que tenha, você sempre pode delimitá-la como: "Qual seria a resposta para essa pergunta?" independentemente de essa pergunta ter relação com o futuro, presente ou mesmo com o passado.

Os problemas de computação intensiva são uma classe de problemas que foram reformulados com sucesso como preditivos. Em vez de calcular o resultado exato de um processo, que pode ser computacionalmente mais oneroso e demorado do que o ML, é possível delimitar o problema assim: "Como seria o resultado desse processo?" e aproximá-lo usando um modelo de ML. A saída será uma aproximação da saída exata, porém, muitas vezes, boa o suficiente. Podemos ver muito isso em renderizações gráficas, como eliminação de ruído de imagem e sombreamento de espaço de tela.[7]

---

[6] Falaremos sobre aprendizado online no Capítulo 9.
[7] Steke Bako, Thijs Vogels, Brian McWilliams, Mark Meyer, Jan Novák, Alex Harvill, Pradeep Sen, Tony Derose e Fabrice Rousselle, "Kernel-Predicting Convolutional Networks for Denoising Monte Carlo Renderings", *ACM Transactions on Graphics* 36, no. 4 (2017): 97. Disponível em: *https://oreil.ly/EeI3j*; Oliver Nalbach, Elena Arabadzhiyska, Dushyant Mehta, Hans-Peter Seidel e Tobias Ritschel, "Deep Shading: Convolutional Neural Networks for Screen-Space Shading", *arXiv*, 2016. Disponível em: *https://oreil.ly/dSspz*.

5. *Dados desconhecidos: dados desconhecidos compartilham padrões com os dados de treinamento*

Os padrões que seu modelo aprende com os dados existentes somente serão úteis se os dados desconhecidos também compartilharem esses padrões. Um modelo para predizer o número de downloads de um app no Natal de 2020 não funcionará muito bem se for treinado em dados de 2008, quando o app mais popular na App Store era o Koi Pond. Mas o que é Koi Pond? Pois é.

Em termos técnicos, significa que seus dados desconhecidos e dados de treinamento devem vir de distribuições semelhantes. Você pode perguntar: "Se os dados não forem desconhecidos, como saberemos de qual distribuição vêm?" Não saberemos, mas podemos fazer suposições — como podemos supor que os comportamentos dos usuários de amanhã não serão muito diferentes dos comportamentos dos usuários de hoje — e esperar que nossas suposições se comprovem. Caso contrário, teremos um modelo com desempenho insatisfatório, o que talvez possamos descobrir com o monitoramento, conforme abordado no Capítulo 8, e o teste em produção, como abordado no Capítulo 9.

Devido à forma como a maioria dos algoritmos atuais de ML aprendem, as soluções de ML virão à tona, ainda mais se seu problema apresentar as características adicionais a seguir:

6. *É repetitivo*

Os seres humanos são ótimos no aprendizado few-shot: você pode mostrar às crianças algumas fotos de gatos e a maioria delas reconhecerá um gato na próxima vez que vir um. Apesar do incrível progresso na pesquisa de aprendizado few-shot, boa parte dos algoritmos de ML ainda exige muitos exemplos para aprender um padrão. Quando uma tarefa é repetitiva, cada padrão é repetido diversas vezes, facilitando a aprendizagem das máquinas.

7. *O custo de predições erradas é baixo*

A menos que o desempenho do seu modelo de ML seja sempre 100%, algo bastante improvável para quaisquer tarefas significativas, ele cometerá erros. O ML é particularmente indicado quando o custo de uma predição errada é baixo. Por exemplo, um dos maiores casos de uso de ML hoje é em sistemas de recomendação, pois com sistemas de recomendação, uma recomendação ruim geralmente é perdoada — o usuário simplesmente não clica nela.

Caso um erro de predição possa ter consequências catastróficas, o ML ainda pode ser uma solução adequada se, em média, os benefícios das predições corretas superarem o custo das predições erradas. Desenvolver carros autônomos é um desafio, pois um erro algorítmico pode levar à morte. Apesar disso, muitas empresas ainda querem desenvolver carros autônomos porque eles têm o potencial de salvar muitas vidas, já que os carros autônomos são estatisticamente mais seguros do que os motoristas humanos.

8. *Está em escala*

   Em geral, as soluções de ML exigem investimentos iniciais e consideráveis em dados, processamento computacional, infraestrutura e talentos, por isso faria sentido se pudéssemos usá-las em larga escala. "Em escala" significa coisas diferentes para tarefas distintas, mas, via de regra, significa muitas predições. Como exemplo, podemos citar a classificação de milhões de e-mails por ano ou a predição para quais departamentos milhares de chamados de suporte devem ser encaminhados em um dia.

   Um problema pode parecer uma única predição, mas, na verdade, envolve uma série de predições. Por exemplo, um modelo que prediz quem vencerá uma eleição presidencial nos EUA aparentemente faz somente uma predição a cada quatro anos, mas pode estar fazendo uma predição a cada hora ou ainda com mais frequência, já que essa predição precisa ser continuamente atualizada para incorporar novas informações. Um problema em escala implica em uma abundância de dados, o que é útil para o treinamento de modelos de ML.

9. *Os padrões estão constantemente mudando*

   As culturas mudam. Os gostos mudam. As tecnologias mudam. O que é tendência hoje pode ser águas passadas amanhã. Pense na tarefa de classificação de spam por e-mail. Hoje, a indicação de um e-mail de spam é um príncipe nigeriano, mas amanhã pode ser um escritor vietnamita transtornado.

   Se o seu problema envolve um ou mais padrões em constante mudança, soluções baseadas em regras fixas podem ficar obsoletas rapidamente. Descobrir como seu problema mudou para que você possa atualizar suas regras manuscritas de modo adequado pode ser muito oneroso ou impossível. Como o ML aprende com os dados, é possível atualizar seu modelo de ML com novos dados sem ter que descobrir como os dados mudaram. É possível também preparar seu sistema para se adaptar às mudanças nas distribuições de dados, abordagem que analisaremos na seção "Aprendizado Contínuo" do Capítulo 9.

A lista de casos de uso pode continuar indefinidamente à medida que a adoção do ML amadurece no setor. Embora o ML consiga resolver um subconjunto de problemas muito bem, ele não pode resolver e/ou não deve ser usado em muitos problemas. A maioria dos algoritmos atuais de ML não deve ser usada em nenhuma das seguintes condições:

- É antiético. Analisaremos um estudo de caso em que o uso de algoritmos de ML pode ser considerado antiético na seção "Estudo de caso I: Vieses automatizados do avaliador" do Capítulo 11.
- Soluções mais simples resolvem o problema. No Capítulo 6, abordaremos as quatro fases do desenvolvimento do modelo de ML, em que a primeira fase deve ser soluções sem ML.
- Não é eficaz na redução de custos.

Apesar disso, mesmo que o ML não consiga resolver seu problema, pode ser possível dividi-lo em componentes menores e usá-lo para resolver alguns deles. Por exemplo, se você não conseguir criar um chatbot para responder às perguntas de todos os seus clientes, talvez seja possível criar um modelo de ML para predizer se uma consulta corresponde a uma das perguntas frequentes. Em caso afirmativo, direcione o cliente à resposta. Caso contrário, direcione-os para o atendimento ao cliente.

Gostaria também de alertar contra a rejeição de uma nova tecnologia porque não compensa tanto na redução de custos quanto às tecnologias existentes no momento. A maioria dos avanços tecnológicos é incremental. Um tipo de tecnologia pode não ser eficiente hoje, mas pode ser ao longo do tempo com mais investimentos. Se você esperar que a tecnologia prove seu valor para o resto do setor antes de ser disponibilizada, pode acabar anos ou décadas atrás de seus concorrentes.

Casos de Uso de Machine Learning

O ML está em uso crescente em aplicações corporativas e de consumo. Desde meados da década de 2010, houve a franca expansão de aplicações que aproveitam o ML para fornecer aos consumidores serviços superiores ou até então impraticáveis.

Com a explosão de informações e serviços, teria sido muito desafiador para nós encontrar o que queremos sem a ajuda do ML, integrados em um *mecanismo de busca* ou em um *sistema de recomendação*. Ao acessar um site como Amazon ou Netflix, você recebe itens recomendados a partir de predições que melhor se adéquam ao seu gosto. Se não gostar de nenhuma das suas recomendações, é possível pesquisar itens específicos e seus resultados de pesquisa provavelmente são alimentados por ML.

Caso tenha um smartphone, é bem provável que o ML já o esteja ajudando em muitas de suas atividades diárias. Digitar em seu telefone é mais fácil com a *digitação preditiva*, um sistema de ML que dá sugestões sobre o que você pode querer dizer. Um sistema de ML pode estar rodando em seu app de edição de fotos para sugerir a melhor forma de aprimorá-las. É possível usar autenticação em seu celular por meio de sua impressão digital ou rosto, o que requer um sistema de ML para predizer se uma impressão digital ou um rosto corresponde ao seu.

O caso de uso de ML que me atraiu para a área foi a *machine translation*, a tradução automática de um idioma para outro. Essa funcionalidade tem o potencial de possibilitar que pessoas de diferentes culturas se comuniquem entre si, eliminando a barreira linguística. Meus pais não falam inglês, mas graças ao Google Tradutor, agora eles podem ler minha escrita e conversar com meus amigos que não falam vietnamita.

O ML está cada vez mais presente em nossas casas por meio de assistentes pessoais inteligentes, como a Alexa e o Google Assistente. Câmeras de segurança inteligentes podem avisá-lo quando seus animais de estimação saem de casa ou se você tiver uma visita indesejada. Um amigo meu estava preocupado com a mãe idosa morando sozinha — se ela caísse, ninguém estaria lá para ajudá-la a se levantar — então ele recorreu a um sistema de monitoramento de saúde em casa que prediz se alguém pode cair.

Embora o mercado de aplicações de ML para consumidores esteja crescendo, a maioria dos casos de uso de ML ainda está no mundo corporativo. As aplicações corporativas de ML costumam ter requisitos e considerações muito diferentes das aplicações de consumo. Há muitas exceções que fogem à regra, porém, na maioria dos casos, as aplicações corporativas podem ter requisitos de acurácia mais rigorosos, ainda que mais tolerantes com os requisitos de latência. Por exemplo, talvez melhorar a acurácia de um sistema de reconhecimento de fala de 95% para 95,5% não seja perceptível para maioria dos consumidores, porém melhorar a eficiência de um sistema de alocação de recursos em apenas 0,1% pode ajudar uma empresa como o Google ou a General Motors a economizar milhões de dólares. Por outro lado, a latência de um segundo pode distrair um consumidor a abrir outra coisa, mas os usuários corporativos podem ser mais tolerantes à alta latência. Para pessoas interessadas em construir empresas a partir de aplicações de ML, as aplicações de consumo podem ser mais fáceis de distribuir, ainda que mais difíceis de monetizar. Ainda assim, a maioria dos casos corporativos de uso não é evidente, a menos que você mesmo os tenha encontrado.

Segundo a pesquisa de machine learning corporativo da Algorithmia de 2020, as aplicações de ML nas empresas são diversas, atendendo a casos de uso interno (redução de custos, geração de insights e inteligência do cliente, automação de processamento interno) e casos de uso externo (melhoria da customer experience, retenção de clientes, interação com os consumidores), conforme mostrado na Figura 1-3.[8]

---

[8] "2020 State of Enterprise Machine Learning", *Algorithmia*, 2020: Disponível em: *https://oreil.ly/wKMZB*.

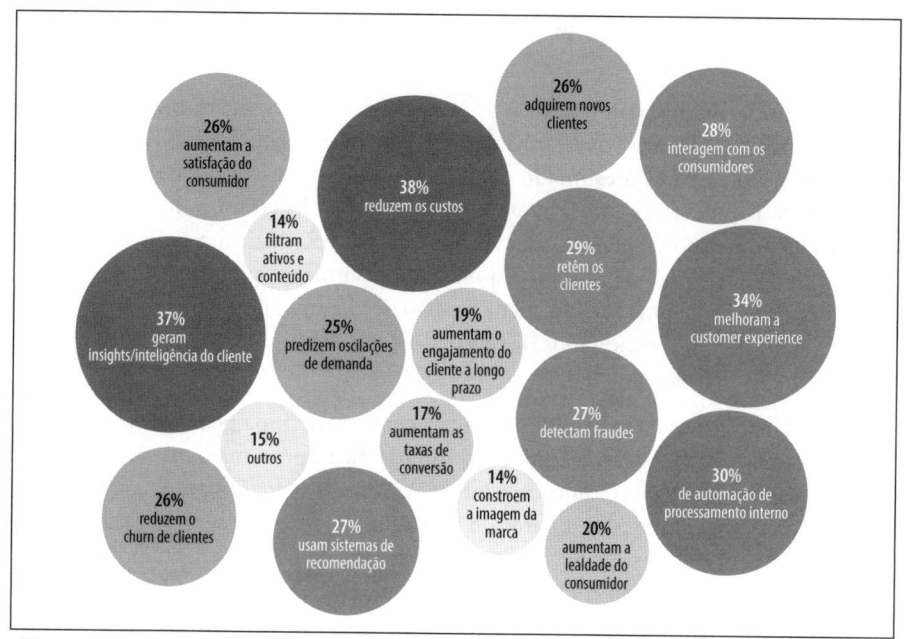

Figura 1-3. Machine learning corporativo de 2020. Fonte: Adaptado de uma imagem da Algorithmia.

A *detecção de fraudes* está entre as aplicações mais antigas do ML no mundo corporativo. Se o seu produto ou serviço envolver transações de qualquer valor, está suscetível à fraude. Ao aproveitar as soluções de ML para detecção de anomalias, é possível ter sistemas que aprendem com transações de fraude históricas e predigam se uma transação futura é fraudulenta.

Decidir quanto cobrar pelo seu produto ou serviço é provavelmente uma das decisões de negócios mais difíceis; então por que não deixar o ML fazer isso para você? A *otimização de preços* é o processo de estimar um preço em um determinado período de tempo a fim de maximizar uma função objetivo definida, como a margem, receita ou taxa de crescimento da empresa. A otimização de preços baseada em ML é mais adequada para casos com um grande número de transações, em que a demanda oscila e os consumidores estão dispostos a pagar um preço dinâmico — por exemplo, anúncios na internet, passagens aéreas, reservas de acomodação, ride-sharing e eventos.

Para administrar uma empresa, é importante ser capaz de prever a demanda do cliente, assim você consegue preparar um orçamento, o inventário do estoque, alocar recursos e atualizar a estratégia de preços. Por exemplo, na administração de uma mercearia, é bom estocar o suficiente para que os clientes encontrem o que estão procurando, mas não estocar demais, caso contrário, as mercadorias podem estragar e haverá prejuízo.

Adquirir um novo usuário custa caro. A partir de 2019, o custo médio para um app adquirir um usuário que fará uma compra nele era de US$86,61.[9] O custo de aquisição da Lyft está estimado em US$158 por motorista.[10] Esse custo é bem maior para os clientes corporativos. Os investidores declaram publicamente que o custo de aquisição do cliente "mata" as startups.[11] Reduzir um pouco custos de aquisição de clientes pode resultar em um grande aumento no lucro. É possível fazer isso por meio de uma melhor identificação de clientes em potencial, mostrando anúncios mais bem direcionados, fornecendo descontos no momento certo etc. — todas essas tarefas são adequadas para o ML.

Após gastar tanto dinheiro adquirindo um cliente, seria uma pena se ele fosse embora. O custo de aquisição de um novo usuário fica aproximadamente de 5 a 25 vezes mais caro do que reter um existente.[12] A *Churn prediction* prediz quando um cliente específico está prestes a parar de usar seus produtos ou serviços, assim você pode tomar as medidas apropriadas para recuperá-los. A *churn prediction* pode ser usada não apenas com clientes, mas também com colaboradores.

Para evitar perder clientes, é importante mantê-los felizes, respondendo às suas preocupações assim que surgirem. A classificação automatizada de chamados de suporte pode ajudar nisso. Antes, quando um cliente abria um ticket de suporte ou enviava um e-mail, era necessário primeiro processá-lo e depois passá-lo para diferentes departamentos até chegar à caixa de entrada de alguém que pudesse atendê-lo. Um sistema de ML pode analisar o conteúdo do ticket e predizer para onde deve ir, o que pode reduzir o tempo de resposta e melhorar a satisfação do cliente. Ele também pode ser usado para classificar tickets de chamados internos de TI.

Outro caso corporativo de uso popular da ML é o monitoramento da marca. A marca é um ativo valioso de um negócio.[13] É importante monitorar como o público e seus clientes percebem sua marca. Você pode querer saber quando/onde/ como é mencionado, tanto explicitamente (por exemplo, quando alguém menciona "Google") ou implicitamente (por exemplo, quando alguém diz "o gigante da pesquisa"), bem como o sentimento associado a ela. De repente, se houver uma onda

---

[9] "Average Mobile App User Acquisition Costs Worldwide from September 2018 to August 2019, by User Action and Operating System", *Statista*, 2019. Disponível em: https://oreil.ly/2pTCH.

[10] Jeff Henriksen, "Valuing Lyft Requires a Deep Look into Unit Economics", *Forbes*, 17 de maio de 2019. Disponível em: https://oreil.ly/VeSt4.

[11] David Skok, "Startup Killer: The Cost of Customer Acquisition", *For Entrepreneurs*, 2018. Disponível em: https://oreil.ly/L3tQ7.

[12] Amy Gallo, "The Value of Keeping the Right Customers", *Harvard Business Review*, 29 de outubro de 2014. Disponível em: https://oreil.ly/OlNkl.

[13] Marty Swant, "The World's 20 Most Valuable Brands", *Forbes*, 2020. Disponível em: https://oreil.ly/4uS5i.

de sentimentos negativos em suas menções de marca, talvez seja bom resolver a situação o mais rápido possível. A análise de sentimentos é uma típica tarefa do ML.

Um conjunto de casos de uso de ML que tem gerado muito entusiasmo recentemente está no setor de assistência médica. Existem sistemas de ML que podem detectar câncer de pele e diagnosticar diabetes. Ainda que muitas aplicações de assistência médica sejam voltadas aos consumidores, devido aos seus requisitos rigorosos com acurácia e privacidade, elas geralmente são fornecidas por meio de um prestador de serviços de assistência médica, como um hospital, ou usadas para auxiliar os médicos no diagnóstico.

Entendendo os Sistemas de Machine Learning

Compreender os sistemas de ML será útil para projetá-los e desenvolvê-los. Nesta seção, veremos como os sistemas de ML são diferentes dos sistemas de ML na área de pesquisa acadêmica (ou como muitas vezes ensinado na escola) e do software tradicional, o que motiva a necessidade deste livro.

Machine Learning em Pesquisa versus em Produção

Como o uso de ML na indústria ainda é relativamente novo, a maioria das pessoas com experiência em ML adquiriu conhecimento no mundo acadêmico: fazendo cursos e pesquisas, lendo trabalhos acadêmicos. Se esse for seu histórico, você pode enfrentar uma curva de aprendizado íngreme para entender os desafios de implementar sistemas de ML em ambiente de desenvolvimento ou fora do controle e para se orientar devido a um conjunto esmagador de soluções para esses desafios. O ML em produção é bem diferente do ML em pesquisa. A Tabela 1-1 mostra cinco das principais diferenças.

Tabela 1-1. Principais diferenças entre o ML na pesquisa e o ML em produção

	Na pesquisa acadêmica	Em produção
Requisitos	Desempenho do modelo de última geração em conjuntos de dados comparativos	Partes interessadas diferentes têm requisitos diferentes
Prioridade computacional	Treinamento rápido, taxa de requisição alta	Inferência rápida, baixa latência
Dados	Estáticos[a]	Mudança constante
Imparcialidade	Muitas vezes não é o foco	Devem ser considerados
Interpretabilidade	Muitas vezes não é o foco	Devem ser considerados

[a] Um subcampo de pesquisa se concentra no aprendizado contínuo: desenvolver modelos para trabalhar com a mudança nas distribuições de dados. No Capítulo 9, abordaremos o aprendizado contínuo.

Partes interessadas e requisitos diferentes

As pessoas envolvidas em um projeto de pesquisa e classificação muitas vezes têm um único objetivo. O objetivo mais comum é o modelo de desempenho — desenvolver um modelo que alcance os resultados mais avançados em conjuntos de dados de referência. Para superar uma pequena melhoria no desempenho, os pesquisadores muitas vezes recorrem a técnicas que tornam os modelos muito complexos para serem úteis.

Há muitas partes interessadas envolvidas quando se trata de colocar um sistema de ML em produção. Cada parte interessada tem os próprios requisitos. Requisitos diferentes, não raro conflitantes, podem dificultar o design, o desenvolvimento e a seleção de um modelo de ML que atenda a todos os requisitos. Considere um app móvel que recomende restaurantes aos usuários. O app gera receita ao cobrar uma taxa de serviço de 10% dos restaurantes por cada pedido. Ou seja, os pedidos de maior valor geram mais dinheiro ao aplicativo do que os de menor valor. O projeto envolve engenheiros de ML, vendedores, product managers, engenheiros de infraestrutura e um gerente:

Engenheiros de ML
Querem um modelo que recomende restaurantes, por meio do qual é bem provável que os usuários façam um pedido. Acreditam que podem fazer isso usando um modelo mais complexo com mais dados.

Equipe de vendas
Querem um modelo que recomende os restaurantes mais caros, já que esses restaurantes oportunizam mais taxas de serviço.

Equipe de produtos
Percebe que cada aumento na latência resulta em queda nos pedidos por meio do serviço, assim, querem um modelo que possa retornar os restaurantes recomendados em menos de 100 milissegundos.

Equipe da plataforma de ML
À medida que o tráfego aumenta, essa equipe tem que acordar no meio da noite por causa de problemas com o dimensionamento de seu sistema existente. Então, querem adiar as atualizações do modelo para priorizar a melhoria da plataforma de ML.

Gerente
Quer maximizar as margens de lucro. Para tal, talvez seja necessário dispensar a equipe de ML.[14]

---

[14] Não é incomum que as equipes de ML e ciência de dados estejam entre as primeiras durante uma demissão em massa de uma empresa, como foi relatado na IBM (disponível em: *https://oreil.ly/AfUB5*), Uber (disponível em: *https://oreil.ly/t0QpY*), Airbnb (disponível em: *https://oreil.ly/q4M4E*). Veja também a análise de Sejuti Das: "How Data Scientists Are Also Susceptible to the Layoffs Amid Crisis", *Analytics India Magazine*, 21 de maio de 2020. Disponível em: *https://oreil.ly/jobmz*.

"Recomendar os restaurantes em que os usuários têm maior probabilidade de clicar" e "recomendar os restaurantes que gerarão mais dinheiro ao aplicativo" são dois objetivos diferentes e, na seção "Desacoplando objetivos" do Capítulo 2, analisaremos como desenvolver um sistema de ML que satisfaça objetivos diferentes. Spoiler: desenvolveremos um modelo para cada objetivo e combinaremos suas predições.

Por ora, vamos imaginar que temos dois modelos diferentes. O modelo A é o que recomenda os restaurantes em que os usuários têm maior probabilidade de clicar, e o modelo B é o que recomenda os restaurantes que gerarão mais dinheiro ao aplicativo. A e B podem ser modelos bem diferentes. Qual modelo deve ser implementado para os usuários? Para dificultar ainda mais essa decisão, nem A nem B satisfazem o requisito estabelecido pela equipe do produto: os modelos não podem retornar recomendações do restaurante em menos de 100 milissegundos. Quando se trata de desenvolver um projeto de ML, é importante que os engenheiros de ML compreendam os requisitos de todas as partes interessadas envolvidas e o grau de exigência desses requisitos. Por exemplo, se retornar recomendações dentro de 100 milissegundos for um requisito obrigatório — e a empresa descobrir que, se seu modelo levar mais de 100 milissegundos para recomendar restaurantes, 10% dos usuários perderão a paciência e fecharão o app — então nem o modelo A nem o B funcionarão. No entanto, se for apenas um requisito opcional, talvez você ainda queira considerar o modelo A ou o modelo B.

Um das razões pelas quais os projetos bem-sucedidos de pesquisa nem sempre podem ser usados em produção é que ambos têm requisitos diferentes. Por exemplo, o ensemble é uma técnica popular entre os vencedores de muitas competições de ML, incluindo o famoso Prêmio Netflix de US$1 milhão, e ainda não é amplamente usado em produção. O ensemble combina "múltiplos algoritmos de aprendizagem para obter melhor desempenho preditivo do que poderia ser obtido a partir de qualquer um dos algoritmos de aprendizagem constituintes sozinhos".[15] Mesmo que possa fornecer uma melhoria sucinta de desempenho ao seu sistema de ML, o ensemble costuma inviabilizar a utilidade de um sistema em produção: o sistema fica mais lento para fazer predições ou fica mais difícil de interpretar os resultados. Falaremos mais sobre o ensemble na seção "Ensembles" do Capítulo 6.

Crítica às Classificações de ML

Nos últimos anos, as classificações de machine learning têm sido alvo de muitas críticas, tanto em competições como o Kaggle e classificação de pesquisa como o ImageNet ou o GLUE. O argumento óbvio é que nessas competições muitas das etapas difíceis necessárias para construir sistemas

---

[15] Wikipédia, s.v. "Ensemble learning". Disponível em: https://oreil.ly/5qkgp.

> de ML já foram feitas para você.[16] O argumento menos óbvio é que, devido
> ao cenário de testes de múltiplas hipóteses quando se tem várias equipes
> testando o mesmo conjunto de controle de testes, um modelo pode se sair
> melhor do que o resto apenas por acaso.[17] Os pesquisadores têm percebido
> a falta de alinhamento de interesses entre pesquisa e produção. Em um ar-
> tigo da EMNLP 2020, Ethayarajh e Jurafsky alegaram que os benchmarks
> ajudaram a impulsionar os avanços no processamento da linguagem natu-
> ral (PNL), incentivando a criação de modelos mais acurados em detrimento
> de outras qualidades valorizadas pelos profissionais, como compacidade,
> imparcialidade[18] e eficiência energética.[19]

Para muitas tarefas, uma melhoria sucinta no desempenho pode resultar em um enorme aumento na receita ou redução de custos. Por exemplo, uma melhoria de 0,2% na taxa de cliques em um sistema de recomendação de produtos pode resultar em um aumento de milhões de dólares na receita de um site de e-commerce. Apesar disso, para muitas tarefas, talvez uma pequena melhoria não seja perceptível para os usuários. Para o segundo tipo de tarefa, se um modelo simples pode fazer um trabalho razoável, os modelos complexos devem ter um desempenho significativamente melhor para justificar a complexidade.

Prioridades de processamento computacional

Quando se trata de projetar um sistema de ML, as pessoas que não têm experiência com ML normalmente cometem o erro de focar demais a parte de desenvolvimento do modelo e de menos a parte de implementação e manutenção do modelo.

Durante o processo de desenvolvimento do modelo, é possível treinar muitos modelos diferentes, e cada um faz várias passagens nos dados de treinamento. Depois, cada modelo treinado gera predições uma vez nos dados de validação para informar os scores. Em geral, os dados de validação são bem menores do que os dados de treinamento. Durante o desenvolvimento do modelo, o treinamento é o gargalo. Mas, quando se implementa o modelo, a função dele é gerar predições, de modo que a inferência é o gargalo. Em geral, a pesquisa prioriza o treinamento rápido, enquanto a produção prioriza a inferência rápida. Como resultado, a pesquisa prioriza a alta taxa de requisição, enquanto a produção prioriza a baixa latência.

---

[16] Julia Evans, "Machine Learning Isn't Kaggle Competitions", 2014. Disponível em: *https://oreil.ly/p8mZq*.
[17] Lauren Oakden-Rayner, "AI Competitions Don't Produce Useful Models", 19 de setembro de 2019. Disponível em: *https://oreil.ly/X6RlT*.
[18] N. da Trad.: No Brasil, pode-se encontrar a tradução de fairness como justiça, neutralidade ou imparcialidade, usado aqui. Visto que as máquinas aprendem com as informações que lhes foram dadas, fairness se refere à reprodução dos preconceitos e desigualdades sociais no machine learning.
[19] Kawin Ethayarajh e Dan Jurafsky, "Utility Is in the Eye of the User: A Critique of NLP Leaderboards", EMNLP, 2020. Disponível em: *https://oreil.ly/4Ud8P*.

Caso uma atualização seja necessária, a latência é o tempo levado desde o recebimento de uma consulta até o retorno do resultado. Taxa de requisição corresponde a quantas consultas são processadas dentro de um período de tempo específico.

Conflito de Terminologia

Alguns livros diferenciam latência e taxa de requisição. Segundo Martin Kleppmann, em seu livro *Designing Data Intensive Applications*: "O tempo de resposta é o que o cliente vê: além do tempo real para processar a requisição (o tempo de serviço), incluindo delay na rede e na fila. Latência é a duração que uma requisição está aguardando para ser processada — durante o qual está latente, aguardando serviço."[20] Neste livro, para simplificar a análise e ser consistente com a terminologia usada na comunidade de ML, utilizamos latência para nos referirmos ao tempo de resposta. Ou seja, a latência de uma requisição calcula o tempo desde o momento em que a requisição é enviada até o momento em que uma resposta é recebida.

Por exemplo, a latência média do Google Tradutor é o tempo médio levado quando um usuário clica em Traduzir até a tradução ser exibida, e a taxa de requisição corresponde a quantas consultas são processadas por segundo. Caso seu sistema processe uma consulta de cada vez, maior latência significa menor taxa de requisição. Se a latência média for de 10ms, o que significa que leva 10ms para processar uma consulta, a taxa de requisição é de 100 consultas/segundo. Se a latência média for de 100ms, a taxa de requisição é de 10 consultas/segundo. No entanto, como a maioria dos sistemas distribuídos modernos faz consultas em lote para processá-las juntas, muitas vezes simultaneamente, uma *maior latência também pode significar uma taxa de requisição maior*. Caso processe 10 consultas de cada vez e leve 10ms para executar um lote, a latência média ainda é de 10ms, mas a taxa de requisição é 10 vezes maior — 1.000 consultas/segundo. Caso processe 50 consultas de cada vez e leve 20ms para executar um lote, a latência média é de 20ms e a taxa de requisição é de 2.500 consultas/segundo. Tanto a latência quanto a taxa de requisição aumentaram! A diferença entre latência e a taxa de requisição para processar consultas uma de cada vez e processar consultas em lotes é ilustrada na Figura 1-4.

---

[20] Martin Kleppmann, *Designing Data-Intensive Applications* (Sebastopol, CA: O'Reilly, 2017).

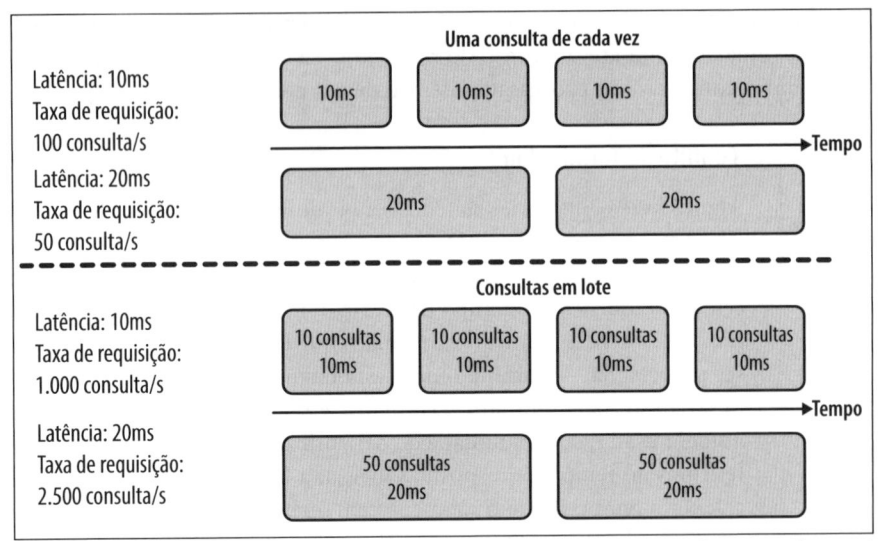

Figura 1-4. Ao processar consultas de cada vez, latência maior significa taxa de requisição menor. Ao processar consultas em lotes, latência maior também significa taxa de requisição maior.

Fica ainda mais complicado se você quiser fazer consultas online em lote. O processamento em lotes exige que seu sistema aguarde a chegada de consultas suficientes em um lote antes de processá-las, aumentando ainda mais a latência. Na pesquisa, você se preocupa mais com quantas amostras pode processar em um segundo (taxa de requisição) e menos com o tempo que leva para cada amostra ser processada (latência). Você está disposto a aumentar a latência para aumentar a taxa de requisição, por exemplo, com processamento agressivo de lotes.

No entanto, após implementar seu modelo no mundo real, a latência é indispensável. Em 2017, um estudo da Akamai descobriu que um atraso de 100ms pode prejudicar as taxas de conversão em 7%.[21] Em 2019, a Booking.com descobriu que um aumento de cerca de 30% na latência custava cerca de 0,5% nas taxas de conversão — "um custo relevante para nossos negócios".[22] Em 2016, o Google descobriu que mais da metade dos usuários de dispositivos móveis sairão de uma página se ela demorar mais de três segundos para carregar.[23] Os usuários de hoje são ainda mais impacientes. Para reduzir a latência em produção, talvez seja necessário reduzir o número de consultas possíveis de processar no mesmo hardware

---

[21] Akamai Technologies, *Akamai Online Retail Performance Report: Milliseconds Are Critical*, 19 de abril 2017. Disponível em: *https://oreil.ly/bEtRu*.

[22] Lucas Bernardi, Themis Mavridis e Pablo Estevez, "150 Successful Machine Learning Models: 6 Lessons Learned at Booking.com", KDD '19, August 4–8, 2019, Anchorage, AK. Disponível em: *https://oreil.ly/G5QNA*

[23] "Consumer Insights", Think with Google. Disponível em: *https://oreil.ly/JCp6Z*.

de cada vez. Se o hardware for capaz de processar bem mais consultas ao mesmo tempo, usá-lo para processar menos consultas significa subutilizar o hardware, aumentando o custo de processamento de cada consulta.

Ao pensar em latência, é importante ter em mente que latência não é um número individual, mas uma distribuição. É tentador simplificar essa distribuição usando um único número, como a latência média (média aritmética) de todas as requisições dentro de uma janela de tempo, mas esse número pode ser um equívoco. Imagine que você tem 10 requisições cujas latências são 100ms, 102ms, 100ms, 100ms, 99ms, 104ms, 110ms, 90ms, 3.000ms, 95ms. A latência média é de 390ms, o que faz seu sistema parecer mais lento do que realmente é. Pode ter acontecido um erro de rede que deixou uma requisição mais lenta do que as outras, sendo necessário investigar essa requisição problemática.

Normalmente, é melhor pensar em percentis, pois eles dizem algo sobre determinada porcentagem de suas requisições. O percentil mais comum é o percentil 50º, abreviado como p50. Conhecido também como mediana. Se a mediana for 100ms, metade das requisições leva mais de 100ms e a outra metade leva menos de 100ms. Os percentis maiores também ajudam a encontrar outliers, que podem ser sintomas de algo errado. Normalmente, os percentis que você deseja analisar são p90, p95 e p99. O percentil 90º (p90) para as 10 requisições acima é de 3.000ms, ou seja, um outlier.

Percentis maiores são determinantes porque, embora representem uma pequena porcentagem de seus usuários, às vezes podem ser os usuários mais importantes. Por exemplo, no site da Amazon, os clientes com requisições mais lentas geralmente são aqueles que têm mais dados em suas contas porque fizeram muitas compras — ou seja, são os clientes mais valiosos.[24] É prática comum usar percentis maiores a fim de especificar os requisitos de desempenho para o seu sistema; por exemplo, um product manager pode especificar que a latência do percentil 90º ou do percentil 99,9º de um sistema deve estar abaixo de um determinado número.

Dados

Durante a fase de pesquisa, os conjuntos de dados com os quais se trabalha geralmente são limpos e bem formatados, possibilitando que o desenvolvimento de modelos seja focado. Eles são estáticos por natureza a fim de que a comunidade possa usá-los para compará-los com novas arquiteturas e técnicas. Ou seja, muitas pessoas podem ter utilizado e analisado os mesmos conjuntos de dados, e as peculiaridades do conjunto de dados são conhecidas. Talvez você até encontre scripts open source para processar e alimentar os dados diretamente em seus modelos.

---

[24] Kleppmann, *Designing Data-Intensive Applications*.

Em produção, os dados, quando disponíveis, são bem mais confusos. Apresentam ruído, são possivelmente desestruturados, e estão em constante mudança. É provável que sejam tendenciosos, e é provável que você não saiba o quanto são tendenciosos. Os rótulos, se houver algum, podem ser esparsos, desiguais ou incorretos. Alterar os requisitos de projeto ou de negócios pode exigir a atualização de alguns ou de todos os seus rótulos existentes. Caso trabalhe com os dados dos usuários, você também terá que se preocupar com privacidade e questões regulatórias. Discutiremos um estudo de caso em que os dados dos usuários são tratados de forma inadequada na seção "Estudo de caso II: O perigo dos dados 'anonimizados'" no Capítulo 11.

Nas pesquisas acadêmicas, trabalha-se principalmente com dados históricos, por exemplo, dados que já existem e são armazenados em algum lugar. Em produção, provavelmente também será preciso trabalhar com dados que estão sendo gerados constantemente por usuários, sistemas e dados de terceiros. A Figura 1-5 foi adaptada de um ótimo gráfico de Andrej Karpathy, diretor de IA da Tesla, e ilustra os problemas de dados que ele encontrou durante seu doutorado em comparação ao tempo que passou na Tesla.

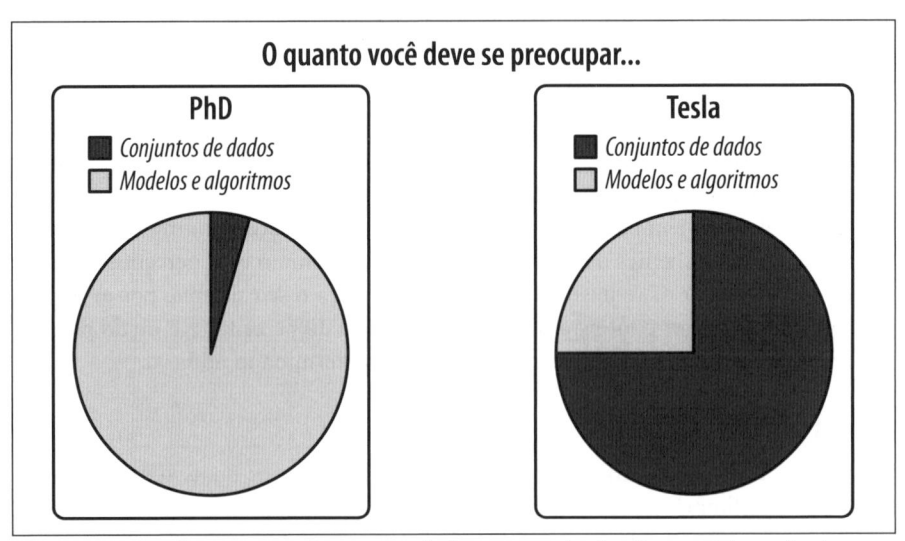

Figura 1-5. Dados em pesquisa versus dados em produção. Fonte: Adaptado de uma imagem de Andrej Karpathy.[25]

---

[25] Andrej Karpathy, "Building the Software 2.0 Stack", Spark+AI Summit 2018, vídeo, 17:54. Disponível em: *https://oreil.ly/Z21Oz*.

Imparcialidade

Durante a fase de pesquisa, como um modelo ainda não é usado nas pessoas, é fácil para os pesquisadores deixarem de lado a imparcialidade como reflexão posterior: "Vamos tentar obter o mais avançado primeiro e nos preocupar com a imparcialidade quando chegarmos à produção." Mas quando chegam em produção, é tarde demais. Se você otimizar seus modelos para melhor acurácia ou menor latência, poderá mostrar que seus modelos superam o que há de mais avançado. No entanto, enquanto eu escrevia este livro, o mais avançado não implicava imparcialidade.

Talvez você ou um conhecido seu já tenham sido vítima de algoritmos matemáticos tendenciosos sem saber. Seu pedido de empréstimo pode ser rejeitado porque o algoritmo de ML seleciona seu CEP, incorporando os vieses do histórico socioeconômico de uma pessoa. Seu currículo pode ter uma classificação baixa porque os empregadores que usam o sistema de classificação identificaram erros de ortografia no seu nome. Sua hipoteca pode ter uma taxa de juros mais alta porque depende parcialmente de scores de crédito, que favorecem os ricos e penalizam os pobres. Outros exemplos de vieses reais de ML são os algoritmos de policiamento preditivo, testes de personalidade aplicados por potenciais empregadores e os rankings universitários.

Em 2019, "pesquisadores da Berkeley descobriram que as instituições financeiras credoras presenciais e online rejeitaram um total de 1,3 milhão de candidatos negros e latinos elegíveis a linhas de crédito entre 2008 e 2015". Quando os pesquisadores "usaram os scores de renda e crédito dos pedidos rejeitados, excluindo os identificadores de raça, o pedido de hipoteca foi aceito".[26] Para exemplos ainda mais absurdos, recomendo o livro *Algoritmos de Destruição em Massa*, de Cathy O'Neil.[27]

Os algoritmos de ML não predizem o futuro, mas codificam o passado, perpetuando assim os vieses nos dados e muito mais. Quando implementados em escala, os algoritmos de ML podem discriminar pessoas em escala. Um operador humano apenas consegue fazer julgamentos radicais de alguns indivíduos por vez, já um algoritmo de ML consegue fazer julgamentos radicais de milhares de indivíduos em frações de segundos. Isso pode prejudicar sobretudo os membros de grupos minoritários, pois a classificação incorreta deles impacta em grau menor as métricas de desempenho geral dos modelos.

Se um algoritmo já consegue realizar predições corretas em 98% da população, melhorá-las nos outros 2% resultaria em custos elevadíssimos e, infelizmente, algumas empresas podem escolher não fazer isso. Durante uma pesquisa da McKinsey

---

[26] Khristopher J. Brooks, "Disparity in Home Lending Costs Minorities Millions, Researchers Find", *CBS News*, 15 de novembro de 2019. Disponível em: *https://oreil.ly/UiHUB*.
[27] Cathy O'Neil, *Weapons of Math Destruction* (New York: Crown Books, 2016).

& Company em 2019, apenas 13% das grandes empresas pesquisadas afirmaram estar tomando medidas para mitigar os riscos no que diz respeito à equidade e à imparcialidade, como viés algorítmico e discriminação. No entanto, isso está mudando rapidamente[28]. No Capítulo 11, abordaremos a imparcialidade e outros aspectos da IA responsável.

Interpretabilidade

No início de 2020, o Professor Geoffrey Hinton, vencedor do Prêmio Turing, propôs uma questão acaloradamente debatida sobre a importância da interpretabilidade em sistemas de ML. "Suponha que você tenha câncer e tenha que escolher entre uma IA cirurgiã que atua como uma caixa-preta e não consegue explicar como as coisas funcionam, mas tem um percentual de cura de 90% e um cirurgião humano com um percentual de cura de 80%. Você desejaria que a IA cirurgiã fosse ilegal?"[29]

Após algumas semanas, quando fiz essa pergunta a um grupo de 30 executivos de tecnologia em empresas públicas não tecnológicas, somente metade deles gostaria que a tal IA cirurgiã supereficaz, mas incapaz de explicar as coisas, os operasse. A outra metade queria o cirurgião humano. Embora a maioria de nós se sinta à vontade em usar um micro-ondas sem entender como funciona, muitos ainda não sentem o mesmo em relação à IA, ainda mais se essa IA toma decisões importantes sobre suas vidas.

Como a boa parte das pesquisas de ML ainda é avaliada em um único objetivo, o desempenho do modelo, os pesquisadores não são incentivados a trabalhar na interpretabilidade do modelo. No entanto, a interpretabilidade não é apenas de caráter opcional na maioria dos casos de uso de ML na indústria, e sim um requisito.

Primeiro, a interpretabilidade é importante para os usuários, tanto líderes de negócios quanto usuários finais, entenderem por que uma decisão é tomada, assim podem confiar em um modelo e detectar possíveis vieses mencionados anteriormente.[30] Segundo, é importante que os desenvolvedores consigam debugar e melhorar um modelo. Não é porque a interpretabilidade é um requisito que todos estão a adotando. A partir de 2019, somente 19% das grandes empresas estavam trabalhando para melhorar a explicabilidade de seus algoritmos.[31]

---

[28] Stanford University Human-Centered Artificial Intelligence (HAI), *The 2019 AI Index Report*, 2019. Disponível em: *https://oreil.ly/xs8mG*.

[29] Tweet de Geoffrey Hinton (@geoffreyhinton), 20 de fevereiro de 2020. Disponível em: *https://oreil.ly/KdfD8*.

[30] Para certos casos de uso em determinados países, os usuários têm um "direito à explicação": o direito de receber uma explicação para a saída do algoritmo.

[31] Stanford HAI, *The 2019 AI Index Report*.

Discussão

Alguns podem argumentar que não há problema em conhecer apenas o lado acadêmico do ML porque há muitos empregos na área acadêmica. A primeira parte — não há problema em conhecer apenas o lado acadêmico do ML — é verdadeira. A segunda não.

Ainda que seja importante se envolver puramente em pesquisas, a maioria das empresas não pode bancá-las, a menos que isso resulte em aplicações de negócios de curto prazo. Isso é ainda mais válido agora que a comunidade de pesquisa adotou a abordagem "maior, melhor". Não raro, novos modelos exigem uma enorme quantidade de dados e dezenas de milhões de dólares somente em processamento computacional.

À medida que a pesquisa de ML e os modelos prontos para uso se tornam mais acessíveis, mais pessoas e organizações gostariam de encontrar aplicações para eles, aumentando, assim, a demanda de ML em produção. A grande maioria dos trabalhos relacionados ao ML será, e já está, sendo transformado em produtos de uso geral.

Sistemas de Machine Learning versus Software Tradicional

Como o ML faz parte da engenharia de software (SWE) e o software é usado com sucesso na produção há mais de meio século, alguns podem se perguntar por que não selecionamos somente as melhores práticas consagradas em engenharia de software e as aplicamos ao ML. É uma excelente ideia. Na verdade, o ML em produção seria bem melhor se os especialistas em ML fossem melhores engenheiros de software. Muitas ferramentas tradicionais de SWE podem ser usadas para desenvolver e implementar aplicações de ML.

No entanto, muitos desafios são exclusivos das aplicações de ML e exigem as próprias ferramentas. Na SWE, há uma premissa básica de que o código e os dados são separados. Na realidade, na SWE, queremos manter as coisas o mais modulares e separadas possível (confira a página da Wikipédia sobre a separação de preocupações (*https://oreil.ly/kH67y*). Todavia, o que vale é o inverso; os sistemas de ML fazem parte do código, dos dados e dos artefatos criados a partir dos dois. A tendência na última década demonstra que as aplicações desenvolvidas com mais/melhores dados são bem-sucedidas. Em vez de focar a melhoria dos algoritmos de ML, a maioria das empresas foca a melhoria de seus dados. Como os dados podem mudar num instante, as aplicações de ML precisam ser adaptáveis ao ambiente em mudança, o que pode exigir ciclos de desenvolvimento e implementação mais rápidos.

Na SWE tradicional, é necessário somente se concentrar em testar e versionar seu código. Já no ML, temos que testar e versionar nossos dados também, e essa é a parte difícil. Como criar controle de versionamento de grandes conjuntos de dados? Como saber se uma amostra de dados é boa ou ruim para o seu sistema? Nem todas as amostras de dados são iguais — algumas são mais valiosas para o seu modelo do que outras. Por exemplo, se o seu modelo já foi treinado em um milhão de exames de pulmões normais e apenas em mil exames de pulmões com câncer, o exame de um pulmão com câncer é mais valioso do que um exame de um pulmão normal. Aceitar de modo indiscriminado todos os dados disponíveis pode prejudicar o desempenho do seu modelo e até torná-lo suscetível a data poisoning attacks [ataques de envenenamento de dados, em tradução livre].[32]

O tamanho dos modelos de ML é outro desafio. A partir de 2022, é comum que os modelos de ML tenham centenas de milhões, se não bilhões, de parâmetros, exigindo gigabytes de Memória de Acesso Aleatório (RAM) para carregá-los na memória. Daqui a alguns anos, talvez um bilhão de parâmetros possa ser considerado fora do comum: "Acredita que o computador que enviou homens à Lua só tinha 2kb de RAM?"

No entanto, por enquanto, disponibilizar esses grandes modelos em produção, principalmente em dispositivos de borda,[33] é um desafio colossal de engenharia. E outra, há a questão de como fazer com que esses modelos funcionem rápido o suficiente para serem úteis. Um modelo de preenchimento automático é inútil se o tempo necessário para sugerir o próximo caractere for maior do que o tempo necessário de digitar.

Monitorar e debugar esses modelos em produção também não é nada simples. Conforme os modelos de ML se tornam mais complexos, aliado à falta de visibilidade de como funcionam, é difícil descobrir o que deu errado ou ser alertado rapidamente quando as coisas saem do prumo.

A boa notícia é que esses desafios de engenharia estão sendo resolvidos em um ritmo vertiginoso. Em 2018, quando o artigo Bidirectional Encoder Representations from Transformers (BERT) foi publicado pela primeira vez, as pessoas estavam falando sobre como o BERT era muito grande, complexo e lento para ser prático. O grande modelo BERT pré-treinado tem 340 milhões de parâmetros e 1,35GB.[34] Após dois anos, o BERT e suas variantes já eram usados em quase todas as pesquisas em inglês no Google.[35]

---

[32] Xinyun Chen, Chang Liu, Bo Li, Kimberly Lu e Dawn Song, "Targeted Backdoor Attacks on Deep Learning Systems Using Data Poisoning", *arXiv*, 15 de dezembro de 2017. Disponível em: https://oreil.ly/OkAjb.

[33] No Capítulo 7, abordaremos os dispositivos de borda.

[34] Jacob Devlin, Ming-Wei Chang, Kenton Lee e Kristina Toutanova, "BERT: Pre-training of Deep Bidirectional Transformers for Language Understanding", *arXiv*, 11 de outubro de 2018. Disponível em: https://oreil.ly/TG3ZW.

[35] Google Search On, 2020. Disponível em: https://oreil.ly/M7YjM.

Recapitulando

Este capítulo inicial teve como objetivo fornecer aos leitores uma compreensão do que é preciso para disponibilizar o ML no mundo real. Começamos visitando um amplo leque de casos de uso de ML em produção atualmente. Embora a maioria das pessoas esteja familiarizada com o ML em aplicações voltadas ao consumidor, a maioria dos casos de uso do ML é corporativo. Analisamos também quando as soluções de ML seriam apropriadas. Mesmo que o ML consiga resolver muitos problemas perfeitamente, ele não consegue solucionar todos os problemas e com certeza não é apropriado para todos os problemas. No entanto, para problemas que não consegue resolver, é possível que ele possa ser uma parte da solução.

Este capítulo também salientou as diferenças entre o machine learning na área de pesquisa e em produção. As diferenças incluem o envolvimento das partes interessadas, a prioridade de processamento computacional, as propriedades dos dados utilizados, a importância das questões de imparcialidade e os requisitos de interpretabilidade. Esta seção é mais útil para aqueles que chegam à produção de ML a partir das pesquisas acadêmicas. Analisamos também como os sistemas de ML diferem dos sistemas de software tradicionais, o que motivou a necessidade deste livro.

Os sistemas de ML são complexos, compostos de muitos componentes diferentes. Os cientistas de dados e engenheiros de ML que trabalham com sistemas de ML em produção provavelmente descobrirão que focar apenas a parte de algoritmos de ML está longe de ser o bastante. É indispensável conhecer outros aspectos do sistema, como a data stack, implementação, monitoramento, manutenção, infraestrutura etc. Este livro adota uma abordagem sistêmica para desenvolver sistemas de ML. Ou seja: consideraremos todos os componentes de um sistema de forma holística em vez de apenas considerar os algoritmos de ML. No próximo capítulo, forneceremos os detalhes sobre o que essa abordagem holística significa.

CAPÍTULO 2
Introdução ao Design de Sistemas de Machine Learning

Como já exploramos a visão geral dos sistemas de ML na realidade, podemos seguir para a parte divertida: projetar um sistema de machine learning. Reiterando desde o Capítulo 1, o design de sistemas de ML adota uma abordagem sistemática de MLOps: ou seja, vamos considerar um sistema de ML de forma holística para garantir que todos os componentes — requisitos de negócios, data stack, infraestrutura, implementação, monitoramento etc. — e suas partes interessadas possam trabalhar juntos a fim de satisfazer os objetivos e requisitos especificados.

Começaremos o capítulo com uma discussão sobre objetivos. Antes de desenvolvermos um sistema de ML, devemos entender por que esse sistema é necessário. Se o sistema for construído para uma empresa, deve ser orientado por objetivos de negócios, que precisarão ser traduzidos em objetivos de ML a fim de nortear o desenvolvimento de modelos de ML. Assim que todos concordarem com os objetivos do nosso sistema de ML, precisaremos então definir alguns requisitos para orientar o desenvolvimento deste sistema. Neste livro, consideraremos quatro requisitos: confiabilidade, escalabilidade, sustentabilidade e adaptabilidade. Em seguida, apresentaremos o processo iterativo para projetar sistemas que atendam a esses requisitos.

Você pode se perguntar: com todos esses objetivos, requisitos e processos em prática, posso finalmente começar a construir meu modelo de ML? Não é bem assim! Antes de usar algoritmos de ML para resolver seu problema, é necessário primeiro delimitar seu problema em uma tarefa que o ML consiga resolver. Neste capítulo, veremos como delimitar seus problemas de ML. A dificuldade de sua tarefa pode mudar drasticamente, dependendo de como você delimita seu problema.

Como o ML adota a abordagem data-driven, um livro sobre design de sistemas de ML será inadequado se não abordar a importância dos dados nesses sistemas. A última parte deste capítulo aborda a controvérsia que consumiu grande parte da literatura do ML nos últimos anos: o que é mais importante — dados ou algoritmos inteligentes? Bora lá!

Objetivos de Negócios e de ML

Primeiro, precisamos levar em conta os objetivos dos projetos propostos de ML. Ao trabalhar em um projeto, os cientistas de dados costumam se preocupar com os objetivos de ML: as métricas do desempenho de seus modelos de ML que podem calcular, como acurácia, a F1 score [pontuação F1], a latência da inferência etc. Eles ficam animados em melhorar a acurácia do modelo de 94% para 94,2% e podem mobilizar uma tonelada de recursos — dados, processamento e tempo improdutivo de uma máquina — para conseguir isso.

Mas a verdade é que a maioria das empresas não se importa com as métricas sofisticadas de ML. Elas não se importam em aumentar a acurácia de um modelo de 94% para 94,2%, a menos que impulsione algumas métricas de negócios. Um padrão que vejo em muitos projetos de ML de curta duração é que os cientistas de dados se tornam muito focados em hackear métricas de ML sem prestar atenção às métricas de negócios. No entanto, seus gerentes apenas se preocupam com elas e, depois de não enxergar como um projeto de ML pode ajudar a impulsioná-las, encerram os projetos de modo prematuro (e possivelmente demitem a equipe de ciência de dados envolvida).[1]

Mas as empresas se importam com quais métricas? Ainda que a maioria delas queiram convencê-lo do contrário, seu único propósito, segundo Milton Friedman, economista vencedor do Nobel, é maximizar os lucros para os acionistas.[2] Assim sendo, o objetivo final de qualquer projeto dentro de uma empresa é aumentar os lucros, direta ou indiretamente: diretamente, aumentando as vendas (taxas de conversão) e cortando custos; indiretamente, aumentando a satisfação do cliente e o tempo gasto em um site.

Para que um projeto de ML seja bem-sucedido dentro de uma organização empresarial, é crucial vincular o desempenho de um sistema de ML ao desempenho geral do negócio. Quais métricas de desempenho de negócios o novo sistema de ML deve influenciar, como, por exemplo, a quantidade de receita dos anúncios, o número de usuários ativos mensais?

Imagine que você trabalha para um site de e-commerce que se preocupa com a taxa de compra e quer passar seu sistema de recomendação de predição em lote

---

[1] Eugene Yan tem um ótimo post (disponível em: https://oreil.ly/thQCV) sobre como os cientistas de dados podem entender a intenção de negócios e o contexto dos projetos em que trabalham.

[2] Milton Friedman, "A Friedman Doctrine — The Social Responsibility of Business Is to Increase Its Profits", *New York Times Magazine*, 13 de setembro de 1970. Disponível em: https://oreil.ly/Fmbem.

para a predição online.³ Talvez você argumente que a predição online viabilizará recomendações mais relevantes aos usuários no momento, o que pode resultar em uma taxa de compra mais alta. É possível até fazer um experimento a fim de demonstrar que a predição online pode melhorar a acurácia preditiva do seu sistema de recomendação em $X\%$ e, historicamente em seu site, cada aumento percentual na acurácia preditiva do sistema de recomendação resulta em um certo aumento na taxa de compra.

Atualmente, uma das razões pelas quais a predição de taxas de cliques (CTR) em anúncios e a detecção de fraudes estão entre os casos de uso mais populares do ML é que é fácil mapear o desempenho dos modelos de ML para métricas de negócios: cada aumento na taxa de cliques resulta em receita efetiva de anúncios e cada transação fraudulenta interrompida resulta em economia efetiva de dinheiro.

Muitas empresas criam as próprias métricas a fim de mapear as métricas de negócios para métricas de ML. Por exemplo, a Netflix calcula o desempenho de seu sistema de recomendação usando a *take-rate*: o número de reproduções dividido pelo número de recomendações que um usuário vê.⁴ Quanto maior a take-rate, melhor o sistema de recomendação. A Netflix também adotou a take-rate do sistema de recomendação no contexto de outras métricas de negócios, como o total de horas de streaming e a taxa de cancelamento de assinatura. A empresa descobriu que uma maior take-rate também resulta em horas de streaming totais maiores e taxas de cancelamento de assinatura mais baixas.⁵

Pode ser difícil entender o efeito de um projeto de ML nos objetivos de negócios. Por exemplo, um modelo de ML que ofereça aos clientes soluções mais personalizadas pode deixá-los mais felizes, levando-os a gastar mais dinheiro com seus serviços. O mesmo modelo de ML também pode resolver os problemas dos clientes de forma mais rápida, levando-os a gastar menos dinheiro com seus serviços.

Para obter uma resposta definitiva sobre a questão de como as métricas de ML influenciam as métricas de negócios, muitas vezes são necessários experimentos. Muitas empresas fazem experimentos como o teste A/B e escolhem o modelo que resulta em melhores métricas de negócios, independentemente de esse modelo ter melhores métricas de ML.

No entanto, mesmo experimentos rigorosos podem não ser suficientes para entender a relação entre os resultados de um modelo de ML e as métricas de negócios. Imagine que você trabalhe para uma empresa de cibersegurança que detecta e

---

[3] Abordaremos a previsão em lote e a previsão online no Capítulo 7.
[4] Ashok Chandrashekar, Fernando Amat, Justin Basilico e Tony Jebara, "Artwork Personalization at Netflix", *Netflix Technology Blog*, 7 de dezembro de 2017. Disponível em: *https://oreil.ly/UEDmw*.
[5] Carlos A. Gomez-Uribe e Neil Hunt, "The Netflix Recommender System: Algorithms, Business Value, and Innovation", *ACM Transactions on Management Information Systems* 6, no. 4 (janeiro de 2016): 13. Disponível em: *https://oreil.ly/JkEPB*.

impede ameaças à segurança, e o ML é apenas uma engrenagem em seu processo complexo. Um modelo de ML é usado para detectar anomalias no padrão de tráfego. Essas anomalias passam então por um conjunto lógico (por exemplo, uma série de condições if-else) que categoriza se constituem ameaças potenciais. Em seguida, essas ameaças potenciais são analisadas por especialistas em segurança para determinar se são ameaças reais. As ameaças reais passarão, então, por outro processo diferente, destinado a impedi-las. Quando esse processo não consegue deter uma ameaça, talvez seja impossível descobrir se o ML tem algo a ver com isso.

Muitas empresas gostam de dizer que usam o ML em seus sistemas porque "ter tecnologia IA" por si só as ajuda a atrair clientes, independentemente se a IA tem alguma serventia ou não.[6]

Ao avaliar as soluções de ML por meio do prisma corporativo, é importante ser realista sobre os retornos esperados. Devido a toda publicidade exagerada em torno do ML, gerada tanto pela mídia quanto por profissionais com interesse pessoais em adotá-lo, algumas empresas acreditam que o ML pode transformar seus negócios em um passe de mágica, da noite para o dia.

Em um passe de mágica: possível. Da noite para o dia: impossível.

Muitas empresas já colhem os benefícios do ML. Por exemplo, ele ajudou o Google a pesquisar melhor, vender mais anúncios a preços mais altos, melhorar a qualidade da tradução e criar melhores aplicativos para Android. Mas esse benefício dificilmente aconteceu da noite para o dia. O Google vem investindo em machine learning há décadas.

Os retornos do investimento em ML dependem muito do estágio de maturidade da adoção. Quanto maior for o tempo de adoção do ML, mais eficiente será seu pipeline, mais rápido será seu ciclo de desenvolvimento, menos tempo improdutivo será gasto e menores serão as despesas com nuvem, resultando em retornos mais altos. Segundo uma pesquisa de 2020 da Algorithmia, entre as empresas que são mais sofisticadas em sua adoção de ML (tendo modelos em produção há mais de cinco anos), quase 75% podem implementar um modelo em menos de 30 dias. Entre as que estão apenas começando com pipeline de ML, 60% levam mais de 30 dias para implementar um modelo (veja a Figura 2-1).[7]

---

[6] Parmy Olson, "Nearly Half of All 'AI Startups' Are Cashing In on Hype", *Forbes*, 4 de março de 2019. Disponível em: *https://oreil.ly/w5kOr*.

[7] "2020 State of Enterprise Machine Learning", Algorithmia, 2020: Disponível em: *https://oreil.ly/FlIV1*.

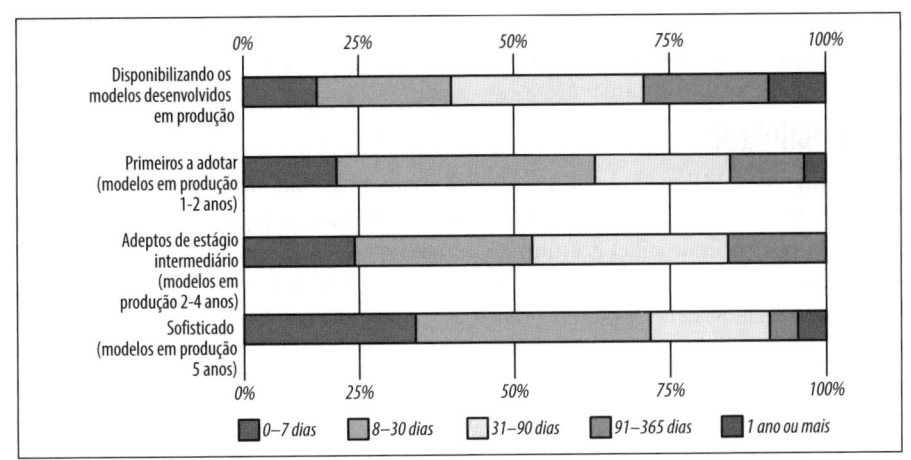

Figura 2-1. O tempo que uma empresa leva para disponibilizar um modelo em produção é proporcional ao tempo de uso do ML. Fonte: Adaptado de uma imagem da Algorithmia.

Requisitos para os Sistemas de ML

Não podemos afirmar que desenvolvemos com êxito um sistema de ML sem saber quais requisitos o sistema tem que atender. Os requisitos especificados para um sistema de ML variam de caso de uso para caso de uso. No entanto, a maioria dos sistemas deve ter essas quatro características: confiabilidade, escalabilidade, manutenibilidade [facilidade de manutenção] e adaptabilidade. Analisaremos cada um desses conceitos em detalhes. Primeiro, vamos analisar atentamente a confiabilidade.

Confiabilidade

O sistema deve continuar funcionando corretamente no nível desejado de desempenho, mesmo em face da adversidade (falhas de hardware ou software e até mesmo erro humano). Em sistemas de ML, pode ser difícil determinar o "corretamente". Por exemplo, seu sistema pode chamar a função predict — model.predict() — corretamente, mas as predições estão erradas. Como saber se uma predição está errada se não temos rótulos ground truth [considerados como verdade fundamental, em tradução livre] para compará-la?

Nos sistemas de software tradicionais, geralmente recebemos um aviso, como um erro de falha do sistema, runtime ou 404. No entanto, os sistemas de ML podem falhar sem acusar nenhum erro. Os usuários finais nem sabem que o sistema falhou e podem continuar a usá-lo como se estivesse funcionando. Por exemplo, se você usa o Google Tradutor a fim de traduzir uma frase para um idioma que desconhece, será difícil afirmar se a tradução está errada ou não. No Capítulo 8, discutiremos como os sistemas de ML falham em produção.

Escalabilidade

Um sistema de ML pode crescer de várias maneiras, uma delas é em complexidade. No ano passado, você usou um modelo de regressão logística que se encaixa em uma instância de nível gratuito do Amazon Web Services (AWS) com 1GB de RAM, mas este ano recorreu a uma rede neural de 100 milhões de parâmetros que exige 16GB de RAM para gerar predições.

Um sistema de ML pode crescer em volume de tráfego. Ao começar a implementar um sistema de ML, você só atendia a 10 mil solicitações de predição por dia. Contudo, à medida que a base de usuários da sua empresa cresce, o número de solicitações de predição que seu sistema de ML atende por dia oscila entre 1 milhão e 10 milhões.

Um sistema de ML pode crescer em quantidade de modelos. De início, você pode ter apenas um modelo para um caso de uso, como detectar as hashtags de tendências em um site de rede social como o Twitter. Porém, com o passar do tempo, você quer adicionar mais features [atributo, ou campo, ou característica, em tradução livre] a este caso de uso, assim adicionará mais uma para filtrar o conteúdo NSFW (Não Seguro Para o Trabalho) e outro modelo para filtrar tweets gerados por bots. Esse padrão de crescimento é bastante comum em sistemas de ML que visam casos corporativos de uso. A princípio, uma startup pode atender somente um cliente corporativo, ou seja, essa startup tem apenas um modelo. No entanto, conforme essa empresa ganha mais clientes, pode-se ter um modelo para cada. Uma startup com a qual trabalhei tinha 8 mil modelos em produção para seus 8 mil clientes corporativos.

Seja lá qual for a maneira como seu sistema cresce, são necessárias formas razoáveis para lidar com esse crescimento. Ao falarmos sobre escalabilidade, boa parte das pessoas pensa em escalonamento de recursos, que são o upscaling (expandir os recursos para lidar com o crescimento) e o downscaling (reduzir os recursos quando não necessário).[8] Por exemplo, no pico, seu sistema pode exigir 100 GPUs (unidades de processamento gráfico). No entanto, na maioria das vezes, é necessário apenas 10 GPUs. Como manter 100 GPUs em funcionamento o tempo todo pode ser caro, seu sistema deve ser capaz de reduzir para 10 GPUs.

---

[8] Upscaling e downscaling são dois aspectos de "scaling out", diferente de "scaling up". Em inglês, scaling out é adicionar componentes funcionais mais equivalentes em paralelo para distribuir uma carga. Scaling up é tornar um componente maior ou mais rápido para lidar com uma carga maior (Leah Schoeb, "Cloud Scalability: Scale Up vs Scale Out", *Turbonomic Blog*, 15 de março de 2018. Disponível em: *https://oreil.ly/CFPtb*).

Uma ferramenta indispensável em muitos serviços de nuvem é o autoscaling: aumentar e diminuir automaticamente o número de máquinas, dependendo do uso. Essa ferramenta pode ser difícil de implementar. Até a Amazon foi vítima dela quando seu recurso de autoscaling falhou no Prime Day, fazendo com que seu sistema travasse. Estima-se que uma hora de indisponibilidade custe à Amazon entre US$72 milhões e US$99 milhões.[9]

Contudo, lidar com o crescimento não significa apenas escalabilidade de recursos, mas também gerenciamento de artefatos. Gerenciar cem modelos é muito diferente de gerenciar um modelo. Com um modelo, você pode, talvez, monitorar manualmente o desempenho dele e atualizá-lo manualmente com novos dados. Como há apenas um modelo, é possível ter um arquivo que o ajude a reproduzi-lo sempre que necessário. No entanto, com cem modelos, tanto o aspecto de monitoramento quanto de retreinamento precisarão ser automatizados. Será necessária uma maneira de gerenciar o processo de geração de código, permitindo a reprodução automática de um modelo quando necessário.

Como a escalabilidade é um tópico indispensável em todo o fluxo de trabalho do projeto de ML, vamos analisá-la em diferentes partes do livro. Especificamente, abordaremos o aspecto da escalabilidade de recursos na seção "Treinamento Distribuído" do Capítulo 6, na seção "Otimização do Modelo" do Capítulo 7 e na seção "Gerenciamento de Recursos" do Capítulo 10. Discutiremos o aspecto de gerenciamento de artefatos na seção "Controle de Versionamento e Monitoramento de Experimento" do Capítulo 6 e na seção "Ambiente de Desenvolvimento" do Capítulo 10.

Manutenibilidade

Muitas pessoas trabalharão em um sistema de ML. São engenheiros de ML, engenheiros de DevOps e especialistas no tema (SMEs — subject matter experts). Eles podem vir de áreas de atuação bem diferentes, usar linguagens de programação e ferramentas muito distintas e pertencer a diferentes partes do processo.

É importante estruturar suas cargas de trabalho e definir sua infraestrutura de modo que diferentes colaboradores possam trabalhar usando ferramentas com as quais se sintam à vontade, em vez de um grupo de colaboradores impor suas ferramentas a outros grupos. Deve-se documentar o código. Deve-se versionar o código, dados e artefatos. Os modelos devem ser suficientemente reproduzíveis para que, mesmo quando os autores originais não estão por perto, outros colaboradores possam ter contextos suficientes para fazer o trabalho. Ao ocorrer um problema, diferentes colaboradores devem conseguir trabalhar juntos para identificá-lo e

---

[9] Sean Wolfe, "Amazon's One Hour of Downtime on Prime Day May Have Cost It up to $100 Million in Lost Sales", *Business Insider*, 19 de julho de 2018. Disponível em: *https://oreil.ly/VBezI*.

implementar uma solução sem culpar uns aos outros. No Capítulo 11, vamos nos aprofundar mais no assunto na seção "Estrutura de Equipe".

Adaptabilidade

Para se adaptar à mudança de distribuição de dados e requisitos de negócios, o sistema deve ter capacidade de descobrir aspectos para melhoria de desempenho e permitir atualizações sem interrupção do serviço.

Como os sistemas de ML são parte do código, do part data e dos dados que podem mudar rapidamente, é necessário que sejam capazes de evoluir rapidamente. Isso está intimamente relacionado à capacidade de sustentabilidade. Analisaremos a alteração das distribuições de dados na seção "Mudanças na Distribuição de Dados" do Capítulo 8 e como atualizar continuamente seu modelo com novos dados na seção "Aprendizado Contínuo" do Capítulo 9.

Processo Iterativo

Desenvolver um sistema de ML é um processo iterativo e, na maioria dos casos, interminável.[10] Uma vez que um sistema é disponibilizado em produção, é necessário monitorá-lo e atualizá-lo continuamente.

Antes de implementar meu primeiro sistema de ML, pensei que o processo seria linear e descomplicado, que tudo que tinha que fazer era coletar os dados, treinar um modelo, implementá-lo e pronto. No entanto, logo percebi que o processo parece mais um ciclo com idas e vindas entre diferentes etapas. Por exemplo, vejamos um fluxo de trabalho que você pode encontrar ao criar um modelo de ML para predizer se um anúncio deve ser exibido quando os usuários fazem uma busca:[11]

1. Escolha uma métrica para otimizar. Por exemplo, talvez você queira otimizar as impressions — o número de vezes que um anúncio é exibido.
2. Colete os dados e obtenha rótulos.
3. Faça a engenharia de features.
4. Treine os modelos.
5. Durante a análise de erros, percebe-se que os erros são causados pelos rótulos incorretos, então rotula-se novamente os dados.
6. Treine o modelo mais uma vez.
7. Durante a análise de erros, percebe-se que o modelo sempre prediz que um anúncio não deve ser exibido, e a razão é porque 99,99% dos dados que você tem apresentam rótulos NEGATIVOS (anúncios que não devem

---

[10] O que, como um revisor inicial apontou, é uma propriedade do software tradicional.
[11] Não destacamos rezar e chorar, mas isso está presente em todo o processo.

ser mostrados). Ou seja, você tem que coletar mais dados de anúncios que devem ser mostrados.

8. Treine o modelo mais uma vez.
9. O modelo tem um bom desempenho em seus dados de teste existentes, que já tem dois meses, mas tem um desempenho insatisfatório nos dados de ontem. Como agora seu modelo está desatualizado, é necessário atualizá-lo em dados mais recentes.
10. Treine o modelo mais uma vez.
11. Implemente o modelo.
12. O modelo parece estar com um bom desempenho, mas então as pessoas da área de negócio vêm bater à sua porta perguntando por que a receita está diminuindo. Acontece que os anúncios estão sendo exibidos, mas poucas pessoas clicam neles. Então é bom alterar seu modelo para otimizar a taxa de cliques do anúncio.
13. Retome a etapa 1.

A Figura 2-2 mostra uma representação simplificada de como é o processo iterativo do desenvolvimento de sistemas de ML em produção a partir da perspectiva de um cientista de dados ou de um engenheiro de ML. Aparentemente, esse processo é diferente da perspectiva de um engenheiro de plataforma de ML ou de um engenheiro DevOps, pois eles podem não ter tanto contexto no desenvolvimento de modelos e podem demorar mais tempo na configuração da infraestrutura.

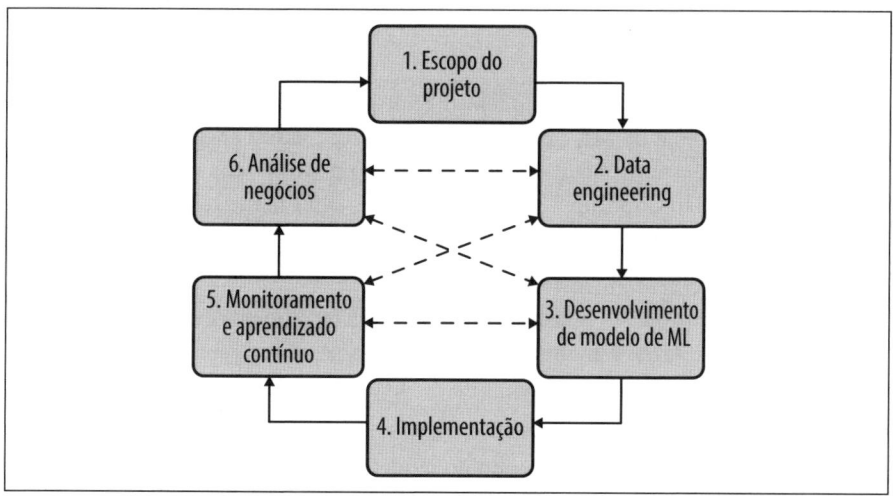

Figura 2-2. O processo de desenvolvimento de um sistema de ML se parece mais com um ciclo de idas e vindas entre as etapas.

Os próximos capítulos analisarão mais a fundo o que cada uma dessas etapas exige na prática. Aqui, faremos uma breve análise sobre cada processo:

Etapa 1. Escopo do projeto

Um projeto começa com o escopo, definindo metas, objetivos e restrições. Deve-se identificar e envolver as partes interessadas. Deve-se estimar e alocar os recursos. No Capítulo 1, já discutimos diferentes partes interessadas e alguns dos focos para projetos de ML em produção. Já vimos também como definir o escopo de um projeto de ML no contexto de negócios no início deste capítulo. No Capítulo 11, discutiremos como organizar equipes para garantir o sucesso de um projeto de ML.

Etapa 2. Data engineering

A grande maioria dos modelos atuais de ML aprende com os dados, portanto, o desenvolvimento de modelos de ML começa com o data engineering. No Capítulo 3, abordaremos os seus fundamentos, que abrangem o tratamento de dados de diferentes fontes e formatos. A partir do acesso a dados brutos, queremos selecionar os dados de treinamento, fazer a amostragem e gerar rótulos, o que é discutido no Capítulo 4.

Etapa 3. Desenvolvimento de modelo de ML

A partir do conjunto inicial de dados de treinamento, precisaremos extrair features e desenvolver modelos iniciais aproveitando essas features. Esta é a fase que exige mais conhecimento de ML e é mais frequentemente abordada em cursos de ML. No Capítulo 5, analisaremos a engenharia de feature [feature engineering]. No Capítulo 6, discutiremos a seleção, o treinamento e a avaliação do modelo.

Etapa 4. Implementação

Após ser desenvolvido, um modelo precisa ser acessível aos usuários. Desenvolver um sistema de ML é como escrever — você nunca chegará ao ponto em que o sistema está pronto. Mas você chega ao ponto em que é necessário implementá-lo. No Capítulo 7, discutiremos diferentes maneiras de implementar um modelo de ML.

Etapa 5. Monitoramento e aprendizado contínuo

Uma vez em produção, é necessário monitorar os modelos quanto à queda de desempenho e fazer a manutenção deles para se adaptarem às mudanças de ambientes e requisitos. Abordaremos essa etapa nos Capítulos 8 e 9.

Etapa 6. Análise de negócios

É necessário avaliar o desempenho do modelo em relação às metas de negócios e analisá-lo para gerar insights de negócios. Esses insights podem então ser usados para eliminar projetos improdutivos ou definir novos projetos. Esta etapa está intimamente relacionada com a primeira.

Delimitando os Problemas de ML

Imagine que você é um líder tech de engenharia de ML em um banco que tem como alvo usuários da geração Y. Um dia, seu chefe fica sabendo de um banco concorrente que usa ML para acelerar o atendimento ao cliente, que supostamente ajuda a instituição a processar suas solicitações de clientes duas vezes mais rápido. Ele ordena que sua equipe analise o uso do ML para agilizar o atendimento ao cliente também.

Por mais que o suporte lento ao cliente seja um problema, não é um problema de ML. Um problema de ML é definido por entradas, saídas e pela função objetivo que norteia o processo de aprendizagem — nenhum desses três têm alguma coisa a ver com a solicitação do seu chefe. Como engenheiro experiente, seu trabalho é usar seu conhecimento de quais problemas o ML pode resolver para delimitar esta solicitação como um problema de ML.

Após investigação, você descobre que o gargalo na resposta às solicitações do cliente está no encaminhamento das solicitações do cliente para o departamento certo dentre quatro departamentos: contabilidade, inventário, RH (recursos humanos) e TI. É possível aliviar esse gargalo desenvolvendo um modelo de ML que faça a predição para qual desses quatro departamentos uma solicitação deve ir. Isso o torna um problema de classificação. A entrada é a solicitação do cliente. A saída é o departamento para o qual a solicitação deve ir. A função objetivo é minimizar a diferença entre o departamento predito e o departamento real.

No Capítulo 5, analisaremos de modo abrangente como extrair features de dados brutos para inseri-las em seu modelo de ML. Nesta seção, focaremos dois aspectos: a saída do seu modelo e a função objetivo que norteia o processo de aprendizagem.

Tipos de Tarefas de ML

A saída do seu modelo determina o tipo de tarefa do seu problema de ML. Os tipos mais comuns de tarefas de ML são classificação e regressão. Dentro da classificação, há mais subtipos, como mostra a Figura 2-3. Analisaremos cada um deles.

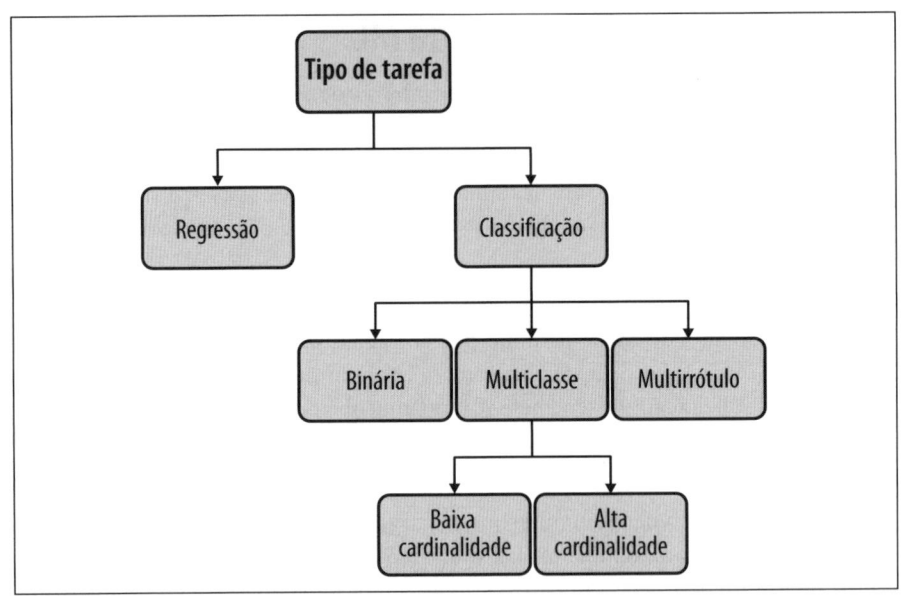

Figura 2-3. Tipos de tarefas comuns no ML.

Classificação versus regressão

Os modelos de classificação agrupam as entradas em diferentes categorias. Por exemplo, é bom agrupar cada e-mail como spam ou não spam. Modelos de regressão geram como saída um valor contínuo. Um exemplo é um modelo de predição de casa que gera como saída o preço de uma determinada casa.

Um modelo de regressão pode ser facilmente delimitado como um modelo de classificação e vice-versa. Por exemplo, a predição da casa pode se tornar uma tarefa de classificação se quantificarmos os preços da casa em buckets: abaixo de US$100.000, US$100.000 a US$200.000, US$200.000 a US$500.000, e assim por diante, e predizermos o bucket em que a casa deveria estar.

O modelo de classificação de e-mail pode se tornar um modelo de regressão se fizermos com que ele gere valores entre 0 e 1 e decidirmos um threshold [limiar de decisão] para determinar quais valores devem ser SPAM (por exemplo, se o valor estiver acima de 0.5, o e-mail é spam), como mostrado na Figura 2-4.

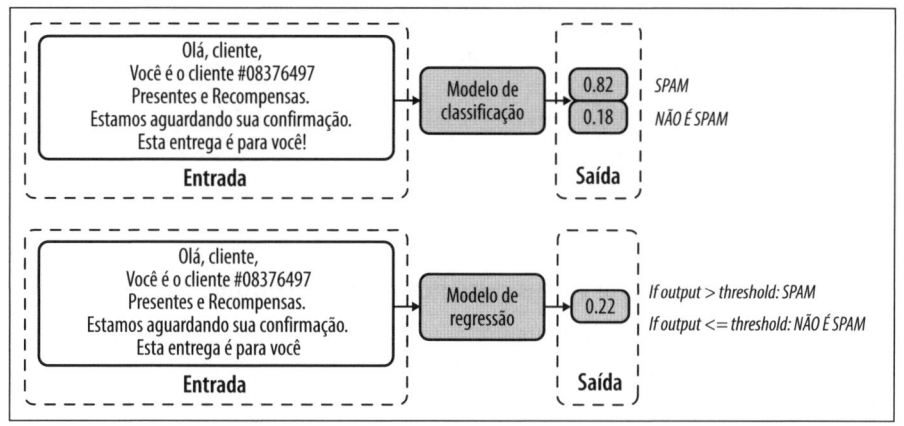

Figura 2-4. A tarefa de classificação de e-mail também pode ser delimitada como uma tarefa de regressão.

Classificação binária versus multiclasse

Nos problemas de classificação, quanto menos classes houver para classificar, mais simples será o problema. A classificação mais simples é a *classificação binária*, em que existem apenas duas classes possíveis. Exemplos de classificação binária incluem classificar se um comentário é tóxico, se uma tomografia pulmonar mostra sinais de câncer, se uma transação é fraudulenta. Não está claro se esse tipo de problema é comum na indústria devido à sua ocorrência natural, ou se ocorre com mais frequência devido à maior familiaridade dos profissionais de ML em lidar com eles.

Quando temos mais de duas classes, o problema se torna uma *classificação multiclasse*. Lidar com problemas de classificação binária é mais fácil do que lidar com problemas de multiclasse, pois é mais intuitivo calcular o F1 score e visualizar matrizes de confusão quando há apenas duas classes em vez de múltiplas.

Quando o número de classes é alto, como diagnóstico de doenças, em que o número de enfermidades pode passar para a casa de milhares ou classificações de produtos, em que o número de produtos pode alcançar dezenas de milhares, dizemos que a tarefa de classificação tem *alta cardinalidade*. Problemas de alta cardinalidade podem ser um grande desafio. O primeiro desafio reside na coleta de dados. Em minha experiência, os modelos de ML normalmente precisam de pelo menos 100 exemplos para cada classe a fim de aprenderem a classificar todas as classes. Ou seja, caso tenha mil classes, você precisa de pelo menos 100 mil exemplos. A coleta de dados pode ser dificílima para classes raras. Quando se tem milhares de classes, é provável que algumas delas sejam raras.

Quando o número de classes é grande, a classificação hierárquica pode ser útil. Na classificação hierárquica, você tem um classificador para classificar primeiro cada exemplo em um dos numerosos grupos. Depois, você tem outro classificador para classificar este exemplo em um dos subgrupos. Por exemplo, para classificação de produtos, você pode primeiro classificar cada produto em uma das quatro categorias principais: eletrônicos, casa e cozinha, moda ou produtos para pets. Após classificar um produto em uma categoria, digamos, moda, você pode usar outro classificador para colocar este produto em um dos subgrupos: sapatos, camisas, jeans ou acessórios.

Classificação multiclasse versus classificação multirrótulo

Tanto na classificação binária quanto na multiclasse, cada exemplo pertence exatamente a uma classe. Quando um exemplo pertence à múltiplas classes, temos um problema de *classificação multirrótulo*. Por exemplo, ao construir um modelo para classificar artigos em quatro tópicos — tecnologia, entretenimento, finanças e política —, um artigo pode estar em tecnologia e finanças.

Existem duas abordagens principais para o problema de classificação multirrótulo. A primeira é tratá-lo como se fosse uma classificação multiclasse. Na classificação multiclasse, se houver quatro classes possíveis [tecnologia, entretenimento, finanças, política] e o rótulo para um exemplo for entretenimento, você representa esse rótulo com o vetor [0, 1, 0, 0]. Na classificação multirrótulo, se um exemplo tiver ambos os rótulos, entretenimento e finanças, seu rótulo será representado como [0, 1, 1, 0]. A segunda é transformá-lo em um conjunto de problemas de classificação binária. Para o problema de classificação de artigos, você pode ter quatro modelos correspondentes a quatro tópicos, cada modelo informando se um artigo está nesse tópico ou não.

De todos os tipos de tarefas, a classificação multirrótulo é geralmente aquela em que eu vi as empresas terem mais problemas. Multirrótulo significa que o número de classes que um exemplo pode ter varia de exemplo para exemplo. Primeiro, isso dificulta a anotação do rótulo, pois aumenta o problema de multiplicidade do rótulo que abordaremos no Capítulo 4. Por exemplo, um anotador pode acreditar que um exemplo pertence a duas classes, enquanto outro pode acreditar que o mesmo exemplo pertence a apenas uma classe, e talvez não seja nada fácil resolver essas discordâncias.

Segundo, esse número variável de classes dificulta as extrações de predições da probabilidade bruta. Considere a mesma tarefa de classificar os artigos em quatro tópicos. Imagine que, dado um artigo, seu modelo gera como saída essa distribuição de probabilidade bruta: [0.45, 0.2, 0.02, 0.33]. No contexto multiclasse, quando sabemos que um exemplo pode pertencer a apenas uma categoria, você simplesmente escolhe a categoria com a maior probabilidade, que neste caso é 0.45. No contexto de multirrótulo, como não sabemos a quantas categorias um exemplo pode pertencer, você pode escolher as duas categorias de probabilidade mais altas (correspondendo a 0.45 e 0.33) ou três categorias com esse mesmo critério (correspondendo a 0.45, 0.2 e 0.33).

Várias maneiras de delimitar um problema

Mudar a forma como se delimita o problema pode dificultá-lo ainda mais ou facilitá-lo. Pense na tarefa de predizer qual app um usuário de telefone deseja usar. Uma configuração inexperiente seria delimitá-lo como uma tarefa de classificação multiclasse — usar as features do usuário e do ambiente (informações demográficas do usuário, hora, localização, aplicativos anteriormente usados) como entrada e gerar como saída uma distribuição de probabilidade para cada app no telefone do usuário. Digamos que N seja o número de apps que você pensa em recomendar a um usuário. Ao delimitar o problema para um determinado usuário em um determinado momento, podemos fazer somente uma predição, e a predição é um vetor do tamanho N. Podemos vê-lo na Figura 2-5.

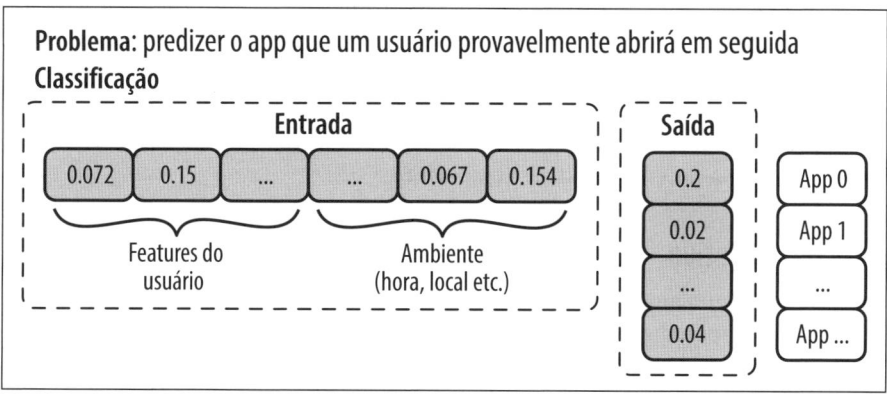

Figura 2-5. Dado o problema de predizer o app que um usuário provavelmente abrirá em seguida, é possível delimitá-lo como um problema de classificação. As entradas são as features do usuário e as do ambiente. A saída é uma distribuição de todos os apps no telefone.

Trata-se de uma abordagem ruim, pois sempre que um novo app é adicionado, é preciso retreinar seu modelo a partir do zero, ou pelo menos, retreinar todos os componentes do seu modelo cujo número de parâmetros depende de N. Uma abordagem melhor é delimitar o problema como uma tarefa de regressão. A entrada são as features do usuário, do ambiente e do app. A saída é um único valor entre 0 e 1; quanto maior o valor, maior a probabilidade de o usuário abrir o app dado o contexto. Delimitando o problema assim, para um determinado usuário em um determinado momento, podemos fazer N predições, uma para cada app, mas cada predição é somente um número. Podemos ver essa configuração aprimorada na Figura 2-6.

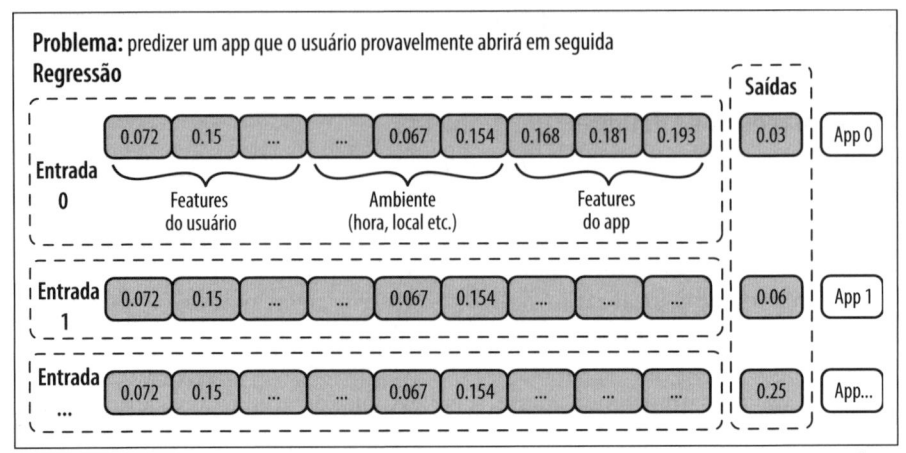

Figura 2-6. Dado o problema de predizer o app que um usuário provavelmente abrirá em seguida, é possível delimitá-lo como um problema de regressão. A entrada é a features do usuário, do ambiente e de um app. A saída é um único valor entre 0 e 1, indicando a probabilidade de o usuário abrir o app, dado o contexto.

Com esta nova delimitação, sempre que houver um novo app que queira recomendar a um usuário, seu modelo precisará apenas dos novos dados e das features do novo app, sem a necessidade de retreinamento.

Funções Objetivo

Para aprender, um modelo de ML precisa de uma função objetivo a fim de orientar o processo de aprendizagem.[12] Uma função objetivo também é chamada de função de perda, porque o objetivo do processo de aprendizagem é geralmente minimizar (ou otimizar) a perda causada por predições erradas. Para o machine learning supervisionado, essa perda pode ser calculada comparando as saídas do modelo com os rótulos ground truth usando uma medição como erro quadrático médio (RMSE) ou entropia cruzada.

Para exemplificar esse ponto, vamos retornar à tarefa anterior de classificar os artigos em quatro tópicos (tecnologia, entretenimento, finanças, política). Considere um artigo que pertence à classe política, por exemplo, seu rótulo ground truth é [0, 0, 0, 1]. Imagine que, dado um artigo, seu modelo gera como saída essa distribuição de probabilidade bruta: [0.45, 0.2, 0.02, 0.33]. A perda de entropia cruzada deste modelo, dado este exemplo, é a entropia cruzada de [0.45, 0.2, 0.02, 0.33] em relação a [0, 0, 0, 1]. No Python, você pode calcular a entropia cruzada com o seguinte código:

---

[12] Repare que as funções objetivo são funções matemáticas, que são diferentes dos objetivos de negócios e de ML que discutimos anteriormente neste capítulo.

```
import numpy as np

def cross_entropy(p, q):
    return -sum([p[i] * np.log(q[i]) for i in range(len(p))])

p = [0, 0, 0, 1]
q = [0.45, 0.2, 0.02, 0.33]
cross_entropy(p, q)
```

Em geral, escolher uma função objetivo é simples, ainda que elas não sejam fáceis. Criar funções objetivo significativas exige conhecimento de álgebra, logo, a maioria dos engenheiros de ML apenas usa funções de perda comuns como RMSE ou MAE (erro médio absoluto) para regressão, perda logística (também log loss) para classificação binária e entropia cruzada para classificação multiclasse.

Desacoplando objetivos

Delimitar problemas de ML pode ser complicado quando se quer minimizar várias funções objetivo. Imagine que você está criando um sistema para classificar itens nos feeds de notícias dos usuários. Seu objetivo original é maximizar o engajamento dos usuários. Você quer alcançar isso por meio dos três objetivos a seguir:

- Filtrar spam
- Filtrar conteúdo NSFW
- Classificação de posts por engajamento: qual a probabilidade de os usuários clicarem nele

No entanto, você logo aprendeu que a otimização apenas para o engajamento dos usuários pode resultar em preocupações éticas questionáveis. Como as postagens extremas tendem a obter mais engajamento, seu algoritmo aprendeu a priorizar o conteúdo extremo.[13] Como queremos criar um feed de notícias mais saudável, você tem um novo objetivo: maximizar o engajamento dos usuários, minimizando a disseminação de opiniões extremas e desinformação. Para alcançar esse objetivo, você adiciona dois novos objetivos ao seu plano original:

- Filtrar spam
- Filtrar conteúdo NSFW
- Filtrar desinformação
- Classificar posts por qualidade

---

[13] Joe Kukura, "Facebook Employee Raises Powered by 'Really Dangerous' Algorithm That Favors Angry Posts", *SFist*, 24 de setembro de 2019. Disponível em: *https://oreil.ly/PXtGi*; Kevin Roose, "The Making of a YouTube Radical", *New York Times*, 8 de junho de 2019. Disponível em: *https://oreil.ly/KYqzF*.

- Classificar posts por engajamento: qual a probabilidade de os usuários clicarem nele

Agora, dois objetivos estão em conflito. Se um post é cativante, mesmo sendo de qualidade questionável, sua classificação deve ser alta ou baixa?

Um objetivo é representado por uma função objetivo. Para classificar posts por qualidade, é necessário primeiro predizer a qualidade deles, de modo que qualidade predita dos posts seja a mais próxima possível da qualidade real. Você quer basicamente minimizar a *quality_loss*: a diferença entre a qualidade predita de cada post e sua verdadeira qualidade.[14] Da mesma forma, para classificar os posts por engajamento, é necessário primeiro predizer o número de cliques que cada post receberá. Você quer minimizar o *engagement_loss*: a diferença entre os cliques preditos de cada post e seu número efetivo de cliques.

Uma abordagem é combinar essas duas perdas com uma perda e treinar um modelo para minimizá-la:

loss = α quality_loss + β engagement_loss

Você pode testar diferentes valores de α e β aleatoriamente para encontrar os valores que funcionam melhor. Se quiser ser mais sistemático com o ajuste desses valores, você pode recorrer à Otimização de Pareto, "uma área de tomada de decisão de múltiplos critérios que se preocupa com problemas de otimização matemática envolvendo mais de uma função objetivo a ser otimizada de forma simultânea".[15]

Um problema com essa abordagem é que cada vez que você ajusta α e β — por exemplo, se a qualidade dos feeds de notícias de seus usuários aumenta, mas o engajamento dos usuários diminui, talvez você queira diminuir α e aumentar β — terá que retreinar seu modelo.

Outra abordagem é treinar dois modelos diferentes, cada um otimizando uma perda. Logo, você tem dois modelos:

quality_model
    Minimiza a *quality_loss* e gera como saída a qualidade predita de cada post

engagement_model
    Minimiza o *engagement_loss* e gera como saída o número predito de cliques de cada post

---

[14] Para simplificar, vamos fingir por enquanto que sabemos como medir a qualidade de um post.
[15] Wikipédia, s.v. "Pareto optimization", disponível em: *https://oreil.ly/NdApy*. Já que está aqui, você também pode ler o ótimo artigo de Jin e Sendhoff sobre como aplicar a Otimização de Pareto ao ML, no qual os autores afirmam que "o machine learning é inerentemente uma tarefa multiobjetivo" (Yaochu Jin e Bernhard Sendhoff, "Pareto-Based Multiobjective Machine Learning: An Overview and Case Studies", *IEEE Transactions on Systems, Man, and Cybernetics — Part C: Applications and Reviews* 38, no. 3 [maio de 2008]. Disponível em: *https://oreil.ly/f1aKk*).

É possível combinar as saídas dos modelos e os posts de classificação com seus scores combinados:

α quality_score + β engagement_score

Agora você pode ajustar α e β sem retreinar seus modelos!

Em geral, quando há vários objetivos, é uma boa ideia desacoplá-los primeiro, pois isso facilita o desenvolvimento e a sustentabilidade do modelo. Primeiro, fica mais fácil ajustar seu sistema sem modelos de retreinamento, como explicado anteriormente. Segundo, é mais fácil mantê-los, uma vez que diferentes objetivos podem precisar de diferentes cronogramas de manutenção. As técnicas de spam evoluem mais rápido do que a forma como a qualidade do post é percebida, então os sistemas de filtragem de spam precisam de atualizações em uma frequência maior do que os sistemas de classificação de qualidade.

Mente versus Dados (Data Overmind)

O progresso da última década mostra que o sucesso de um sistema de ML depende em grande parte dos dados em que foi treinado. Em vez de focar a melhoria dos algoritmos de ML, a maioria das empresas foca a melhoria de seus dados.[16]

Apesar do sucesso dos modelos que usam grandes quantidades de dados, muitos são céticos quanto à ênfase nos dados como caminho a seguir. Nos últimos cinco anos, em todas as conferências acadêmicas que participei, sempre houve alguns debates públicos sobre o poder da mente versus dados. A *mente* pode esconder vieses indutivos ou designs arquitetônicos inteligentes. Os *dados* podem ser agrupados em conjunto por meio do processamento computacional, uma vez que mais dados tendem a exigir mais processamento.

Em teoria, você pode buscar projetos arquitetônicos e aproveitar grandes dados e processamento, mas o tempo gasto em um geralmente compromete o tempo do outro.[17]

Na área de DataMind (mente em detrimento dos dados), temos o Dr. Judea Pearl, vencedor do Prêmio Turing, mais conhecido por seu trabalho em inferência causal e redes bayesianas. A introdução de seu livro *The Book of Why* é intitulada "Mind over Data", na qual enfatiza que: "Os dados são extremamente estúpidos." Em 2020, em um de seus posts mais controversos no Twitter, ele expressou sua forte opinião contra abordagens de ML que dependem intensamente de dados, e alertou que as pessoas data-centric de ML podem ficar sem emprego em três a cinco anos:

---

[16] Anand Rajaraman, "More Data Usually Beats Better Algorithms", *Datawocky*, 24 de março de 2008. Disponível em: *https://oreil.ly/wNwhV*.
[17] Rich Sutton, "The Bitter Lesson", 13 de março de 2019. Disponível em: *https://oreil.ly/RhOp9*.

"O ML não será o mesmo daqui a 3 a 5 anos, e as pessoas de ML que continuam adotando o paradigma atual de data-centric ficarão desatualizadas, até mesmo desempregadas. Lembrem-se disso."[18]

Temos também a opinião mais branda do professor Christopher Manning, diretor do Stanford Artificial Intelligence Laboratory, que argumentou que o enorme processamento computacional e a quantidade colossal de dados de um simples algoritmo de aprendizado possibilitam que até mesmo alunos com baixo desempenho obtenham resultados satisfatórios. A estrutura nos possibilita projetar sistemas que podem aprender mais com menos dados.[19]

Hoje, muitas pessoas do ML estão na área de Data Overmind. Richard Sutton, professor da ciência de computação na Universidade de Alberta e cientista pesquisador eminente da DeepMind, escreveu um ótimo post no blog alegando que os pesquisadores que optaram por buscar projetos inteligentes em vez de métodos que alavancam o processamento acabarão aprendendo uma amarga lição: "A maior lição que podemos aprender em 70 anos de pesquisa de IA é que métodos gerais potencializados são, em última análise, os mais eficazes e por uma grande margem… Buscam uma melhoria que faça a diferença a curto prazo, os pesquisadores buscam potencializar o conhecimento humano do domínio, mas a única coisa que importa a longo prazo é potencializar o processamento computacional."[20]

Quando perguntado como o Google Search estava indo tão bem, Peter Norvig, diretor de qualidade de pesquisa do Google, enfatizou a importância de ter uma grande quantidade de dados em vez de algoritmos inteligentes que contribuíam para o sucesso: "Não temos os melhores algoritmos. Só temos mais dados."[21]

A Dra. Monica Rogati, ex-vice-presidente de dados da Jawbone, defendeu os dados como base da ciência de dados, conforme mostrado na Figura 2-7. Caso queria usar a ciência de dados, disciplina da qual o ML faz parte, para melhorar seus produtos ou processos, é necessário começar com a construção de seus dados, tanto em termos de qualidade quanto de quantidade. Sem dados, não há ciência de dados.

A controvérsia não é sobre se dados finitos são necessários, mas sim se são suficientes. O termo *finito* aqui é importante, pois se tivéssemos dados infinitos, seria possível procurar a resposta. Ter muitos dados é diferente de ter dados infinitos.

---

[18] Tweet de Dr. Judea Pearl (@yudapearl), 27 de setembro de 2020. Disponível em: *https://oreil.ly/wFbHb*.
[19] "Deep Learning and Innate Priors" (Chris Manning versus Yann LeCun debate), 2 de fevereiro de 2018, vídeo, 1:02:55. Disponível em: *https://oreil.ly/b3hb1*.
[20] Sutton, "The Bitter Lesson".
[21] Alon Halevy, Peter Norvig e Fernando Pereira, "The Unreasonable Effectiveness of Data", *IEEE Computer Society*, março/abril de 2009. Disponível em: *https://oreil.ly/WkN6p*.

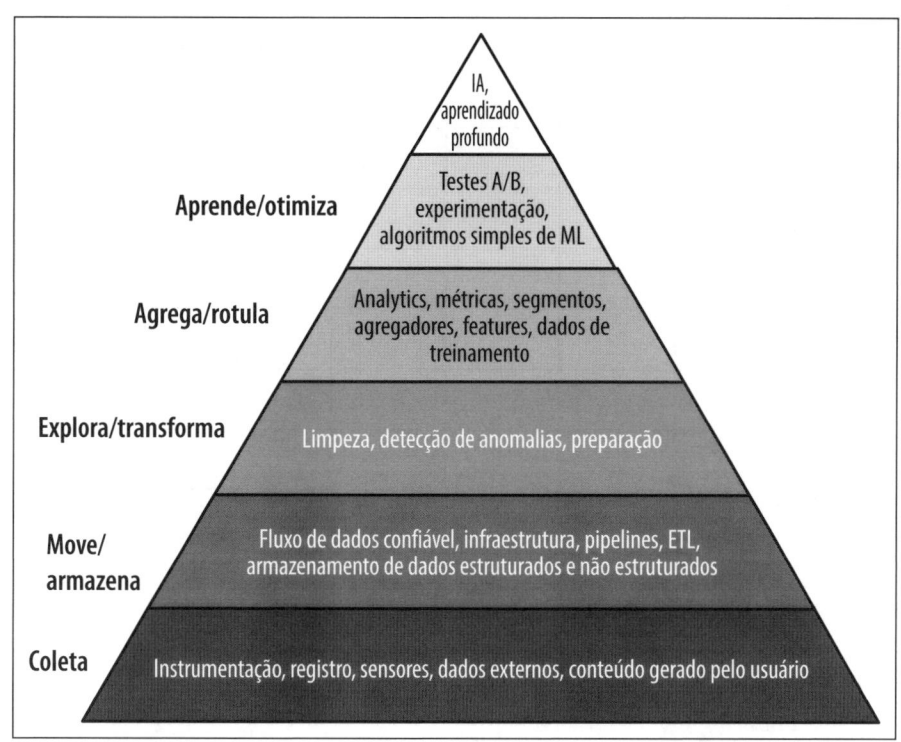

Figura 2-7. A hierarquia de necessidades da ciência de dados. Fonte: Adaptado de uma imagem de Monica Rogati.[22]

Independentemente de qual campo se mostrará certo mais cedo ou mais tarde, ninguém pode negar que os dados são essenciais, por enquanto. Nas últimas décadas, tanto as pesquisas quanto as tendências demonstram que o sucesso do ML depende cada vez mais da qualidade e quantidade de dados. Os modelos estão ficando maiores e usando mais dados. Em 2013, a comunidade de ML ficou entusiasmada quando o One Billion Word Benchmark para modelagem de linguagem foi lançado, com 0,8 bilhão de tokens.[23] Após seis anos, o GPT-2 da OpenAI usou um conjunto de dados de 10 bilhões de tokens. E, no ano seguinte, o GPT-3 usou 500 bilhões de tokens. A taxa de crescimento dos tamanhos dos conjuntos de dados é mostrada na Figura 2-8.

---

[22] Monica Rogati, "The AI Hierarchy of Needs", *Hackernoon Newsletter*, 12 de junho de 2017. Disponível em: *https://oreil.ly/3nxJ8*.
[23] Ciprian Chelba, Tomas Mikolov, Mike Schuster, Qi Ge, Thorsten Brants, Phillipp Koehn e Tony Robinson, "One Billion Word Benchmark for Measuring Progress in Statistical Language Modeling", *arXiv*, 11 de desembro de 2013. Disponível em: *https://oreil.ly/1AdO6*.

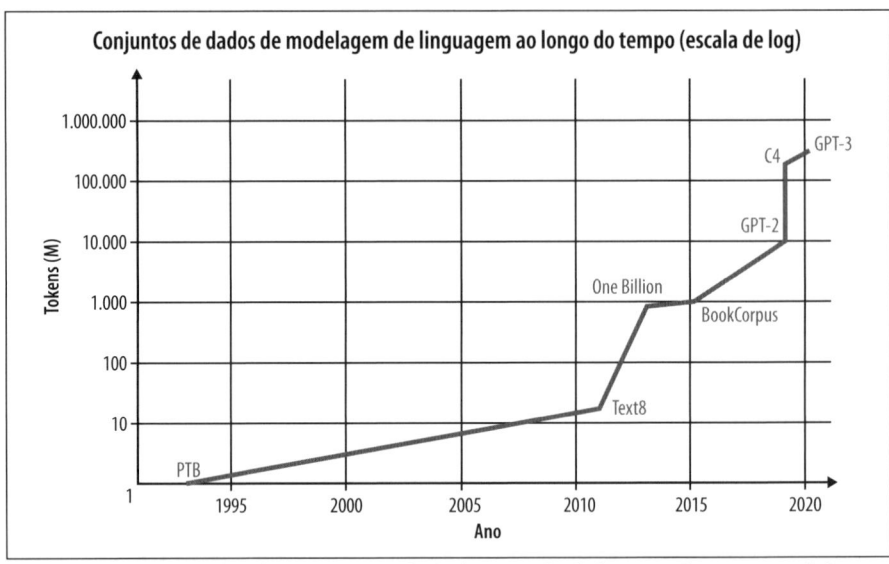

Figura 2-8. O tamanho dos conjuntos de dados (escala de log) usados para modelagem de linguagem ao longo do tempo.

Embora grande parte do progresso do aprendizado profundo na última década tenha sido impulsionado por uma quantidade cada vez maior de dados, nem sempre a quantidade de dados resulta em melhor desempenho para o seu modelo. Mais dados com qualidade inferior, como dados desatualizados ou com rótulos incorretos, podem até prejudicar o desempenho do seu modelo.

Recapitulando

Espero que este capítulo tenha lhe fornecido uma introdução ao design de sistemas de ML e os aspectos que precisamos levar em consideração ao projetar um sistema de ML. Todo projeto deve começar com um por que desse projeto, e projetos de ML não fogem à regra. Começamos o capítulo com uma suposição de que a maioria das empresas não se importa com as métricas de ML, a menos que possam impulsionar as métricas de negócios. Se for construído para uma empresa, o sistema deve ser orientado por objetivos de negócios, que precisarão ser traduzidos em objetivos de ML a fim de nortear o desenvolvimento de modelos de ML.

Antes de construir um sistema de ML, precisamos entender os requisitos que o sistema precisa atender para ser considerado um bom sistema. Os requisitos exigidos variam de caso de uso para caso de uso e, neste capítulo, focamos os quatro requisitos mais gerais: confiabilidade, escalabilidade, sustentabilidade e adaptabilidade. As técnicas para atender cada um desses requisitos serão abordadas ao longo do livro. Construir um sistema de ML não é uma tarefa pontual, mas um processo iterativo. Neste capítulo, discutimos o processo iterativo para desenvolver um sistema de ML que atendesse aos requisitos anteriores.

Concluímos o capítulo com uma discussão filosófica sobre o papel dos dados nos sistemas de ML. Muitos acreditam que algoritmos inteligentes eventualmente superarão as barreiras das grandes quantidades de dados. No entanto, o sucesso de sistemas como AlexNet, BERT e GPT mostrou que o progresso do ML na última década depende do acesso a uma grande quantidade de dados.[24] Independentemente de os dados prevalecerem sobre o design inteligente, ninguém pode negar a importância dos dados no ML. Uma parte significativa deste livro será dedicada a esclarecer várias questões de dados.

Os sistemas complexos de ML são compostos de blocos de construção mais simples. Agora que abordamos a visão geral de alto nível de um sistema de ML em produção, vamos analisar detalhadamente esses blocos de construção nos próximos capítulos, começando com os fundamentos de data engineering no próximo capítulo. Se algum dos desafios mencionados neste capítulo lhe parecer abstrato demais, espero que os exemplos específicos nos próximos capítulos os tornem mais concretos.

---

[24] Alex Krizhevsky, Ilya Sutskever, and Geoffrey E. Hinton, "ImageNet Classification with Deep Convolutional Neural Networks", in *Advances in Neural Information Processing Systems*, vol. 25, ed. F. Pereira, C.J. Burges, L. Bottou, and K.Q. Weinberger (Curran Associates, 2012). Disponível em: *https://oreil.ly/MFYp9*; Jacob Devlin, Ming-Wei Chang, Kenton Lee, and Kristina Toutanova, "BERT: Pre-training of Deep Bidirectional Transformers for Language Understanding", *arXiv*, 2019. Disponível em: *https://oreil.ly/TN8fN*; "Better Language Models and Their Implications", OpenAI blog, 14 de fevereiro de 2019. Disponível em: *https://oreil.ly/SGV7g*.

CAPÍTULO 3
Fundamentos de Engenharia de Dados

Nos últimos anos, a ascensão do ML está estritamente relacionada à ascensão do big data. Sistemas grandes de dados, mesmo sem ML, são complexos. Se você não passou anos a fio trabalhando com eles, é fácil se perder em siglas. Esses sistemas geram muitos desafios e possíveis soluções. Os padrões da indústria, caso existam, evoluem rapidamente à medida que novas ferramentas são lançadas e as necessidades da indústria se aprofundam, criando um ambiente dinâmico e em constante mudança. Se analisarmos a data stack de diferentes empresas tecnológicas, cada uma delas parece estar fazendo o que bem entende.

Neste capítulo, abordaremos os fundamentos de engenharia de dados que, assim espero, lhe fornecerão um terreno sólido à medida que você explora a paisagem conforme suas necessidades. Começaremos com diferentes fontes de dados com as quais você pode trabalhar em um típico projeto de ML. Prosseguiremos discutindo os formatos nos quais os dados podem ser armazenados. O armazenamento de dados só é interessante se você pretende recuperá-los mais tarde. Para isso, é importante saber não apenas como são formatados, mas também como são estruturados. Os modelos de dados definem como os dados armazenados em um formato específico de dados são estruturados.

Se os modelos de dados descrevem os dados do mundo real, os bancos de dados especificam como os dados devem ser armazenados nas máquinas. Continuaremos examinando os mecanismos de armazenamento de dados, também conhecidos como bancos de dados, de dois principais tipos de processamento: transacional e analítico.

Em produção, trabalhamos normalmente com dados em vários processos e serviços. Por exemplo, é possível ter um serviço de engenharia de feature que calcula as features a partir de dados brutos e um serviço de predição para gerar predições com base nas features calculadas. Ou seja, você terá que passar as features calculadas do serviço de engenharia de feature para o serviço de predição. Na seção a seguir, discutiremos diferentes modos de passagem de dados entre os processos. Durante essa discussão, aprenderemos sobre dois tipos distintos de dados: dados históricos em mecanismos de armazenamento de dados e streaming de dados em transportes em tempo real [real-time transports]. Esses dois tipos diferentes de dados exigem paradigmas de processamento diferentes, que abordaremos na seção "Processamento em Lote versus Processamento de Fluxo".

Saber como coletar, processar, armazenar, recuperar e processar uma quantidade cada vez maior de dados é essencial para as pessoas que querem construir sistemas de ML em produção. Caso já esteja familiarizado com os sistemas de dados, convém ir direto ao Capítulo 4 para saber mais sobre como amostrar e gerar rótulos para criar dados de treinamento. Se quiser aprender mais sobre engenharia de dados a partir de uma perspectiva de sistemas, recomendo o excelente livro de Martin Kleppmann, *Designing Data-Intensive Applications* (O'Reilly, 2017).

Fontes de Dados

Um sistema de ML pode trabalhar com dados de muitas fontes diferentes. Eles têm características distintas, podem ser usados para diversas finalidades e exigem diferentes métodos de processamento. Compreender as fontes de origem dos seus dados pode ajudá-lo a usá-los com mais eficiência. Esta seção tem como intuito fornecer uma visão geral rápida de diferentes fontes de dados para aqueles que não estão familiarizados com dados em produção. Se já trabalhou com ML em produção por um tempo, fique à vontade para pular esta seção.

Uma dessas fontes são os *dados de entrada do usuário*, dados explicitamente inseridos pelos usuários. A entrada do usuário pode ser texto, imagens, vídeos, arquivos enviados etc. Se houver a possibilidade, mesmo que remota, de os usuários inserirem dados incorretos, pode ter certeza de que eles farão isso. Como resultado, os dados de entrada do usuário podem ser facilmente mal formatados. O texto pode ser muito extenso ou muito curto. Onde se espera valores numéricos, os usuários podem inserir texto sem querer. Caso permita que os usuários façam upload de arquivos, eles podem fazer esse upload nos formatos errados. Os dados de entrada do usuário exigem verificação e processamento mais pesados. Além disso, os usuários também têm pouca paciência. Na maioria dos casos, quando inserimos dados, esperamos obter resultados de imediato. Assim sendo, os dados de entrada do usuário costumam exigir processamento rápido.

Outra fonte são os *dados gerados pelo sistema*, que se originam de diferentes componentes de seus sistemas, que incluem vários tipos de logs e saídas do sistema, como predições de modelos. Os logs podem registrar o estado e eventos significativos do sistema, como uso de memória, número de instâncias, serviços chamados, pacotes usados etc. Podem registrar os resultados de diferentes jobs [tarefas], incluindo grandes batch jobs para processamento de dados e treinamento de modelos. Esses tipos de logs fornecem visibilidade sobre o desempenho do sistema. O principal objetivo dessa visibilidade é debugar e potencialmente melhorar a aplicação. Na maioria das vezes, não é necessário analisar esses logs, mas quando o bicho pega, eles são essenciais.

Como os logs são gerados pelo sistema, é menos provável que sejam mal formatados, como são os dados de entrada do usuário. No geral, os logs não precisam ser processados assim que chegam, como se faria com os dados de entrada do usuário. Para muitos casos de uso, é aceitável processar logs periodicamente, por hora ou até mesmo por dia. No entanto, talvez seja útil processar seus logs rapidamente para detectar e ser notificado sempre que algo interessante acontecer.[1]

Como é difícil debugar sistemas de ML, é prática comum registrar tudo que conseguimos. Ou seja, seu volume de logs pode crescer muito, muito depressa. Isso gera dois problemas. O primeiro é que talvez seja difícil saber onde procurar, pois os sinais se perdem no ruído. Existem muitos serviços que processam e analisam logs, como Logstash, Datadog, Logz.io etc. Muitos deles utilizam modelos de ML para ajudá-lo a processar e entender seu número gigantesco de logs.

O segundo problema é como armazenar um número crescente de logs. Felizmente, na maioria dos casos, é possível armazenar logs enquanto forem úteis, bem como descartá-los quando não forem mais relevantes para debugar seu sistema atual. Caso não precise acessar seus logs com frequência, pode-se armazená-los em armazenamento de pouco acesso que custa bem menos do que o armazenamento de acesso de alta frequência.[2]

O sistema também gera dados para registrar os comportamentos dos usuários, como clicar, escolher uma sugestão, rolar, ampliar, ignorar um pop-up ou passar um período incomum de tempo em determinadas páginas. Mesmo que sejam dados gerados pelo sistema, ainda são considerados parte dos dados do usuário e podem estar sujeitos às regulamentações de privacidade.[3]

Há também *bancos de dados internos*, gerados por diversos serviços e aplicações corporativas em uma empresa. Esses bancos de dados gerenciam seus ativos, como inventário, relacionamento com o cliente, usuários e muito mais. Esse tipo de dados pode ser usado diretamente por modelos de ML ou por vários componentes

---

[1] "Interessante" em produção geralmente significa catastrófico, como uma falha ou quando sua conta de nuvem atinge um valor astronômico.

[2] A partir de novembro de 2021, o AWS S3 Standard, a opção de armazenamento que possibilita acessar seus dados com latência de milissegundos, custava cerca de cinco vezes mais por GB do que o S3 Glacier, a opção de armazenamento que possibilita recuperar seus dados com latência de entre 1 minuto e 12 horas.

[3] Um engenheiro de ML me contou que sua equipe só usava o histórico de navegação e compras de produtos dos usuários para fazer recomendações sobre o que gostariam de ver em seguida. Respondi: "Então você não usa dados pessoais?" Ele olhou para mim, confuso. "Se você quis dizer dados demográficos como idade dos usuários, localização, então não, não usamos. Mas eu diria que as atividades de navegação e compra de uma pessoa são extremamente pessoais."

de um sistema de ML. Por exemplo, quando os usuários querem pesquisar algo na Amazon, um ou mais modelos de ML processam essa consulta para detectar sua intenção — se alguém digitar "frozen", está procurando alimentos congelados ou a franquia *Frozen* da Disney? — logo, a Amazon precisa verificar seus bancos de dados internos quanto à disponibilidade desses produtos, antes de classificá-los e mostrá-los aos usuários.

Depois, temos o mundo fabulosamente estranho dos dados primários, o famoso dados *third-party*. Dados first-party são os dados que sua empresa já coleta sobre seus usuários ou clientes. Dados second-party ou secundários são os dados coletados por outra empresa dos próprios clientes, que são disponibilizados para você, ainda que provavelmente tenha que pagar por eles. Os dados third-party são dados do público que não são necessariamente seus clientes.

A ascensão da internet e dos smartphones facilitou ainda mais a coleta de todos os tipos de dados. Costumava ser bem fácil com smartphones, uma vez que cada celular costumava ter um ID — iPhones com identificador de publicidade (IDFA) da Apple e celulares Android com seu ID de publicidade Android (AAID) — que se comportava como um ID exclusivo para agregar todas as atividades em um celular. Os dados de apps, sites, serviços de check-in etc. são coletados e (assim espero) anonimizados a fim de gerar histórico de atividades para cada pessoa.

É possível comprar dados de todos os tipos, como atividades de mídia social, histórico de compras, hábitos de navegação na web, aluguel de carros e inclinação política de diferentes grupos demográficos, tornando-se tão granulares quanto homens, de 25 a 34 anos, trabalhando com tecnologia, morando na Bay Area. A partir desses dados, é possível inferir informações como pessoas que gostam da marca A também gostam da marca B. Esses dados podem ser extremamente úteis aos sistemas, como os de recomendação, gerando resultados relevantes para os interesses dos usuários. Via de regra, os dados third-party são vendidos após serem limpos e processados pelos fornecedores.

No entanto, como os usuários exigem mais privacidade de dados, as empresas têm tomado medidas para restringir o uso de IDs de anunciante. No início de 2021, a Apple optou pelo IDFA. Essa mudança reduziu de modo substancial a quantidade de dados third-party disponíveis nos iPhones, forçando muitas empresas a focarem mais os dados first-party.[4] Para resistir a essa mudança, os anunciantes têm investido em soluções alternativas. Por exemplo, a China Advertising Association, associação comercial da indústria de publicidade chinesa e respaldada pelo estado, investiu em um sistema de impressão digital de dispositi-

---

[4] John Koetsier, "Apple Just Crippled IDFA, Sending an $80 Billion Industry Into Upheaval", *Forbes*, 24 de junho de 2020. Disponível em: *https://oreil.ly/rqPX9*.

vos chamado CAID, que possibilita que apps como TikTok e Tencent continuem rastreando usuários de iPhone.[5]

Formatos de Dados

Com os dados em mãos, talvez você queira armazená-los (ou "persisti-los", em termos técnicos). Como seus dados vêm de várias fontes com diferentes padrões de acesso,[6] armazená-los nem sempre é simples e, em alguns casos, pode ser caro. É importante pensar em como os dados serão usados no futuro para que o formato usado faça sentido. Vejamos algumas perguntas que você pode considerar:

- Como posso armazenar dados multimodais, por exemplo, uma amostra que pode conter imagens e textos?
- Como armazeno meus dados para que sejam acessados de forma rápida e barata?
- Como posso armazenar modelos complexos para que possam ser carregados e executados corretamente em diferentes hardwares?

O processo de conversão de uma estrutura de dados ou object state em um formato que possa ser armazenado ou transmitido e reconstruído posteriormente é a *serialização de dados*. Existem inúmeros formatos de serialização de dados. Ao considerar um formato para trabalhar, talvez seja bom levar em conta diferentes características, como legibilidade humana, padrões de acesso, se é baseado em texto ou binário, o que influencia o tamanho de seus arquivos. A Tabela 3-1 mostra apenas alguns dos formatos comuns que você pode encontrar em seu trabalho. Para uma lista mais abrangente, confira a maravilhosa página da Wikipédia "Comparison of Data-Serialization Formats", conteúdo em inglês (*https://oreil.ly/sgceY*).

Tabela 3-1. Formatos de dados comuns e onde são utilizados

Formato	Binário/Texto	Legível por humanos	Exemplo de casos de uso
JSON	Texto	Sim	Em todos os lugares
CSV	Texto	Sim	Em todos os lugares
Parquet	Binário	Não	Hadoop, Amazon Redshift
Avro	Binário primário	Não	Hadoop
Protobuf	Binário primário	Não	Google, TensorFlow (TFRecord)
Pickle	Binário	Não	Python, e serialização do PyTorch

---

[5] Patrick McGee and Yuan Yang, "TikTok Wants to Keep Tracking iPhone Users with State-Backed Workaround", *Ars Technica*, 16 de março de 2021. Disponível em: *https://oreil.ly/54pkg*.

[6] "Padrão de acesso" significa o padrão no qual um sistema ou programa lê ou grava dados.

Veremos alguns desses formatos, começando com JSON. Veremos também dois formatos comuns que representam dois paradigmas distintos: CSV e Parquet.

JSON

O JSON, JavaScript Object Notation, está em tudo quanto é lugar. Mesmo que se origine do JavaScript, independe de linguagem — a maioria das linguagens de programação modernas pode gerar e analisar o formato JSON. É legível por humanos. Seu paradigma de par chave-valor é simples, mas poderoso, capaz de lidar com dados de diferentes níveis de estrutura. Por exemplo, seus dados podem ser armazenados em um formato estruturado, como o seguinte:

```
{
  "firstName": "Boatie",
  "lastName": "McBoatFace",
  "isVibing": true,
  "age": 12,
  "address": {
    "streetAddress": "12 Ocean Drive",
    "city": "Port Royal",
    "postalCode": "10021-3100"
  }
}
```

Os mesmos dados também podem ser armazenados em formato de texto não estruturado:

```
{
  "text": "Boatie McBoatFace, aged 12, is vibing, at 12 Ocean Drive, Port Royal,
    10021-3100"
}
```

Como o JSON é onipresente, a dor de cabeça que provoca também pode ser sentida em todos os lugares. Após comitar os dados de seus arquivos JSON para um esquema, é muito trabalhoso realizar qualquer alteração nele. Arquivos JSON são arquivos de texto. Ou seja, ocupam muito espaço, como veremos na seção "Formato de Texto versus Formato Binário".

Formato Orientado à Linha e Formato Orientado à Coluna

Os dois formatos comuns que representam dois paradigmas distintos são o CSV e o Parquet. O CSV (valores separados por vírgula) é orientado à linha [row-major], ou seja, os elementos consecutivos em uma linha são armazenados um ao lado do outro na memória. Já o Parquet é orientado à coluna [column-major]. Ou seja, os elementos consecutivos em uma coluna são armazenados um ao lado do outro.

Como os computadores modernos processam dados sequenciais com mais eficiência do que os dados não sequenciais, se uma tabela for orientada à linha, espera-se que acessar suas linhas seja mais rápido do que acessar suas colunas. Isso significa que, para formatos orientados à linha, acessar dados por linhas deve ser mais rápido que acessar dados por colunas.

Imagine que temos um conjunto de dados com mil exemplos, e cada exemplo tem dez features. Se considerarmos cada exemplo como uma linha e cada feature como uma coluna, como ocorre muitas vezes no ML, então os formatos orientado à linha, como CSV, são melhores para acessar exemplos, como acessar todos os exemplos coletados hoje. Os formatos orientados à coluna, como o Parquet, são melhores para acessar features, por exemplo, acessar os timestamps de todos os seus exemplos. Veja a Figura 3-1.

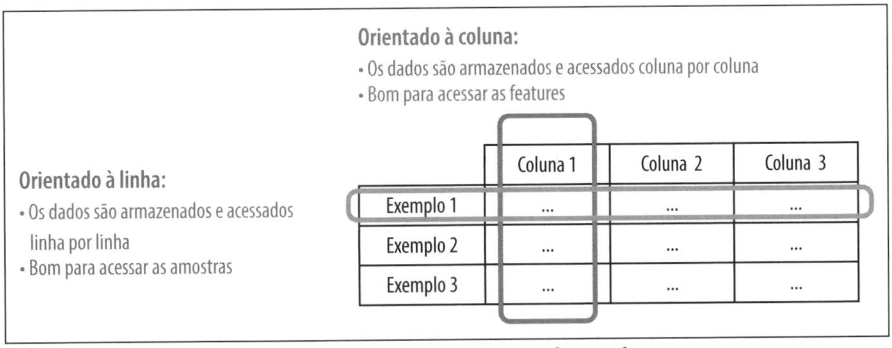

Figura 3-1. Formato orientado à linha versus orientado à coluna.

Os formatos orientados à coluna permitem leituras flexíveis baseadas em coluna, especialmente se seus dados forem grandes, com milhares, se não milhões, de features. Vamos supor que temos dados sobre transações de ride-sharing, com mil features, mas você só quer quatro delas: hora, localização, distância, preço. Com os formatos orientados à coluna, é possível ler diretamente as quatro colunas correspondentes a essas quatro features. No entanto, com formatos orientados à linha, caso não se saiba os tamanhos das linhas, será preciso ler todas as colunas e, em seguida, filtrar essas quatro colunas. Mesmo que saiba os tamanhos das linhas, ainda pode demorar, pois será necessário pular a memória, incapaz de tirar proveito do cache.

Os formatos orientados à linha permitem gravações mais rápidas de dados. Vamos supor que você precisa continuar adicionando novos exemplos individuais aos seus dados. Para cada exemplo, seria mais rápido gravá-lo em um arquivo em que seus dados já estivessem em um formato orientado à linha.

Via de regra, os formatos orientados à linha são melhores quando você tem que fazer muitas gravações, ao passo que os formatos orientados à coluna são melhores quando você tem que fazer muitas leituras baseadas em coluna.

> ## NumPy versus Pandas
>
> Uma sutileza que muitas pessoas não prestam atenção, resultando no uso indevido do Pandas, é que essa biblioteca é construída em formato colunar. O Pandas é construído baseado no DataFrame, conceito inspirado no Data Frame do R, orientado à coluna. Um DataFrame é uma tabela bidimensional com linhas e colunas.
>
> No NumPy, podemos especificar a ordem principal. Ao criar um `ndarray`, ele assume a ordem orientada à linha por padrão, caso você não a especifique. Os usuários do Numpy que usam o Pandas costumam tratar o DataFrame como o `ndarray`, por exemplo, tentando acessar dados por linhas, fazendo com que o DataFrame fique lento. No painel esquerdo da Figura 3-2, podemos ver que acessar um DataFrame por linha é bem mais lento do que acessar o mesmo DataFrame por coluna. Se convertermos esse mesmo DataFrame em um `ndarray` do NumPy, acessar uma linha será mais rápido, como você pode ver no painel direito da figura.[7]
>
> ```
> # Iterating pandas DataFrame by column
> start = time.time()
> for col in df.columns:
>     for item in df[col]:
>         pass
> print(time.time() - start, "seconds")
> ```
> `0.06656503677368164 seconds`
>
> ```
> # Iterating pandas DataFrame by row
> n_rows = len(df)
> start = time.time()
> for i in range(n_rows):
>     for item in df.iloc[i]:
>         pass
> print(time.time() - start, "seconds")
> ```
> `2.4123919010162354 seconds`
>
> ```
> df_np = df.to_numpy()
> n_rows, n_cols = df_np.shape
> ```
>
> ```
> # Iterating NumPy ndarray by column
> start = time.time()
> for j in range(n_cols):
>     for item in df_np[:, j]:
>         pass
> print(time.time() - start, "seconds")
> ```
> `0.005830049514770508 seconds`
>
> ```
> # Iterating NumPy ndarray by row
> start = time.time()
> for i in range(n_rows):
>     for item in df_np[i]:
>         pass
> print(time.time() - start, "seconds")
> ```
> `0.019572019577026367 seconds`
>
> *Figura 3-2. (À esquerda) Iterar sobre o DataFrame do Pandas por coluna leva 0,07 segundos, mas iterar o mesmo DataFrame por linha leva 2,41 segundos. (À direita) Quando convertermos o mesmo DataFrame em um ndarray do NumPy, acessar suas linhas fica mais rápido.*

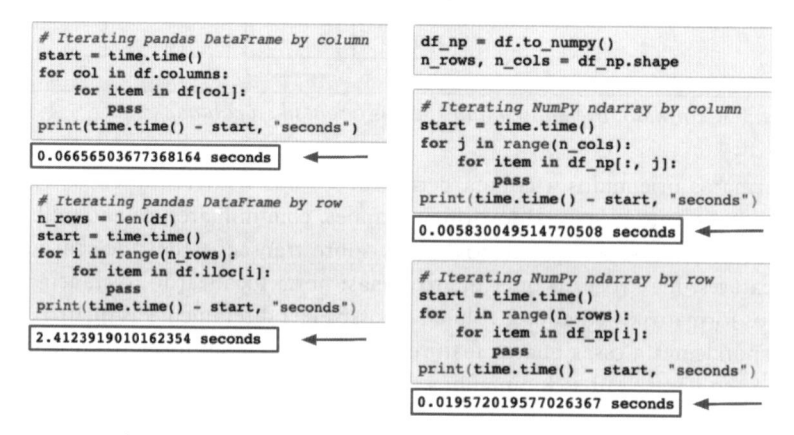

---

[7] Para mais peculiaridades de pandas, confira meu repositório do GitHub Just pandas Things (disponível em: *https://oreil.ly/sFkJX*).

Uso o CSV como exemplo de formato orientado à linha porque é popular e geralmente reconhecível por todos com quem conversei da área de tecnologia. No entanto, alguns dos primeiros revisores deste livro ressaltaram que acreditam que o CSV é um formato de dados horrível, pois serializa de modo inadequado os caracteres não textuais. Por exemplo, quando você grava valores flutuantes em um arquivo CSV, perdemos um pouco da precisão — 0.12345678901232323 pode ser arredondado arbitrariamente para "0.12345678901" — conforme reclamaram em uma thread do Stack Overflow (*https://oreil.ly/HjT-MM*) e na thread da Microsoft Community (*https://oreil.ly/cbvQu*). A galera do Hacker News (*https://oreil.ly/ziCmo*) contestou de modo ferrenho o uso do CSV.

Formato de Texto versus Formato Binário

O CSV e o JSON são arquivos de texto, enquanto os arquivos Parquet são binários. Arquivos de texto são arquivos que estão em texto simples. Ou seja, normalmente são legíveis por humanos. Arquivos binários comportam todos os arquivos que não são de texto. Como o nome sugere, arquivos binários são arquivos com apenas 0s e 1s, e devem ser lidos ou usados por programas que sabem interpretar bytes brutos. Um programa precisa saber exatamente como os dados estão estruturados dentro do arquivo binário para usar o arquivo. Se você abrir arquivos de texto em seu editor de texto (por exemplo, VS Code, Notepad), poderá ler os textos dentro deles. Se você abrir um arquivo binário em seu editor de texto, verá blocos de números, provavelmente em valores hexadecimais, dos bytes correspondentes do arquivo.

Arquivos binários são mais compactos. Vejamos um exemplo simples para mostrar como os arquivos binários podem economizar espaço quando comparados aos arquivos de texto. Suponha que você quer armazenar o número 1000000. Se armazená-lo em um arquivo de texto, precisará de 7 caracteres e, se cada caractere tiver 1 byte, precisará de 7 bytes. Se armazená-lo em um arquivo binário, como int32, são necessários apenas 32 bits ou 4 bytes.

Como exemplo, utilizo o *interviews.csv*, um arquivo CSV (formato texto) de 17.654 linhas e 10 colunas. Quando converti para o formato binário (Parquet), o tamanho do arquivo passou de 14MB para 6MB, como mostra a Figura 3-3. A AWS recomenda o uso do Parquet, pois "o formato Parquet é até 2x mais rápido de descarregar e consome até 6x menos armazenamento no Amazon S3, em comparação aos formatos de texto".[8]

---

[8] "Announcing Amazon Redshift Data Lake Export: Share Data in Apache Parquet Format", Amazon AWS, 3 de dezembro de 2019. Disponível em: *https://oreil.ly/ilDb6*.

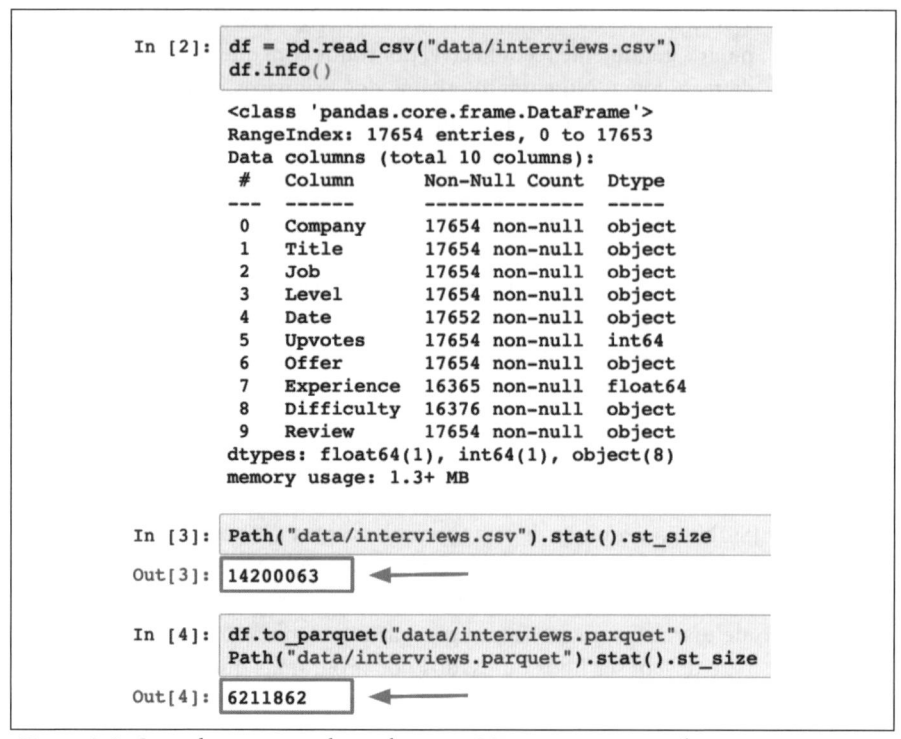

```
In [2]: df = pd.read_csv("data/interviews.csv")
        df.info()

        <class 'pandas.core.frame.DataFrame'>
        RangeIndex: 17654 entries, 0 to 17653
        Data columns (total 10 columns):
         #   Column      Non-Null Count  Dtype
        ---  ------      --------------  -----
         0   Company     17654 non-null  object
         1   Title       17654 non-null  object
         2   Job         17654 non-null  object
         3   Level       17654 non-null  object
         4   Date        17652 non-null  object
         5   Upvotes     17654 non-null  int64
         6   Offer       17654 non-null  object
         7   Experience  16365 non-null  float64
         8   Difficulty  16376 non-null  object
         9   Review      17654 non-null  object
        dtypes: float64(1), int64(1), object(8)
        memory usage: 1.3+ MB

In [3]: Path("data/interviews.csv").stat().st_size
Out[3]: 14200063

In [4]: df.to_parquet("data/interviews.parquet")
        Path("data/interviews.parquet").stat().st_size
Out[4]: 6211862
```

Figura 3-3. Quando armazenado no formato CSV, meu arquivo é de 14MB. Mas quando armazenado no Parquet, o mesmo arquivo tem 6MB.

Modelos de Dados

Os modelos de dados descrevem como os dados são representados. Pense nos carros que vemos por aí. Em um banco de dados, pode-se descrever um carro por meio de sua marca, modelo, ano, cor e preço. Esses atributos compõem um modelo de dados para carros. Como alternativa, podemos também descrever um carro por meio de seu proprietário, placa e seu histórico de endereços registrados. Este é outro modelo de dados para carros.

A forma como você escolhe representar os dados não afeta apenas a forma como seus sistemas são construídos, mas também os problemas que seus sistemas podem resolver. Por exemplo, o modo como você representa os carros no primeiro modelo de dados facilita a compra de um automóvel por pessoas que querem adquirir um carro. Já o segundo modelo de dados facilita com que os policiais rastreiem criminosos. Nesta seção, estudaremos dois tipos de modelos que parecem diferentes, mas que estão convergindo: modelos relacionais e modelos NoSQL. Analisaremos exemplos para mostrar os tipos de problemas em que cada modelo é adequado.

Modelo Relacional

Os modelos relacionais estão entre as ideias mais obstinadas da ciência da computação. Inventado por Edgar F. Codd em 1970,[9] o modelo relacional ainda continua ativo hoje, até mais popular. A ideia é simples, mas poderosa. Nesse modelo, os dados são organizados em relacionamentos; cada relacionamento é um conjunto de tuplas. Uma tabela é uma representação visual aceita de um relacionamento, e cada linha de uma tabela compõe uma tupla,[10] como mostrado na Figura 3-4. As relações não são ordenadas. É possível embaralhar a ordem das linhas ou a ordem das colunas em um relacionamento e ainda ser o mesmo relacionamento. Os dados que seguem o modelo relacional geralmente são armazenados em formatos de arquivo como CSV ou Parquet.

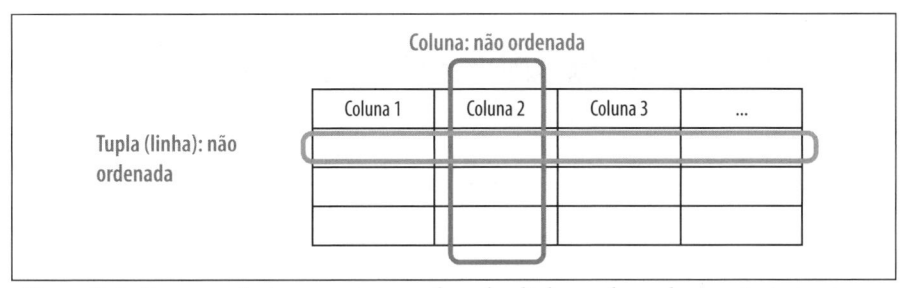

Figura 3-4. Em um relacionamento, a ordem das linhas e das colunas não importa.

Muitas vezes, é desejável que as relações sejam normalizadas. A normalização de dados pode obedecer formas normais, como a primeira forma normal (1NF), a segunda forma normal (2NF) etc., e os leitores interessados podem ler a respeito na Wikipédia (*https://oreil.ly/EbrCk*). Neste livro, analisaremos um exemplo para mostrar como a normalização funciona e como pode reduzir a redundância de dados e melhorar a integridade deles.

Considere a relação de livros da Tabela 3-2. Existem muitas duplicatas nesses dados. Por exemplo, as linhas 1 e 2 são quase idênticas, exceto para formato e preço. Se as informações da editora mudarem — por exemplo, o nome muda de "Banana Press" para "Pineapple Press"— ou o país muda, teremos que atualizar as linhas 1, 2 e 4. Se separarmos as informações da editora em sua tabela, conforme mostrado nas Tabelas 3-3 e 3-4, quando as informações da editora forem alteradas, só teremos que atualizar a relação da Editora.[11] Essa prática nos possibilita padronizar a ortografia do mesmo valor em diferentes colunas. Facilita também fazer alterações

---

[9] Edgar F. Codd, "A Relational Model of Data for Large Shared Data Banks", *Communications of the ACM* 13, no. 6 (Junho de 1970): 377–87.
[10] Para leitores perfeccionistas, nem todas as tabelas são relações.
[11] Você pode normalizar ainda mais a relação Livro, como separar o formato em uma relação separada.

nesses valores, seja porque esses valores mudam ou quando queremos traduzi-los para idiomas diferentes.

Tabela 3-2. Relação inicial dos livros

Título	Autor	Formato	Editora	País	Preço
Harry Potter	J.K. Rowling	Brochura	Banana Press	UK	U$$20
Harry Potter	J.K. Rowling	E-book	Banana Pres	UK	U$$10
Sherlock Holmes	Conan Doyle	Brochura	Guava Press	US	U$$30
O Hobbit	J.R.R. Tolkien	Brochura	Banana Press	UK	U$$30
Sherlock Holmes	Conan Doyle	Brochura	Guava Press	US	U$$15

Tabela 3-3. Relação atualizada dos livros

Título	Autor	Formato	ID da editora	Preço
Harry Potter	J.K. Rowling	Brochura	1	U$$20
Harry Potter	J.K. Rowling	E-book	1	U$$10
Sherlock Holmes	Conan Doyle	Brochura	2	U$$30
O Hobbit	J.R.R. Tolkien	Brochura	1	U$$30
Sherlock Holmes	Conan Doyle	Brochura	2	U$$15

Tabela 3-4. Relação das editoras

ID da Editora	Editora	País
1	Banana Press	UK
2	Guava Press	US

Uma das grandes desvantagens da normalização é que seus dados agora estão espalhados entre várias relações. É possível unir os dados de diferentes relações novamente, mas em tabelas grandes isso pode ser dispendioso.

Bancos de dados construídos a partir de modelo de dados relacionais são bancos de dados relacionais. Após inserir dados em seus bancos de dados, talvez você deseje uma forma de acessá-los. A linguagem que se pode usar para especificar os dados desejados de um banco de dados se chama *linguagem de consulta*. Atualmente, a linguagem de consulta mais popular para bancos de dados relacionais é o SQL. Embora inspirado pelo modelo relacional, o modelo de dados por trás do SQL se desviou do modelo relacional original (*https://oreil.ly/g4waq*). Por exemplo, tabelas SQL podem conter linhas duplicadas, enquanto relações verdadeiras não podem conter duplicatas. No entanto, a maioria das pessoas ignora solenemente essa sutil diferença.

Importante destacar que o SQL é uma linguagem declarativa, ao contrário do Python, que é uma linguagem imperativa. No paradigma imperativo, você especifica as etapas necessárias para uma ação e o computador executa essas etapas para retornar as saídas. No paradigma declarativo, você especifica as saídas que deseja e o computador descobre as etapas necessárias para obter as saídas consultadas.

Com um banco de dados SQL, é possível especificar o padrão de dados que deseja — as tabelas das quais deseja os dados, as condições que os resultados devem atender, as transformações básicas de dados, como join, sort, group, aggregate etc. —, mas não como recuperar os dados. Cabe ao sistema de banco de dados decidir como dividir a consulta [query] em partes diferentes, quais métodos usar para rodar cada parte da consulta e a ordem em que diferentes partes da consulta devem ser executadas.

Com certos recursos adicionais, o SQL pode ser Turing-complete [completude de Turing, em tradução livre] (*https://oreil.ly/npL5B*), ou seja: em teoria, o SQL pode ser usado para resolver qualquer problema de computação (sem dar qualquer garantia sobre o tempo ou memória necessários). Mas, na prática, nem sempre é fácil escrever uma consulta para resolver uma tarefa específica, e nem sempre é viável executar uma. Qualquer pessoa que trabalhe com bancos de dados SQL pode ter lembranças aterradoras de consultas absurdamente extensas, impossíveis de entender, e ninguém se atreve a relar o dedo com medo de que as coisas possam quebrar.[12]

Descobrir como executar uma consulta arbitrária é a parte difícil, que é o trabalho dos otimizadores de consulta. Um otimizador de consulta examina todas as formas possíveis de executar uma consulta e encontra a maneira mais rápida de fazer isso.[13] É possível usar o ML para melhorar os otimizadores de consulta com base no aprendizado de consultas recebidas.[14] A otimização de consultas é um dos problemas mais desafiadores em sistemas de banco de dados, e a normalização significa que os dados são distribuídos em várias relações, o que dificulta ainda mais juntá-los. Mesmo que desenvolver um otimizador de consulta seja difícil, a boa notícia é que você geralmente só precisa de um otimizador de consulta e todas as suas aplicações podem usá-lo.

---

[12] Greg Kemnitz, coautor do artigo original do Postgres, compartilhou no Quora (disponível em: *https://oreil.ly/W0gQa*) que uma vez escreveu uma query SQL de relatório com 700 linhas e visitou 27 tabelas diferentes em lookups ou joins. A query tinha cerca de 1.000 linhas de comentários para ajudá-lo a lembrar o que estava fazendo. Ele levou três dias para compor, debugar e ajustar.

[13] Yannis E. Ioannidis, "Query Optimization", *ACM Computing Surveys* (CSUR) 28, no 1 (1996): 121–23. Disponível em: *https://oreil.ly/omXMg*.

[14] Ryan Marcus *et al.*, "Neo: A Learned Query Optimizer", *arXiv* preprint arXiv:1904.03711 (2019). Disponível em: *https://oreil.ly/wHy6p*.

De Sistemas de Dados Declarativos a Sistemas de ML Declarativos

Possivelmente inspirado pelo sucesso dos sistemas de dados declarativos, muitas pessoas esperam ansiosamente pelo machine learning declarativo.[15] Com um sistema de ML declarativo, os usuários precisam somente declarar o esquema das features e a tarefa, e o sistema descobrirá o melhor modelo para executar essa tarefa com as features fornecidas. Não é necessário que os usuários escrevam código para construir, treinar e ajustar modelos. Os frameworks populares para o ML declarativo são o Ludwig (*https://oreil.ly/28VWI*), desenvolvido na Uber, e H2O AutoML (*https://oreil.ly/sA70M*). No Ludwig, os usuários podem especificar a estrutura do modelo — como o número de camadas totalmente conectadas e o número de unidades ocultas — além do esquema e da saída das features. No H2O AutoML, não é necessário especificar a estrutura do modelo ou os hiperparâmetros. Ele tenta várias arquiteturas de modelos e escolhe a melhor, dadas as features e a tarefa.

Vejamos um exemplo para mostrar como o H2O AutoML funciona. Você fornece ao sistema seus dados (entradas e saídas) e especifica o número de modelos que quer experimentar. O sistema testará esse número de modelos e mostrará o modelo com melhor desempenho:

```
# Identifica preditores e resposta
x = train.columns
y = "response"
x.remove(y)

# Para classificação binária, a resposta deve ser um fator
train[y] = train[y].asfactor()
test[y] = test[y].asfactor()

# Roda o AutoML em 20 modelos básicos
aml = H2OAutoML(max_models=20, seed=1)
aml.train(x=x, y=y, training_frame=train)

# Mostra os modelos de melhor desempenho no AutoML Leaderboard
lb = aml.leaderboard

# Pega o modelo de melhor desempenho
aml.leader
```

Apesar de ser útil em muitos casos, o ML declarativo deixa sem resposta os maiores desafios do ML em produção. Os sistemas de ML declarativos hoje abstraem a parte de desenvolvimento de modelos e, como abordaremos nos próximos seis capítulos, como os modelos estão sendo cada vez mais comoditizados, desenvolver modelos é a parte mais fácil. A parte difícil é

---

[15] Matthias Boehm, Alexandre V. Evfimievski, Niketan Pansare e Berthold Reinwald, "Declarative Machine Learning — A Classification of Basic Properties and Types", *arXiv*, 19 de maio 2016. Disponível em: *https://oreil.ly/OvW07*.

> a engenharia de features, processamento de dados, avaliação de modelos, detecção de mudança de dados, aprendizado contínuo e assim por diante.

NoSQL

O modelo de dados relacionais tem sido capaz de generalizar muitos casos de uso, desde o e-commerce e finanças às redes sociais. Todavia, em determinados casos de uso, esse modelo pode ser limitado. Por exemplo, exige que seus dados adotem um esquema rigoroso e o gerenciamento desse esquema é deplorável. Em uma pesquisa do Couchbase em 2014, a frustração com o gerenciamento de esquema foi o motivo número 1 para a adoção do banco de dados não relacionais.[16] Também pode ser difícil escrever e executar consultas SQL para aplicações especializadas.

O movimento mais recente contra o modelo de dados relacional é o NoSQL. Originalmente iniciado como uma hashtag de encontro para discutir bancos de dados não relacionais, o NoSQL foi reinterpretado exclusivamente como Not Only SQL,[17] já que muitos sistemas de dados NoSQL também suportam modelos relacionais. Os dois tipos principais de modelos não relacionais são o modelo orientado a documento e o modelo orientado a grafo. O modelo orientado a documento visa casos de uso em que os dados vêm em documentos autônomos e as relações entre um documento e outro são raras. O modelo orientado a grafos aponta na direção oposta, visando casos de uso em que as relações entre os itens de dados são comuns e importantes. Examinaremos cada um desses dois modelos, começando com o modelo orientado a documento.

Modelo orientado a documento

O modelo orientado a documento é construído com base no conceito de "documento". Em geral, um documento é uma única string contínua, codificada como JSON, XML ou um formato binário como BSON (Binary JSON). Presume-se que todos os documentos em um banco de dados orientado a documentos sejam codificados no mesmo formato. Cada documento tem uma chave única que representa esse documento, que pode ser usada para acessá-lo.

Pode-se considerar que uma coleção de documentos é semelhante a uma tabela em um banco de dados relacional, e um documento é semelhante a uma linha. Na verdade, você pode converter um relacionamento em uma coleção de documentos dessa maneira. Por exemplo, podemos converter os dados dos livros nas Tabelas 3-3 e 3-4 em três documentos JSON, como mostrado nos Exemplos 3-1, 3-2 e

---

[16] James Phillips, "Surprises in Our NoSQL Adoption Survey", *Couchbase*, 16 de dezembro de 2014. Disponível em: *https://oreil.ly/ueyEX*.

[17] Martin Kleppmann, *Designing Data-Intensive Applications* (Sebastopol, CA: O'Reilly, 2017).

3-3. No entanto, uma coleção de documentos é mais flexível do que uma tabela. Todas as linhas de uma tabela devem seguir o mesmo esquema (por exemplo, ter a mesma sequência de colunas), enquanto documentos na mesma coleção podem ter esquemas completamente diferentes.

Exemplo 3-1. Documento 1: harry_potter.json

```
{
  "Title": "Harry Potter",
  "Author": "J .K. Rowling",
  "Publisher": "Banana Press",
  "Country": "UK",
  "Sold as": [
    {"Format": "Paperback", "Price": "$20"},
    {"Format": "E-book", "Price": "$10"}
  ]
}
```

Exemplo 3-2. Documento 2: sherlock_holmes.json

```
{
  "Title": "Sherlock Holmes",
  "Author": "Conan Doyle",
  "Publisher": "Guava Press",
  "Country": "US",
  "Sold as": [
    {"Format": "Paperback", "Price": "$30"},
    {"Format": "E-book", "Price": "$15"}
  ]
}
```

Exemplo 3-3. Documento 3: the_hobbit.json

```
{
  "Title": "The Hobbit",
  "Author": "J.R.R. Tolkien",
  "Publisher": "Banana Press",
  "Country": "UK",
  "Sold as": [
    {"Format": "Paperback", "Price": "$30"},
  ]
}
```

Como o modelo orientado a documento não impõe um esquema, geralmente é chamado de sem esquema [schemaless]. Isso é uma falácia porque, como discutido antes, os dados armazenados em documentos serão lidos posteriormente. Em geral, a aplicação que lê os documentos assume algum tipo de estrutura dos documentos. Os bancos de dados orientados a documentos apenas transferem a responsabilidade de assumir estruturas da aplicação que grava os dados para a aplicação que lê os dados.

O modelo orientado a documento tem melhor localidade do que o modelo relacional. Observe o exemplo de dados dos livros nas Tabelas 3-3 e 3-4, em que as informações sobre um livro estão espalhadas pela tabela Livros e pela tabela Editora (e também pela tabela Formato). Para acessar informações sobre um livro, será necessário consultar várias tabelas. No modelo orientado a documento, todas as informações sobre um livro podem ser armazenadas em um documento, facilitando o acesso a elas.

No entanto, em comparação com o modelo relacional, é mais difícil e menos eficiente executar joins entre documentos em comparação às tabelas. Por exemplo, se você quiser encontrar todos os livros cujos preços estejam abaixo de US$25, terá que ler todos os documentos, extrair os preços, compará-los a US$25 e devolver todos os documentos contendo os livros com preços abaixo de US$25.

Devido às diferentes vantagens do documento e dos modelos de dados relacionais, é comum usar ambos os modelos para diferentes tarefas nos mesmos sistemas de banco de dados. Cada vez mais sistemas de banco de dados, como PostgreSQL e MySQL, suportam ambos.

Modelo orientado a grafo

O modelo orientado a grafo é construído com base no conceito de "grafo". Um grafo consiste em nós e arestas, em que as arestas representam as relações entre os nós. Um banco de dados que usa estruturas de grafos para armazenar seus dados se chama banco de dados orientado a grafos. Se em um banco de dados orientado a documentos o conteúdo de cada documento é a prioridade, no banco de dados orientado a grafos as relações entre itens de dados são a prioridade.

Como as relações são modeladas explicitamente em modelos orientado a documentos, é mais rápido acessar os dados com base nessas relações. Vejamos um exemplo de um banco de dados orientado a grafos na Figura 3-5. Neste exemplo, os dados podem ter vindo de uma simples rede social. Neste gráfico, os nós podem ser de diferentes tipos de dados: pessoa, cidade, país, empresa etc.

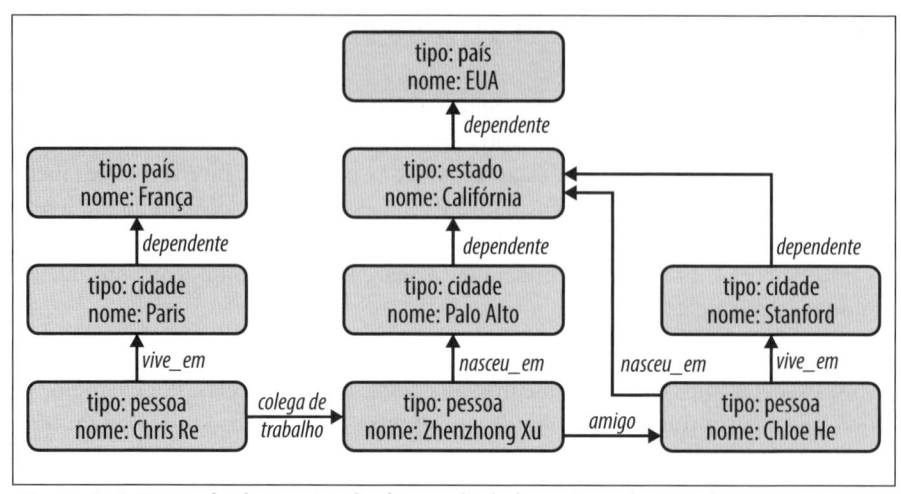

Figura 3-5. Exemplo de um simples banco de dados orientado a grafos.

Imagine que queremos encontrar todas as pessoas que nasceram nos EUA. Neste grafo, você pode começar a partir do nó EUA e percorrer o grafo seguindo as arestas "dependente" e "nasceu_em" para encontrar todos os nós do tipo "pessoa". Agora, imagine que em vez de usar o modelo orientado a grafo para representar esses dados, usamos o modelo relacional. Não haveria uma maneira fácil de escrever uma consulta SQL para encontrar todos que nasceram nos EUA, especialmente porque há um número desconhecido de saltos entre *país* e *pessoa* — há três saltos entre Zhenzhong Xu e EUA enquanto há apenas dois saltos entre Chloe He e EUA. Da mesma forma, não haveria uma maneira fácil para esse tipo de consulta em um banco de dados orientado a documentos. Muitas consultas fáceis de se escrever em um modelo de dados são mais difíceis de se escrever em outro modelo de dados. Escolher o modelo de dados certo para sua aplicação pode facilitar muito sua vida.

Dados Estruturados versus Dados Não Estruturados

Os dados estruturados seguem um modelo de dados predefinido, também conhecido como esquema de dados. Por exemplo, o modelo de dados pode especificar que cada item de dados consiste em dois valores: o primeiro valor, "nome", é uma string de caracteres de no máximo 50 caracteres e o segundo valor, "idade", é um número inteiro de 8 bits no intervalo entre 0 e 200. A estrutura predefinida facilita a análise de seus dados. Caso queira saber a idade média das pessoas no banco de dados, tudo o que você precisa fazer é extrair todos os valores de idade e calculá-los.

A desvantagem dos dados estruturados é que você precisa comitar seus dados em um esquema predefinido. Caso seu esquema mude, será necessário atualizar todos os seus dados, muitas vezes causando bugs misteriosos no processo.

Por exemplo, você nunca armazenou os endereços de e-mail de seus usuários antes, mas agora sim, então é necessário atualizar as informações de e-mail de todos os usuários anteriores. Um dos bugs mais estranhos que um dos meus colegas encontrou foi quando não conseguiu mais usar as idades dos usuários com suas transações, e seu esquema de dados substituiu todas as idades null por 0, e seu modelo de ML achou que as transações foram feitas por pessoas com 0 anos de idade.[18]

Como os requisitos de negócios mudam com o tempo, comprometer-se com um esquema de dados predefinido pode ser muito limitante. Ou talvez você tenha dados de várias fontes de dados que estão além do seu controle e é impossível fazê-los seguir o mesmo esquema. É aqui que os dados não estruturados se tornam convidativos. Os dados não estruturados não seguem um esquema de dados predefinido. Geralmente é texto, mas também pode ser números, datas, imagens, áudio etc. Por exemplo, um arquivo de texto de logs gerado pelo seu modelo de ML é composto de dados não estruturados.

Apesar de não seguirem um esquema, os dados não estruturados ainda podem conter padrões intrínsecos que ajudam a extrair estruturas. Por exemplo, o texto a seguir não está estruturado, mas é possível observar o padrão de que cada linha contém dois valores separados por uma vírgula, o primeiro valor é textual e o segundo valor é numérico. No entanto, não há garantia de que todas as linhas devam seguir esse formato. É possível adicionar uma nova linha a esse texto, mesmo que essa linha não siga esse formato.

```
Lisa, 43
Jack, 23
Huyen, 59
```

Dados não estruturados também viabilizam opções de armazenamento mais flexíveis. Por exemplo, se o armazenamento seguir um esquema, você só poderá armazenar dados seguindo esse esquema. Mas se o seu armazenamento não seguir um esquema, é possível armazenar qualquer tipo de dados. É possível converter todos eles, independentemente dos tipos e formatos, em bytestrings e armazená-los juntos.

Um repositório que armazena dados estruturados se chama data warehouse. Um repositório que armazena dados não estruturados se chama data lake. Os data lakes são normalmente usados para armazenar dados brutos antes do processamento. Os data warehouses são usados para armazenar dados que foram processados em formatos prontos para serem usados. A Tabela 3-5 mostra um resumo das principais diferenças entre dados estruturados e não estruturados.

---

[18] Neste exemplo específico, substituir os valores de idade null por −1 resolveu o problema.

Tabela 3-5. As principais diferenças entre dados estruturados e não estruturados

Dados estruturados	Dados não estruturados
Esquema claramente definido	Os dados não precisam seguir um esquema
Fáceis de pesquisar e analisar	Chegada rápida
Só pode lidar com dados com um esquema específico	Pode-se lidar com dados de qualquer fonte
Mudanças de esquema causarão muitos problemas	Não há necessidade de se preocupar com alterações de esquema (ainda), pois a preocupação é com o downstream que usa esses dados
Armazenados em data warehouses	Armazenados em data lakes

Mecanismos de Armazenamento de Dados e Processamento

Formatos e modelos de dados especificam a interface de como os usuários podem armazenar e acessar dados. Os mecanismos de armazenamento [storage engines], também conhecidos como bancos de dados, implementam um meio de armazená-los e acessá-los em diferentes máquinas. É interessante entender os diferentes tipos de bancos de dados, pois talvez seja necessário que sua equipe ou a adjacente escolha um banco que seja apropriado para uma aplicação.

Normalmente, os bancos de dados são otimizados para dois tipos de carga de trabalho: processamento transacional e processamento analítico, havendo uma grande diferença entre eles, que abordaremos nesta seção. Em seguida, abordaremos os conceitos básicos do processo ETL (extrair, transformar, carregar) que você inevitavelmente terá contato ao construir um sistema de ML em produção.

Processamento Transacional e Analítico

Tradicionalmente, uma transação diz respeito à ação de comprar ou vender algo. No mundo digital, uma transação diz respeito a qualquer tipo de ação: twittar, solicitar uma viagem por meio de um serviço de ride-sharing, fazer o upload de um novo modelo, assistir a um vídeo do YouTube e assim por diante. Mesmo que essas diferentes transações envolvam tipos distintos de dados, a maneira como são processados é semelhante aos apps. As transações são inseridas à medida que são geradas e, ocasionalmente, atualizadas quando algo muda ou excluídas quando não são mais necessárias.[19] Este tipo de processamento é conhecido como *processamento de transações online* (OLTP).

---

[19] Este parágrafo, assim como muitas partes deste capítulo, é inspirado no *Designing Data-Intensive Applications* de Martin Kleppmann.

Em geral, como essas transações envolvem usuários, precisam ser processadas rapidamente (baixa latência) para que eles não fiquem esperando. O método de processamento precisa ter alta disponibilidade, ou seja, o sistema de processamento precisa estar disponível sempre que um usuário quiser fazer uma transação. Se o seu sistema não conseguir processá-la, ela não será concluída.

Os bancos de dados transacionais são projetados para processar transações online e atender aos requisitos de baixa latência e alta disponibilidade. Quando as pessoas ouvem bancos de dados transacionais, geralmente pensam em ACID (atomicidade, consistência, isolamento, durabilidade). Vejamos as definições para um lembrete rápido:

Atomicidade
Garantir que todas as etapas de uma transação sejam concluídas com sucesso como grupo. Se qualquer etapa na transação falhar, todas as outras etapas também devem falhar. Por exemplo, se o pagamento de um usuário falhar, não atribuímos um motorista a esse usuário.

Consistência
Garantir que todas as transações que chegam sigam regras predefinidas. Por exemplo, uma transação deve ser feita por um usuário válido.

Isolamento
Garantir que duas transações aconteçam ao mesmo tempo como se estivessem isoladas. Dois usuários que acessam os mesmos dados não podem alterá-los ao mesmo tempo. Por exemplo, não queremos que dois usuários reservem o mesmo motorista ao mesmo tempo.

Durabilidade
Garantir que, uma vez confirmada, a transação permanecerá confirmada mesmo no caso de uma falha do sistema. Por exemplo, depois de solicitar uma viagem, mesmo que a bateria do seu celular acabe, você continua querendo que o motorista venha.

No entanto, os bancos de dados transacionais não precisam necessariamente ser ACID, e alguns desenvolvedores o consideram muito restritivo. Segundo Martin Kleppmann, "sistemas que não atendem aos critérios ACID às vezes são chamados de BASE: *B*asically *A*vailable, *S*oft state e *E*ventual consistency [Basicamente Disponível, Estado Leve e Eventualmente Consistente, em tradução livre]. Definição ainda mais vaga do que os conceitos ACID."[20]

Como cada transação costuma ser processada como uma unidade separada de outras transações, os bancos de dados transacionais geralmente seguem a ordem

---

[20] Kleppmann, *Designing Data-Intensive Applications*.

orientada à linha. Isso também significa que eles podem não ser eficientes para perguntas como: "Qual é o preço médio de todas as viagens de setembro em São Francisco?" Esse tipo de pergunta analítica exige agregação de dados em colunas em múltiplas linhas. Os bancos de dados analíticos são projetados com esta finalidade. São eficientes com consultas, possibilitando a análise de dados de diferentes pontos de vista. Chamamos esse tipo de *processamento analítico online* (OLAP).

No entanto, os termos OLTP e OLAP se tornaram desatualizados, como mostrado na Figura 3-6, por três razões. Primeiro, a separação de bancos de dados transacionais e analíticos se deve às limitações tecnológicas — era difícil ter bancos de dados que pudessem lidar com consultas transacionais e analíticas de forma eficiente. Mas esta separação está acabando. Hoje, temos bancos de dados transacionais que podem lidar com consultas analíticas, como o CockroachDB (*htttps://oreil. ly/UsPCr*). Temos também bancos de dados analíticos que podem lidar com consultas transacionais, como o Apache Iceberg (*https://oreil.ly/ pgAfK*) e o DuckDB (*https://oreil.ly/jVTHZ*).

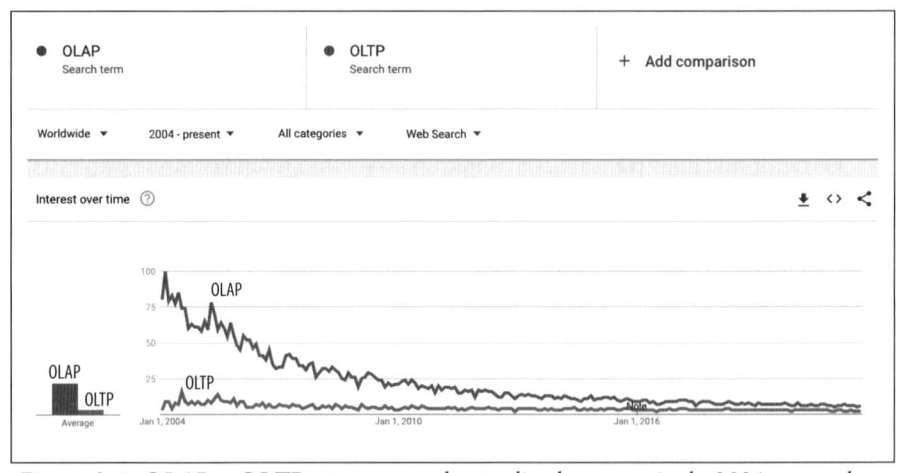

Figura 3-6. OLAP e OLTP são termos desatualizados a partir de 2021, segundo o Google Trends (https://oreil.ly/O8gAH).

Segundo, nos paradigmas OLTP ou OLAP tradicionais, o armazenamento e o processamento estão intimamente acoplados — a forma como os dados são armazenados também é a forma como são processados. Isso pode resultar no armazenamento dos mesmos dados em vários bancos de dados e no uso de diferentes mecanismos de processamento para resolver diferentes tipos de consultas. Um paradigma interessante da última década foi desacoplar o armazenamento do processamento (também conhecido como computação), conforme adotado por muitos fornecedores de dados, incluindo BigQuery, Snowflake, IBM e Teradata do Google.[21] Nesse paradigma, os dados podem ser armazenados no mesmo local, com uma camada de processamento na parte superior que pode ser otimizada em diferentes tipos de consultas.

Terceiro, "online" se tornou um termo saturado que pode significar diversas coisas diferentes. O significado de online costumava ser apenas "conectado à internet". Mas, então, esse significado se expandiu para "em produção" — dizemos que um recurso está online depois de ser implementado em produção.

No mundo dos dados de hoje, *online* pode se referir à velocidade com que seus dados são processados e disponibilizados: online, nearline ou offline. De acordo com a Wikipédia, processamento online significa que os dados estão imediatamente disponíveis para entrada/saída. Nearline, a abreviação de near-online, significa que os dados não estão imediatamente disponíveis, mas podem ser disponibilizados online e de forma rápida sem intervenção humana. *Offline* significa que os dados não estão imediatamente disponíveis e exigem alguma intervenção humana para ficar online.[22]

ETL: Extrair, Transformar e Carregar

Nos primórdios do modelo de dados relacionais, os dados eram em sua maioria estruturados. Quando os *extraímos* de diferentes fontes, eles são primeiro *transformados* no formato desejado, antes de serem *carregados* para o destino-alvo, como um banco de dados ou um data warehouse. Chamamos esse processo de *ETL*, que significa extrair, transformar e carregar. Antes mesmo do ML, o ETL era a última moda no mundo dos dados, e ainda é relevante hoje para aplicativos de ML, e se refere ao processamento de uso geral e agregação de dados na forma e no formato que você quer.

Extrair é puxar os dados que você deseja a partir de todas suas fontes de dados. Alguns deles estarão corrompidos ou mal formatados. Na fase de extração, é necessário validar seus dados e rejeitar os que não atendem aos seus requisitos. Quanto aos rejeitados, talvez seja necessário alertar as fontes. Como esta é a primeira etapa do processo, fazê-la corretamente pode economizar um bom tempo no downstream.

Transformar é a parte indispensável do processo, pois é quando a maior parte do processamento é feita. Queremos unir os dados de várias fontes e limpá-los.

---

[21] Tino Tereshko, "Separation of Storage and Compute in BigQuery", Google Cloud blog, 29 de novembro de 2017. Disponível em: *https://oreil.ly/utf7z*; Suresh H., "Snowflake Architecture and Key Concepts: A Comprehensive Guide", Hevo blog, 18 de janeiro de 2019. Disponível em: *https://oreil.ly/GyvKl*; Preetam Kumar, "Cutting the Cord: Separating Data from Compute in Your Data Lake with Object Storage", IBM blog, 21 de setembro de 2017. Disponível em: *https://oreil.ly/Nd3xD*; "The Power of Separating Cloud Compute and Cloud Storage", Teradata, último acesso em abril de 2022. Disponível em: *https://oreil.ly/f82gP*.

[22] Wikipédia, s.v. "Nearline storage", último acesso em abril de 2022. Disponível em: *https://oreil.ly/OCmiB*.

Talvez seja útil padronizar os intervalos de valores (por exemplo, uma fonte de dados pode usar "Masculino" e "Feminino" para gêneros, mas outra usa "M" e "F" ou "1" e "2"). Podemos usar operações como transpose, deduplication, sort, aggregate, derivar novas features, validar mais dados etc.

Carregar é decidir como e com que frequência carregar seus dados transformados para o destino-alvo, que pode ser um arquivo, um banco de dados ou um data warehouse.

Apesar de parecer simples, a ideia de ETL é poderosa, pois é a estrutura subjacente da camada de dados em muitas organizações. Podemos conferir uma visão geral do processo de ETL na Figura 3-7.

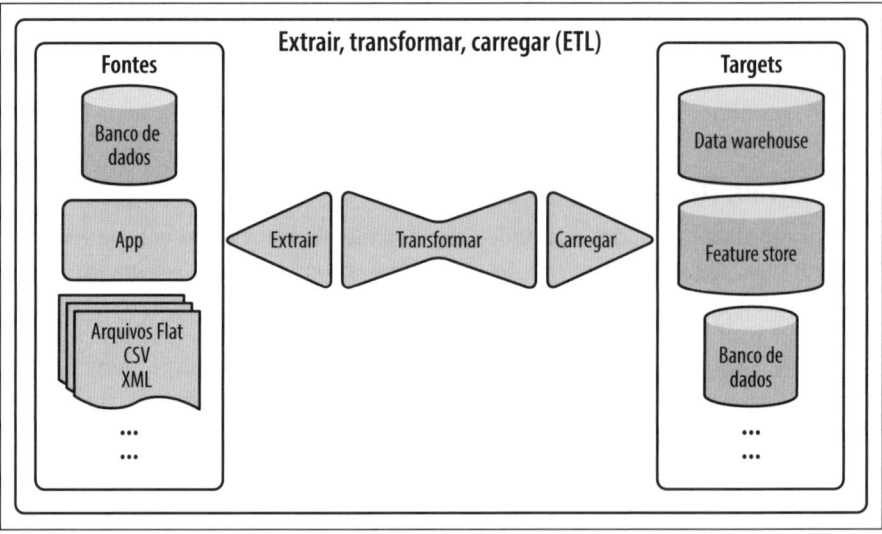

Figura 3-7. Visão geral do processo ETL.

Quando a internet se tornou onipresente e o hardware se tornou mais poderoso, a coleta de dados de repente ficou mais fácil. A quantidade de dados cresceu exponencialmente. Além disso, a natureza dos dados também mudou. O número de fontes de dados aumentou, e os esquemas de dados evoluíram.

Com dificuldade em manter os dados estruturados, algumas empresas tiveram a seguinte ideia: Por que não armazenar todos os dados em um data lake para que não tenhamos que lidar com mudanças de esquema? Qualquer aplicação que precise de dados pode retirar dados brutos de lá e processá-los. Esse processo de carregar dados no armazenamento primeiro e processá-los depois é às vezes chamado de *ELT* (extrair, carregar, transformar). Esse paradigma possibilita que os dados cheguem rápido, pois há pouco processamento necessário antes que sejam armazenados.

Contudo, à medida que os dados continuam crescendo, essa ideia se torna menos interessante. Não é nada produtivo pesquisar os dados que se quer em uma enorme quantidade de dados brutos.[23] Ao mesmo tempo, à medida que as empresas passam suas aplicações para a nuvem e as infraestruturas se tornam padronizadas, as estruturas de dados também se tornam padronizadas. O envio de dados para um esquema predefinido fica mais viável.

À medida que as empresas avaliam os prós e os contras do armazenamento de dados estruturados em comparação ao de dados não estruturados, os fornecedores evoluem para oferecer soluções híbridas que combinam a flexibilidade dos data lakes e o aspecto de gerenciamento de dados dos data warehouses. Por exemplo, a Databricks e a Snowflake fornecem soluções de data lakehouse.

Modos de Dataflow

Neste capítulo, analisaremos os formatos, modelos, armazenamento e processamento de dados usados no contexto de um único processo. Na maioria das vezes, em produção, não temos um único processo, mas vários. A pergunta é: como passamos dados entre diferentes processos que não compartilham memória? Ao passá-los de um processo para outro, dizemos que os dados fluem de um processo para outro, daí o termo dataflow. Existem três modos principais de dataflow:

- Dados passando por bancos de dados
- Dados passando por serviços usando requisições, como àquelas fornecidas pelas APIs REST e RPC (por exemplo, requisições POST/GET)
- Dados passando por um transporte em tempo real, como Apache Kafka e Amazon Kinesis

Nesta seção, examinaremos cada um deles.

Dados Passando por Bancos de Dados

O modo mais fácil de passar dados entre dois processos é por meio de bancos de dados, que já discutimos na seção "Mecanismos de Armazenamento de Dados e Processamento". Por exemplo, para passar dados do processo A para o processo B, o A pode gravar esses dados em um banco de dados e o B simplesmente lê esse banco de dados.

Este modo, no entanto, nem sempre funciona por dois motivos. Primeiro, exige que ambos os processos sejam capazes de acessar o mesmo banco de dados. Isso

---

[23] No primeiro rascunho deste livro, para mim, o custo era a razão pela qual você não deveria armazenar tudo. No entanto, o armazenamento hoje se tornou tão barato que o custo de armazenamento raramente é um problema.

pode ser inviável, principalmente se os dois processos forem executados por duas empresas diferentes. Segundo, exige que ambos os processos acessem dados de bancos de dados, e a leitura/gravação de bancos de dados pode ser lenta, tornando-a inadequada para aplicações com requisitos de latência rigorosos — por exemplo, quase todos as aplicações voltadas ao consumidor.

Dados Passando por Serviço

Um modo de passar dados entre dois processos é enviá-los diretamente por meio de uma rede que conecta esses dois processos. Para passar dados do processo B para o processo A, o processo A primeiro envia uma requisição para o processo B, que especifica as necessidades de dados A e B, retornando os dados solicitados por meio da mesma rede. Como os processos se comunicam por meio de requisições, dizemos que eles são *request-driven*.

Esse modo de passagem de dados é estritamente acoplado à arquitetura orientada a serviços. Um serviço é um processo que pode ser acessado remotamente, por exemplo, por meio de uma rede. Neste exemplo, B é exposto à A como um serviço para o qual A pode enviar requisições. Para que B possa solicitar dados de A, A também precisará ser exposto a B como um serviço.

Dois serviços em comunicação entre si podem ser executados por diferentes empresas em diferentes aplicações. Por exemplo, um serviço pode ser executado por uma bolsa de valores que acompanha os preços atuais das ações. Outro serviço pode ser executado por uma empresa de investimento que requisita os preços atuais das ações a fim de predizer os preços futuros das ações. Dois serviços em comunicação entre si também podem ser partes de uma mesma aplicação. Estruturar diferentes componentes de sua aplicação como serviços separados possibilita que cada componente seja desenvolvido, testado e mantido independentemente um do outro. Estruturar uma aplicação como serviços separados lhe fornece uma arquitetura de microsserviço.

Para disponibilizar a arquitetura de microsserviço no contexto de sistemas de ML, imagine que você é um engenheiro de ML trabalhando no problema de otimização de preços para uma empresa que tem um app de ride-sharing, como a Lyft. Na realidade, a Lyft tem centenas de serviços (*https://oreil.ly/6fl8f*) em sua arquitetura de microsserviços, mas, para simplificarmos as coisas, vamos considerar apenas três deles:

Serviço de gerenciamento de motoristas
    Prediz quantos motoristas estarão disponíveis no próximo minuto em uma determinada área.

Serviço de gerenciamento de viagem

Prediz quantas viagens serão solicitadas no próximo minuto em uma determinada região.

Serviço de otimização de preços
Prediz o preço ideal para cada percurso. O preço de uma viagem deve ser baixo o suficiente para que os usuários estejam dispostos a pagar, mas alto o suficiente para que os motoristas estejam dispostos a dirigir e para que a empresa tenha lucro.

Como o preço depende da oferta (os motoristas disponíveis) e da procura (as viagens solicitadas), o serviço de otimização de preços precisa de dados tanto do gerenciamento de motoristas como dos serviços de gerenciamento de viagens. Sempre que um usuário solicitar uma viagem, o serviço de otimização de preços requisita o número predito de viagens e o de motoristas a fim de realizar a predição do preço ideal para esta viagem.[24]

Os estilos mais populares de requisições usados para passar dados por meio de redes são REST (transferência de estado representacional) e RPC (chamada de procedimento remoto). Analisá-los detalhadamente foge ao escopo deste livro, mas uma grande diferença é que o REST foi projetado para requisições em redes, enquanto o RPC "faz uma requisição para um serviço de rede remoto parecer o mesmo que chamar uma função ou método nativamente". Por causa disso, "O REST aparentemente é o estilo predominante para APIs públicas. O foco principal das estruturas de RPC é requisições entre serviços pertencentes à mesma organização, normalmente dentro do mesmo data center".[25]

As implementações de uma arquitetura REST são consideradas RESTful. Ainda que muitas pessoas pensem em REST como HTTP, REST não significa exatamente HTTP, visto que o HTTP é apenas uma implementação do REST.[26]

Dados Passando por Transporte em Tempo Real

Para compreendermos a motivação dos transportes em tempo real, vamos retomar o exemplo anterior do app de ride-sharing com três serviços simples: gerenciamento de motoristas, de viagens e otimização de preços. Na última seção, discutimos como o serviço de otimização de preços precisa de dados dos serviços de gerenciamento de viagens e motoristas a fim de predizer o preço ideal para cada viagem.

Agora, imagine que o serviço de gerenciamento de motoristas também precise saber o número de viagens do serviço de gerenciamento de viagens para saber

---

[24] Na prática, a otimização de preço pode não precisar solicitar o número predito de viagens/motoristas toda vez que precisar fazer uma predição de preço. É prática comum usar o número predito de viagens/motoristas em cache e solicitar novas predições a cada minuto.
[25] Kleppmann, *Designing Data-Intensive Applications*.
[26] Tyson Trautmann, "Debunking the Myths of RPC and REST", *Ethereal Bits*, 4 de dezembro de 2012 (acessado via Internet Archive). Disponível em: https://oreil.ly/4sUrL.

quantos motoristas mobilizar. O serviço também quer saber os preços preditos do serviço de otimização de preços para usá-los como incentivos a potenciais motoristas (por exemplo, se ele for trabalhar agora, pode obter uma tarifa dinâmica de 2x). Da mesma forma, o serviço de gerenciamento de viagens também pode querer dados dos serviços de gerenciamento de motoristas e otimização de preços. Se passarmos os dados pelos serviços, conforme visto na seção anterior, cada um desses serviços precisa enviar requisições aos outros dois serviços, conforme mostrado na Figura 3-8.

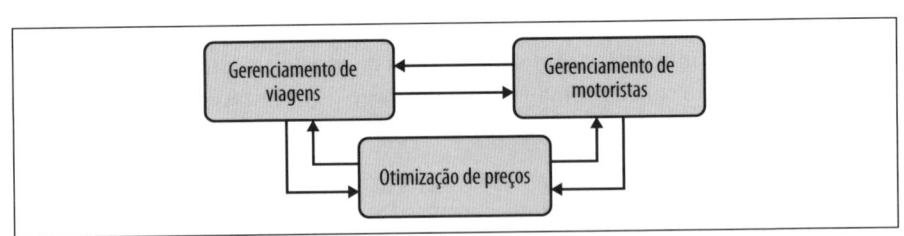

Figura 3-8. Na arquitetura request-driven, cada serviço precisa enviar requisições para dois outros.

Com apenas três serviços, a passagem de dados já está ficando complicada. Imagine ter centenas, ou até milhares de serviços como as principais empresas de internet. A passagem de dados entre serviços pode colapsar e tornar-se um gargalo, deixando todo o sistema lento.

A passagem de dados request-driven é síncrona: o serviço de destino deve ouvir a requisição para conseguir passá-la. Se o serviço de otimização de preços solicitar dados do serviço de gerenciamento de motoristas e o serviço de gerenciamento de motoristas estiver inativo, o serviço de otimização de preços continuará reenviando a requisição até o timeout. E se o serviço de otimização de preços estiver inativo antes de receber uma requisição, a resposta será perdida. Um serviço inativo pode fazer com que todos os serviços que exigem dados dele fiquem da mesma forma.

E se houver um broker que coordena a passagem de dados entre os serviços? Em vez de os serviços requisitarem os dados diretamente uns dos outros e criarem uma rede de passagem complexa de dados entre serviços, cada serviço só precisa se comunicar com o broker, conforme mostrado na Figura 3-9. Observe o exemplo: e se sempre que o serviço de gerenciamento de motorista fizer uma predição, em vez de outros serviços solicitarem aos serviços de gerenciamento de motoristas o número predito de motoristas para o próximo minuto, essa mesma previsão for transmitida para um broker? Qualquer serviço que deseje dados do serviço de gerenciamento de motoristas pode verificar com esse broker o número predito mais recente de motoristas. Do mesmo modo, sempre que o serviço de otimização de preços faz uma predição da tarifa dinâmica para o próximo minuto, essa predição é transmitida ao broker.

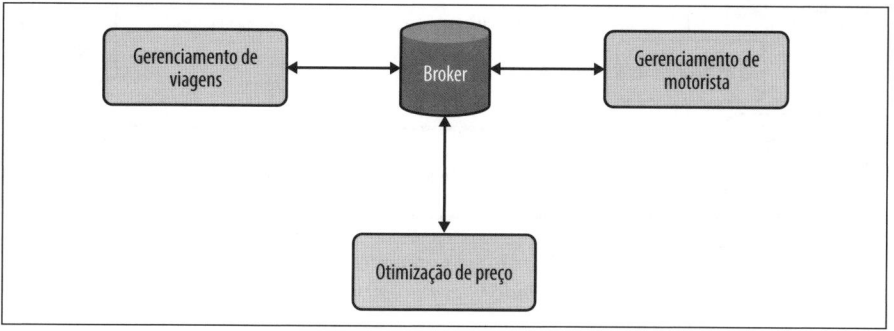

Figura 3-9. Nesse caso, um serviço só precisa se comunicar com o broker em vez de se comunicar com outros serviços.

Tecnicamente, um banco de dados pode ser um broker — cada serviço pode gravar dados em um banco de dados e outros serviços que precisam dos dados podem lê-los dentro dele. No entanto, como mencionado na seção "Dados passando por Bancos de Dados", a leitura e a gravação de bancos de dados são muito lentas em aplicações com requisitos de latência rigorosos. Em vez de usar bancos de dados para intermediar dados, usamos armazenamento na memória para intermediá-los. Os transportes em tempo real podem ser considerados como armazenamento na memória para a passagem de dados entre os serviços.

Uma parte de dados transmitida para um transporte em tempo real se chama evento. Essa arquitetura, portanto, se chama *event-driven*. Às vezes, um transporte em tempo real é chamado de event bus. A arquitetura request-driven funciona bem em sistemas que dependem mais da lógica do que dos dados. A Arquitetura event-driven funciona melhor em sistemas com grandes quantidades de dados.

Os dois tipos mais comuns de transportes em tempo real são pubsub, abreviação de publish-subscribe [publicação/assinatura], e message queue [fila de mensagens]. No modelo pubsub, qualquer serviço pode publicar diferentes tópicos em um transporte em tempo real e qualquer serviço que assine um tópico pode ler todos os eventos desse tópico. Os serviços que produzem dados não se importam com quais serviços consomem seus dados. As soluções pubsub geralmente têm uma política de retenção — os dados serão retidos no transporte em tempo real por um determinado período de tempo (por exemplo, sete dias) antes de serem excluídos ou movidos para um armazenamento permanente (como o Amazon S3). Veja a Figura 3-10.

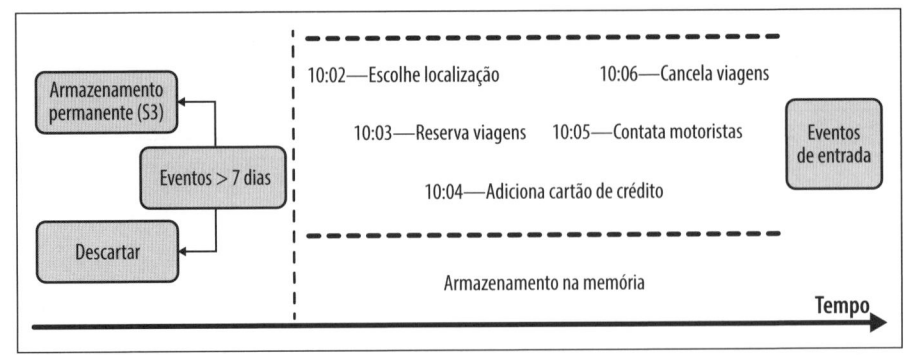

Figura 3-10. Os eventos recebidos são armazenados no armazenamento na memória, antes de serem descartados ou movidos para um armazenamento mais permanente.

Em um modelo message queue, um evento geralmente tem consumidores pretendidos (um evento com consumidores pretendidos se chama mensagem), e a fila de mensagens é responsável por levar a mensagem aos consumidores certos.

Exemplos de soluções de pubsub são Apache Kafka e Amazon Kinesis.[27] Exemplos de message queue são Apache RocketMQ e RabbitMQ. Nos últimos anos, ambos os paradigmas ganharam força. A Figura 3-11 mostra algumas das empresas que usam o Apache Kafka e o RabbitMQ.

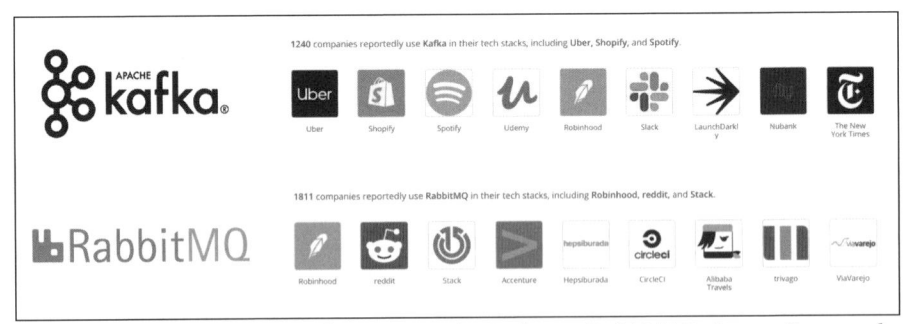

Figura 3-11. Empresas que utilizam o Apache Kafka e o RabbitMQ. Fonte: Captura de tela do Stackshare (https://oreil.ly/OqAgL).

Processamento em Lote versus Processamento de Fluxo

Assim que chegam aos mecanismos de armazenamento de dados, como bancos de dados, data lakes ou data warehouses, seus dados se tornam dados históricos.

---

[27] Se você quiser saber mais sobre como o Apache Kafka funciona, Mitch Seymour tem uma ótima animação (disponível em: *https://oreil.ly/kBZzU*) que explica tudo usando lontras!

O mesmo não se aplica ao streaming de dados (dados que ainda estão sendo transmitidos). Os dados históricos são frequentemente processados em batch jobs — jobs iniciados de modo periódico. Por exemplo, uma vez por dia, talvez seja bom iniciar um batch job para calcular a tarifa dinâmica média de todas as viagens no último dia.

Quando os dados são processados em batch jobs, chamamos de *processamento em lote*. O processamento em lote tem sido um assunto de pesquisa por muitas décadas, e as empresas criaram sistemas distribuídos, como MapReduce e Spark, para processar dados em lote com eficiência.

Quando temos dados em transportes em tempo real, como Apache Kafka e Amazon Kinesis, dizemos que se tem dados de streaming. O *processamento de fluxo* [Stream processing] é fazer o processamento do streaming de dados. O processamento em dados de streaming também pode ser iniciado de forma periódica, mas os períodos geralmente são mais curtos do que os períodos dos batch jobs (por exemplo, a cada cinco minutos em vez de todos os dias). O cálculo em dados de streaming também pode ser iniciado sempre que necessário. Por exemplo, sempre que um usuário solicita uma viagem, seus dados são processados em streaming para ver quais motoristas estão disponíveis no momento.

O processamento de fluxo, quando feito corretamente, pode fornecer baixa latência, pois é possível processar dados assim que são gerados, sem precisar primeiro gravá-los nos bancos de dados. Muitas pessoas acreditam que o processamento de fluxo é menos eficiente do que o processamento em lote porque não é possível aproveitar ferramentas como o MapReduce ou o Spark. Nem sempre é o caso, por duas razões. Primeiro, tecnologias de streaming como o Apache Flink se revelaram altamente escaláveis e totalmente distribuídas. Ou seja, podem fazer computação em paralelo. Segundo, a força do processamento de fluxo reside na computação stateful. Vamos supor que você deseja processar o engajamento do usuário durante uma avaliação de 30 dias. Caso inicie os batch job todos os dias, será preciso fazer cálculos nos últimos 30 dias todos os dias. Com o processamento de fluxo, é possível continuar computando apenas os novos dados a cada dia e unir o novo cálculo de dados com o cálculo de dados mais antigos, evitando a redundância.

Como o processamento em lote ocorre com menos frequência do que o processamento em fluxo, no ML, o processamento em lote geralmente é usado para calcular features que mudam com menos frequência, como as avaliações dos motoristas (se um motorista tiver feito centenas de viagens, é menos provável que a classificação mude de forma substancial de um dia para o outro). As *features em lote* — extraídas por meio do processamento em lote — também são conhecidas como *features estáticas*.

O processamento de fluxo é usado para calcular features que mudam rapidamente, como quantos motoristas estão disponíveis no momento, quantas viagens foram solicitadas no último minuto, quantas viagens serão concluídas nos próximos dois minutos, o preço médio das últimas 10 viagens nessa região etc. Features sobre o estado atual do sistema são importantes para fazer as predições de preços ideais. *Features de streaming* — *features* extraídas por meio de processamento de fluxo — também são conhecidas como *features dinâmicas*.

Para muitos problemas, são necessárias não apenas as features em lote ou de streaming, mas ambas. Necessita-se de uma infraestrutura que possibilite processar dados de streaming, bem como dados em lote e juntá-los para alimentar seus modelos de ML. No Capítulo 7, discutiremos mais sobre como as features em lote e as feature de streaming podem ser usadas juntas para gerar predições.

Para fazer cálculo em fluxos de dados, é necessário um mecanismo de computação de fluxo (do mesmo jeito que o Spark e o MapReduce são mecanismos de computação em lote). Quanto ao cálculo de streaming simples, podemos recorrer à capacidade de computação de stream integrada com transportes em tempo real como o Apache Kafka, mas o processamento de fluxo do Kafka é limitado quanto à capacidade de lidar com diversas fontes de dados.

Para sistemas de ML que usam features de streaming, o cálculo de streaming raramente é simples. O número de features de streaming utilizadas em uma aplicação, como detecção de fraude e score de crédito pode chegar a centenas, senão milhares. A lógica de extração de features de streaming pode exigir consultas complexas com join e aggregation em diferentes dimensões. Para extrair essas features, são necessários mecanismos eficientes de processamento de fluxo. Pode ser útil analisar ferramentas como Apache Flink, KSQL e Spark Streaming. Dentre os três mecanismos, o Apache Flink e o KSQL são mais reconhecidos na indústria e fornecem uma boa abstração SQL para cientistas de dados.

O processamento de fluxo é mais difícil porque a quantidade de dados é ilimitada e os dados chegam em taxas e velocidades variáveis. É mais fácil fazer um processador de fluxo realizar um processamento em lote do que um processador em lote realizar um processamento de fluxo. Os principais mantenedores do Apache Flink afirmam há anos que o processamento em lote é um caso especial de processamento de fluxo.[28]

Recapitulando

Este capítulo se baseia nos alicerces do Capítulo 2 sobre a importância dos dados no desenvolvimento de sistemas de ML. Aprendemos que é importante escolher o formato adequado a fim de armazenar nossos dados para facilitar seu uso futuro.

---

[28] Kostas Tzoumas, "Batch Is a Special Case of Streaming", *Ververica*, 15 de setembro de 2015. Disponível em: *https://oreil.ly/IcIl2*.

Vimos diferentes formatos de dados e os prós e contras dos formatos de orientados à linha versus formatos orientados à coluna, bem como os formatos de texto versus binário.

Seguimos abordando três grandes modelos de dados: relacional, orientado a documento e a grafo. Mesmo que o modelo relacional seja o mais conhecido, dada a popularidade do SQL, todos os três modelos são bastante utilizados hoje e cada um deles serve para determinado conjunto de tarefas.

Ao falar sobre o modelo relacional em comparação ao modelo orientado a documento, muitas pessoas pensam no primeiro como de dados estruturados e no segundo como de dados não estruturados. A divisão entre dados estruturados e não estruturados é bastante fluida — a questão principal é quem deve arcar com a responsabilidade de assumir a estrutura dos dados. Nos dados estruturados o código que escreve os dados deve assumir a estrutura, já nos não estruturados o código que lê os dados deve assumi-la.

Continuamos o capítulo com mecanismos de armazenamento de dados e processamento. Estudamos bancos de dados otimizados para dois tipos distintos de processamento de dados: transacional e analítico. Estudamos os mecanismos de armazenamento de dados e o processamento em conjunto, pois, tradicionalmente, o armazenamento é acoplado ao processamento: bancos de dados transacionais para processamento transacional e bancos de dados analíticos para processamento analítico. No entanto, nos últimos anos, muitos fornecedores trabalharam no desacoplamento de armazenamento e processamento. Hoje, temos bancos de dados transacionais que podem lidar com consultas analíticas e bancos de dados analíticos que podem lidar com consultas transacionais.

Ao discutir formatos de dados, modelos de dados, mecanismos de armazenamento de dados e processamento, presume-se que os dados estejam dentro de um processo. Mas, em produção, provavelmente se trabalhará com vários processos e será preciso transferir dados entre eles. Analisamos três modos de passagem de dados. O modo mais simples é passagem por bancos de dados. O modo mais popular de passagem de dados para processos é a passagem de dados por serviço. Neste modo, um processo é exposto como um serviço para que outro processo possa enviar requisições de dados. Esse modo de passagem de dados é estritamente acoplado a arquiteturas de microsserviços, em que cada componente de uma aplicação é configurado como um serviço.

Um modo de passagem de dados que se tornou cada vez mais popular na última década é o por meio de um transporte em tempo real, como Apache Kafka e RabbitMQ. Esse modo de passagem de dados está em algum lugar entre a passagem por bancos de dados e a passagem por serviços: possibilita a passagem assíncrona de dados com latência razoavelmente baixa.

Como os dados em transportes em tempo real têm propriedades diferentes dos dados em bancos de dados, exigem técnicas de processamento diferentes, conforme discutido na seção "Processamento em Lote versus Processamento de Fluxo". Os dados em bancos de dados são frequentemente processados em batch jobs e geram features estáticas, enquanto os dados em transportes em tempo real são frequentemente processados usando mecanismos de cáculo de fluxo e geram features dinâmicas. Algumas pessoas argumentam que o processamento em lote é um caso especial de processamento de fluxo, e mecanismos de cálculos de fluxo podem ser usados para unificar ambos os pipelines de processamento.

Como já definimos nossos sistemas de dados, podemos coletar dados e criar dados de treinamento, focos do próximo capítulo.

CAPÍTULO 4
Treinando os Dados

No Capítulo 3, abordamos como lidar com dados da perspectiva de sistemas. Neste capítulo, lidaremos com dados a partir da perspectiva da ciência de dados. Apesar da importância dos dados de treinamento no desenvolvimento e melhoria dos modelos de ML, as ementas acadêmicas têm propensão à modelagem, considerada por muitos profissionais a parte "divertida" do processo. Construir um modelo ultramoderno é interessante. Passar dias fazendo data wrangling de uma quantidade gigantesca de dados mal formatados que nem sequer cabem na memória da sua máquina é frustrante.

Dados são confusos, complexos, imprevisíveis e potencialmente traiçoeiros. Caso não sejam manipulados de forma correta, podem arruinar facilmente toda a sua operação de ML. É justamente por isso que os cientistas de dados e engenheiros de ML precisam aprender a manipulá-los direito, poupando tempo e futuras dores de cabeça.

Neste capítulo, abordaremos técnicas para obter ou criar bons dados de treinamento. Aqui, os dados de treinamento compreendem todos os dados usados na fase de desenvolvimento dos modelos de ML, incluindo as diferentes divisões de treinamento, validação e teste. Este capítulo começa abordando diferentes técnicas de amostragem visando selecionar dados para treinamento. Depois, falaremos sobre os desafios comuns na criação de dados de treinamento: o problema da multiplicidade e da ausência de rótulos, o problema de classes desbalanceadas e técnicas de data augmentation [aumento artificial de dados] para resolver o problema de falta de dados.

Usamos o termo "dados de treinamento" em vez de "conjunto de dados de treinamento" porque "conjunto de dados" denota um conjunto finito e estacionário. Em produção, os dados não são finitos nem estacionários, fenômeno que abordaremos na seção "Mudanças na Distribuição de Dados" do Capítulo 8. Assim como outras etapas na construção de sistemas de ML, a criação de dados de treinamento é um processo iterativo. À medida que seu modelo evolui ao longo do ciclo de vida de um projeto, seus dados de treinamento provavelmente também evoluirão. Antes de avançarmos, quero apenas reiterar uma advertência que, embora ditas muitas vezes, nunca é o suficiente: os dados estão repletos de possíveis vieses. Esses vieses têm muitas causas possíveis e se originam durante a coleta, amostragem ou rotulagem. Dados históricos podem ser incorporados com vieses humanos, e os modelos de ML, treinados nesses dados, podem perpetuá-los. Use dados, mas não confie muito neles!

Amostragem

Embora seja parte essencial do fluxo de trabalho de ML, infelizmente, a amostragem é muitas vezes negligenciada nos conteúdos acadêmicos típicos. A amostragem ocorre durante as muitas etapas do ciclo de vida de um projeto de ML: amostragem de todos os dados possíveis do mundo real para criar dados de treinamento; amostragem de um determinado conjunto de dados para criar divisões para treinamento, validação e teste; ou amostragem de todos os eventos possíveis que acontecem dentro de seu sistema de ML para fins de monitoramento. Nesta seção, focaremos os métodos de amostragem para criar dados de treinamento, mas esses métodos também podem ser usados em outras etapas do ciclo de vida de um projeto de ML.

A amostragem é necessária em muitos casos. Um deles é quando não temos acesso a todos os possíveis dados do mundo real, pois os que você usa para treinar seu modelo são um subconjunto de dados do mundo real, criado por um método de amostragem ou outro. Outro caso é quando é inviável processar todos os dados que temos acesso, — porque exige muito tempo ou recursos — assim precisamos amostrá-los para criar um subconjunto viável de processar. Em tantos outros casos, a amostragem é vantajosa, pois permite que você realize uma tarefa de forma mais rápida e barata. Por exemplo, ao pensar em um novo modelo, talvez seja melhor fazer antes um rápido experimento com um pequeno subconjunto de dados para ver se o novo modelo é promissor antes de treinar esse novo modelo em todos os seus dados.[1]

Compreender os diferentes métodos de amostragem e o uso deles em nosso fluxo de trabalho pode, primeiro, nos ajudar a evitar possíveis vieses de amostragem e, segundo, nos ajudar a escolher os métodos que melhoram a eficiência dos dados que amostramos. Temos duas famílias de amostragem: amostragem não probabilística e amostragem aleatória. Começaremos com métodos de amostragem não

---

[1] Alguns leitores podem alegar que essa abordagem talvez não funcione com modelos grandes, pois certos modelos grandes não funcionam em conjuntos de dados pequenos, mas funcionam bem com muito mais dados. Nesse caso, ainda é importante experimentar conjuntos de dados de diferentes tamanhos para identificar o impacto do tamanho do conjunto de dados em seu modelo.

probabilística e, depois, falaremos sobre os vários métodos comuns de amostragem aleatória.

Amostragem Não Probabilística

Amostragem não probabilística é quando a seleção de dados não é baseada em nenhum critério de probabilidade. Vejamos alguns dos critérios para amostragem não probabilística:

Amostragem por conveniência
    As amostras de dados são selecionadas com base em sua disponibilidade. Este método de amostragem é popular porque, né, é conveniente.

Amostragem por bola de neve
    Amostras futuras são selecionadas com base nas amostras existentes. Por exemplo, para fazer o scraping [raspagem de dados] de contas legítimas do Twitter sem ter acesso ao banco de dados do Twitter, começamos com um pequeno número de contas, depois fazemos o scraping de todas as contas que elas seguem e assim por diante.

Amostragem por julgamento
    Os especialistas decidem quais amostras incluir.

Amostragem por cotas
    As amostras são selecionadas com base em cotas para determinadas fatias de dados sem qualquer randomização. Por exemplo, ao fazer uma pesquisa, talvez você queira 100 respostas de cada uma das faixas etárias: menores de 30 anos, entre 30 e 60 anos, e acima de 60 anos, independentemente da distribuição etária real.

As amostras selecionadas por critérios de não probabilidade não são representativas dos dados do mundo real, ou seja, estão repletas de vieses de seleção.[2] Por causa desses vieses, talvez você ache uma péssima ideia selecionar dados para treinar modelos de ML usando essa família de métodos de amostragem. Você tem razão. Infelizmente, em muitos casos, a seleção de dados para modelos de ML ainda é motivada pela conveniência. Um desses casos é a modelagem de linguagem. Os modelos de linguagem são treinados muitas vezes não com dados representativos de todos os textos possíveis, mas com dados que podem ser facilmente coletados — da Wikipédia, do Common Crawl, do Reddit.

Outro caso são dados para análise de sentimento de texto geral. Muitos desses dados são coletados de fontes com rótulos naturais (classificações), como avaliações do IMDB e da Amazon. Esses conjuntos de dados são então usados para outras

---

[2] James J. Heckman, "Sample Selection Bias as a Specification Error", *Econometrica* 47, n. 1 (janeiro de 1979): 153–61. Disponível em: *https://oreil.ly/I5AhM*.

tarefas de análise de sentimento. As avaliações do IMDB e da Amazon são tendenciosas e não necessariamente representativas, pois são feitas por pessoas dispostas a fazer avaliações online, excluindo aquelas que não têm acesso à internet ou que não estão dispostas a fazer avaliações online.

Um terceiro caso são os dados para treinar carros autônomos. De início, os dados coletados para carros autônomos vinham em grande parte de duas áreas: Phoenix, Arizona (por causa das leis de trânsito nada rigorosas) e Bay Area, na Califórnia (porque muitas empresas que constroem carros autônomos ficam lá). Em geral, ambas as cidades têm clima ensolarado. Em 2016, a Waymo expandiu suas operações para Kirkland, Washington, que tem clima chuvoso[3], mas ainda há muito mais dados de carros autônomos para clima ensolarado do que para clima chuvoso ou com neve. A amostragem não probabilística pode ser uma forma rápida e fácil de reunir dados iniciais para fazer seu projeto deslanchar. No entanto, para modelos confiáveis, convém usar amostragem baseada em probabilidade, assunto da próxima seção.

Amostragem Aleatória Simples

Na forma mais simples de amostragem aleatória, fornecemos a todas as amostras da população probabilidades iguais de serem selecionadas.[4] Por exemplo, selecionamos aleatoriamente 10% da população, dando a todos os membros dessa população uma chance igual de 10% de serem selecionados. A vantagem deste método é facilidade de implementação. A desvantagem é que categorias raras de dados podem não aparecer em sua seleção. Vamos supor que uma classe aparece somente em 0,01% da sua população de dados. Se selecionarmos aleatoriamente 1% de seus dados, é improvável que amostras dessa classe rara sejam selecionadas. Modelos treinados nessa seleção podem pensar que essa classe rara não existe.

Amostragem Estratificada

Para evitar a desvantagem da amostragem aleatória simples, podemos primeiro dividir sua população em grupos que lhe interessam e amostrar cada grupo separadamente. Por exemplo, para amostrar 1% dos dados com duas classes, A e B, podemos amostrar 1% da classe A e 1% da classe B. Assim, por mais rara que seja a classe A ou B, você garantirá que suas amostras sejam incluídas na seleção. Cada grupo é chamado de estrato, e esse método se chama amostragem estratificada. Uma desvantagem desse método é que nem sempre é possível, como quando é impossível dividir todas as amostras em grupos. Isso é bastante desafiador quando

---

[3] Rachel Lerman, "Google Is Testing Its Self-Driving Car in Kirkland", *Seattle Times*, 3 de fevereiro de 2016. Disponível em: *https://oreil.ly/3IA1V*.

[4] População aqui se refere a uma "população estatística" (disponível em: *https://oreil.ly/w7GDX*), um conjunto (potencialmente infinito) de todas as amostras possíveis que podem ser amostradas.

uma amostra pode pertencer a vários grupos, como no caso de tarefas multirrótulos.[5] Por exemplo, uma amostra pode ser classe A e classe B.

Amostragem Ponderada

Na amostragem ponderada, cada amostra recebe um peso, que determina a probabilidade de ser selecionada. Por exemplo, se tivermos três amostras, A, B e C, e quisermos que sejam selecionadas com as probabilidades de 50%, 30% e 20%, respectivamente, podemos atribuir a elas os pesos 0.5, 0.3 e 0.2.

Este método possibilita que você aproveite o conhecimento de domínio. Por exemplo, se sabemos que certa subpopulação de dados, como dados mais recentes, é mais valiosa para o seu modelo e quisermos que ele tenha uma chance maior de ser selecionado, podemos lhe atribuir um peso maior. Ajuda também no caso em que os dados que temos vêm de uma distribuição diferente em comparação aos dados verdadeiros. Por exemplo, se em seus dados, as amostras vermelhas representam 25% e as amostras azuis representam 75%, mas você sabe que, no mundo real, vermelho e azul têm a mesma probabilidade de acontecer, podemos atribuir às amostras vermelhas pesos três vezes maiores do que às amostras azuis. No Python, podemos fazer amostragem ponderada com random.choices:

```
# Escolhe dois itens da lista 1, 2, 3, 4 de forma que cada um tenha 20% de chance de
# de ser selecionado, enquanto entre 100 e 1000, cada um tem apenas 10% de chance.
import random
random.choices(population=[1, 2, 3, 4, 100, 1000],
               weights=[0.2, 0.2, 0.2, 0.2, 0.1, 0.1],
               k=2)
# Equivalente ao seguinte
random.choices(population=[1, 1, 2, 2, 3, 3, 4, 4, 100, 1000],
               k=2)
```

No ML, um conceito comum que está intimamente relacionado à amostragem ponderada são os pesos amostrais. A amostragem ponderada é usada para selecionar amostras para treinar seu modelo, enquanto os pesos amostrais são usados para atribuir "pesos" ou "importância" às amostras de treinamento. Amostras com pesos mais altos impactam mais a função de perda. Alterar os pesos amostrais pode alterar de modo significativo as fronteiras de decisão do seu modelo, conforme mostrado na Figura 4-1.

---

[5] Tarefas com vários rótulos são tarefas em que um exemplo pode ter vários rótulos.

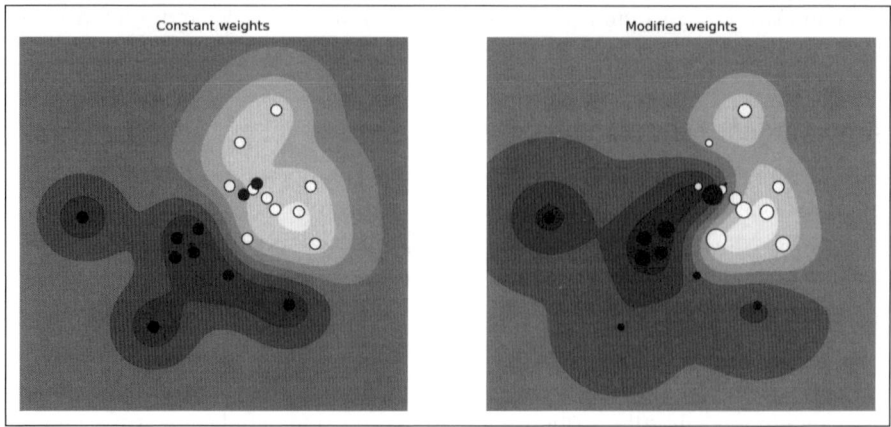

Figura 4-1. Os pesos amostrais podem impactar a fronteira de decisão. À esquerda, todas as amostras recebem pesos iguais. À direita, as amostras recebem pesos diferentes. Fonte: scikit-learn.[6]

Amostragem Reservoir

A amostragem reservoir é um algoritmo fascinante e extremamente útil quando temos que lidar com dados de streaming, que geralmente é o que temos em produção.

Imagine que você tem um fluxo de entrada de tweets e quer amostrar um certo número, *k*, de tweets para fazer análises ou treinar um modelo. Você não sabe quantos tweets existem, mas sabe que todos não cabem na memória. Ou seja, você não sabe de antemão a probabilidade de um tweet ser selecionado. Queremos garantir que:

- Cada tweet tenha mesma probabilidade de ser selecionado.
- Podemos parar o algoritmo a qualquer momento e os tweets serão amostrados com a probabilidade correta.

Uma solução para esse problema é a amostragem reservoir. O algoritmo envolve um reservatório, que pode ser um array, e consiste em três etapas:

- Insere os primeiros elementos *k* no reservatório.
- Para cada *n-ésimo* elemento recebido, gera um número aleatório *i* de tal modo que $1 \leq i \leq n$.
- SE $1 \leq i \leq k$: substitua o *i-ésimo* elemento no reservatório pelo *n-ésimo* elemento. Caso contrário, não faça nada.

---

[6] "SVM: Weighted Samples", scikit-learn. Disponível em: *https://oreil.ly/BDqbk*.

Isso significa que cada *enésimo* elemento recebido tem $\frac{k}{n}$ probabilidade de estar no reservatório. Você também pode provar que cada elemento no reservatório tem $\frac{k}{n}$ probabilidade de estar lá. Ou seja, todas as amostras têm chance igual de serem selecionadas. Se pararmos o algoritmo a qualquer momento, todas as amostras no reservatório foram amostradas com a probabilidade correta. A Figura 4-2 exemplifica como a amostragem reservoir funciona.

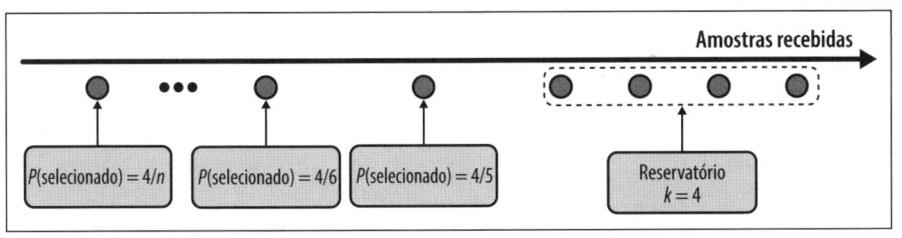

Figura 4-2. Visualização de como a amostragem reservoir funciona.

Amostragem por Importância

A amostragem por importância é um dos métodos de amostragem mais essenciais, não apenas em ML. Ela nos possibilita amostrar uma distribuição quando só temos acesso à outra.

Imagine que você tem que amostrar x de uma distribuição $P(x)$, mas amostrar $P(x)$ é mais pesado, lento ou inviável. No entanto, você tem uma distribuição $Q(x)$ que é mais fácil de amostrar. Então, você amostra x de $Q(x)$ e a pondera por $\frac{P(x)}{Q(x)}$. $Q(x)$ é chamado de *distribuição de proposta* ou *distribuição de importância*. $Q(x)$ pode ser qualquer distribuição, desde que $Q(x) > 0$ sempre que $P(x) \neq 0$. A equação a seguir mostra que, na expectativa, x amostrado de $P(x)$ é igual a x amostrado de $Q(x)$ ponderado por $\frac{P(x)}{Q(x)}$:

$$E_{P(x)}[x] = \sum_x P(x)x = \sum_x Q(x)x\frac{P(x)}{Q(x)} = E_{Q(x)}\left[x\frac{P(x)}{Q(x)}\right]$$

No ML, um exemplo de amostragem por importância é o aprendizado por reforço baseado em políticas. Vamos supor que você deseje atualizar sua política. É preciso estimar as funções de valor da nova política, mas calcular as recompensas totais de uma ação pode ser pesado, pois exige considerar todos os resultados possíveis até o final do horizonte de tempo após essa ação. No entanto, se a nova política estiver relativamente próxima da antiga, você pode calcular o total de recompensas com base na antiga e reponderá-las de acordo com a nova. Desta forma, a nova política é composta das recompensas da política anterior.

Rotulagem

Apesar da promessa do machine learning não supervisionado, a maioria dos modelos de ML em produção hoje é supervisionada, ou seja: precisa de dados rotulados para aprender. O desempenho de um modelo de ML ainda depende muito da qualidade e quantidade dos dados rotulados em que é treinado.

Conversando com meus alunos, Andrej Karpathy, diretor de IA da Tesla, compartilhou uma história de quando ele decidiu ter uma equipe de rotulagem interna, e seu recrutador perguntou por quanto tempo precisaria dessa equipe. Ele respondeu: "Por quanto tempo precisamos de uma equipe de engenharia?" A rotulagem de dados passou de tarefa auxiliar para tarefa central de muitas equipes de ML em produção.

Nesta seção, abordaremos o desafio de obter rótulos para seus dados. Discutiremos o método que primeiro vem à mente dos cientistas de dados quando falamos desse tema: rotulagem manual. Depois, discutiremos tarefas com rótulos naturais, em que estes podem ser inferidos a partir do sistema, sem a necessidade de anotadores humanos, seguido do que fazer na ausência de rótulos naturais e manuais.

Rótulos Manuais

Provavelmente, qualquer um que teve que trabalhar com dados em produção já sentiu isso em um nível visceral: a dificuldade intrínseca de adquirir rótulos manuais para seus dados. Primeiro, a rotulagem manual de dados pode ser cara, ainda mais se for necessária experiência no assunto. Para classificar se um comentário é spam, podemos contratar 20 anotadores em uma plataforma de crowdsourcing e treiná-los em 15 minutos para rotular seus dados. No entanto, caso queira rotular radiografias de tórax, precisará encontrar radiologistas certificados, cujo tempo é limitado e caro.

Segundo, a rotulagem manual representa uma ameaça à privacidade dos dados. Na rotulagem manual, alguém precisa examinar seus dados, o que nem sempre é possível se estes tiverem requisitos rigorosos de privacidade. Por exemplo, não é possível simplesmente enviar os prontuários de seus pacientes ou as informações financeiras confidenciais de sua empresa para um serviço terceirizado de rotulagem. Em muitos casos, seus dados podem nem ter permissão para deixar sua organização, e talvez você tenha que recrutar ou contratar anotadores para rotular seus dados no local.

Terceiro, a rotulagem manual é demorada. Por exemplo, a transcrição precisa de um discurso enunciado no nível fonético que pode demorar 400 vezes mais do que a duração do enunciado.[7] Ou seja, um anotador levará 400 horas ou quase 3 meses para rotular uma hora de discurso. Em um estudo de ML para ajudar a classificar cânceres de pulmão a partir de raio-x, meus colegas esperaram quase um ano para obter rótulos suficientes.

A demora da rotulagem leva à velocidade de iteração demorada e deixa seu modelo menos adaptável às mudanças de ambientes e requisitos. Caso se altere a tarefa ou os dados, será necessário esperar que seus dados sejam rotulados novamente antes de atualizar seu modelo. Imagine o cenário em que você tem um modelo de análise de sentimentos para analisar o sentimento de cada tweet que menciona sua marca. Existem apenas duas classes: NEGATIVO e POSITIVO. No entanto, após implementação, sua equipe de relações públicas percebe que o estrago maior vem de tweets raivosos, e todos querem resolver mensagens raivosas o mais rápido possível. Portanto, é necessário atualizar seu modelo de análise de sentimentos com três classes: NEGATIVO, POSITIVO e RAIVOSO. Para isso, será necessário analisar seus dados mais uma vez a fim de ver quais exemplos de treinamento existentes devem receber o rótulo RAIVOSO. Se não tiver exemplos RAIVOSO suficientes, precisará coletar mais dados. Quanto mais tempo o processo demorar, mais o desempenho do modelo existente piora.

Multiplicidade de rótulo

Não raro, para obter dados rotulados suficientes, as empresas têm que usar dados de várias fontes e depender de vários anotadores com diferentes níveis de especialização. Essas diferentes fontes de dados e anotadores também têm diferentes níveis de acurácia. Isso resulta no problema de ambiguidade ou multiplicidade de rótulos: o que fazer quando há vários rótulos conflitantes para uma instância de dados. Vejamos essa simples tarefa de reconhecimento de entidade. Fornecemos a três anotadores a seguinte amostra e pedimos que anotassem todas as entidades que conseguirem encontrar:

> Darth Sidious, conhecido simplesmente como o Imperador, foi um Lorde Sombrio dos Sith que governou a galáxia como Imperador Galáctico do Primeiro Império Galáctico.

Recebemos três soluções diferentes, como mostrado na Tabela 4-1. Os três anotadores identificaram entidades diferentes. Em qual delas seu modelo deve ser treinado? O modelo treinado nos dados rotulados pelo anotador 1 terá um desempenho muito diferente do treinado nos dados rotulados pelo anotador 2.

---

[7] Xiaojin Zhu, "Semi-Supervised Learning with Graphs" (dissertação de doutorado, Carnegie Mellon University, 2005). Disponível em: *https://oreil.ly/VYy4C*.

Tabela 4-1. Anotadores diferentes identificam entidades muito diferentes

Anotador	# Entidades	Anotação
1	3	[*Darth Sidious*], conhecido simplesmente como o Imperador, foi um [*Lorde Sombrio dos Sith*] que governou a galáxia como [*Imperador Galáctico do Primeiro Império Galáctico*].
2	6	[*Darth Sidious*], conhecido simplesmente como o [*Imperador*], foi um [*Lorde Sombrio*] dos [*Sith*] que governou a galáxia como [*Imperador Galáctico*] do [*Primeiro Império Galáctico*].
3	4	[*Darth Sidious*], conhecido simplesmente como o [*Imperador*], foi um [*Lorde Sombrio dos Sith*] que governou a galáxia como [*Imperador Galáctico do Primeiro Império Galáctico*].

Discordâncias entre anotadores são extremamente comuns. Quanto maior o nível de conhecimento de expertise necessário, maior o potencial de discordâncias entre as anotações.[8] Se um especialista humano acha que o rótulo deve ser A, enquanto outro acredita que deve ser B, como resolvemos esse conflito para obter um único ground truth? Se especialistas humanos não concordam com um rótulo, como fica o desempenho no nível humano?

Para minimizar essas discordâncias, é importante primeiro ter uma definição clara do problema. Por exemplo, na tarefa anterior, se tivéssemos esclarecido que, no caso de várias entidades possíveis, deveria se escolher a entidade que constitui a substring mais longa, poderíamos eliminar algumas discordâncias. Ou seja, *Imperador Galáctico do Primeiro Império Galáctico* em vez de *Imperador Galáctico* e *Primeiro Império Galáctico*. É necessário incorporar essa definição ao treinamento dos anotadores para garantir que todos entendam as regras.

Data lineage

O uso indiscriminado de dados de várias fontes, gerados com diferentes anotadores, sem examinar a qualidade, pode fazer com que seu modelo inexplicavelmente falhe. Vamos supor que você treinou um modelo moderadamente bom com 100 mil amostras de dados. Seus engenheiros de ML acreditam que mais dados melhorarão o desempenho do modelo, então você gasta rios de dinheiro contratando anotadores para rotular outros milhões de amostras de dados. No entanto, após o modelo ser treinado nos dados novos, o desempenho diminui. Por quê? Porque a nova amostra com milhões de dados passou por um crowdsource, em que anotadores rotularam os dados com menos precisão do que os dados originais. Caso já tenha misturado seus dados e não consiga mais diferenciar os dados novos dos antigos, talvez seja dificílimo resolver isso.

É boa prática acompanhar a origem de cada uma de suas amostras de dados, bem como seus rótulos, técnica conhecida como *data lineage* [linhagem de dados]. O data lineage o ajuda a sinalizar possíveis vieses em seus dados e depurar seus mo-

---

[8] Se fosse tão óbvio rotular algo, não precisaríamos de experiência em domínio.

deles. Por exemplo, se seu modelo falhar principalmente nas amostras de dados recém-adquiridas, convém analisar como os novos dados foram adquiridos. Em mais de uma ocasião, descobrimos que o problema não era com o nosso modelo, e sim com o número excepcionalmente alto de rótulos errados nos dados que recém-adquirimos.

Rótulos Naturais

A rotulagem manual não é a única fonte de rótulos. Talvez você tenha a sorte de trabalhar com rótulos ground truth naturais. Tarefas com rótulos naturais são aquelas em que as predições do modelo podem ser avaliadas automática ou parcialmente pelo sistema. Temos como exemplo o modelo que estima o horário de chegada de uma determinada rota no Google Maps. Caso siga a rota até o final de sua viagem, o Google Maps saberá quanto tempo a viagem levou e, assim, poderá avaliar a acurácia do horário predito de chegada. Outro exemplo é a predição do preço das ações. Se seu modelo prediz o preço de uma ação nos próximos dois minutos, após dois minutos é possível comparar o preço predito com o atual.

O exemplo canônico de tarefas com rótulos naturais são os sistemas de recomendação. O objetivo de um sistema de recomendação é recomendar itens relevantes aos usuários. O fato de um usuário clicar ou não no item recomendado pode ser visto como o feedback dessa recomendação. Uma recomendação clicada pode ser considerada boa (ou seja, o rótulo é POSITIVO) e uma recomendação não clicada após um período de tempo, digamos 10 minutos, pode ser considerada ruim (ou seja, o rótulo é NEGATIVO). É possível delimitar muitas tarefas como tarefas de recomendação, por exemplo, a tarefa de predizer as taxas de cliques dos anúncios como recomendação de anúncios mais relevantes aos usuários com base em seus históricos de atividades e perfis. Rótulos naturais inferidos a partir dos comportamentos do usuário, como cliques e classificações, também são conhecidos como rótulos comportamentais.

Mesmo que sua tarefa não tenha rótulos naturais inerentemente, é possível configurar seu sistema para que possa coletar algum feedback sobre seu modelo. Por exemplo, caso esteja construindo um sistema de tradução automática, como o Google Tradutor, talvez você tenha a opção de a comunidade enviar traduções alternativas para traduções ruins — que podem ser usadas para treinar a próxima iteração de seus modelos (mesmo que queira revisar essas traduções sugeridas primeiro). A classificação do feed de notícias não é uma tarefa com rótulos naturais, mas ao adicionar o botão Curtir e outras reações a cada item do feed de notícias, o Facebook consegue coletar feedback sobre seu algoritmo de classificação.

Tarefas com rótulos naturais são bastante comuns. Em uma pesquisa com 86 empresas da minha rede, descobri que 0,63% delas trabalham com tarefas de rótulos naturais, como mostra a Figura 4-3. Não significa que 0,63% das tarefas que podem se beneficiar das soluções de ML tenham rótulos naturais. O mais provável é que as empresas achem mais fácil e barato começar primeiro com tarefas que tenham rótulos naturais.

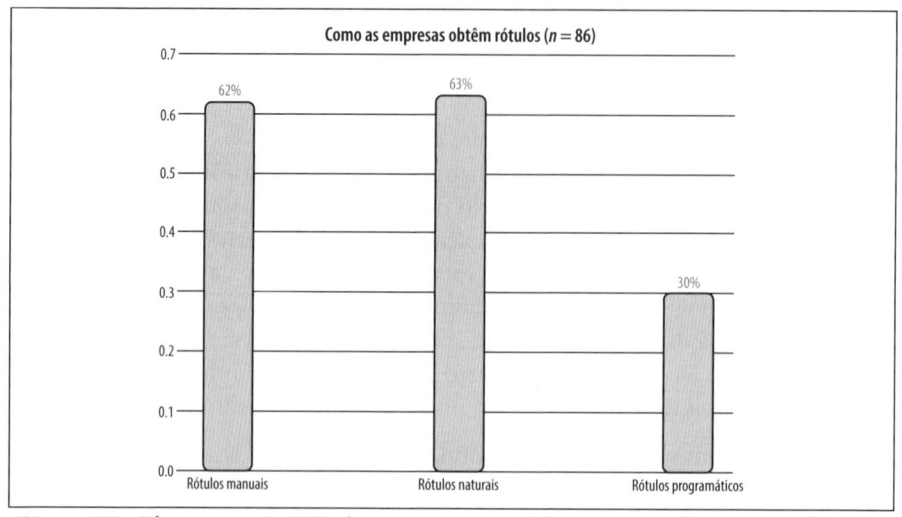

Figura 4-3. Observe que 0,63% das empresas da minha rede trabalham em tarefas com rótulos naturais. As porcentagens não somam 1, pois uma empresa pode trabalhar com tarefas com diferentes fontes de rótulos.[9]

No exemplo anterior, uma recomendação que não é clicada após um período de tempo pode ser considerada ruim. Isso se chama *rótulo implícito*, pois esse rótulo negativo é presumido pela falta de um rótulo positivo. É diferente de *rótulos explícitos*, em que os usuários demonstram explicitamente seu feedback sobre uma recomendação, dando-lhe uma classificação positiva ou negativa.

Extensão do loop de feedback

Nas tarefas com rótulos naturais ground truth, extensão do loop de feedback é o tempo que leva desde o momento em que uma predição é veiculada até o momento em que o feedback é fornecido. Tarefas com loops de feedback curtos são tarefas em que os rótulos geralmente ficam disponíveis em poucos minutos. Muitos sistemas de recomendação têm loops de feedback curtos. Se os itens recomendados forem produtos da Amazon ou pessoas para seguir no Twitter, o tempo entre o momento em que o item é recomendado até ser clicado, se for clicado, é curto. Mas nem todos os sistemas de recomendação têm loops de feedback de minutos. Se trabalharmos com tipos de conteúdo mais extensos, como postagens de blog ou artigos ou vídeos do YouTube, o loop de feedback leva horas. Se você

---

[9] Abordaremos rótulos programáticos na seção "Weak supervision".

criar um sistema para recomendar roupas aos usuários como o Stitch Fix, não receberá feedback até que os usuários recebam os itens e os experimentem, o que pode levar semanas.

> ### Diferentes Tipos de Feedback do Usuário
>
> Se quiser extrair rótulos do feedback do usuário, é importante observar que existem diferentes tipos desse feedback. Eles podem ocorrer em diferentes estágios durante a jornada do usuário em seu app e diferem em volume, intensidade do sinal e duração do loop de feedback. Por exemplo, pense em um app de e-commerce semelhante ao da Amazon. Nele, os tipos de feedback que um usuário pode fornecer são clicar em uma recomendação de produto, adicionar um produto ao carrinho, comprar um produto, fazer uma avaliação e devolver um produto comprado anteriormente.
>
> Clicar em um produto acontece mais rápido e com mais frequência (e, portanto, implica em um volume maior) do que comprá-lo. Mas comprar um produto é sinal mais forte sobre se um usuário gosta desse produto em comparação quando apenas clica nele. Ao construir um sistema de recomendação de produtos, muitas empresas focam a otimização de cliques, o que lhes fornece um volume maior de feedback para avaliar seus modelos. Mas algumas delas focam as compras, o que lhes fornece um sinal mais forte que também está mais correlacionado às suas métricas de negócios (por exemplo, receita de vendas de produtos). Ambas as abordagens são válidas. Não existe resposta definitiva para o tipo de feedback que se deve otimizar para o seu caso de uso, valendo conversas sérias entre todas as partes interessadas e envolvidas.

Escolher a extensão adequada de janela requer exame aprofundado, pois envolve o trade-off de velocidade e acurácia. Uma janela curta significa que você pode capturar rótulos mais rápido, possibilitando usá-los para detectar problemas com seu modelo e resolvê-los o mais rápido possível. Mas também significa que você pode rotular antes da hora uma recomendação como ruim antes que seja clicada.

Independentemente de se definir a extensão da janela, ainda pode haver rótulos negativos prematuros. No início de 2021, um estudo da equipe de anúncios no Twitter descobriu que, embora a maioria dos cliques em anúncios ocorra nos primeiros cinco minutos, alguns ocorrem horas após a exibição do anúncio.[10] Ou

---

[10] Sofia Ira Ktena, Alykhan Tejani, Lucas Theis, Pranay Kumar Myana, Deepak Dilipkumar, Ferenc Huszar, Steven Yoo e Wenzhe Shi, "Addressing Delayed Feedback for Continuous Training with Neural Networks in CTR Prediction", *arXiv*, 15 de julho de 2019. Disponível em: *https://oreil.ly/5y2WA*.

seja, esse tipo de rótulo tende a subestimar a taxa real de cliques. Se registrarmos apenas 1.000 rótulos POSITIVOS, o número real de cliques pode ser um pouco mais de 1.000.

Para tarefas com loops extensos de feedback, os rótulos naturais podem demorar semanas ou até meses. A detecção de fraudes é exemplo de uma tarefa com loops extensos de feedback. Após uma transação e um determinado de tempo, os usuários podem contestar se essa transação é fraudulenta ou não. Por exemplo, quando um cliente lê o extrato do cartão de crédito e vê uma transação que não reconhece, ele pode contestá-la no banco, fornecendo ao banco o feedback para rotular essa transação como fraudulenta. Essa típica janela dura de um a três meses. Após esse período, se o usuário não contestar nada, presume-se que a transação seja legítima.

Rótulos com loops extensos de feedback são úteis para informar o desempenho de um modelo em relatórios de negócios trimestrais ou anuais. Contudo, não são muito úteis caso queira detectar problemas com seus modelos o mais rápido possível. Se houver um problema com seu modelo de detecção de fraude e você levar meses para identificá-lo, quando for corrigido, todas as transações fraudulentas que seu modelo falho deixou passar podem ocasionar a falência de uma pequena empresa.

Lidando com a Falta de Rótulos

Como adquirir rótulos suficientes de alta qualidade é um desafio, muitas técnicas foram desenvolvidas para solucionar esses problemas decorrentes. Nesta seção, abordaremos quatro deles: abordagens weak supervision e semissupervisão, aprendizado por transferência e aprendizado ativo. Veja um resumo desses métodos na Tabela 4-2.

Tabela 4-2. Resumo de quatro abordagens para lidar com a falta de dados rotulados manualmente

Método	Como	Ground truths são necessários?
Weak supervision	Aproveita heurísticas (muitas vezes ruidosas) para gerar rótulos	Não, mas se recomenda um pequeno número de rótulos para orientar o desenvolvimento de heurísticas
Semissupervisão	Aproveita suposições estruturais para gerar rótulos	Sim, um pequeno número de rótulos iniciais como seeds [sementes] para gerar mais rótulos
Aprendizado por transferência	Aproveita modelos pré-treinados em outra tarefa para sua nova tarefa	Não para aprendizado zero-shot, sim para ajuste fino [fine-tune], embora o número de ground truths necessários seja muitas vezes menor do que seria se você treinasse o modelo do zero
Aprendizado ativo	Rotula amostras de dados mais úteis para seu modelo	Sim

Weak supervision

Se a rotulagem manual é tão problemática, por que não paramos de usar rótulos manuais? Uma abordagem que ganhou popularidade é a weak supervision. Uma das ferramentas open source mais populares para weak supervision é o Snorkel, desenvolvido no Stanford AI Lab.[11] A ideia da weak supervision é as pessoas recorreram às heurísticas, que podem ser desenvolvidas por especialistas no assunto para rotular os dados. Por exemplo, um médico pode usar as seguintes heurísticas para decidir se o caso de um paciente deve ser priorizado como urgente:

> Se a observação da enfermaria mencionar uma condição grave, como pneumonia, o caso do paciente deve ser priorizado.

Bibliotecas como Snorkel tomam como base o conceito de *labeling function* (LF): uma função de rotulagem que codifica heurísticas. As heurísticas anteriores podem ser expressas pela seguinte função, em que urgente é emergent:

```
def labeling_function(note):
    if "pneumonia" in note:
        return "EMERGENT"
```

LFs podem codificar muitos tipos diferentes de heurísticas. Vejamos algumas delas:

Heurística de palavras-chave
   Igual ao exemplo anterior

Expressões regulares
   Por exemplo, se a observação corresponder ou não a uma determinada expressão regular

Lookup de banco de dados
   Por exemplo, se a doença na observação estiver na lista de doenças perigosas

As saídas de outros modelos
   Como se um sistema existente classificasse a doença como URGENTE

Após escrever as LFs, você pode aplicá-las às amostras que deseja rotular. Como as LFs codificam heurísticas e as heurísticas são ruidosas, os rótulos gerados pelas LFs também são. Diversas LFs podem ser aplicadas aos mesmos exemplos de dados, fornecendo rótulos conflitantes. Uma função pode achar que a observação da enfermaria é EMERGENT, mas outra função pode achar que não é. Uma heurística pode ser mais precisa do que outra, e você pode nem saber, pois não tem rótulos ground truth para compará-las. É importante combinar, eliminar ruídos e repon-

---
[11] Alexander Ratner, Stephen H. Bach, Henry Ehrenberg, Jason Fries, Sen Wu e Christopher Ré, "Snorkel: Rapid Training Data Creation with Weak Supervision", *Anais do VLDB Endowment* 11, no. 3 (2017): 269–82. Disponível em: *https://oreil.ly/vFPjk*.

derar todas as LFs para obter um conjunto de rótulos com maior probabilidade de serem corretos. A Figura 4-4 mostra em nível alto como as LFs funcionam.

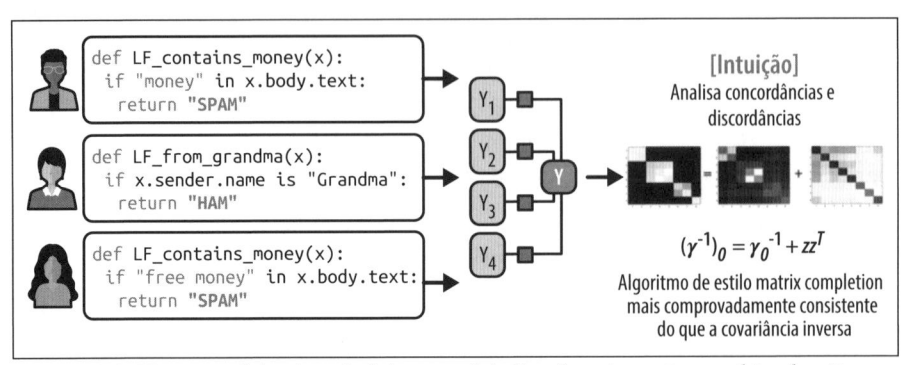

```
def LF_contains_money(x):
    if "money" in x.body.text:
        return "SPAM"

def LF_from_grandma(x):
    if x.sender.name is "Grandma":
        return "HAM"

def LF_contains_money(x):
    if "free money" in x.body.text:
        return "SPAM"
```

Y_1, Y_2, Y_3, Y_4 → Y

[Intuição]
Analisa concordâncias e discordâncias

$$(\gamma^{-1})_0 = \gamma_0^{-1} + zz^T$$

Algoritmo de estilo matrix completion mais comprovadamente consistente do que a covariância inversa

Figura 4-4. Visão geral de alto nível de como labeling functions são combinadas. Fonte: Adaptado de uma imagem de Ratner et al.[12]

Em teoria, não é necessário rótulos manuais para a weak supervision. No entanto, para se ter uma noção da acurácia de suas LFs, recomenda-se um pequeno número de rótulos manuais. Esses rótulos manuais podem ajudá-lo a descobrir padrões em seus dados para escrever melhores LFs. A weak supervision pode ser bastante útil quando seus dados têm requisitos rígidos de privacidade. Basta um pequeno subconjunto limpo de dados para gravar LFs, que podem ser aplicadas ao restante de seus dados sem que ninguém os veja.

Com as LFs, a expertise do assunto pode ser versionada, reutilizada e compartilhada. A expertise de uma equipe pode ser codificada e usada por outra equipe. Se seus dados ou seus requisitos mudarem, é possível reaplicar as LFs às suas amostras de dados. A abordagem de usar LFs a fim de gerar rótulos para seus dados também é conhecida como *programmatic labeling* [rotulagem programática, em tradução livre]. A Tabela 4-3 mostra algumas das vantagens da programmatic labeling versus a rotulagem manual.

Tabela 4-3. As vantagens da programmatic labeling versus rotulagem manual

Rotulagem manual	Programmatic labeling
Caríssima: ainda mais quando um expert no assunto é necessário	**Economia de custos**: a experiência pode ser versionada, compartilhada e reutilizada em uma organização
Falta de privacidade: necessidade de enviar dados para anotadores humanos	**Privacidade**: criar LFs usando uma subamostra limpa de dados e, em seguida, aplicá-las a outros dados sem analisar amostras individuais

---

[12] Ratner *et al.*, "Snorkel: Rapid Training Data Creation with Weak Supervision".

Rotulagem manual	Programmatic labeling
Demorada: o tempo necessário é escalonado linearmente com o número de rótulos necessários	**Rápida**: dimensione facilmente de 1K para 1M de amostras
Não adaptativa: toda mudança exige que os dados sejam rotulados novamente	**Adaptativa**: quando as mudanças acontecerem, basta reaplicar as LFs!

Vejamos o estudo de caso para demonstrar como a weak supervision funciona na prática. Em um estudo com a Stanford Medicine,[13] modelos treinados com rótulos obtidos pela weak supervision e rotulados por um único radiologista, após oito horas escrevendo LFs, tiveram desempenho comparável aos modelos treinados em dados obtidos por quase um ano via rotulagem manual, conforme mostrado na Figura 4-5. Temos dois fatos interessantes sobre os resultados do experimento. Primeiro, os modelos continuaram melhorando com mais dados não rotulados, mesmo sem mais LFs. Segundo, as LFs estavam sendo reutilizadas em todas as tarefas. Os pesquisadores conseguiram reutilizar seis LFs entre a tarefa de CXR (radiografia de tórax) e EXR (radiografia de extremidade).[14]

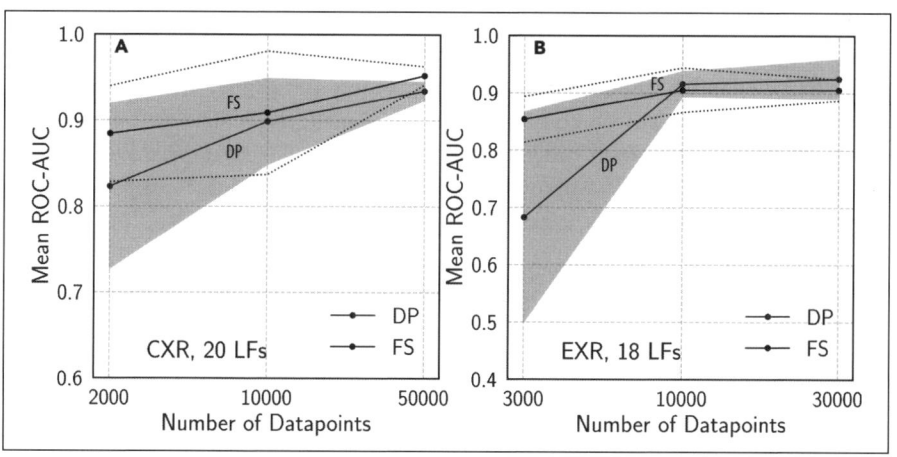

Figura 4-5. Comparação do desempenho de um modelo treinado em rótulos totalmente supervisionados (FS) e de um modelo treinado com rótulos programáticos (DP) em tarefas de CXR e EXR. Fonte: Dunnmon et al.[15]

---

[13] Jared A. Dunnmon, Alexander J. Ratner, Khaled Saab, Matthew P. Lungren, Daniel L. Rubin e Christopher Ré, "Cross-Modal Data Programming Enables Rapid Medical Machine Learning", *Patterns* 1, no. 2 (2020): 100019. Disponível em: *https://oreil.ly/nKt8E*.
[14] As duas tarefas deste estudo usam apenas 18 e 20 LFs, respectivamente. Na prática, já vi equipes usando centenas de LFs para cada tarefa.
[15] Dummon *et al.*, "Cross-Modal Data Programming".

Meus alunos costumam perguntar o seguinte: se as heurísticas funcionam tão bem para rotular os dados, por que precisamos de modelos de ML? Uma razão é que as LFs podem não incluir todas as amostras de dados, então podemos treinar modelos de ML em dados rotulados via programmatic labeling com LFs e usá-lo para gerar predições de amostras que não são contempladas por nenhuma LF. A weak supervision é um paradigma simples, mas poderoso. Mas como tudo na vida, não é perfeita. Em alguns casos, os rótulos obtidos pela weak supervision podem ser muito ruidosos para serem úteis. Mesmo nesses casos, a weak supervision pode ser uma boa maneira de começar quando queremos explorar a eficácia do ML sem investir muito na rotulagem manual.

Semissupervisão

Se a weak supervision aproveita a heurística para obter rótulos ruidosos, a semissupervisão aproveita as suposições estruturais para gerar novos rótulos com base em um pequeno conjunto de rótulos iniciais. Ao contrário da weak supervision, a semissupervisão exige um conjunto inicial de rótulos.

O aprendizado semissupervisionado é uma técnica que foi usada na década de 1990,[16] e, desde então, muitos métodos de semissupervisão foram desenvolvidos. Uma análise abrangente sobre o aprendizado semissupervisionado foge ao escopo deste livro. Examinaremos um pequeno subconjunto desses métodos para fornecer aos leitores uma noção de como são usados. Para uma análise abrangente, recomendo "Semi-Supervised Learning Literature Survey" (*https://oreil.ly/ULeWD*) (Xiaojin Zhu, 2008) e "A Survey on Semi-Supervised Learning" (*https://oreil.ly/JYgCH*) (Engelen and Hoos, 2018).

Um método clássico de semissupervisão é o *self-training*. Basta treinar um modelo em seu conjunto existente de dados rotulados e usá-lo para fazer predições de amostras não rotuladas. Supondo que as predições com altos scores de probabilidades brutas estejam corretas, basta adicionar os rótulos preditos de alta probabilidade ao seu conjunto de treinamento e treinar um modelo novo neste conjunto de treinamento expandido. Continue até ficar contente com o desempenho de seu modelo. Outro método de semissupervisão parte do princípio de que amostras de dados que compartilham características semelhantes compartilham os mesmos rótulos. Talvez a semelhança seja óbvia, como na tarefa de classificar o tópico das hashtags do Twitter. Podemos começar rotulando a hashtag "#AI" como computer science. Supondo que as hashtags que aparecem no mesmo tweet ou perfil provavelmente sejam do mesmo tópico, dado o perfil do MIT CSAIL na

---

[16] Avrim Blum eTom Mitchell, "Combining Labeled and Unlabeled Data with Co-Training", in *Anais da Décima Primeira Conferência Anual Sobre Teoria da Aprendizagem Computacional* (julho de 1998): 92–100. Disponível em: *https://oreil.ly/T79AE*.

Figura 4-6, é possível também rotular as hashtags "#ML" e "#BigDataó" como computer science.

> **MIT CSAIL** ✓
> @MIT_CSAIL Follows you
> MIT's largest research lab, the Computer Science & Artificial Intelligence Lab. instagram.com/mit_csail/ #AI #ml #bigdata #iot #datascience #nlp #coding

Figura 4-6. Como #ML e #BigData aparecem no mesmo perfil do Twitter que #AI, podemos assumir que pertencem ao mesmo tema.

Na maioria dos casos, identifica-se a semelhança via métodos mais complexos. Por exemplo, talvez seja necessário usar um método de clusterização ou um algoritmo *k*-vizinho mais próximo para identificar amostras que pertencem ao mesmo cluster.

Um método de semissupervisão que ganhou popularidade nos últimos anos é o método baseado em perturbações. Baseia-se no pressuposto de que pequenas perturbações em uma amostra não devem mudar seu rótulo. Assim, você aplica as pequenas perturbações às suas instâncias de treinamento para obter novas instâncias de treinamento. Pode-se aplicar perturbações diretamente às amostras (por exemplo, adicionando ruído branco às imagens) ou às suas representações (por exemplo, adicionando pequenos valores aleatórios às word embeddings). As amostras com perturbações têm os mesmos rótulos que as sem perturbações. Falaremos mais sobre isso na seção "Perturbação". Em alguns casos, as abordagens de semissupervisão alcançaram o desempenho do aprendizado puramente supervisionado, mesmo quando uma parte substancial dos rótulos em um determinado conjunto de dados foi descartada.[17]

A semissupervisão é mais útil quando o número de rótulos de treinamento é limitado. Na semissupervisão com dados limitados, é necessário considerar o quanto desses dados limitados devemos usar para avaliar vários modelos candidatos e selecionar o melhor. Se usarmos uma pequena quantidade, o modelo com melhor desempenho nesse pequeno conjunto de avaliação pode ser aquele que mais se sobreajusta [overfitting] a esse conjunto. Por outro lado, se usarmos uma grande quantidade de dados para avaliação, o aumento de desempenho obtido ao selecionar o melhor modelo com base neste conjunto de avaliação pode ser menor do que o aumento obtido ao adicionar o conjunto de avaliação ao conjunto limitado de

---

[17] Avital Oliver, Augustus Odena, Colin Raffel, Ekin D. Cubuk e Ian J. Goodfellow, "Realistic Evaluation of Deep Semi-Supervised Learning Algorithms", *Anais do eurIPS 2018*. Disponível em: *https://oreil.ly/dRmPV*.

treinamento. Muitas empresas contornam esse trade-off usando um conjunto de avaliação razoavelmente grande para selecionar o melhor modelo e, em seguida, continuar treinando o melhor modelo no conjunto de avaliação.

Aprendizado por transferência

O aprendizado por transferência diz respeito à família de métodos em que um modelo desenvolvido para uma tarefa é reutilizado como ponto de partida para um modelo em uma segunda tarefa. Primeiro, treina-se o modelo-base para uma tarefa-base. Em geral, a tarefa-base é uma tarefa que tem dados de treinamento baratos e abundantes. A modelagem de linguagem é ótima candidata porque não exige dados rotulados. Os modelos de linguagem podem ser treinados em qualquer corpus de livros didáticos, artigos da Wikipédia, históricos de chats — e a tarefa é: dada uma sequência de tokens[18] a fim de predizer o próximo token. Quando dada a sentença "Comprei ações da NVIDIA porque acredito na importância do", um modelo de linguagem pode gerar como saída "hardware" ou "GPU" como o próximo token.

O modelo treinado pode então ser usado para a tarefa em que está interessado — uma tarefa downstream — como análise de sentimentos, detecção de intenções ou resposta a perguntas. Em alguns casos, como em cenários de aprendizado zero-shot, é possível usar o modelo-base diretamente em uma tarefa downstream. Em muitos casos, talvez seja necessário usar o *ajuste fino* no modelo-base. Ajuste fino significa fazer pequenas alterações no modelo-base, como continuar a treiná-lo ou treinar uma parte dele em dados de uma determinada tarefa downstream.[19] Às vezes, talvez seja necessário modificar as entradas usando um modelo para solicitar ao modelo-base que gere as saídas desejadas.[20] Por exemplo, para usar um modelo de linguagem como modelo-base para uma tarefa de resposta a perguntas, convém usar este prompt:

> P: Quando os Estados Unidos foram fundados?
>
> R: Em 4 de julho de 1776.
>
> P: Quem escreveu a Declaração de Independência?
>
> R: Thomas Jefferson
>
> P: Em que ano nasceu Alexander Hamilton?
>
> R:

---

[18] Um token pode ser uma palavra, um caractere ou parte de uma palavra.
[19] Jeremy Howard e Sebastian Ruder, "Universal Language Model Fine-tuning for Text Classification", *arXiv*, 18 de janeiro de 2018. Disponível em: https://oreil.ly/DBEbw.
[20] Pengfei Liu, Weizhe Yuan, Jinlan Fu, Zhengbao Jiang, Hiroaki Hayashi e Graham Neubig, "Pre-train, Prompt, and Predict: A Systematic Survey of Prompting Methods in Natural Language Processing", *arXiv*, 28 de julho de 2021. Disponível em: https://oreil.ly/0lBgn.

Ao inserir esse prompt em um modelo de linguagem como o GPT-3 (*htttps://oreil. ly/ qT0r3*), ele pode gerar o ano em que Alexander Hamilton nasceu. O aprendizado por transferência é bastante atrativo para tarefas que não têm muitos dados rotulados. Não raro, mesmo para tarefas com muitos dados rotulados, usar um modelo pré-treinado como ponto de partida pode aumentar o desempenho significativamente em comparação com o treinamento do zero.

O aprendizado por transferência despertou muito interesse nos últimos anos pelos motivos certos, visto que possibilitou muitas aplicações antes impossíveis devido à falta de amostras de treinamento. Uma parte importante dos modelos atuais de ML em produção são os resultados do aprendizado por transferência, incluindo modelos de detecção de objetos que potencializam modelos pré-treinados no ImageNet e modelos de classificação de texto que potencializam modelos de linguagem pré-treinados, como BERT ou GPT-3.[21] O aprendizado por transferência também reduz os obstáculos de entrada ao ML, pois ajuda a reduzir o custo inicial necessário de rotular os dados para criar aplicações de ML.

Uma tendência que surgiu nos últimos cinco anos é que (geralmente) quanto maior o modelo-base pré-treinado, melhor seu desempenho nas tarefas downstream. O treinamento de modelos grandes é caríssimo. Tomando como base a parametrização do GPT-3, estima-se que o custo do treinamento desse modelo esteja na casa de milhões de dólares. Muitos levantaram a hipótese de que, no futuro, apenas algumas empresas poderão se dar ao luxo de treinar grandes modelos pré-treinados. O resto da indústria usará esses modelos pré-treinados diretamente ou fará ajuste fino conforme suas necessidades específicas.

Aprendizado ativo

O aprendizado ativo é um método para melhorar a eficiência dos rótulos de dados. No aprendizado ativo, espera-se que os modelos de ML possam alcançar maior acurácia com menos rótulos de treinamento se puderem escolher com quais amostras de dados aprender. O aprendizado ativo às vezes é chamado de query learning [aprendizado por consulta, em tradução livre] — embora este termo esteja ficando cada vez menos popular — porque um modelo (aprendiz ativo) envia de volta consultas na forma de amostras não rotuladas para serem rotuladas por anotadores (geralmente humanos).

Em vez de rotular amostras de dados aleatoriamente, você rotula as amostras que são mais úteis para seus modelos de acordo com algumas métricas ou heurísticas. A métrica mais simples é a medição de incerteza — rotule os exemplos que seu

---

[21] Jacob Devlin, Ming-Wei Chang, Kenton Lee e Kristina Toutanova, "BERT: Pre-training of Deep Bidirectional Transformers for Language Understandinge, *arXiv*, 11 de outubro de 2018. Disponível em: *htttps://oreil.ly/RdIGU*; Tom B. Brown, Benjamin Mann, Nick Ryder, Melanie Subbiah, Jared Kaplan, Prafulla Dhariwal, Arvind Neelakantan *et al.*, "Language Models Are Few-Shot Learners", OpenAI, 2020. Disponível em: *https://oreil.ly/YVmrr*.

modelo tem menos certeza, esperando que o ajudem a aprender melhor a fronteira de decisão. Por exemplo, no caso de problemas de classificação em que seu modelo gera probabilidades brutas para diferentes classes, ele pode escolher as amostras de dados com as probabilidades mais baixas para a classe predita. A Figura 4-7 exemplifica como esse método funciona em um exemplo ficcional [toy example].

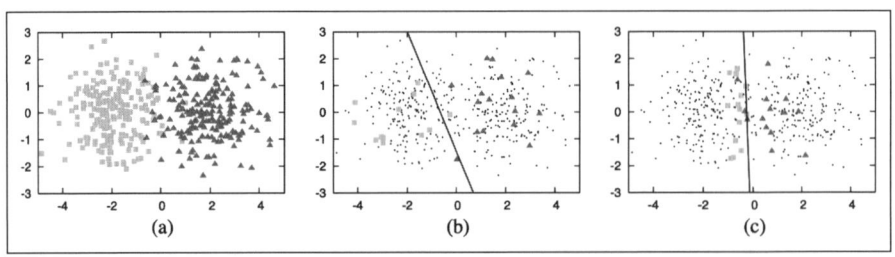

Figura 4-7. Como funciona o aprendizado ativo baseado em incerteza. (a) Um conjunto toy de dados com 400 instâncias, amostrado uniformemente a partir de duas classes gaussianas. (b) Um modelo treinado em 30 amostras rotuladas aleatoriamente fornece acurácia de 70%. (c) Um modelo treinado em 30 amostras escolhidas pelo aprendizado ativo fornece acurácia de 90%. Fonte: Burr Settles.[22]

Outra heurística comum é baseada na discordância entre vários modelos candidatos. Este método se chama query-by-committee [QBC ou consulta por comitê, em tradução livre], um exemplo de método ensemble.[23] É necessário um comitê de diversos modelos candidatos, que geralmente são o mesmo modelo treinado com diferentes conjuntos de hiperparâmetros ou o mesmo modelo treinado em diferentes fatias de dados. Cada modelo fornece um voto para qual amostra rotular, tomando como base o nível de incerteza da predição. Em seguida, rotula-se as amostras que o comitê mais discorda.

Existem outras heurísticas, como a escolha de amostras que, se treinadas, fornecerão maiores atualizações de gradiente ou reduzirão mais a perda. Para uma análise abrangente sobre os métodos de aprendizado ativo, veja "Active Learning Literature Survey"(*https://oreil.ly/4RuBo*) (Settles 2010).

As amostras a serem rotuladas podem vir de diferentes regimes de dados. Podem ser sintetizadas onde seu modelo gera amostras na região do espaço de entrada sobre o qual está mais incerto.[24] Podem vir de uma distribuição estacionária, em que você já coletou muitos dados não rotulados e seu modelo escolhe amostras deste pool para rotular. Podem vir de uma distribuição do mundo real, em que você tem um streaming de dados chegando, como em produção, e seu modelo escolhe amos-

---

[22] Burr Settles, *Active Learning* (Williston, VT: Morgan & Claypool, 2012).
[23] Falaremos sobre ensembles no Capítulo 6.
[24] Dana Angluin, "Queries and Concept Learning", *Machine Learning* 2 (1988): 319–42. Disponível em: *https://oreilly/0uKs4*.

tras desse streaming de dados para rotular. Fico mais animada com o aprendizado ativo quando um sistema funciona com dados em tempo real. Os dados mudam o tempo todo, fenômeno que abordamos brevemente no Capítulo 1 e detalharemos no Capítulo 8. Neste regime de dados, o aprendizado ativo possibilitará que seu modelo aprenda de modo mais eficaz em tempo real e adapte-se mais rapidamente a ambientes em mudança.

Classes Desbalanceadas

Classes desbalanceadas normalmente representam o problema nas tarefas de classificação em que há uma diferença substancial no número de amostras em cada classe dos dados de treinamento. Por exemplo, em um conjunto de dados de treinamento para a tarefa de detectar câncer de pulmão a partir de imagens de raio-x, 99,99% dos exames de raio-x podem ser de pulmões normais e apenas 0,01% podem conter células cancerígenas. As classes desbalanceadas também podem ocorrer em tarefas de regressão onde os rótulos são contínuos. Considere a tarefa de estimar cobranças de assistência médica.[25] Cobranças de assistência médica são altamente distorcidas — a mediana é baixa, mas o percentil 95º é astronômico. Ao predizer cobranças hospitalares, talvez seja mais importante predizer com acurácia as despesas no percentil 95º do que nas medianas. Uma diferença de 100% em uma despesa de US$250 é aceitável (US$500, de US$250 preditos), mas uma diferença de 100% em uma despesa de US$10 mil não é (US$20 mil, de US$10 mil preditos). Portanto, talvez tenhamos que treinar o modelo para predizer melhor as despesas do percentil 95º, mesmo que isso reduza as métricas gerais.

Desafios das Classes Desbalanceadas

O ML, sobretudo o aprendizado profundo, funciona bem em situações em que a distribuição de dados é mais balanceada e, geralmente, não tão bem quando as classes são fortemente desbalanceadas, conforme ilustrado na Figura 4-8. As classes desbalanceadas podem dificultar o aprendizado por três motivos:

---

[25] Obrigada Eugene Yan por este maravilhoso exemplo!

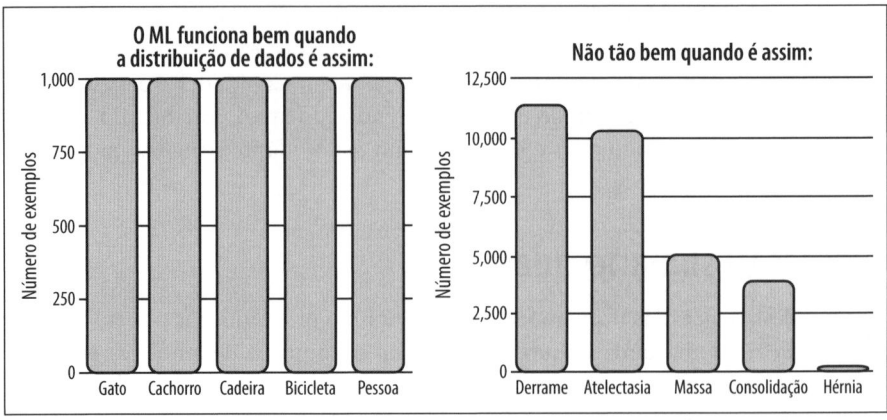

Figura 4-8. O ML funciona bem em situações em que as classes são balanceadas. Fonte: Adaptado de uma imagem de Andrew Ng.[26]

Primeiro motivo: em geral, classes desbalanceadas não têm sinal suficiente para seu modelo aprender a detectar classes minoritárias. No caso em que há um pequeno número de instâncias na classe minoritária, o problema se torna um problema de aprendizado few-shot, em que seu modelo só consegue ver a classe minoritária algumas vezes antes de ter que tomar uma decisão. No caso em que não há nenhuma instância de classes raras em seu conjunto de treinamento, seu modelo pode entender que essas classes raras não existem.

Segundo motivo: classes desbalanceadas facilitam com que seu modelo fique preso em uma solução não ideal, explorando uma heurística simples em vez de aprender qualquer coisa útil sobre o padrão subjacente dos dados. Considere o exemplo anterior de detecção de câncer de pulmão. Se seu modelo aprender a sempre gerar como saída a classe majoritária, sua acurácia já será de 99,99%.[27] Essa heurística dificulta e muito o uso de algoritmos de gradiente descendente, já que se adicionarmos uma pequena aleatoriedade a ela, podemos ter uma pior acurácia.

Terceiro motivo: classes desbalanceadas resultam em custos assimétricos de erro — o custo de uma predição incorreta em uma amostra de classe rara pode ser bem maior do que a predição incorreta em uma de classe majoritária.

Por exemplo, a classificação incorreta de um raio-x com células cancerígenas é bem mais perigosa do que a classificação incorreta de um raio-x de um pulmão normal. Se sua função de perda não estiver configurada para resolver essa assimetria, seu modelo tratará todas as amostras da mesma forma. Como resultado, po-

---

[26] Andrew Ng, "Bridging AI's Proof-of-Concept to Production Gap" (Seminário HAI, 22 de setembro de 2020), vídeo, 1:02:07. Disponível em: *https://oreil.ly/FSFWS*.

[27] Por isso, a acurácia é uma métrica ruim para tarefas com classes desbalanceadas, como exploraremos mais na seção "Lidando com Classes Desbalanceadas".

de-se obter um modelo com desempenho igualmente bom nas classes majoritárias e minoritárias, enquanto prefere-se um modelo com um desempenho menos bom na classe majoritária, porém bem melhor na classe minoritária. Quando estava na faculdade, a maioria dos conjuntos de dados que recebi tinha classes mais ou menos balanceadas.[28] Fiquei abismada quando comecei a trabalhar e percebi que classes desbalanceadas são a regra. Em ambientes do mundo real, eventos raros são muitas vezes mais interessantes (ou mais perigosos) do que os eventos regulares, e muitas tarefas focam a detecção desses eventos raros.

Um exemplo clássico de tarefas com classes desbalanceadas é a detecção de fraude. A maioria das transações com cartão de crédito não é fraudulenta. A partir de 2018, a cada U$$100 gastos do titular do cartão, 6,8¢ eram fraudulentos.[29] Outra é a churn prediction. Provavelmente, a maioria dos seus clientes não está planejando cancelar a assinatura. Se estiverem, sua empresa tem mais com o que se preocupar do que com algoritmos de churn prediction. Outros exemplos são a triagem de doenças (a maioria das pessoas, felizmente, não tem doença terminal) e a triagem de currículo (98% dos candidatos a emprego são eliminados na triagem inicial de currículo[30]).

Um exemplo menos óbvio de uma tarefa com classes desbalanceadas é a detecção de objetos (*https://oreil.ly/CGEf5*). Atualmente, algoritmos de detecção de objetos funcionam gerando um grande número de caixas delimitadoras sobre uma imagem e, em seguida, predizendo quais caixas são mais propensas a conter objetos. A maioria das caixas delimitadoras não tem um objeto relevante.

Tirando os casos em que são inerentes ao problema, as classes desbalanceadas também podem ser responsáveis por vieses durante o processo de amostragem. Vamos supor que você quer criar dados de treinamento para detectar se um e-mail é spam ou não. Você decide usar todos os e-mails anônimos do banco de dados de e-mails da sua empresa. Segundo a Talos Intelligence, em maio de 2021, quase 85% de todos os e-mails eram spam.[31] No entanto, a maioria dos e-mails de spam foi filtrada antes de chegar ao banco de dados da sua empresa, logo, em seu conjunto de dados, apenas uma pequena porcentagem é spam. Outra causa das classes desbalanceadas, embora menos comum, são os erros de rotulagem. Os anotadores podem ter interpretado errado as instruções ou seguido as instruções erradas (pensando que existem apenas duas classes, POSITIVO e NEGATIVO, enquanto na verdade existem três), ou simplesmente cometeram erros. Sempre que se deparar

---

[28] Imaginei que seria mais fácil aprender a teoria de ML se não tivesse que descobrir como lidar com classes desbalanceadas.

[29] The Nilson Report, "Payment Card Fraud Losses Reach $27.85 Billion", PR Newswire, 21 de novembro de 2019. Disponível em: *https://oreil.ly/NM5zo*.

[30] "Job Market Expert Explains Why Only 2% of Job Seekers Get Interviewed", WebWire, 7 de janeiro de 2014. Disponível em: *https://oreil.ly/UpL8S*.

[31] "Email and Spam Data", Talos Intelligence, último acesso em maio de 2021. Disponível em: *https://oreil.ly/lI5Jr*.

com o problema de classes desbalanceadas, é importante examinar seus dados para entender as causas do mesmo.

Lidando com Classes Desbalanceadas

Devido à sua predominância nas aplicações do mundo real, as classes desbalanceadas têm sido objeto de estudo minucioso nas últimas duas décadas.[32] As classes desbalanceadas impactam as tarefas de forma diferente com base no nível de desbalanceamento/desequilíbrio. Algumas tarefas são mais sensíveis às classes desbalanceadas do que outras. Japkowicz demonstrou que a sensibilidade a elas aumenta com a complexidade do problema, e que os problemas não complexos e linearmente separáveis não são impactados por todos os níveis de desbalanceamento.[33] Na classificação binária, as classes desbalanceadas são um problema mais fácil de se resolver do que na classificação multiclasse. Ding *et al.* mostraram que redes neurais muito profundas — "muito profundo" aqui é mais de 10 camadas, em 2017 — tiveram um desempenho superior em dados desbalanceados do que as mais rasas.[34]

Há muitas técnicas sugeridas para mitigar o impacto de classes desbalanceadas. No entanto, como as redes neurais se tornaram bem maiores e bem mais profundas, com mais capacidade de aprendizado, alguns podem argumentar que não devemos tentar "consertar" as classes desbalanceadas, se é assim que os dados são no mundo real. Um bom modelo deve aprender a modelar esse desbalanceamento. Contudo, talvez seja um desafio desenvolver um modelo bom o suficiente para isso, assim, temos que recorrer a técnicas especiais de treinamento.

Nesta seção, veremos três abordagens para lidar com classes desbalanceadas: escolher métricas adequadas para o seu problema; métodos em nível de dados, ou seja, alterar a distribuição de dados para torná-los menos desbalanceados; e métodos em nível de algoritmo, ou seja, alterar seu método de aprendizado para torná-lo mais robusto às classes desbalanceadas. Apesar de necessárias, essas técnicas não são o bastante. Para uma pesquisa abrangente, recomendo "Survey on Deep Learning with Class Imbalance" (*https://oreil.ly/9QvBr*) (Johnson e Khoshgftaar, 2019).

---

[32] Nathalie Japkowciz e Shaju Stephen, "The Class Imbalance Problem: A Systematic Study", 2002. Disponível em: *https://oreil.ly/d7lVu*.
[33] Nathalie Japkowicz, "The Class Imbalance Problem: Significance and Strategies", 2000. Disponível em: *https://oreil.ly/Ma5OZ*.
[34] Wan Ding, Dong-Yan Huang, Zhuo Chen, Xinguo Yu e Weisi Lin, "Facial Action Recognition Using Very Deep Networks for Highly Imbalanced Class Distribution", *Cúpula e Conferência Anual da Associação de Processamento de Sinais e Informações da Ásia-Pacífico de 2017 (APSIPA ASC)*, 2017. Disponível em: *https://oreil.ly/WeW6J*.

Usando as métricas adequadas de avaliação

Ao se deparar com classes desbalanceadas, o mais importante a fazer é escolher métricas adequadas de avaliação. Métricas erradas lhe fornecerão ideias equivocadas sobre a eficácia de seus modelos, e consequentemente, não serão capazes de ajudá-lo a desenvolver ou escolher modelos bons o suficiente para sua tarefa.

A acurácia geral e a taxa de erro são as métricas mais usadas para informar o desempenho dos modelos de ML. No entanto, são métricas insuficientes para tarefas com classes desbalanceadas, pois consideram todas as classes igualmente: o desempenho do seu modelo na classe majoritária prevalecerá sobre as métricas. E fica pior quando a classe majoritária não é o que você quer. Considere uma tarefa com dois rótulos: CÂNCER (a classe positivo) e NORMAL (a classe negativo), em que 90% dos dados rotulados são NORMAIS. Vejamos dois modelos, A e B, com as matrizes de confusão mostradas nas Tabelas 4-4 e 4-5.

Tabela 4-4. Matriz de confusão do modelo A; o modelo A pode detectar 10 em cada 100 casos de CÂNCER

Modelo A	CÂNCER real	NORMAL real
Predito como CÂNCER	10	10
Predito como NORMAL	90	890

Tabela 4-5. Matriz de confusão do modelo B; o modelo B pode detectar 90 em 100 casos de CÂNCER

Modelo B	CÂNCER real	NORMAL real
Predito como CÂNCER	90	90
Predito como NORMAL	10	810

Caso seja como a maioria das pessoas, provavelmente prefere que o modelo B faça predições, pois tem uma chance maior de dizer se você tem câncer. No entanto, ambos têm a mesma acurácia de 0.9. Métricas que o ajudam a entender o desempenho do seu modelo em relação a classes específicas seriam melhores escolhas. A acurácia ainda pode ser uma boa métrica se for usada para cada classe individualmente. A acurácia do modelo A na classe CÂNCER é de 10% e a do modelo B na classe CÂNCER é de 90%. As métricas F1, precisão e revocação/recall calculam o desempenho do seu modelo em relação à classe positivo em problemas de classificação binária, pois dependem do verdadeiro positivo — resultado em que o modelo prediz corretamente a classe positivo.[35]

---

[35] A partir de julho de 2021, ao usar `scikit-learn.metrics.f1_score`, `pos_label` é definido como 1 por padrão, mas você pode alterá-lo para 0 se quiser que 0 seja seu rótulo positivo.

> ## Precisão, Revocação e F1-score
>
> Para refrescar a memória de alguns leitores, calcula-se precisão, revocação e F1-score, quando se trata de tarefas binárias, com verdadeiros positivos, verdadeiros negativos, falsos positivos e falsos negativos. As definições desses termos estão na Tabela 4-6.
>
> *Tabela 4-6. Definições de verdadeiro positivo, falso positivo, falso negativo e verdadeiro negativo em uma tarefa de classificação binária*
>
> | | Positivo predito | Negativo predito |
> | --- | --- | --- |
> | Rótulo positivo | Verdadeiro positivo (acerto) | Falso positivo (erro tipo I, alarme falso) |
> | Rótulo negativo | Falso positivo (erro tipo I, alarme falso) | Verdadeiro Negativo (rejeição correta) |
>
> Precisão = verdadeiro positivo/(verdadeiro positivo + falso positivo
>
> Revocação = verdadeiro positivo/(verdadeiro positivo + falso negativo)
>
> F1 = 2 × Precisão × Revocação/(Precisão + Revocação)

F1-score, precisão e revocação são métricas assimétricas. Ou seja, seus valores mudam dependendo de qual classe é considerada a classe positivo. Em nosso caso, se considerarmos CÂNCER a classe positivo, a F1 do modelo A é 0.17. No entanto, se considerarmos NORMAL a classe positivo, a F1 do modelo A é 0.95. A acurácia, a precisão, a revocação e a F1-score do modelo A e do modelo B, quando CÂNCER é a classe positivo, estão na Tabela 4-7.

Tabela 4-7: Ambos os modelos têm a mesma acurácia, embora um modelo seja claramente superior

	CÂNCER (1)	NORMAL (0)	Acurácia	Precisão	Revocação	F1
Modelo A	10/100	890/900	0.9	0.5	0.1	0.17
Modelo B	90/100	810/900	0.9	0.5	0.9	0.64

Muitos problemas de classificação podem ser modelados como problemas de regressão. Seu modelo pode gerar uma probabilidade e, com base nela, você classifica a amostra. Por exemplo, se o valor for maior que 0.5, é um rótulo positivo, e se for menor ou igual a 0.5, é um rótulo negativo. Ou seja, você pode ajustar o threshold para aumentar a *taxa de verdadeiro positivo* (também conhecida como *recall*) enquanto diminui a *taxa de falso positivo* (também conhecida como *probabilidade de alarme falso*) e vice-versa. Podemos plotar a taxa de verdadeiros positivos em relação à taxa de falsos positivos para diferentes thresholds, gráfico conhecido como *curva ROC* (*curva* de características de operação). Quando seu modelo é perfeito, a revocação é de 1.0 e a curva é apenas uma linha no topo. Esta curva mostra como o desempenho do seu modelo muda dependendo do threshold e o ajuda a escolher o threshold que funciona melhor para você. Quanto mais perto da linha perfeita, melhor será o desempenho do seu modelo. A área sob a curva (AUC) calcula a área sob a curva ROC. Já que quanto mais próxima da linha perfeita melhor, maior será essa área, como mostra a Figura 4-9.

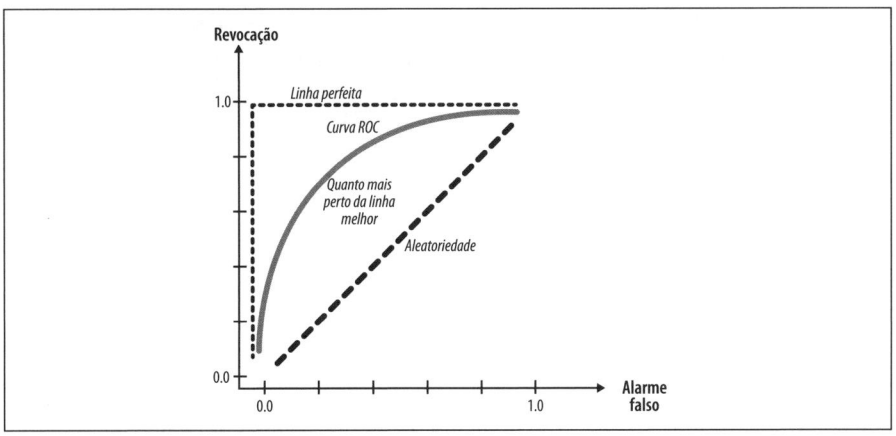

Figura 4-9. Curva ROC.

Como F1 e a revocação, a curva ROC foca apenas a classe positivo e não mostra o desempenho do seu modelo na classe negativo. Davis e Goadrich sugeriram que, em vez disso, deveríamos plotar precisão em relação à revocação, que chamaram de Curva Precisão/Revocação. Segundo eles, essa curva fornece uma imagem mais informativa do desempenho de um algoritmo em tarefas com classes pesadamente desbalanceadas.[36]

Métodos de nível de dados: reamostragem

Os métodos de nível de dados modificam a distribuição dos dados de treinamento reduzindo o nível de desbalanceamento para facilitar o aprendizado do modelo. Uma família comum de técnicas é a reamostragem. A reamostragem inclui o oversampling, adição de mais instâncias das classes minoritárias e o undersampling, remoção de instâncias das classes majoritárias. A forma mais simples de undersampling é remover aleatoriamente instâncias da classe majoritária, ao passo que a forma mais simples de oversampling é fazer cópias aleatórias da classe minoritária até que você tenha uma proporção com a qual esteja satisfeito. A Figura 4-10 exemplifica o oversampling e o undersampling.

---

[36] Jesse Davis e Mark Goadrich, "The Relationship Between Precision-Recall and ROC Curves", *Anais da 23ª Conferência Internacional de Machine Learning*, 2006. Disponível em: *https://oreil.ly/s40F3*.

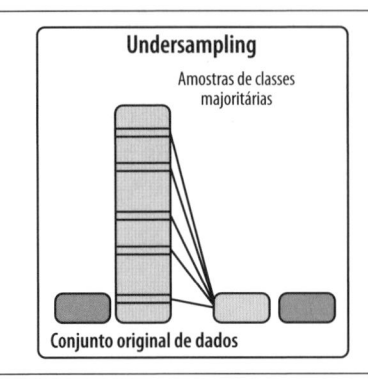

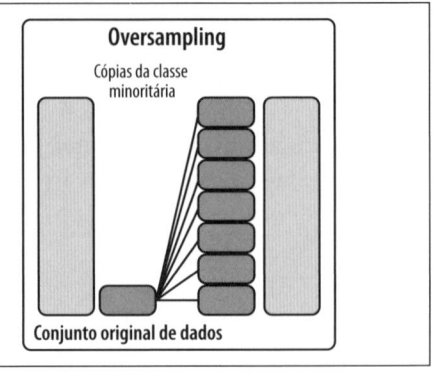

Figura 4-10. Exemplos de como o undersampling e o oversampling funcionam. Fonte: Adaptado de uma imagem de Rafael Alencar.[37]

Um método popular de undersampling de dados com baixa dimensionalidade desenvolvido em 1976 são os Tomek links.[38] Com essa técnica, é possível encontrar pares de amostras de classes opostas que estão próximas e remover a amostra da classe majoritária em cada par. Embora isso torne a fronteira de decisão mais evidente e, sem dúvidas, ajude os modelos a aprendê-la melhor, pode tornar o modelo menos robusto, pois ele não aprende com as sutilezas da verdadeira fronteira de decisão. Um método popular de oversampling de dados com baixa dimensionalidade é o SMOTE (técnica de oversampling sintética da minoria).[39] Este método sintetiza novas amostras da classe minoritária por meio da amostragem de combinações convexas de pontos de dados existentes dentro da classe minoritária.[40]

Tanto o SMOTE quanto o Tomek links apenas se mostraram eficazes em dados de baixa dimensionalidade. Muitas das técnicas sofisticadas de reamostragem, como a Near-Miss e a one-sided selection [algoritmo OSS],[41] exigem o cálculo da distância entre instâncias ou entre instâncias e fronteiras de decisão, que talvez sejam onerosos ou inviáveis para dados com alta dimensionalidade ou em espaço de features com alta dimensionalidade, como é o caso de grandes redes neurais.

Ao reamostrar seus dados de treinamento, nunca avalie seu modelo em dados reamostrados, pois isso fará com que seu modelo se sobreajuste demais a essa distri-

---

[37] Rafael Alencar, "Resampling Strategies for Imbalanced Datasets", Kaggle. Disponível em: *https://oreil.ly/p8Whs*.
[38] Ivan Tomek, "An Experiment with the Edited Nearest-Neighbor Rule", *IEEE Transactions on Systems, Man, and Cybernetics* (junho de 1976): 448–52. Disponível em: *https://oreil.ly/JCxHZ*.
[39] N.V. Chawla, K.W. Bowyer, L.O. Hall e W.P. Kegelmeyer, "SMOTE: Synthetic Minority Over-sampling Technique, *Journal of Artificial Intelligence Research* 16 (2002): 341–78. Disponível em: *https://oreil.ly/f6y46*.
[40] "Convexo" aqui significa aproximadamente "linear".
[41] Jianping Zhang e Inderjeet Mani, "kNN Approach to Unbalanced Data Distributions: A Case Study involving Information Extraction" (Workshop on Learning from Imbalanced Datasets II, ICML, Washington, DC, 2003): *https://oreil.ly/qnpra*; Miroslav Kubat e Stan Matwin, "Addressing the Curse of Imbalanced Training Sets: One-Sided Selection", 2000. Disponível em: *https://oreil.ly/8phe]*.

buição reamostrada. O undersampling corre o risco de perder dados importantes da remoção de dados. Já o oversampling corre o risco de sobreajustar os dados de treinamento, principalmente se as cópias adicionadas da classe minoritária forem réplicas dos dados existentes. Muitas técnicas sofisticadas de amostragem foram desenvolvidas para mitigar esses riscos.

Uma dessas técnicas é o two-phase learning [aprendizado two-phase ou aprendizado duas etapas, em tradução livre][42] Primeiro, treine seu modelo nos dados reamostrados. É possível obter dados reamostrados por meio do undersampling aleatório de grandes classes até que cada classe tenha apenas N instâncias. Em seguida, faça o ajuste fino de seu modelo nos dados originais. Outra técnica é a amostragem dinâmica (DS): faça o oversampling das classes de baixo desempenho e o undersampling das classes de alto desempenho durante o processo de treinamento. Introduzido por Pouyanfar et al.,[43] o método visa mostrar ao modelo menos do que já aprendeu e mais do que não aprendeu.

Métodos de nível de algoritmo

Os métodos de nível de dados mitigam o desafio das classes desbalanceadas alterando a distribuição de seus dados de treinamento. Já os métodos de nível de algoritmo mantêm a distribuição de dados de treinamento intacta, mas alteram o algoritmo para torná-lo mais robusto às classes desbalanceadas.

Como a função de perda (ou a função de custo) orienta o processo de aprendizagem, muitos métodos de nível de algoritmo envolvem o ajuste da função de perda. A ideia principal é: se houver duas instâncias, x_1 e x_2, e a perda resultante de uma predição incorreta em x_1 for maior que x_2, o modelo priorizará a predição correta em x_1 em vez de a predição correta em x_2. Atribuindo mais peso às instâncias de treinamento, podemos fazer com que o modelo se concentre mais em aprender essas instâncias. Seja $L(x; \theta)$ a perda causada pela instância x para o modelo com o conjunto de parâmetros θ. A perda do modelo é frequentemente definida como a perda média causada por todas as instâncias. N representa o número total de amostras de treinamento.

$$L(X; \theta) = \Sigma_x \frac{1}{N} L(x; \theta)$$

Essa função de perda avalia a perda causada por todas as instâncias igualmente, ainda que as predições incorretas em algumas instâncias possam ser mais onerosas

---

[42] Hansang Lee, Minseok Park e Junmo Kim, "Plankton Classification on Imbalanced Large Scale Database via Convolutional Neural Networks with Transfer Learning", *Conferência Internacional IEEE 2016 sobre Processamento de Imagens (ICIP)*, 2016. Disponível em: *https://oreil.ly/YiA8p*.

[43] Samira Pouyanfar, Yudong Tao, Anup Mohan, Haiman Tian, Ahmed S. Kaseb, Kent Gauen, Ryan Dailey et al., "Dynamic Sampling in Convolutional Neural Networks for Imbalanced Data Classification", *Conferência IEEE 2018 sobre Processamento e Recuperação de Informações Multimídia (MIPR)*, 2018. Disponível em: *https://oreil.ly/D3Ak5*.

do que as predições incorretas em outras. Existem muitas maneiras de modificar essa função de custo. Nesta seção, focaremos três delas, começando com o machine learning sensível ao custo.

Machine learning sensível ao custo. Em 2001, com base na percepção de que a classificação incorreta de diferentes classes acarreta custos diferentes, Elkan propôs um aprendizado, o aprendizado sensível ao custo, no qual a função de perda individual é modificada para considerar esse custo variável.[44] O método começou usando uma matriz de custos para especificar C_{ij}: o custo se a classe *i* for classificada como classe *j*. Se *i* = *j*, é uma classificação correta e o custo geralmente é 0. Caso contrário, é um erro de classificação. Se classificar exemplos POSITIVOS como NEGATIVOS é duas vezes mais oneroso do que o contrário, podemos fazer C_{10} ficar duas vezes mais alto do que C_{01}. Por exemplo, se você tiver duas classes, POSITIVO e NEGATIVO, a matriz de custos pode se parecer com a da Tabela 4-8.

Tabela 4-8. Exemplo de uma matriz de custos

	NEGATIVO real	POSITIVO real
NEGATIVO predito	$C(0, 0) = C_{00}$	$C(1, 0) = C_{10}$
POSITIVO predito	$C(0, 1) = C_{01}$	$C(1, 1) = C_{11}$

A perda causada pela instância *x* da classe *i* se tornará a média ponderada de todas as classificações possíveis da instância *x*.

$$L(x; \theta) = \Sigma_j C_{ij} P(j \mid x; \theta)$$

O problema com essa função de perda é que precisamos definir manualmente a matriz de custos, que é diferente para tarefas distintas em diferentes escalas.

Perda balanceada de classe [Class-balanced loss]. O que pode acontecer com um modelo treinado em um conjunto de dados desbalanceado é que ele enviesará para as classes majoritárias e fará predições incorretas sobre as classes minoritárias. E se penalizarmos o modelo por fazer predições incorretas sobre as classes minoritárias para corrigir esse viés? Em sua forma básica, podemos tornar o peso de cada classe inversamente proporcional ao número de amostras naquela classe, de modo que as classes mais raras tenham pesos maiores. Na equação a seguir, *N* representa o número total de amostras de treinamento:

$$W_i = \frac{N}{\text{número de amostras da classe i}}$$

---

[44] Charles Elkan, "The Foundations of Cost-Sensitive Learning", *Anais da 17ª Conferência Internacional Conjunta sobre Inteligência Artificial* (IJCAI'01), 2001. Disponível em: *https://oreil.ly/WGq5M*.

A perda causada pela instância x da classe i será a seguinte, sendo Loss(x, j) a perda quando x for classificado como classe j. Pode ser entropia cruzada ou qualquer outra função de perda.

$$L(x;\theta) = W_i \Sigma_j P(j|x;\theta) \text{Loss}(x, j)$$

Uma versão mais sofisticada dessa perda pode considerar a sobreposição entre as amostras existentes, como a perda balanceada de classe com base no número efetivo de amostras.[45]

Perda focal [focal loss]. Em nossos dados, alguns exemplos são mais fáceis de classificar do que outros, e nosso modelo pode aprender a classificá-los rapidamente. Queremos incentivar nosso modelo a focar aprender as amostras que ainda tem dificuldade em classificar. E se ajustarmos a perda de modo que, se uma amostra tiver uma probabilidade menor de estar certa, tenha um peso maior? É exatamente o que a perda focal faz.[46] A Figura 4-11 mostra a equação para perda focal e seu desempenho em comparação com a perda de entropia cruzada. Na prática, notou-se que os ensembles ajudam com o problema de classes desbalanceadas.[47] No entanto, não incluímos o ensemble nesta seção porque as classes desbalanceadas geralmente não é o motivo pelo qual os ensembles são usados. As técnicas de ensemble serão abordadas no Capítulo 6.

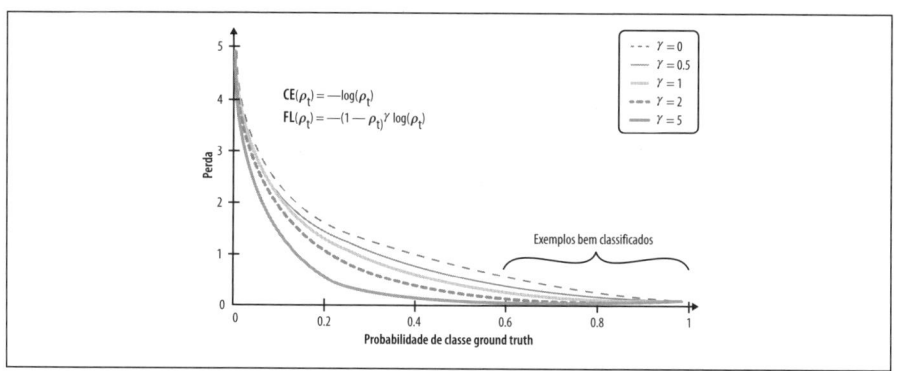

Figura 4-11. O modelo treinado com perda focal (FL) mostra valores de perda reduzidos em comparação ao modelo treinado com perda de entropia cruzada (CE). Fonte: Adaptado de uma imagem de Ratner et al.

---

[45] Yin Cui, Menglin Jia, Tsung-Yi Lin, Yang Song e Serge Belongie, "Class-Balanced Loss Based on Effective Number of Samples", *Anais da Conferência sobre Visão Computacional e Padrões*, 2019. Disponível em: *https://oreil.ly/jCzGH*.

[46] Tsung-Yi Lin, Priya Goyal, Ross Girshick, Kaiming He e Piotr Dollár, "Focal Loss for Dense Object Detection", *arXiv*, 7 de agosto de 2017. Disponível em: *https://oreil.ly/Km2dF*.

[47] Mikel Galar, Alberto Fernandez, Edurne Barrenechea, Humberto Bustince e Francisco Herrera, "A Review on Ensembles for the Class Imbalance Problem: Bagging-, Boosting-, and Hybrid-Based Approaches", *IEEE Transactions on Systems, Man, and Cybernetics, Part C (Applications and Reviews)* 42, no. 4 (julho de 2012): 463–84. Disponível em: *https://oreil.ly/1ND4g*.

Data Augmentation

Data augmentation é uma família de técnicas usadas para aumentar a quantidade de dados de treinamento. Essas técnicas são usadas tradicionalmente em tarefas com dados de treinamento limitados, como imagens médicas. Mas, nos últimos anos, têm sido úteis, mesmo quando temos muitos dados — dados aumentados podem tornar nossos modelos mais robustos ao ruído e até a ataques adversários. O data augmentation se tornou etapa padrão em muitas tarefas de visão computacional e está sendo usado em tarefas de processamento de linguagem natural (PLN). As técnicas dependem do formato de dados, pois a manipulação de imagens é diferente da manipulação de texto. Nesta seção, abordaremos três tipos de data augmentation: transformações simples de preservação de rótulos; perturbação, termo para "adicionar ruídos"; e síntese de dados.

Transformações Simples de Preservação de Rótulos

Em visão computacional, a técnica mais simples de data augmentation é modificar aleatoriamente uma imagem preservando seu rótulo. Isso é possível por meio de técnicas como cropping, flipping, rotação, inversão (horizontal ou vertical), apagar parte da imagem e etc. Faz sentido porque uma imagem rotacionada de um cachorro ainda é um cachorro. Frameworks como PyTorch, TensorFlow e Keras suportam data augmentation. Segundo Krizhevsky *et al.* no lendário artigo sobre a AlexNet, "As imagens transformadas são geradas em Python na CPU enquanto a GPU está treinando no lote anterior de imagens. Esses esquemas de data augmentation compensam em termos computacionais".[48] No PLN, é possível substituir aleatoriamente uma palavra por outra semelhante, desde que isso não mude o significado ou o sentimento da frase, como vemos na Tabela 4-9. É possível encontrar palavras em um dicionário de sinônimos ou em palavras cujas embeddings estão próximas em um espaço de embedding de palavras.

Tabela 4-9. Três sentenças geradas a partir de uma sentença original

Sentença original	Estou tão feliz em ver você.
Sentenças geradas	Estou tão *contente* em ver você.
	Estou tão feliz em *vê-los*.
	Estou *muito* feliz em ver você.

Esse tipo de data augmentation é uma forma rápida de dobrar ou triplicar seus dados de treinamento.

---

[48] Alex Krizhevsky, Ilya Sutskever e Geoffrey E. Hinton, "ImageNet Classification with Deep Convolutional Neural Networks", 2012. Disponível em: *https://oreil.ly/aphzA*.

Perturbação

A perturbação também é uma operação de preservação de rótulos, mas como às vezes é usada para enganar os modelos e fazer predições incorretas, achei que merecia uma seção própria. Em geral, as redes neurais são sensíveis ao ruído. No caso da visão computacional, adicionar uma pequena quantidade de ruído a uma imagem pode fazer com que uma rede neural a classifique erroneamente. Su *et al.* mostraram que 67,97% das imagens naturais no conjunto de teste de dados do Kaggle CIFAR-10 e 16,04% das imagens de teste do ImageNet podem ser classificadas incorretamente alterando apenas um pixel (consulte a Figura 4-12).[49]

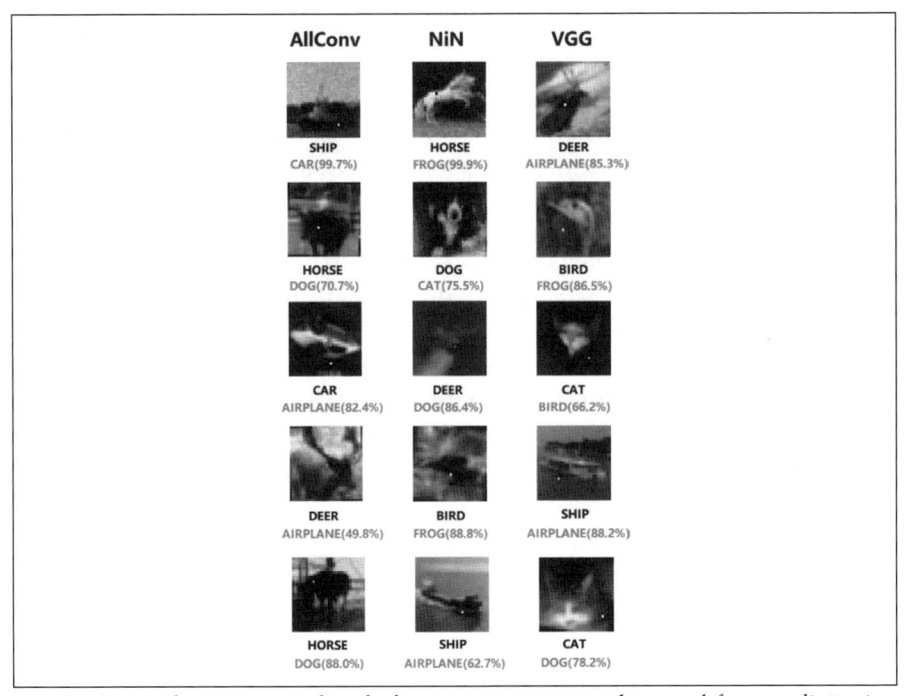

Figura 4-12. Alterar um pixel pode fazer com que uma rede neural faça predições incorretas. Os três modelos usados são AllConv, NiN e VGG. Os rótulos originais feitos por esses modelos estão acima dos rótulos feitos após a alteração de um pixel. Fonte: Su et al.[50]

O uso de dados enganosos com o objetivo de enganar uma rede neural e induzi-la a fazer predições incorretas é conhecido como ataque adversário. Adicionar

---

[49] Jiawei Su, Danilo Vasconcellos Vargas e Sakurai Kouichi, "One Pixel Attack for Fooling Deep Neural Networks", *IEEE Transactions on Evolutionary Computation* 23, no. 5 (2019): 828–41. Disponível em: *https://oreil.ly/LzN9D*.
[50] Su *et al.*, "One Pixel Attack".

ruído às amostras é uma técnica comum para criar amostras adversas. O sucesso dos ataques adversários cresce acentuadamente à medida que a resolução das imagens aumenta.

Adicionar amostras ruidosas aos dados de treinamento pode ajudar os modelos a reconhecer os pontos fracos em sua fronteira de decisão aprendida e melhorar seu desempenho.[51] Amostras ruidosas podem ser criadas por meio da adição de ruído aleatório ou por uma estratégia de pesquisa. Moosavi-Dezfooli *et al.* propuseram um algoritmo chamado DeepFool, que encontra a mínima injeção de ruído possível necessária para causar uma classificação incorreta com alta confiança.[52] Esse tipo de aumento se chama adversarial augmentation [aumento adversarial, em tradução livre].[53]

O adversarial augmentation é menos comum em PLN (uma imagem de um urso com pixels adicionados aleatoriamente ainda se parece com um urso, mas adicionar caracteres aleatórios a uma frase aleatória provavelmente a deixará sem sentido), mas a perturbação foi usada para tornar os modelos mais robustos. Um dos exemplos mais notáveis é o BERT, no qual o modelo escolhe aleatoriamente 15% de todos os tokens em cada sequência e opta por substituir 10% dos tokens escolhidos por palavras aleatórias. Por exemplo, dada a frase "Meu cachorro é peludo", o modelo aleatoriamente substitui "peludo" por "maçã", e a frase se torna "Meu cachorro é maçã". Ou seja, 1,5% de todos os tokens pode resultar em significado sem sentido. Os estudos de ablação mostram que uma pequena fração de substituição aleatória fornece ao seu modelo um pequeno impulso de desempenho.[54] No Capítulo 6, veremos como usar a perturbação não somente como uma forma de melhorar o desempenho do seu modelo, mas também como uma forma de avaliar seu desempenho.

Síntese de Dados

Como a coleta de dados é caríssima e demorada, com muitas preocupações potenciais de privacidade, seria um sonho se pudéssemos nos esquivar dela e treinar nossos modelos com dados sintetizados. Apesar de estarmos longe de conseguir sintetizar todos os dados de treinamento, é possível sintetizar alguns para impulsionar o desempenho de um modelo.

---

[51] Ian J. Goodfellow, Jonathon Shlens e Christian Szegedy, "Explaining and Harnessing Adversarial Examples", *arXiv*, 10 de março de 2015. Disponível em: https://oreil.ly/9v2No; Ian J. Goodfellow, David Warde-Farley, Mehdi Mirza, Aaron Courville e Yoshua Bengio, "Maxout Networks", *arXiv*, 18 de fevereiro de 2013. Disponível em: https://oreil.ly/L8mch.

[52] Seyed-Mohsen Moosavi-Dezfooli, Alhussein Fawzi e Pascal Frossard, "DeepFool: A Simple and Accurate Method to Fool Deep Neural Networks", in *Anais da Conferência IEEE sobre Visão Computacional e Reconhecimento de Padrões (CVPR)*, 2016. Disponível em: https://oreil.ly/dYVL8.

[53] Takeru Miyato, Shin-ichi Maeda, Masanori Koyama e Shin Ishii, "Virtual Adversarial Training: A Regularization Method for Supervised and Semi-Supervised Learning", *IEEE Transactions on Pattern Analysis and Machine Intelligence*, 2017. Disponível em: https://oreil.ly/MBQeu.

[54] Devlin *et al.*, "BERT: Pre-training of Deep Bidirectional Transformers for Language Understanding".

Na PLN, os templates podem ser uma maneira barata de fazer o bootstrap do seu modelo. Uma equipe com a qual trabalhei usou templates para fazer o boostrap dos dados de treinamento para sua IA conversacional (chatbot). Um template pode se parecer com: "Encontre um restaurante [CUISINE] a [NÚMERO] quilômetros da [LOCALIZAÇÃO]" (veja a Tabela 4-10). A partir de listas com todas as culinárias possíveis, números razoáveis (quase nunca se pesquisa restaurantes a mais de 1.600km) e locais (casa, escritório, pontos turísticos, endereços exatos) para cada cidade, é possível gerar milhares de consultas de treinamento com um template.

Tabela 4-10. Três sentenças geradas a partir de um template

Template	Encontre um [CUISINE] restaurante a [NÚMERO] quilômetros de [LOCALIZAÇÃO].
Consultas geradas	Encontre um restaurante *vietnamita* a menos de 3km do *meu escritório*.
	Encontre um restaurante *tailandês* a 8km da *minha casa*.
	Encontre um restaurante *mexicano* a 5km da *sede do Google*.

Na visão computacional, uma forma simples de sintetizar novos dados é combinar exemplos existentes com rótulos discretos para gerar rótulos contínuos. Considere uma tarefa de classificação de imagens com dois rótulos possíveis: CACHORRO (codificado como 0) e GATO (codificado como 1). A partir do exemplo x_1 do rótulo CACHORRO e do exemplo x_2 do rótulo GATO, você pode gerar x' da seguinte forma:

$$x' = \gamma x_1 + (1 - \gamma)x_2$$

O rótulo de x' é uma combinação dos rótulos x_1 e x_2: $\gamma \times 0 + (1 - \gamma) \times 1$. Este método se chama mixup. Os autores demonstraram que o mixup melhora a generalização dos modelos, reduz a memorização de rótulos corrompidos, aumenta sua robustez a exemplos adversários e estabiliza o treinamento de redes adversárias generativas.[55]

O uso de redes neurais para sintetizar dados de treinamento é uma abordagem interessante que está em constante pesquisa, mas ainda não é popular em produção. Sandfort *et al.* mostraram que, ao adicionar imagens geradas com uma CycleGAN aos seus dados de treinamento originais, eles foram capazes de melhorar significativamente o desempenho de seu modelo em tarefas de segmentação de tomografia computadorizada (TC).[56] Caso esteja interessado em aprender mais sobre data augmentation para visão computacional, veja uma análise abrangente em "A

---

[55] Hongyi Zhang, Moustapha Cisse, Yann N. Dauphin e David Lopez-Paz, "*mixup*: Beyond Empirical Risk Minimization", *ICLR 2018*. Disponível em: *https://oreil.ly/lIM5E*.
[56] Veit Sandfort, Ke Yan, Perry J. Pickhardt e Ronald M. Summers, "Data Augmentation Using Generative Adversarial Networks (CycleGAN) to Improve Generalizability in CT Segmentation Tasks", *Scientific Reports* 9, no. 1 (2019): 16884. Disponível em: *https://oreil.ly/TDUwm*.

Survey on Image Data Augmentation for Deep Learning" (*https://oreil.ly/3TUpK*) (Shorten e Khoshgoftaar, 2019).

Recapitulando

Os dados de treinamento ainda formam os alicerces dos modernos algoritmos de ML. Por mais inteligentes que sejam, caso seus dados de treinamento forem ruins, seus algoritmos não alcançarão um bom desempenho. Vale a pena investir tempo e esforço para organizar e criar dados de treinamento que possibilitarão que seus algoritmos aprendam algo significativo. Neste capítulo, discutimos as várias etapas para criar dados de treinamento. Primeiro, abordamos diferentes métodos de amostragem, tanto amostragem não probabilística quanto aleatória, que nos auxiliam na amostragem de dados de qualidade para o nosso problema.

A maioria dos algoritmos de ML em uso hoje são algoritmos de aprendizado supervisionados, portanto, obter rótulos é parte integrante da criação de dados de treinamento. Muitas tarefas, como estimativa de tempo de entrega ou sistemas de recomendação, têm rótulos naturais. Grosso modo, os rótulos naturais são mais demorados, e o tempo que leva desde o momento em que uma predição é veiculada até o momento em que o feedback é fornecido é a extensão do loop de feedback. Tarefas com rótulos naturais são bem comuns na área. Ou seja, as empresas preferem começar com tarefas com rótulos naturais em vez de tarefas sem rótulos naturais.

Para tarefas sem rótulos naturais, as empresas costumam depender de anotadores humanos para anotar seus dados. No entanto, a rotulagem manual apresenta muitas desvantagens. Por exemplo, rótulos manuais podem ser caros e demorar. Para abordar a falta deles, discutimos alternativas que incluem weak supervision, semissupervisão, aprendizado por transferência e aprendizado ativo.

Os algoritmos de ML funcionam bem em situações em que a distribuição de dados é mais balanceada e não tão bem quando as classes são fortemente desbalanceadas. Infelizmente, os problemas de classes desbalanceadas são a regra no mundo real. Na seção a seguir, analisaremos por que as classes desbalanceadas dificultaram o aprendizado dos algoritmos de ML. Abordaremos também diferentes técnicas para lidar com as classes desbalanceadas, desde a escolha das métricas adequadas até a reamostragem de dados e a modificação da função de perda para incentivar o modelo a prestar atenção a determinadas amostras.

Concluímos o capítulo com uma discussão sobre técnicas de data augmentation que podem ser usadas para melhorar o desempenho e a generalização de um modelo para tarefas de visão computacional e PLN. Depois de ter seus dados de treinamento, o ideal é extrair features para treinar seus modelos de ML, que abordaremos no próximo capítulo.

CAPÍTULO 5
Engenharia de Features

Em 2014, o artigo "Practical Lessons from Predicting Clicks on Ads at Facebook" (*https://oreil.ly/oS16J*) alegava que features adequadas são a coisa mais importante no desenvolvimento de modelos de ML. Desde então, muitas das empresas com as quais trabalhei constataram por repetidas vezes que, com um modelo viável, features adequadas costumam dar um maior aumento de desempenho em comparação às técnicas algorítmicas inteligentes, como o ajuste de hiperparâmetros. Arquiteturas ultramodernas de modelo podem ter um desempenho ruim se não usarem um bom conjunto de features.

Devido à sua importância, grande parte de muitos trabalhos de engenharia de ML e ciência de dados é criar features novas úteis. Neste capítulo, examinaremos técnicas comuns e aspectos importantes a respeito da engenharia de features. Dedicaremos uma seção para detalhar um problema sutil, mas desastroso, que inviabilizou muitos sistemas de ML em produção: data leakage e como detectá-lo e evitá-lo.

Concluiremos o capítulo discutindo como projetar features boas, considerando sua importância e sua generalização. Ao falarmos sobre engenharia de features, talvez algumas pensem que estamos falando de feature stores. Como as feature stores estão mais próximas da infraestrutura que suporta várias aplicações de ML, falaremos sobre elas no Capítulo 10.

Features Aprendidas versus Features Projetadas

Quando falo deste tema em sala de aula, meus alunos sempre perguntam: "Por que temos que nos preocupar com a engenharia de features? O aprendizado profundo não nos promete que não precisamos mais projetar features?"

Eles têm razão. A promessa do aprendizado profundo é não precisarmos criar features manuais. Por esse motivo, o aprendizado profundo às vezes é chamado de aprendizado de feature [feature learning].[1] Muitas features podem ser aprendidas

---

[1] Loris Nanni, Stefano Ghidoni e Sheryl Brahnam, "Handcrafted versus Non-handcrafted Features for Computer Vision Classification", *Pattern Recognition* 71 (novembro de 2017): 158–72. Disponível em: *https://oreil.ly/CGfYQ*; Wikipédia, s.v. "Feature learning": *https://oreil.ly/fJmwN*.

e extraídas automaticamente por algoritmos. No entanto, estamos bem longe do ponto em que podemos automatizar todas elas. Sem mencionar que, no momento em que escrevia este livro, a maioria das aplicações de ML em produção não usavam aprendizado profundo. Vamos analisar um exemplo para entender quais features podem ser extraídas automaticamente e quais ainda precisam ser manuais.

Imagine que você quer construir um classificador de análise de sentimento para classificar se um comentário é spam ou não. Antes do aprendizado profundo, ao receber um trecho de texto, você teria que aplicar manualmente técnicas clássicas de processamento nele, como lematização, expansão de contrações, remoção de pontuação e de caracteres. Depois disso, talvez seria útil dividir o texto em n-gramas com *n* valores de sua escolha.

Para quem não sabe, um n-grama é uma sequência contígua de *n* itens de uma determinada amostra de texto. Os itens podem ser fonemas, sílabas, letras ou palavras. Por exemplo, dado o post "Eu gosto de comida", seu 1-grama de nível de palavra é ["Eu", "gosto", "comida"] e seus 2-gramas de nível de palavra são ["Eu gosto", "gosto de comida"]. O conjunto de features n-gramas desta frase, se quisermos que *n* seja 1 e 2, é: ["Eu", "gosto", "comida", "eu gosto", "gosto de comida"].

Figura 5-1 mostra um exemplo de técnicas clássicas de processamento de texto que você pode usar para criar manualmente features de n-grama para seu texto.

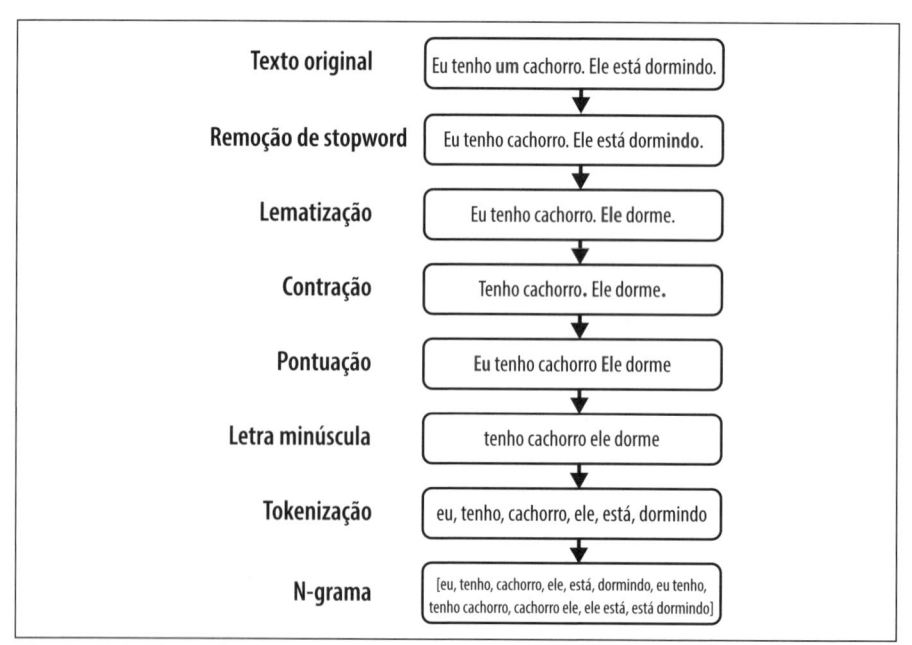

Figura 5-1. Exemplo de técnicas que você pode usar a fim de criar manualmente features de n-grama para o seu texto.

Após gerar n-gramas para seus dados de treinamento, é possível criar um vocabulário que mapeia cada n-grama para um índice e em seguida converter cada post em um vetor com base nos índices de seus n-gramas. Por exemplo, se tivermos um vocabulário de sete n-gramas, como mostrado na Tabela 5-1, cada post pode ser um vetor de sete elementos. Cada elemento corresponde ao número de vezes que o n-grama naquele índice aparece no post. "Eu gosto de comida" será codificado como o vetor [1, 1, 0, 1, 1, 0, 1]. Esse vetor pode então ser usado como uma entrada em um modelo de ML.

Tabela 5-1. Exemplo de um vocabulário de 1-grama e 2-gramas

Eu	gosto	boa	comida	Eu gosto	comida boa	gosto de comida
0	1	2	3	4	5	6

A engenharia de feature exige conhecimento de técnicas específicas de domínio — neste caso, o domínio é o processamento de linguagem natural (PLN) e a língua nativa do texto. Costuma ser um processo iterativo, que pode ser frágil. Quando adotei este método para um dos meus primeiros projetos de PLN, continuei tendo que reiniciar o meu processo ou porque tinha esquecido de aplicar uma técnica ou porque uma técnica que usei acabou por funcionar mal e eu tinha que fazer tudo de novo.

No entanto, grande parte desse sofrimento diminuiu desde o surgimento do aprendizado profundo. Em vez de ter que se preocupar com a lematização, pontuação ou remoção de palavras, basta dividir seu texto bruto em palavras (ou seja, tokenização), criar um vocabulário dessas palavras e converter cada uma delas em vetores one-shot usando este vocabulário. Espera-se que seu modelo aprenda a extrair features úteis a partir disso. Neste novo método, grande parte da engenharia de features para texto foi automatizada. Progresso semelhante aconteceu também com as imagens. Em vez de ter que extrair manualmente features de imagens RAW e inseri-las em seus modelos de ML, basta inserir imagens RAW diretamente em seus modelos de aprendizado profundo.

Entretanto, um sistema de ML provavelmente precisará de dados além de apenas texto e imagens. Por exemplo, ao detectar se um comentário é spam ou não, além do texto do próprio comentário, você pode usar outras informações:

O comentário
Quantos votos negativos e positivos têm?

O usuário que postou este comentário
Quando essa conta foi criada, com que frequência posta e quantos votos positivos/negativos têm?

A thread na qual o comentário foi postado
Quantas visualizações? Threads populares costumam atrair mais spam.

Há muitas features possíveis para usar em seu modelo. Algumas delas são mostradas na Figura 5-2. O processo de escolher quais informações usar e como extrair essas informações em um formato utilizável por seus modelos de ML é engenharia de features. Para tarefas complexas, como recomendar vídeos para os usuários assistirem no TikTok, o número de features usadas pode chegar a milhões. Para tarefas específicas de domínio, como predizer se uma transação é fraudulenta, talvez seja necessária expertise em assuntos bancários e fraudes para poder criar features úteis.

Comment ID	Time	User	Text	# ▲	# ▼	Link	# img	Thread ID	Reply to	# replies	...
93880839	2020-10-30 T 10:45 UTC	gitrekt	Your mom is a nice lady.	1	0	0	0	2332332	n0tab0t	1	...

User ID	Created	User	Subs	# ▲	# ▼	# replies	Karma	# threads	Verified email	Awards	...
4402903	2015-01-57 T 3:09 PST	gitrekt	[r/ml, r/memes, r/socialist]	15	90	28	304	776	No		...

Thread ID	Time	User	Text	# ▲	# ▼	Link	# img	# replies	# views	Awards	...
93883208	2020-10-30 T 2:45 PST	doge	Human is temporary, AGI is forever	120	50	1	0	32	2405	1	...

Figura 5-2. Algumas das possíveis features sobre um comentário, uma thread ou um usuário a serem incluídas em seu modelo.

Operações Comuns de Engenharia de Features

Devido à importância e à onipresença da engenharia de feature em projetos de ML, desenvolveram-se muitas técnicas para otimizar o processo. Nesta seção, discutiremos várias operações importantes que talvez você queira considerar enquanto projeta as features de seus dados. Podemos lidar com valores ausentes, escalonamento [scaling, às vezes, normalização], discretização, codificação de features categóricas e geração de features cruzadas antigas, mas ainda eficazes, bem como as features posicionais mais recentes e interessantes. Não é uma lista abrangente, mas inclui algumas das operações mais comuns e úteis para lhe dar um bom ponto de partida. Vamos nessa!

Lidando com Valores Ausentes

Uma das primeiras coisas que percebemos ao lidar com dados em produção é que alguns valores são ausentes. Contudo, uma coisa que muitos engenheiros de ML que entrevistei não sabem é que nem todos os tipos de valores ausentes são iguais.[2] Para exemplificar, considere a tarefa de predizer se alguém vai comprar uma casa nos próximos 12 meses. Uma parte dos dados está na Tabela 5-2.

Tabela 5-2. Dados de exemplo para predizer a compra de casas nos próximos 12 meses

ID	Idade	Gênero	Renda anual	Estado civil	Número de filhos	Profissão	Comprou?
1		A	150.000		1	Engenheiro	Não
2	27	B	50.000			Professor	Não
3		A	100.000	Casado	2		Sim
4	40	B			2	Engenheiro	Sim
5	35	B		Solteiro	0	Médico	Sim
6		A	50.000		0	Professor	Não
7	33	B	60.000	Solteiro		Professor	Não
8	20	B	10.000			Estudante	Não

Existem três tipos de valores ausentes. Os nomes oficiais deles são um pouco confusos, então detalharemos exemplos para atenuar a confusão.

Missing not at random (MNAR)
Ocorre quando o motivo da ausência de um valor é o próprio valor verdadeiro. Neste exemplo, podemos notar que alguns entrevistados não divulgaram sua renda. Após a investigação, descobriu-se que a renda dos entrevistados que não a informaram costuma ser maior do que a daqueles que a divulgaram. *Os valores de renda estão ausentes por motivos relacionados aos próprios valores.*

Missing at random (MAR)
Ocorre quando o motivo da *ausência do valor não se deve ao valor em si, mas a outra variável observada*. Neste exemplo, podemos reparar que os valores de idade geralmente estão ausentes para os entrevistados do gênero "A", talvez porque as pessoas do gênero A nesta pesquisa não gostam de divulgar sua idade.

Missing completely at random (MCAR)
Ocorre quando *não há nenhum padrão para a ausência do valor*. Neste exemplo, podemos pensar que os valores ausentes para a coluna "Profissão" podem ser completamente aleatórios, não pela profissão em si e não por causa de qualquer outra variável. As pessoas simplesmente esquecem de preencher esse valor às vezes sem nenhuma razão específica. No entanto, esse tipo de

---

[2] Em minha experiência, se faço uma entrevista e uma pessoa lida bem com valores ausentes em um determinado conjunto de dados, isso está estritamente correlacionado com o quão bem ela se sairá em seus trabalhos cotidianos.

ausência é muito raro. Normalmente, existem razões pelas quais determinados valores estão ausentes e é preciso investigá-las.

Ao se deparar com valores ausentes, você pode preenchê-los com determinados valores (imputação) ou removê-los (deleção). Analisaremos os dois.

Deleção

Nas entrevistas, quando pergunto aos candidatos sobre como lidar com valores ausentes, muitos tendem a preferir a deleção, não porque seja um método melhor, e sim porque é mais fácil de fazer.

Uma forma de deleção é *excluir a coluna*: se uma variável tiver muitos valores ausentes, basta removê-la. Por exemplo, no cenário acima, mais de 50% dos valores para a variável "Estado civil" estão ausentes, então você pode ficar tentado a remover essa variável do seu modelo. A desvantagem dessa abordagem é que podemos remover informações importantes e reduzir a acurácia do modelo. O estado civil pode estar intimamente correlacionado com a compra de casas, pois casais são mais propensos a serem proprietários de casas do que solteiros.[3]

Outra forma de deleção é *excluir a linha*: se uma amostra tiver valores ausentes, basta removê-la. Esse método pode funcionar quando esses valores ausentes são completamente aleatórios (MCAR) e o número de exemplos com valores ausentes é pequeno, como menos de 0,1%. Não se deve excluir a linha se isso significar que 10% de suas amostras de dados serão removidas. No entanto, a remoção de linhas de dados também pode remover informações importantes que seu modelo precisa para fazer predições, ainda mais se os valores ausentes não forem aleatórios (MNAR). Por exemplo, não se deve remover amostras de entrevistados do gênero B com renda ausente, pois o fato da renda estar ausente reside na própria informação (renda ausente pode ser renda mais alta e, portanto, mais correlacionada à compra de uma casa), podendo ser usada para fazer predições.

Além disso, remover linhas de dados pode criar vieses em seu modelo, principalmente se os valores ausentes forem aleatórios (MAR). Por exemplo, caso remova todos os exemplos de valores ausentes de idade nos dados da Tabela 5-2, todos os entrevistados do gênero A de seus dados não estarão mais lá. Logo, seu modelo não poderá fazer boas predições para os entrevistados do gênero A.

Imputação

Mesmo que a deleção seja tentadora por ser fácil de fazer, a exclusão de dados pode levar à perda de informações importantes e introduzir vieses em seu modelo. Caso não queira excluir valores ausentes, terá que imputá-los, ou seja, "preenchê-

---

[3] Rachel Bogardus Drew, "3 Facts About Marriage and Homeownership", Joint Center for Housing Studies of Harvard University, 17 de dezembro de 2014. Disponível em: *https://oreil.ly/MWxFp*.

-los com determinados valores". Decidir quais "determinados valores" usar é a parte mais difícil. Uma prática comum é preencher os valores ausentes com seus padrões. Por exemplo, se a profissão estiver ausente, podemos preenchê-la com uma string vazia "". Outra prática comum é preencher os valores ausentes com a média, mediana ou moda (o valor mais comum). Por exemplo, se o valor da temperatura estiver ausente para uma amostra de dados cujo valor do mês seja julho, não é má ideia preenchê-lo com a temperatura mediana de julho.

Ambas as práticas funcionam bem em muitos casos, porém, às vezes podem causar bugs de enlouquecer qualquer um. Uma vez, em um dos projetos em que eu estava ajudando, descobrimos que o modelo estava gerando lixo porque o frontend do app não pedia mais aos usuários para inserir a idade, então os valores de idade estavam ausentes e o modelo os preenchia com 0. Mas o modelo nunca viu o valor de idade 0 durante o treinamento, então não conseguiu realizar predições razoáveis. Em geral, queremos evitar o preenchimento de valores ausentes com possíveis valores, como preencher o número ausente de filhos com 0 — 0 é um valor possível para o número de filhos. Fica difícil distinguir entre pessoas cujas informações estão ausentes e pessoas que não têm filhos.

Podemos usar diversas técnicas ao mesmo tempo ou em sequência para lidar com valores ausentes em um determinado conjunto de dados. Independentemente de quais técnicas você usa, uma coisa é certa: não existe uma maneira perfeita de lidar com valores ausentes. Com a deleção, corremos o risco de perder informações importantes ou acentuar vieses. Com a imputação, corremos o risco de injetar nosso próprio viés e adicionar ruído aos dados, ou pior, causar um data leakage. Caso não saiba o que é data leakage, não surte, vamos abordá-lo na seção "Data Leakage".

Escalonamento

Considere a tarefa de predizer se alguém comprará uma casa nos próximos 12 meses e os dados mostrados na Tabela 5-2. Os valores da variável Idade em nossos dados variam de 20 a 40, enquanto os valores da variável Renda anual variam de 10.000 a 150.000. Ao inserirmos essas duas variáveis em um modelo de ML, ele não entenderá que 150.000 e 40 representam coisas diferentes. O modelo apenas verá os dois valores como números e, como o número 150.000 é bem maior que 40, pode lhe atribuir mais importância, independentemente de qual variável é mais útil para gerar predições.

Antes de imputar features em modelos, é importante escaloná-las para serem intervalos semelhantes. Este processo se chama de *escalonamento de features*. É uma das coisas mais simples que podemos fazer e, geralmente, resulta no aumento de desempenho de seu modelo. Se negligenciarmos isso, nosso modelo pode fazer predições sem nexo, ainda mais com algoritmos clássicos, como a regressão logística e o k-vizinhos mais próximos.[4]

Uma forma intuitiva de escalonar suas features é colocá-las no intervalo [0, 1]. Dada uma variável x, seus valores podem ser reescalonados para esse intervalo usando a seguinte fórmula:

$$x' = \frac{x - \min(x)}{\max(x) - \min(x)}$$

Podemos validar que, se x for o valor máximo, o valor escalonado de x' será 1. Se x for o valor mínimo, o valor escalonado de x' será 0. Caso queira que sua features esteja em um intervalo arbitrário [a, b] — empiricamente, acho que o intervalo [–1, 1] funciona melhor do que o intervalo [0, 1] — você pode usar a seguinte fórmula:

$$x' = a + \frac{(x - \min(x))(b - a)}{\max(x) - \min(x)}$$

Escalonar para um intervalo arbitrário funciona bem quando não queremos fazer suposições sobre as variáveis. Caso ache que suas variáveis podem seguir uma distribuição normal, talvez seja bom normalizá-las para que tenham média zero e variância unitária. Esse processo se chama *padronização*:

$$x' = \frac{x - \bar{x}}{\sigma},$$

sendo $\bar{x}$ a média da variável x, e σ seu desvio-padrão.

Na prática, os modelos de ML costumam ter problemas com features que seguem uma distribuição distorcida. Para ajudar a mitigar a distorção, uma técnica comumente usada é a transformação logarítmica ou log (*https://oreil.ly/RMwEy*): aplique a função log à sua feature. Vejamos um exemplo de como a transformação logarítmica pode tornar seus dados menos distorcidos na Figura 5-3. Embora possa gerar ganho de desempenho, essa técnica não funciona em todos os casos, e é preciso tomar cuidado com a análise em dados transformados logaritmicamente em vez dos dados originais.[5]

---

[4] O escalonamento de features uma vez aumentou o desempenho do meu modelo em quase 10%.
[5] Changyong Feng, Hongyue Wang, Naiji Lu, Tian Chen, Hua He, Ying Lu e Xin M. Tu, "LogTransformation and Its Implications for Data Analysis", *Shanghai Archives of Psychiatry* 26, n. 2 (abril de 2014): 105–9. Disponível em: *https://oreil.ly/hHJjt*.

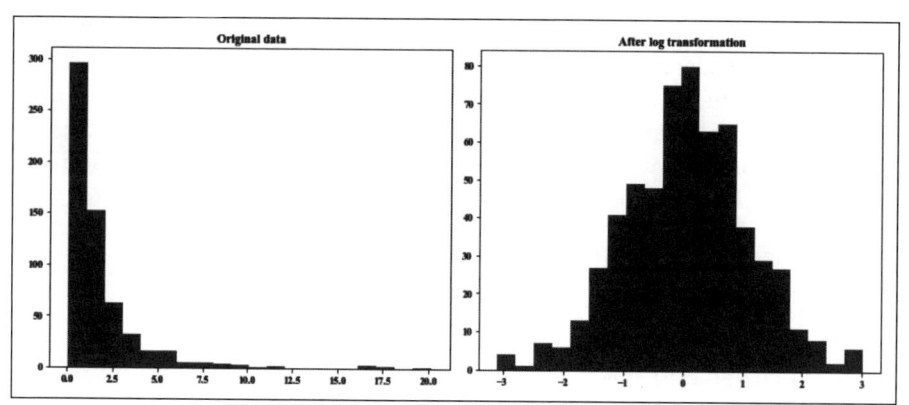

Figura 5-3. Em muitos casos, a transformação logarítmica pode ajudar a reduzir a distorção de seus dados.

Vale ressaltar duas coisas importantes sobre o escalonamento. A primeira é que é fonte comum de data leakage. A segunda é que ele muitas vezes exige estatísticas globais — é necessário examinar todo ou um subconjunto de dados de treinamento para calcular seu mínimo, máximo ou média. Durante a inferência se reutiliza as estatísticas obtidas durante o treinamento para escalonar novos dados. Se os novos dados mudaram significativamente em comparação com o treinamento, essas estatísticas não terão muita serventia. Portanto, é importante retreinar seu modelo com frequência para levar essas mudanças em conta.

Discretização

Incluí essa técnica neste livro para fins de abrangência, embora na prática eu raramente ache que a discretização ajude. Imagine que construímos um modelo com os dados da Tabela 5-2. Durante o treinamento, nosso modelo viu os valores de Renda anual de "150.000", "50.000", "100.000" e assim por diante. Durante a inferência, nosso modelo encontra um exemplo com uma renda anual de "9.000,50". Intuitivamente, sabemos que US$9.000,50/ano não é muito diferente de US$10.000/ano, e queremos que nosso modelo trate os dois da mesma forma. Só que o modelo não sabe disso. Nosso modelo sabe apenas que 9.000,50 é diferente de 10.000 e os tratará de forma diferente.

Discretização é o processo de transformar uma feature contínua em uma feature discreta. Este processo também é conhecido como quantização ou binning, e é realizado criando buckets para os valores fornecidos. Para renda anual, é possível agrupá-los em três buckets da seguinte forma:

- Renda mais baixa: menos de US$35.000/ano
- Renda média: entre US$35.000 e US$100.000/ano
- Renda mais alta: mais de US$100.000/ano

Em vez de ter que aprender um número infinito de possíveis rendas, nosso modelo pode focar aprender apenas três categorias, tarefa bem mais fácil de aprender. Esta técnica supostamente é mais útil com dados limitados de treinamento. Mesmo que, por definição, seja destinada a features contínuas, a discretização também pode ser usada com features discretas. A variável Idade é discreta, mas talvez seja útil agrupar os valores em buckets da seguinte forma:

- Menos de 18 anos
- Entre 18 e 22 anos
- Entre 22 e 30 anos
- Entre 30 e 40 anos
- Entre 40 e 65 anos
- Mais de 65 anos

A desvantagem é que essa categorização introduz descontinuidades nas fronteiras de categoria — agora US$34.999 é tratado de forma completamente diferente de U$$35.000, que é tratado da mesma forma que US$100.000. Talvez escolher as fronteiras de categoria não seja tão fácil. Você pode tentar plotar os histogramas dos valores e escolher as fronteiras que fazem sentido. Em geral, o senso comum, os quantis básicos e, às vezes, a expertise no assunto podem ajudar.

Codificação de Features Categóricas

Falamos sobre como transformar features contínuas em features categóricas. Nesta seção, discutiremos como lidar melhor com features categóricas.

As pessoas que não trabalham com dados em produção costumam supor que categorias são *estáticas*, ou seja, que não mudam com o tempo. Isso vale para muitas delas. Por exemplo, é improvável que faixas etárias e faixas de renda mudem, e sabe-se exatamente quantas categorias existem com antecedência. Lidar com essas categorias é simples; basta atribuir a cada categoria um número e pronto.

No entanto, em produção, as categorias mudam. Imagine que você está criando um sistema de recomendação para predizer quais produtos os usuários podem querer comprar da Amazon. Uma das features a serem usadas é a marca do produto. Ao analisar os dados históricos da Amazon, você percebe que existem muitas marcas. Em 2019, já havia mais de dois milhões delas na Amazon.[6]

O número de marcas é assustador, mas você pensa: "Ainda posso lidar com isso." Você codifica cada marca como um número, então agora tem dois milhões de números, de 0 a 1.999.999, correspondendo a dois milhões de marcas. Seu modelo

---

[6] "Two Million Brands on Amazon", *Marketplace Pulse*, 11 de junho de 2019. Disponível em: https://oreil.ly/zrqtd.

manda espetacularmente bem no conjunto histórico de testes, e você obtém aprovação para testá-lo em 1% do tráfego de hoje.

Em produção, seu modelo falha porque encontra uma marca que nunca viu antes e, portanto, não pode codificar. Novas marcas se juntam à Amazon o tempo todo. Para resolver isso, você cria uma categoria DESCONHECIDO com o valor de 2.000.000 a fim de capturar todas as marcas que seu modelo não viu durante o treinamento.

Assim, seu modelo não falha mais, mas seus vendedores reclamam que suas novas marcas não estão recebendo tráfego. Como não viu a categoria DESCONHECIDO no conjunto do treinamento, seu modelo simplesmente não recomenda nenhum produto da marca DESCONHECIDO. Você corrige isso codificando apenas 99% das marcas mais populares e 1% das marcas como DESCONHECIDO. Dessa forma, pelo menos, seu modelo sabe lidar com marcas DESCONHECIDO.

Aparentemente, seu modelo funciona bem por cerca de uma hora, depois a taxa de cliques nas recomendações de produtos despenca. Durante a última hora, vinte novas marcas entraram na Amazon; algumas delas são novas, de luxo, algumas são falsas e duvidosas, algumas são consagradas. No entanto, seu modelo as trata da mesma forma que trata marcas impopulares nos dados de treinamento.

Não se trata de um exemplo extremo que só acontece se você trabalha na Amazon, esse problema acontece bastante. Por exemplo, caso queira predizer se um comentário é spam, convém usar a conta que postou esse comentário como feature, pois novas contas estão sendo criadas o tempo todo. O mesmo vale para novos tipos de produtos, novos domínios de sites, novos restaurantes, novas empresas, novos endereços IP e assim por diante. Caso trabalhe com alguns deles, terá que lidar com esse problema.

Encontrar uma forma de resolver esse problema acaba sendo surpreendentemente difícil. Não queremos colocá-los em um conjunto de buckets, pois pode ser muito difícil — como você faria para colocar novas contas de usuário em grupos diferentes?

Uma solução é o *hashing trick* (também conhecido como Feature Hashing), popularizado pelo pacote Vowpal Wabbit desenvolvido na Microsoft.[7] Em linhas gerais, usamos uma função hash para gerar um valor de hash de cada categoria. O valor de hash se tornará o índice dessa categoria. Como é possível especificar o espaço de hash, pode-se corrigir o número de valores codificados para uma feature com antecedência, sem que seja necessário saber quantas categorias haverá. Por exemplo, caso escolha um espaço de hash de 18 bits, que corresponde a

---

[7] Wikipédia, s.v. "Feature hashing". Disponível em: *https://oreil.ly/tINTc*.

2^{18} = 262.144 possíveis valores de hash, todas as categorias, mesmo aquelas que seu modelo nunca viu antes, serão codificadas por um índice entre 0 e 262.143.

Um problema com funções hash é a colisão: duas categorias sendo atribuídas ao mesmo índice. Mas, com muitas funções hash, colisões são aleatórias; novas marcas podem compartilhar um índice com qualquer uma das marcas existentes em vez de sempre compartilhar um índice com marcas impopulares, o que aconteceu quando usamos a categoria DESCONHECIDO. O impacto da colisão de features com hash, felizmente, não é tão ruim. Na pesquisa feita pela Booking.com, mesmo para 50% das features que colidem, a perda de desempenho é inferior a 0,5%, conforme mostrado na Figura 5-4.[8]

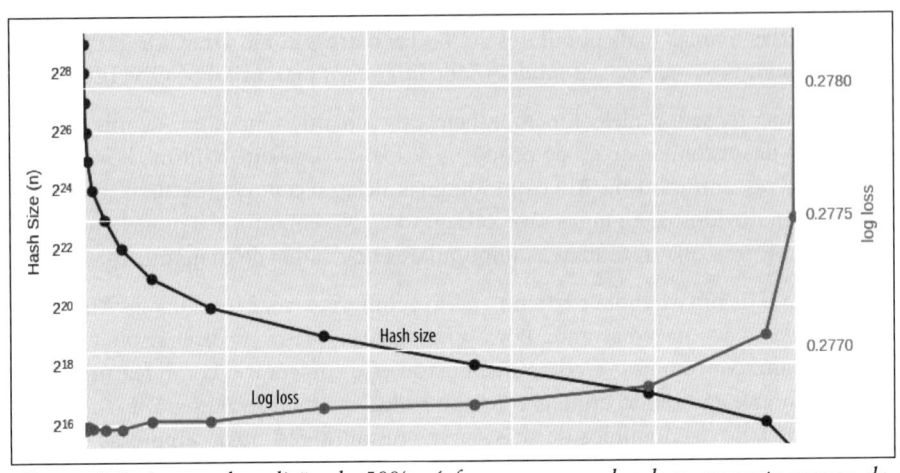

Figura 5-4. A taxa de colisão de 50% só faz com que a log loss aumente menos de 0,5%. Fonte: Lucas Bernardi.

Podemos escolher um espaço de hash [hash space] grande o suficiente para reduzir a colisão, bem como escolher uma função de hash com as propriedades que queremos como uma locality-sensitive hashing function [função de hash sensível à localidade, em tradução livre], em que categorias semelhantes (como sites com nomes semelhantes) são divididas em hash em valores próximos entre si. Por ser um hashing trick, muitas vezes essa técnica é considerada paliativa pelos estudiosos, sendo excluída dos currículos acadêmicos. Mas sua ampla adoção na indústria é testemunho de sua eficácia. É essencial ao Vowpal Wabbit e faz parte dos frameworks scikit-learn, TensorFlow e gensim. Pode ser útil ao extremo em ambientes de aprendizado contínuo, em que seu modelo aprende com exemplos recebidos de produção. No Capítulo 9, abordaremos o aprendizado contínuo.

---

[8] Lucas Bernardi, "Don't Be Tricked by the Hashing Trick", Booking.com, 10 de janeiro de 2018. Disponível em: *https://oreil.ly/VZmaY*.

Feature Crossing

Usamos a técnica feature crossing [cruzamento de features, em tradução livre] para combinar duas ou mais features e gerar novas. É uma técnica útil para modelar as relações não lineares entre features. Por exemplo, para predizermos se alguém vai querer comprar uma casa nos próximos 12 meses, desconfiamos que pode haver uma relação não linear entre o estado civil e o número de filhos. Então, combinamos os dois para criar uma nova feature "casamento e filhos", como na Tabela 5-3.

Tabela 5-3. Exemplo de como duas features podem ser combinadas para criar uma nova

Casamento	Solteiro	Casado	Solteiro	Solteiro	Casado
Filhos	0	2	1	0	1
Casamento e filhos	Solteiro, 0	Casado, 2	Solteiro, 1	Solteiro, 0	Casado, 1

Por contribuir com a modelagem de relações não lineares entre variáveis, a feature crossing é essencial para modelos que não conseguem aprender ou são ruins em aprender relações não lineares, como regressão linear, regressão logística e modelos baseados em árvore. É menos importante em redes neurais, mas ainda pode ser útil, visto que feature crossings explícitos ocasionalmente ajudam redes neurais a aprender relações não lineares de modo mais rápido. DeepFM e xDeepFM são a família de modelos que usaram com sucesso interações explícitas de features para sistemas de recomendação e predição de taxa de cliques.[9] Apenas uma ressalva sobre a feature crossing: seu espaço de features pode explodir. Imagine que a feature A tem 100 valores possíveis e a feature B tem 100 features possíveis; cruzá-las resultará em uma feature com 100 × 100 = 10.000 valores possíveis. Precisaremos de muito mais dados para que os modelos aprendam todos esses valores possíveis. Segunda ressalva: como a feature crossing aumenta o número de features que os modelos usam, esses modelos podem se sobreajustar demais aos dados de treinamento.

Embeddings Posicionais Discretos e Contínuos

Apresentado pela primeira vez à comunidade de aprendizado profundo no artigo "Attention Is All You Need" (*https://oreil.ly/eXk16*) (Vaswani *et al.*, 2017), o embedding posicional se tornou uma técnica de engenharia de dados padrão para

---

[9] Huifeng Guo, Ruiming Tang, Yunming Ye, Zhenguo Li e Xiuqiang He, "DeepFM: A Factorization-Machine Based Neural Network for CTR Prediction", *Anais da 26ª Conferência Internacional Conjunta Sobre Inteligência Artificial* (IJCAI, 2017). Disponível em: *https://oreil.ly/1Vs3v*; Jianxun Lian, Xiaohuan Zhou, Fuzheng Zhang, Zhongxia Chen, Xing Xie e Guangzhong Sun, "xDeepFM: Combining Explicit and Implicit Feature Interactions for Recommender Systems" *arXiv*, 2018. Disponível em: *https://oreil.ly/WFmFt*.

muitas aplicações de visão computacional e PLN. Veremos um exemplo para mostrar por que o embedding posicional é necessário e como fazê-lo.

Vamos supor que você tem a tarefa de modelagem de linguagem e nela é preciso predizer o próximo token (por exemplo, uma palavra, caractere ou subpalavra) com base na sequência anterior de tokens. Na prática, um comprimento de sequência pode ser até 512, se não maior. No entanto, para simplificar, usaremos palavras como nossos tokens e o comprimento de sequência de 8. Dada uma sequência arbitrária de 8 palavras, como "Às vezes, tudo que realmente quero fazer é", queremos predizer a próxima palavra.

> **Embeddings**
>
> Um embedding é um vetor que representa um pedaço de dados. Chamamos o conjunto de todos os possíveis embeddings gerados pelo mesmo algoritmo para um tipo de dado de "espaço de embedding". Todos os vetores de embedding no mesmo espaço são do mesmo tamanho. Um dos usos mais comuns de embeddings é o word embeddings, em que podemos representar cada palavra com um vetor. Contudo, embeddings para outros tipos de dados estão cada vez mais populares. Por exemplo, soluções de e-commerce como Criteo e Coveo têm embeddings para produtos.[10] O Pinterest os utiliza para imagens, gráficos, consultas e até usuários.[11] Como existem muitos tipos de dados com embeddings, tem havido bastante interesse em criar embeddings universais para dados multimodais.

Se usarmos uma rede neural recorrente, ela processará palavras em ordem sequencial, ou seja, a ordem das palavras é implicitamente imputada. No entanto, se usarmos um modelo com arquitetura transformer, as palavras são processadas em paralelo, assim as posições das palavras precisam ser explicitamente imputadas para que nosso modelo conheça a ordem dela ("um cachorro morde uma criança" é bem diferente de "uma criança morde um cachorro"). Não queremos imputar as posições absolutas, 0, 1, 2,..., 7, em nosso modelo porque, empiricamente, redes neurais não funcionam bem com entradas que não são variância unitária (por isso, escalonamos nossas features, como discutido anteriormente na seção "Escalonamento").

---

[10] Flavian Vasile, Elena Smirnova e Alexis Conneau, "Meta-Prod2Vec—Product Embeddings Using Side Information for Recommendation", *arXiv*, 25 de julho de 2016. Disponível em: *https://oreil.ly/KDaEd*; "Product Embeddings and Vectors", Coveo. Disponível em: *https://oreil.ly/ShaSY*.

[11] Andrew Zhai, "Representation Learning for Recommender Systems", 15 de agosto de 2021. Disponível em: *https://oreil.ly/OchiL*.

Se reescalonarmos as posições entre 0 e 1, então 0, 1, 2,..., 7 se tornam 0, 0,143, 0,286,..., 1, as diferenças entre as duas posições serão mínimas para as redes neurais aprenderem a diferenciar. Uma forma de lidar com embeddings posicionais é tratá-lo do mesmo jeito que trataríamos o word embedding. Com este, usamos uma matriz de embedding com o tamanho do vocabulário, como o número de colunas, e cada coluna é o embedding da palavra no índice dessa coluna. Com o embedding posicional, o número de colunas é o número de posições. No nosso caso, como trabalhamos apenas com o tamanho de sequência anterior de 8, as posições vão de 0 a 7 (veja a Figura 5-5).

O tamanho de embedding para posições geralmente é o mesmo que o tamanho de embedding para palavras, de modo que possam ser somados. Por exemplo, o embedding para a palavra "food [comida]" na posição 0 é a soma do vetor de embedding da palavra "food" e o vetor de embedding da posição 0. É assim que os embeddings posicionais foram implementados no BERT do Hugging Face a partir de agosto de 2021. Como os embeddings mudam à medida que os pesos do modelo são atualizados, dizemos que os embeddings posicionais são aprendidos.

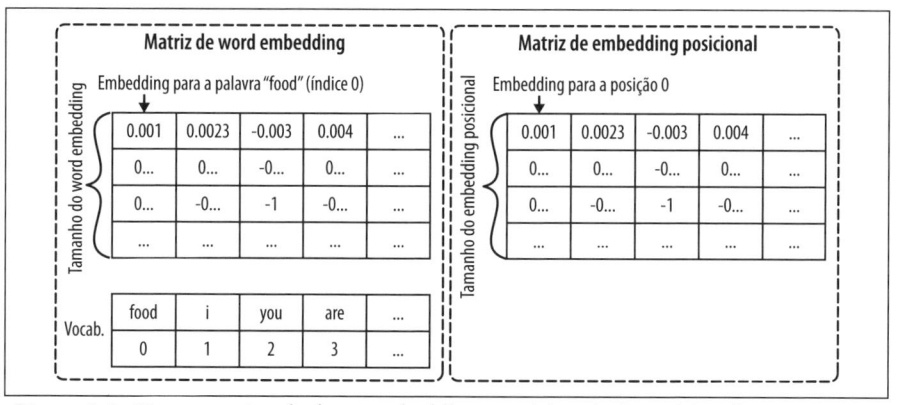

Figura 5-5. Uma maneira de fazer embeddings posicionais é tratá-los do mesmo jeito que os word embeddings.

Os embeddings posicionais também podem ser fixos. O embedding para cada posição ainda é um vetor com elementos S (S é o tamanho do embedding posicinal), mas cada elemento é predefinido usando uma função, geralmente seno e cosseno. No artigo original sobre a Transformer (*https://oreil.ly/hifg6*), se o elemento estiver em um índice par, use seno. Caso contrário, use cosseno. Veja a Figura 5-6.

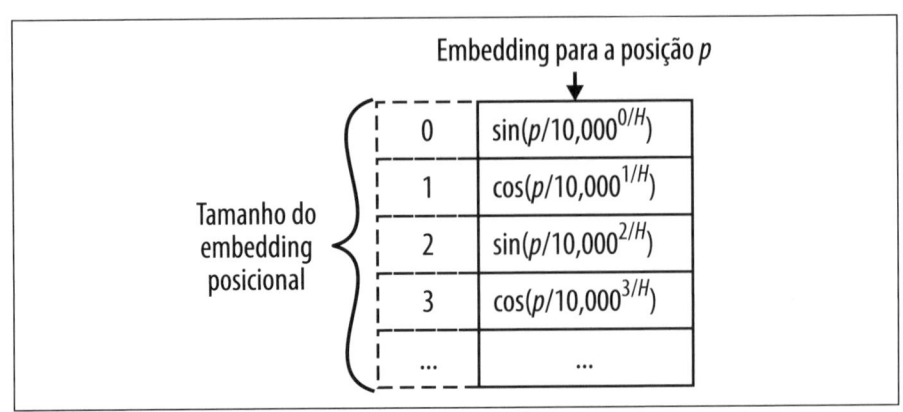

```
                    Embedding para a posição p
                              ↓
                    ┌───┬──────────────────────┐
                    │ 0 │ sin(p/10,000^(0/H))  │
                    ├───┼──────────────────────┤
     Tamanho do     │ 1 │ cos(p/10,000^(1/H))  │
     embedding      ├───┼──────────────────────┤
     posicional     │ 2 │ sin(p/10,000^(2/H))  │
                    ├───┼──────────────────────┤
                    │ 3 │ cos(p/10,000^(3/H))  │
                    ├───┼──────────────────────┤
                    │...│         ...          │
                    └───┴──────────────────────┘
```

Figura 5-6. Exemplo de embedding com posição fixa. H é a dimensão das saídas geradas pelo modelo.

O embedding posicional fixo é um caso especial do que é conhecido como Fourier features [features de Fourier, em tradução livre]. Se as posições nos embeddings posicionais forem discretas, as Fourier features também podem ser contínuas. Considere a tarefa envolvendo representações de objetos 3D, como um bule de chá. Cada posição na superfície do bule é representada por uma coordenada tridimensional, que é contínua. Como as posições são contínuas, seria muito difícil construir uma matriz de embedding com índices de coluna contínuos, mas os embeddings posicionais fixos com funções seno e cosseno ainda funcionam.

Segue formato generalizado para o vetor de embedding na coordenada v, também chamado de Fourier features da coordenada v. As Fourier features melhoraram o desempenho dos modelos para tarefas que recebem coordenadas (ou posições) como entradas. Caso esteja interessado, leia um pouco mais em "Fourier Features Let Networks Learn High Frequency Functions in Low Dimensional Domains" (*https://oreil.ly/cbxr1*) (Tancik et al., 2020).

$$\gamma(v) = \left[a_1 \cos\left(2\pi b_1^T v\right), a_1 \sin\left(2\pi b_1^T v\right), ..., a_m \cos\left(2\pi b_m^T v\right), a_m \sin\left(2\pi b_m^T v\right)\right]^T$$

Data Leakage

Em julho de 2021, a *MIT Technology Review* publicou um artigo provocativo intitulado "Hundreds of AI Tools Have Been Built to Catch Covid". Esses modelos foram treinados para predizer os riscos da Covid-19 a partir de exames médicos. O artigo enumerou vários exemplos em que os modelos de ML com bom desempenho durante a avaliação não puderam ser usados em contextos de produção reais.

Por exemplo, os pesquisadores treinaram seu modelo em uma mistura de exames feitos quando os pacientes estavam deitados e de pé. "Como os pacientes examinados deitados tinham maior probabilidade de ficar gravemente doentes, o modelo aprendeu a predizer sérios riscos de contrair Covid-19 a partir da posição de uma pessoa." Em outros casos, os modelos "pegaram a fonte do texto que certos hospitais usavam para rotular os exames. Como resultado, fontes de hospitais com número de casos mais sérios se tornaram preditores de risco de Covid-19".[12]

Ambos são exemplos de data leakage. O *data leakage* diz respeito ao fenômeno de quando uma forma do rótulo "vaza" para o conjunto de features usadas na predição, e essa mesma informação não fica disponível durante a inferência. O data leakage é desafiador porque muitas vezes não é óbvio e é perigoso, pois faz com que seus modelos falhem de maneira inesperada e impressionante, mesmo após avaliações e testes abrangentes. Vejamos outro exemplo para demonstrar o que é data leakage.

Suponha que você queira criar um modelo de ML para predizer se uma tomografia computadorizada de um pulmão constata sinais de câncer. Você obtem os dados do hospital A, removeu o diagnóstico dos médicos dos dados e treinou seu modelo. O modelo funciona bem nos dados de teste do hospital A, mas não se saiu bem nos dados do hospital B.

Após rigorosa investigação, você descobre que quando os médicos do hospital A pensam que um paciente tem câncer de pulmão, eles enviam esse paciente para um equipamento de tomografia mais avançado, que gera imagens de tomografia levemente diferentes. Seu modelo aprendeu a confiar nas informações desse equipamento usado para fazer predições sobre se uma imagem computadorizada detecta sinais de câncer de pulmão. O hospital B envia os pacientes aleatoriamente para diferentes equipamentos de tomografia computadorizada, de modo que seu modelo não tem informações confiáveis. Dizemos que os rótulos vazam nas features durante o treinamento. O data leakage não acontece somente com iniciantes, mas também com vários pesquisadores experientes cujo trabalho admiro, e aconteceu em um de meus projetos. Apesar das repetitivas incidências, o data leakage raramente é abordado nos conteúdos acadêmicos de ML.

> ### Conto de Advertência: Data Leakage em Competição do Kaggle
>
> Em 2020, a Universidade de Liverpool lançou a competição Ion Switching no Kaggle (*https://oreil.ly/TkvpU*). A tarefa era identificar o número de canais iônicos abertos em cada ponto de tempo. Sintetizaram os dados de teste a partir de dados de treinamento, e algumas pessoas conseguiram fazer

---

[12] Will Douglas Heaven, "Hundreds of AI Tools Have Been Built to Catch Covid. None of Them Helped", *MIT Technology Review*, 30 de julho de 2021. Disponível em: *https://oreil.ly/Ig1b1*.

engenharia reversa e obter rótulos dos dados de teste que vazaram.[13] As duas equipes vencedoras da competição foram as duas equipes que conseguiram explorar o vazamento, embora ainda pudessem vencer sem fazer isso.[14]

Causas Comuns de Data Leakage

Nesta seção, analisaremos algumas causas comuns de data leakage e como evitá-las.

Divida os dados correlacionados ao tempo aleatoriamente em vez de por tempo

Na faculdade, quando aprendi sobre ML, ensinaram-me a dividir aleatoriamente meus dados em treinamento, validação e teste. Os dados também são divididos assim em trabalhos de pesquisa de ML. No entanto, essa também é uma causa comum de data leakage. Em muitos casos, os dados são correlacionados ao tempo, o que significa que a hora em que são gerados afeta sua distribuição de rótulos. Às vezes, a correlação é óbvia, como no caso dos preços das ações. Simplificando: os preços semelhantes de ações tendem a se movimentar juntos. Se 90% das ações de tecnologia despencarem hoje, é bem provável que os outros 10% das ações de tecnologia também despenquem. Ao construir modelos para predizer os preços futuros das ações, é necessário dividir seus dados de treinamento por tempo: treine seu modelo em dados dos primeiros seis dias e avalie-o em dados do sétimo dia. Caso divida aleatoriamente seus dados, por mais que os preços do sétimo dia sejam incluídos na divisão de treinamento, eles vazarão a condição do mercado deste dia em seu modelo. Dizemos que as informações futuras vazaram para o treinamento.

Entretanto, em muitos casos, a correlação não é óbvia. Pense na tarefa de predizer se alguém clicará em uma recomendação de música. Ouvir uma música depende não apenas do gosto musical de uma pessoa, mas da tendência geral da música em determinado dia. Se em determinado dia um artista falecer, a probabilidade de as pessoas ouvirem a música dele é bem maior. Se incluirmos amostras deste dia na divisão de treinamento, as informações sobre esta tendência de música serão passadas para o modelo, facilitando a predição de outras amostras deste mesmo dia. Para evitar que informações futuras vazem no processo de treinamento, e os modelos trapaceiem durante a avaliação, divida seus dados por tempo, e não aleatoriamente, sempre que possível. Por exemplo, caso tenha dados de cinco semanas,

---

[13] Zidmie, "The leak explained!" Kaggle. Disponível em: *https://oreil.ly/1JgLj*.
[14] Addison Howard, "Competition Recap—Congratulations to our Winners!" Kaggle. Disponível em: *https://oreil.ly/wVUU4*.

use as primeiras quatro semanas na divisão de treinamento, depois divida aleatoriamente a quinta semana em validação e teste, como mostrado na Figura 5-7.

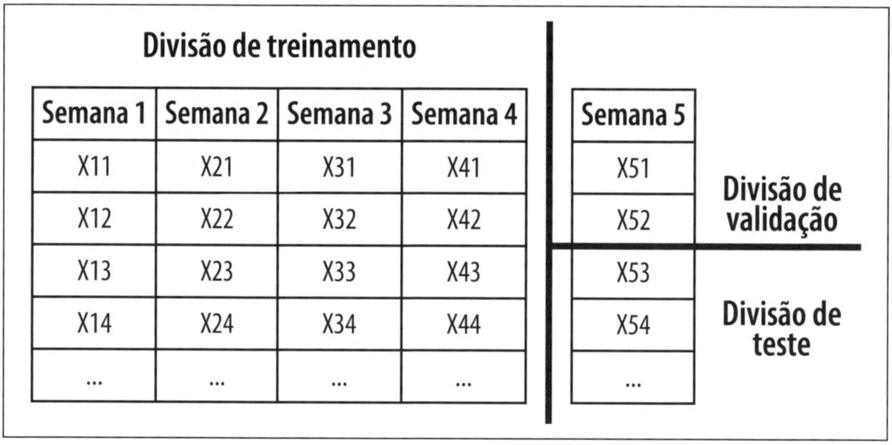

Divisão de treinamento					Semana 5	
Semana 1	Semana 2	Semana 3	Semana 4			
X11	X21	X31	X41		X51	Divisão de validação
X12	X22	X32	X42		X52	
X13	X23	X33	X43		X53	Divisão de teste
X14	X24	X34	X44		X54	
...	...	...	...		...	

Figura 5-7. Divida os dados por tempo a fim de evitar que informações futuras vazem para o processo de treinamento.

Escalone antes de dividir

Conforme discutido na seção "Escalonamento", é importante escalonar suas features. O escalonamento exige estatísticas globais — por exemplo, média, variância — de seus dados. Um erro comum é usar todos os dados de treinamento para gerar estatísticas globais antes de separá-los em diferentes divisões, vazando a média e a variância das amostras de teste no processo de treinamento, possibilitando que um modelo ajuste suas predições para as amostras de teste. Como essas informações não estão disponíveis em produção, o desempenho do modelo provavelmente cairá. Para evitar esse tipo de vazamento, sempre divida primeiro seus dados antes de escaloná-los e, em seguida, use as estatísticas da divisão de treinamento para escalonar todas as divisões. Alguns até sugerem que dividamos nossos dados antes de qualquer análise exploratória e processamento de dados, para que não obtenhamos por engano informações sobre a divisão de teste.

Preencha os dados ausentes com estatísticas da divisão de teste

Uma forma comum de lidar com os valores ausentes de uma feature é preenchê-los (imputá-los) com a média ou mediana de todos os valores presentes. Pode ocorrer vazamento se a média ou mediana for calculada usando dados inteiros em vez de a divisão do treinamento. Esse tipo de vazamento é semelhante ao causado pelo escalonamento. É possível evitá-lo usando estatísticas da divisão do treinamento para preencher os valores ausentes em todas as divisões.

Manipulação inadequada da duplicação de dados antes da divisão

Caso tenha duplicatas ou quase duplicatas em seus dados, não removê-las antes de dividi-los pode fazer com que as mesmas amostras apareçam nas divisões de treinamento e validação/teste. A duplicação de dados é bastante comum e também é encontrada em conjuntos populares de dados de pesquisa. Por exemplo, o CIFAR-10 e o CIFAR-100 são dois conjuntos populares de dados usados em pesquisas de visão computacional. Os conjuntos foram disponibilizados em 2009, mas só em 2019 que Barz e Denzler descobriram que 3,3% e 10% das imagens dos conjuntos de teste dos conjuntos de dados CIFAR-10 e CIFAR-100 têm duplicatas no conjunto de treinamento.[15]

A duplicação de dados pode resultar da coleta de dados ou do merge de diferentes fontes de dados. Um artigo da *Nature* de 2021 elencou a duplicação de dados como armadilha comum ao usar o ML para detectar Covid-19, pois "um conjunto de dados combinou vários outros conjuntos de dados sem perceber que um dos componentes dos conjuntos já continham outro componente".[16] A duplicação de dados também pode ocorrer devido ao processamento de dados — por exemplo, oversampling pode resultar na duplicação de alguns exemplos. Para evitar isso, sempre verifique se há duplicatas antes de dividir os dados e também depois de dividi-los, só para garantir. Caso precise fazer oversampling de seus dados, faça após a divisão.

Grupo de leakage

Um grupo de exemplos tem rótulos intimamente correlacionados, mas são separados em diferentes divisões. Por exemplo, um paciente pode ter duas tomografias computadorizadas de pulmão com uma semana de intervalo. Provavelmente, ambas têm os mesmos rótulos sobre se contêm sinais de câncer de pulmão, mas uma está na divisão de treinamento e a outra está na divisão de teste. Esse tipo de vazamento é comum em tarefas de detecção objetivas, que têm fotos do mesmo objeto tiradas com milissegundos de diferença — algumas delas foram parar na divisão de treinamento, enquanto outras foram para a divisão de teste. Fica complicado evitar esse tipo de data leakage sem entender como seus dados foram gerados.

Vazamento a partir do processo de geração de dados

O exemplo anterior, como as informações de uma tomografia computadorizada mostram sinais de câncer de pulmão, ilustra um tipo de vazamento de informa-

---

[15] Björn Barz e Joachim Denzler, "Do We Train on Test Data? Purging CIFAR of Near-Duplicates", *Journal of Imaging* 6, n. 6 (2020): 41.
[16] Michael Roberts, Derek Driggs, Matthew Thorpe, Julian Gilbey, Michael Yeung, Stephan Ursprung, Angelica I. Aviles-Rivero *et al.* "Common Pitfalls and Recommendations for Using Machine Learning to Detect and Prognosticate for COVID-19 Using Chest Radiographs and CT Scans", *Nature Machine Intelligence* 3 (2021): 199–217. Disponível em: *https://oreil.ly/TzbKJ*.

ções. Para detectar esse tipo de data leakage, é necessário entender profundamente como os dados são coletados. Ou seja, seria dificílimo descobrir que o baixo desempenho do modelo no hospital B se deve a um procedimento diferente do equipamento de tomografia computadorizada, caso você não saiba nada sobre diferentes equipamentos de tomografia computadorizada ou sobre a diferença de procedimentos nos dois hospitais. Não existe uma forma infalível de evitar esse tipo de vazamento, mas pode-se mitigar o risco monitorando as fontes de seus dados e entendendo como são coletados e processados. Normalize seus dados para que os de diferentes fontes possam ter as mesmas médias e variâncias. Se diferentes equipamentos de tomografia geram imagens com diferentes resoluções, normalizá-las para que fiquem com a mesma resolução faria com que os modelos tivessem dificuldade em saber de qual equipamento cada imagem vem. E não se esqueça de incluir os experts do assunto, pois eles podem ter mais contextos sobre como os dados são coletados e usados no processo de design de ML!

Detectando Data Leakages

O data leakage pode ocorrer durante muitas etapas: na geração, coleta, amostragem, divisão e processamento de dados, e até na engenharia de features. É importante monitorá-lo durante todo o ciclo de vida de um projeto de ML.

Calcule a capacidade preditiva de cada feature ou de um conjunto de feature em relação à variável-alvo (rótulo). Se uma feature tiver uma correlação excepcionalmente alta, investigue como essa feature é gerada e se a correlação faz sentido. É possível que duas features independentes não contenham vazamento, mas duas juntas podem conter. Por exemplo, ao construir um modelo para predizer quanto tempo um funcionário permanecerá em uma empresa, a data de início e a de término separadas não nos dizem muita coisa sobre esse período de tempo, mas as duas juntas podem nos fornecer essas informações.

Faça estudos de ablação a fim de calcular a importância de uma feature ou de um conjunto de features para o seu modelo. Se a remoção de uma feature fizer com que o desempenho do modelo despenque de forma substancial, investigue por que essa feature é tão importante. Caso tenha uma quantidade colossal de features, digamos mil features, talvez seja inviável fazer estudos de ablação de todas as possíveis combinações. Porém esses estudos ainda podem ser úteis ocasionalmente, quando você desconfia de um subconjunto de features. Mais um exemplo de como a expertise no assunto pode ajudar na engenharia de features. É possível realizar os estudos de ablação offline, assim você aproveita o tempo de inatividade de suas máquinas. Preste atenção na adição de novas features ao seu modelo. Pois, se a adição de uma nova feature melhorar de forma significativa o seu modelo, ou essa feature é muito boa ou contém apenas informações vazadas sobre rótulos. Tome muito cuidado sempre que analisar a divisão de teste. Se usarmos a divisão de teste de qualquer outra forma que não esteja relacionada ao desempenho final do modelo, seja para insights de novas features ou para ajustar hiperparâmetros, corremos o risco de vazar informações futuras no processo de treinamento.

Engenharia de Boas Features

Em geral, adicionar mais features resulta em melhor desempenho do modelo. Em minha experiência, a lista de features usadas de um modelo em produção só aumenta com o tempo. No entanto, mais features nem sempre geram melhor desempenho do modelo. Muitas features podem ser ruins tanto durante o treinamento quanto na disponibilização do seu modelo pelos seguintes motivos:

- Quanto mais features tiver, mais oportunidades haverá para data leakage.
- Muitas features podem causar sobreajuste.
- Muitas features podem aumentar a memória exigida para disponibilizar um modelo, o que, por sua vez, pode exigir que você use uma máquina/instância mais cara para disponibilizá-lo.
- Muitas features podem aumentar a latência da inferência quando se tem predições online, ainda mais se você precisar extrair essas features de dados brutos para predições online. No Capítulo 7, vamos nos aprofundar na predição online.
- Features inúteis se tornam dívidas técnicas. Sempre que o pipeline de dados for alterado, todas as features afetadas precisam ser ajustadas de acordo. Por exemplo, se um dia sua aplicação decidir não receber mais informações sobre a idade dos usuários, é necessário atualizar todas as features que usam a idade dos usuários.

Em teoria, se uma feature não ajuda um modelo a fazer boas predições, técnicas de regularização, como a regularização L1, devem reduzir o peso dessa feature para 0. No entanto, na prática, se as features inúteis (e até mesmo as possivelmente prejudiciais) forem removidas, os modelos podem aprender mais rápido, priorizando as features boas. É possível armazenar features removidas para usá-las novamente mais tarde. Também pode-se simplesmente armazenar definições gerais de features para reutilizar e compartilhar entre as equipes de uma organização. Quando falamos sobre gerenciamento de definição de features, algumas pessoas pensam nas feature stores como a solução. No entanto, nem todas as feature stores gerenciam definições de features. No Capítulo 10, falaremos mais sobre as feature stores. Ao avaliar se uma feature é boa para um modelo, talvez seja bom levar dois fatores em conta: importância para o modelo e generalização para dados desconhecidos.

Importância da Feature

Existem muitos métodos diferentes de calcular a importância de uma feature. Se você usa um algoritmo clássico de ML, como um gradient boosted trees, a forma mais fácil de calcular a importância de suas features é usar funções de importância de features integradas e implementadas pela biblioteca XGBoost.[17] Caso queira conferir métodos de modelo agnóstico, veja o SHAP (SHapley Additive exPlanations).[18] O InterpretML (*https://oreil.ly/oPllN*) é um ótimo pacote open-source que aproveita a importância das features para ajudá-lo a entender como seu modelo faz predições.

O exato algoritmo que calcula a importância de uma feature é complexo, mas intuitivamente, calcula-se a importância de uma feature para um modelo em relação ao quanto o desempenho desse modelo se deteriora se essa feature ou um conjunto de features contendo essa feature for removido do modelo. O SHAP é ótimo porque não calcula apenas a importância de uma feature para um modelo inteiro, como também a contribuição de cada feature para a predição específica de um modelo. As Figuras 5-8 e 5-9 mostram como o SHAP pode ajudá-lo a entender essa contribuição.

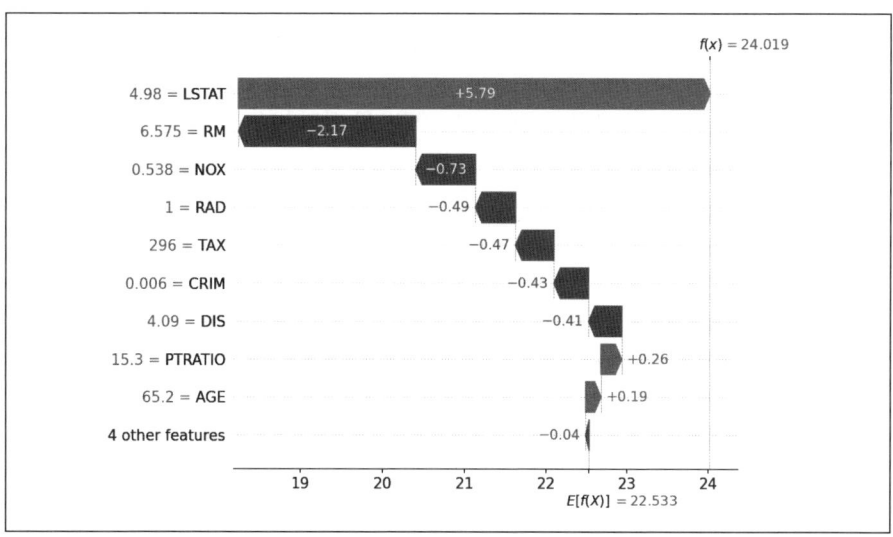

Figura 5-8. Quanto cada feature contribui para uma única predição de um modelo, calculado pelo SHAP. O valor LSTAT = 4.98 é o que mais contribui para essa predição específica. Fonte: Scott Lundberg.[19]

---

[17] Com a função get_score do XGBoost (disponível em: *https://oreil.ly/8sCfD*).
[18] Um ótimo pacote Python de open-source para calcular SHAP no GitHub (disponível em: *https://oreil.ly/hGxcF*).
[19] Scott Lundberg, SHAP (SHapley Additive exPlanations), repositório GitHub, último acesso em 2021, disponível em: *https://oreil.ly/c8qqE*.

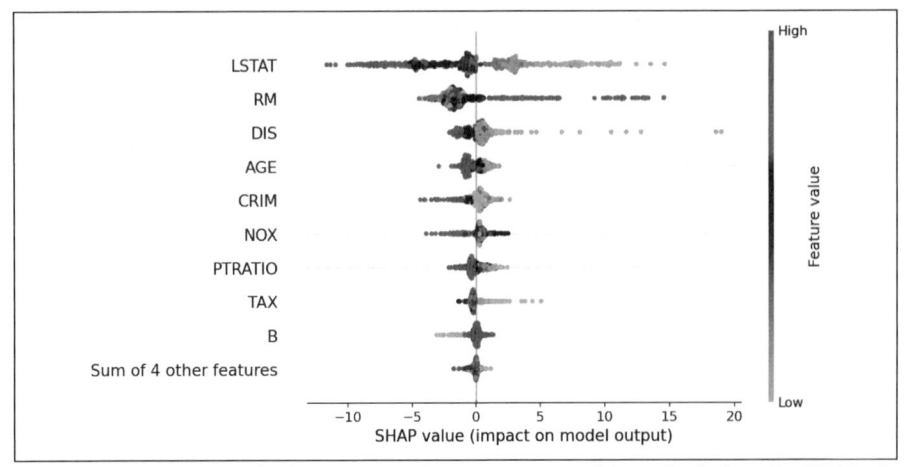

Figura 5-9. Quanto cada feature contribui para um modelo, calculado pelo SHAP. A feature LSTAT tem maior importância. Fonte: Scott Lundberg.

Não raro, um pequeno número de features é responsável por uma grande parte da importância das features do seu modelo. Ao calcular a importância das features para um modelo de predição de taxa de cliques, a equipe de anúncios do Facebook descobriu que 10 principais features são responsáveis por cerca de metade da importância total das features do modelo, enquanto as últimas 300 features contribuem com menos de 1% de importância, como mostrado na Figura 5-10.[20]

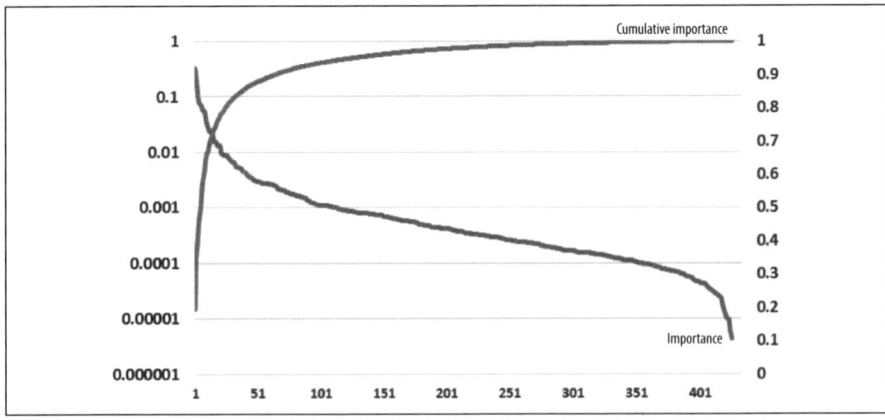

Figura 5-10. Impulsionando a importância da feature. O eixo X corresponde ao número de features. A importância da feature está na escala de log. Fonte: He et al.

---

[20] Xinran He, Junfeng Pan, Ou Jin, Tianbing Xu, Bo Liu, Tao Xu, Yanxin Shi *et al.*, "Practical Lessons from Predicting Clicks on Ads at Facebook", in *ADKDD'14: Anais do Oitavo Workshop Internacional de Mineração de Dados Para Publicidade Online* (Agosto de 2014): 1–9. Disponível em: *https://oreil.ly/dHXeC*.

As técnicas de importância de features não são somente boas para escolher as features adequadas, mas também são ótimas para a interpretabilidade, pois ajudam a entender como seus modelos funcionam nos bastidores.

Generalização de Features

Como o objetivo de um modelo de ML é fazer predições corretas em dados desconhecidos, é necessário generalizar as features usadas no modelo para dados desconhecidos. Nem todas as features generalizam igualmente. Por exemplo, para a tarefa de predizer se um comentário é spam, o identificador de cada comentário não é generalizável e não deve ser usado como feature para o modelo. No entanto, o identificador do usuário que posta o comentário, como nome de usuário, ainda pode ser útil para um modelo fazer predições.

Calcular a generalização de features é menos técnico do que calcular a importância delas, e isso exige intuição e expertise do assunto, além de conhecimento estatístico. No geral, talvez seja bom considerar dois aspectos em relação à generalização: cobertura de features e distribuição de valores de features.

Cobertura é a porcentagem das amostras com valores para determinada feature nos dados — então, quanto menos valores ausentes, maior será a cobertura. Uma das regras práticas é, se determinada feature aparecer em uma porcentagem muito pequena de seus dados, não será muito generalizável. Por exemplo, se quiser construir um modelo para predizer se alguém comprará uma casa nos próximos 12 meses e acha que o número de filhos que esse alguém tem será um boa feature, mas você só consegue obter essa informação para 1% dos seus dados, essa feature não é lá muito útil. É uma regra inflexível, pois algumas features ainda podem ser úteis, mesmo que estejam ausentes na maioria dos seus dados. Isso é muito válido quando os valores ausentes não são aleatórios. Ou seja, ter uma feature ou não pode ser uma forte indicação de seu valor. Por exemplo, se uma feature aparece apenas em 1% dos seus dados, mas 99% dos exemplos com essa feature têm rótulos POSITIVO, essa feature é útil e você deve usá-la.

A cobertura de feature pode diferir muito entre diferentes fatias de dados e até mesmo na mesma fatia de dados ao longo do tempo. Se a cobertura de uma feature difere muito entre a divisão de treinamento e de teste (como aparece em 90% dos exemplos na divisão de treinamento, mas apenas em 20% dos exemplos na divisão de teste), temos uma indicação de que suas divisões de treinamento e teste não vêm da mesma distribuição. Talvez seja bom investigar se a maneira como divide seus dados faz sentido e se essa feature é causa de data leakage.

Quanto aos valores presentes de features, pode ser útil analisar suas distribuições. Se o conjunto de valores que aparece nos dados conhecidos (como a divisão de treinamento) não tiver sobreposição com o conjunto de valores que aparece nos dados desconhecidos (como a divisão de teste), essa feature pode até prejudicar o desempenho do seu modelo.

Vejamos um exemplo concreto: imagine que você quer construir um modelo para estimar o tempo que levará uma determinada corrida de táxi. Você treina novamente este modelo toda semana e deseja usar os dados dos últimos seis dias para predizer as ETAs (hora estimada de chegada) para hoje. Uma das features é o DIA_DA_SEMANA, que você acha boa porque o tráfego nos dias úteis geralmente é pior do que no fim de semana. Temos uma cobertura de features de 100%, porque está presente em todas as features. No entanto, na divisão de treinamento, os valores para essa feature são de segunda a sábado, enquanto na divisão de teste, o valor para essa feature é domingo. Caso inclua essa feature em seu modelo sem um esquema inteligente para codificar os dias, ele não será generalizado para a divisão de teste e poderá prejudicar o desempenho do seu modelo.

Por outro lado, HORA_DO_DIA é uma ótima feature, pois a hora do dia afeta o tráfego também, e a faixa de valores para essa feature na divisão de treinamento se sobrepõe com a divisão de teste 100%.

Ao considerarmos a generalização de uma feature, temos um trade-off entre generalização e especificidade. Você percebe que o tráfego durante uma hora só muda se for hora do rush. Portanto, você gera a feature É_HORA_DO_RUSH e a define como 1 se a hora for entre 07h e 09h ou entre 16h e 18h. É_HORA_DO_RUSH é mais generalizável, porém menos específica que HORA_DO_DIA. Usar É_HORA_DO_RUSH sem HORA_DO_DIA pode fazer com que os modelos percam informações importantes sobre a hora.

Recapitulando

Como o sucesso dos sistemas de ML de hoje ainda depende de features, é importante que as organizações interessadas em usar o ML em produção invistam tempo e esforço na engenharia de features.

Como projetar boas features é uma pergunta complexa sem respostas infalíveis. A melhor forma de aprender é por meio da experiência: testando diferentes features e observando como afetam o desempenho de seus modelos. É possível também aprender com especialistas. Acho indispensável ler sobre como as equipes vencedoras das competições Kaggle projetam suas features para aprender mais sobre suas técnicas e considerações.

A engenharia de features normalmente envolve expertise no assunto, e os especialistas no assunto nem sempre são engenheiros, por isso é importante projetar seu fluxo de trabalho de uma forma que possibilite que os não engenheiros contribuam com processo. Vejamos um resumo das melhores práticas para engenharia de features:

- Divida os dados por tempo em divisões de treinamento/validação/teste em vez de dividir tudo aleatoriamente.
- Caso precise fazer oversampling de seus dados, faça após a divisão.
- Escalone e normalize seus dados após a divisão para evitar data leakage.
- Use estatísticas apenas da divisão do treinamento, em vez dos dados inteiros, para escalonar suas features e lidar com valores ausentes.
- Entenda como seus dados são gerados, coletados e processados. Envolva especialistas em domínios, se possível.
- Monitore seu data lineage.
- Entenda a importância da feature para seu modelo.
- Use features que generalizam bem.
- Remova as features que não são mais úteis de seus modelos.

Como já temos um conjunto de boas features, passaremos para a próxima parte do fluxo de trabalho: o treinamento de modelos de ML. Antes de prosseguirmos, só quero reiterar que abordar a modelagem não significa que concluímos a parte de manipulação de dados ou engenharia de features. Essa parte nunca termina. Na maioria dos projetos de ML do mundo real, o processo de coleta de dados e engenharia de features continua enquanto os modelos estiverem em produção. Precisamos usar dados novos e que sempre chegam para melhorar continuamente os modelos, que abordaremos no Capítulo 9.

CAPÍTULO 6
Desenvolvimento de Modelo e Avaliação Offline

No Capítulo 4, abordamos como criar dados de treinamento para seu modelo e, no Capítulo 5, discutimos como projetar features a partir desses dados de treinamento. Com o conjunto inicial de features, passaremos para a parte do algoritmo de machine learning dos sistemas de ML. Para mim, esta etapa sempre foi a mais divertida, pois me possibilita brincar com diferentes técnicas e algoritmos, mesmo as mais recentes. É também a primeira etapa em que posso visualizar todo o trabalho árduo que fiz com dados e a engenharia de features convertida em um sistema cujas saídas (predições) posso usar para avaliar o sucesso do meu empenho.

Para construir um modelo de ML, primeiro precisamos selecionar o modelo a ser construído, pois existem muitos algoritmos disponíveis, em constante desenvolvimento. Este capítulo começa com seis dicas para selecionar os melhores algoritmos para sua tarefa. A seção a seguir aborda diferentes aspectos do desenvolvimento de modelos, como debugging, controle de versionamento e monitoramento de experimentos, treinamento distribuído e AutoML.

O desenvolvimento de modelo é um processo iterativo. Após cada iteração, você deve comparar o desempenho do seu modelo com o desempenho de iterações anteriores e avaliar a adequação dessa iteração para produção. A última seção deste capítulo é dedicada a como avaliar seu modelo antes de implementá-lo em produção, abordamos uma variedade de técnicas de avaliação: testes de perturbação, testes de invariância, calibração de modelo e slice-based evaluation [avaliação baseada em fatiamento, em tradução livre].

Espero que a maioria dos leitores já tenha conhecimento dos algoritmos comuns de ML, como modelos lineares, árvores de decisão, k-vizinhos mais próximos e diferentes tipos de redes neurais. Neste capítulo, analisaremos as técnicas desses algoritmos, mas não entraremos em detalhes de como funcionam. Como abordaremos os algoritmos de ML, aqui será necessário ter muito mais conhecimento sobre machine learning do que nos outros capítulos. Caso não esteja familiarizado com algoritmos, recomendo que faça um curso online ou leia um livro sobre algoritmos de ML antes de ler este capítulo. Os leitores que se interessarem por uma atualização rápida dos conceitos básicos de machine learning podem consultar a seção "Basic ML Reviews" [Revisões Básicas de ML] no GitHub deste livro (*https://oreil.ly/designing-machine-learning-systems-code*).

Desenvolvimento e Treinamento de Modelos

Nesta seção, examinaremos os aspectos necessários para ajudá-lo a desenvolver e treinar seu modelo: como avaliar diferentes modelos de ML para seu problema, criar conjuntos de modelos, controle de versionamento e monitoramento de experimentos e treinamento distribuído, necessário para a escala em que os modelos atuais geralmente são treinados. Concluiremos esta seção com o tópico mais avançado AutoML — como usar o ML para selecionar automaticamente um modelo melhor para seu problema.

Avaliando Modelos de ML

Há muitas soluções possíveis para qualquer problema. Dada uma tarefa que pode potencializar o ML de sua solução, você talvez se pergunte qual algoritmo de ML usar. Por exemplo, deve-se começar com a regressão logística, um algoritmo com o qual já está familiarizado? Ou deve-se experimentar um novo modelo sofisticado que supostamente é o mais moderno para o seu problema? Uma colega mais experiente mencionou que algoritmos gradient-boosted trees sempre funcionaram com suas tarefas — você deve seguir o conselho dela? Caso tivesse tempo e poder computacional ilimitados, a coisa racional a fazer seria testar todas as soluções possíveis e ver qual delas é melhor para você. No entanto, tempo e poder computacional são recursos limitados, sendo necessário ser estratégico sobre quais modelos selecionar.

Ao falar sobre algoritmos de ML, muitas pessoas lembram dos algoritmos clássicos de ML versus redes neurais. Redes neurais despertam bastante interesse e cobertura midiática, sobretudo o aprendizado profundo, o que é compreensível, já que a maior parte do progresso da IA na última década aconteceu devido às redes neurais cada vez maiores e mais profundas.

Esse interesse e cobertura midiática podem passar a impressão de que o aprendizado profundo está substituindo os algoritmos clássicos de ML. Contudo, embora o aprendizado profundo esteja sendo empregado em casos de uso em produção, clássicos os algoritmos de ML não estão desaparecendo. Muitos sistemas de recomendação ainda dependem de filtragem colaborativa e fatoração de matrizes. Algoritmos baseados em árvore, como o gradient-boosted trees, ainda alimentam muitas tarefas de classificação com requisitos rigorosos de latência.

Mesmo em aplicações em que as redes neurais são implementadas, os algoritmos clássicos de ML ainda estão sendo usados em conjunto. Por exemplo, redes neurais e árvores de decisão podem ser usadas juntas em um ensemble. Um modelo de clusterização k-means pode ser usado para extrair features de entrada em uma rede neural. Vice-versa, uma rede neural pré-treinada (como BERT ou GPT-3) pode ser usada para gerar embeddings e inseri-las em um modelo de regressão logística. Ao selecionar um modelo para o seu problema, você não escolhe entre todas as opções possíveis de modelo, mas se concentra em um conjunto de modelos adequados ao seu problema. Por exemplo, caso seu chefe lhe peça para construir um sistema que detecte tweets tóxicos, você sabe que se trata de um problema de classificação de texto — dado um pedaço de texto, classifique se é tóxico ou não — e modelos comuns para classificação de texto usam algoritmos naive Bayes, regressão logística, redes neurais recorrentes e modelos baseados em arquitetura transformer, como BERT, GPT e suas variantes.

Se o cliente quer que construa um sistema para detectar transações fraudulentas, você sabe que se trata de um problema clássico de detecção de anomalidades — transações fraudulentas são anomalias que você quer detectar — e existem inúmeros algoritmos comuns para esse problema: k-vizinhos mais próximos, floresta de isolamento, clusterização e redes neurais.

Nesse processo, conhecer as tarefas comuns de ML e das típicas abordagens para resolvê-las é primordial. Diferentes tipos de algoritmos exigem diferentes números de rótulos, bem como quantidades distintas de poder computacional. Uns levam mais tempo do que outros para treinar, enquanto alguns demoram mais para realizar predições. Algoritmos de redes não neurais costumam ser mais explicáveis (por exemplo, quais features contribuíram mais para um e-mail ser classificado como spam) do que redes neurais.

Ao considerar qual modelo usar, é importante analisar não apenas o desempenho do modelo, calculado por métricas como acurácia, F1-score e log loss, como também outras propriedades: quantidade de dados, computação e tempo necessário para treinamento, sua latência de inferência e interpretabilidade. Por exemplo, um simples modelo de regressão logística talvez tenha menor acurácia do que uma rede neural complexa, mas exige menos dados rotulados para iniciar, é bem mais rápido de treinar e mais fácil de implementar, e é mais fácil explicar por que faz determinadas predições.

A comparação de diferentes algoritmos de ML foge ao escopo deste livro. Não importa o quanto seja boa, comparações ficam desatualizadas assim que novos algoritmos são lançados. Em 2016, as LSTM-RNNs eram última moda e backbone da arquitetura seq2seq (Sequence-to-Sequence) que alimentava muitas tarefas de PLN, desde tradução automática até resumo e classificação de texto. No entanto, somente dois anos depois, as arquiteturas recorrentes foram amplamente substituídas por arquiteturas transformer para tarefas de PLN. A melhor forma de compreender diferentes algoritmos é se munir com conhecimentos básicos de ML e realizar experimentos com os algoritmos de seu interesse. Para se manter atualizado sobre tantas novas técnicas e modelos de ML, acho útil acompanhar as tendências nas principais conferências de ML, como NeurIPS, ICLR e ICML, bem como seguir pesquisadores cujo trabalho gera repercussões no Twitter.

Seis dicas para a seleção de modelos

Sem detalhar diferentes algoritmos, vejamos seis dicas que podem ajudá-lo a decidir com quais algoritmos de ML trabalhar.

Evite a armadilha de última geração. Embora eu ajude empresas e recém-formados a começarem no ML, costumo gastar um tempão evitando que eles pulem de cabeça em modelos de última geração. Eu sei bem por que as pessoas querem modelos de última geração. Muitas acreditam que esses modelos seriam as melhores soluções para seus problemas — por que tentar uma solução antiga se você acredita que existe uma solução mais nova e superior? Muitos líderes corporativos também querem usar modelos de última geração, pois querem fazer com que seus negócios pareçam inovadores. Talvez os desenvolvedores estejam mais empolgados em colocar as mãos em novos modelos do que ficar empacados continua e repetidamente nas mesmíssimas coisas.

Em geral, pesquisadores avaliam modelos apenas em ambientes acadêmicos. Ou seja: um modelo de última geração geralmente significa *melhor desempenho do que os modelos existentes em alguns conjuntos estáticos de dados*. Não significa que este modelo será rápido ou barato o suficiente para *você* implementar. Nem que este modelo terá melhor desempenho do que outros modelos em *seus* dados. Embora seja essencial se manter atualizado sobre novas tecnologias e avaliá-las para o seu negócio, o mais importante a fazer ao resolver um problema é identificar soluções que possam resolvê-lo. Se houver uma solução que possa resolver seu problema e que seja bem mais barata e simples do que os modelos de última geração, use a solução mais simples.

Comece com modelos mais simples. O Zen do Python afirma que "simples é melhor que complexo", e esse princípio também vale para ML. A simplicidade atende três propósitos. Primeiro, modelos mais simples são mais fáceis de implementar, e implementar seu modelo antes permite validar se o pipeline de predição é consistente com o pipeline de treinamento. Segundo, começar com algo simples e adicionar componentes mais complexos gradualmente facilita entender seu modelo e debugá-lo. Terceiro, o modelo mais simples serve como baseline, com o qual você pode comparar seus modelos mais complexos.

Modelos mais simples nem sempre são iguais aos modelos com menor empenho. Por exemplo, modelos BERT pré-treinados são complexos, mas exigem pouco empenho para começar, ainda mais se você usar uma implementação pronta como a transformer do Hugging Face. Nesse caso, não é má ideia usar uma solução complexa, já que a comunidade dessa solução é bem desenvolvida o suficiente para ajudá-lo a resolver qualquer problema que possa encontrar. No entanto, talvez seja bom experimentar soluções mais simples para garantir que o BERT pré-treinado seja realmente melhor do que as soluções mais simples para seu problema. O BERT pré-treinado exige menos empenho para começar, mas pode demandar um trabalho hercúleo para melhorá-lo. Pense que, se começar com um modelo mais simples, terá muito tempo para melhorá-lo.

Evite vieses humanos na seleção de modelos. Imagine que um engenheiro da sua equipe tenha a tarefa de avaliar qual modelo é melhor para o seu problema: um gradient-boosted ou um modelo BERT pré-treinado. Após duas semanas, o engenheiro anuncia que o melhor modelo BERT supera em 5% o desempenho do melhor gradient--boosted tree. Sua equipe decide usar o modelo BERT pré-treinado.

Mas, após alguns meses, uma engenheira experiente se junta à sua equipe. Ela decide examinar novamente o gradient-boosted tree e descobre que, desta vez, o melhor gradient-boosted tree supera o desempenho do modelo BERT pré-treinado que você tem atualmente em produção. O que aconteceu?

A avaliação de modelos está cheia de vieses humanos. Parte do processo de avaliação de uma arquitetura de ML é experimentar diferentes features e diferentes conjuntos de hiperparâmetros para encontrar o melhor modelo dessa arquitetura. Caso um engenheiro esteja mais empolgado com uma arquitetura, provavelmente gastará mais tempo a experimentando, o que pode resultar em modelos de melhor desempenho para essa arquitetura.

Ao comparar arquiteturas diferentes, é importante compará-las em condições comparáveis. Caso faça 100 experimentos com uma arquitetura, não é justo fazer apenas alguns com a arquitetura que você está avaliando. Talvez seja necessário fazer 100 experimentos também com essa arquitetura.

Como o desempenho de uma arquitetura de modelo depende muito do contexto em que é avaliada — por exemplo, a tarefa, os dados de treinamento, os dados de teste, os hiperparâmetros etc. — é extremamente difícil afirmar que uma arquitetura de modelo é melhor do que outra. Podemos afirmar isso em um contexto, mas é improvável que possamos fazê-lo em todos os contextos possíveis.

Avalie o bom desempenho agora versus mais tarde. O melhor modelo agora nem sempre significa o melhor modelo daqui a dois meses. Por exemplo, um modelo baseado em árvore pode funcionar melhor agora porque você ainda não tem muitos dados, mas daqui a dois meses, sua quantidade de dados de treinamento poderá dobrar e sua rede neural poderá ter desempenho superior.[1]

Uma forma simples de estimar como o desempenho do seu modelo pode mudar com mais dados é usar curvas de aprendizado (*https://oreil.ly/9QZLa*). Uma curva de aprendizado de um modelo é um gráfico de seu desempenho — por exemplo, perda de treinamento, acurácia de treinamento e de validação — em relação ao número de amostras de treinamento usadas, conforme mostrado na Figura 6-1. A curva de aprendizado não ajudará a estimar exatamente quanto ganho de desempenho pode ser obtido com mais dados de treinamento, mas pode dar uma noção do que esperar em relação ao ganho de desempenho de mais dados de treinamento.

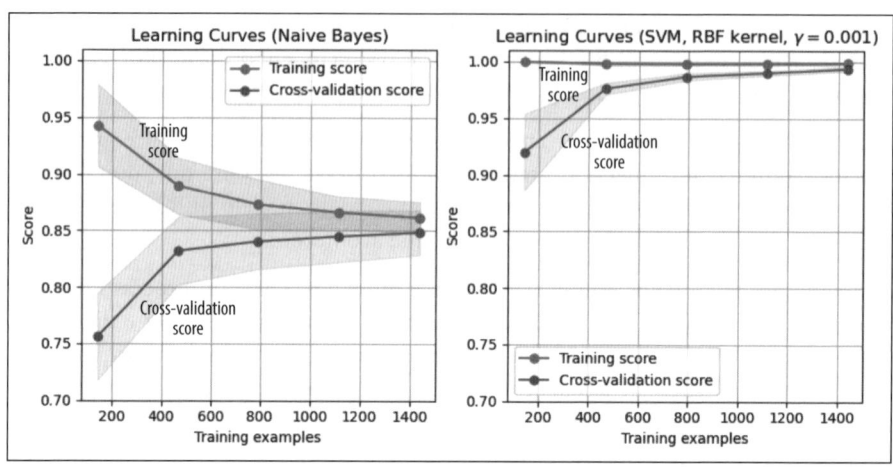

Figura 6-1. As curvas de aprendizado [no gráfico, learning curves] de um modelo naive Bayes e um modelo SVM [máquina de vetores de suporte]. Fonte: scikit-learn (https://oreil.ly/QA52c).

Deparo-me sempre com a seguinte situação: uma equipe avalia uma rede neural simples em relação a um modelo de filtragem colaborativa para fazer recomendações. Ao avaliar ambos os modelos offline, o de filtragem colaborativa teve um desempenho superior. No entanto, a rede neural simples pode se atualizar a cada exemplo recebido, enquanto a filtragem colaborativa precisa analisar todos os dados para atualizar sua matriz subjacente. A equipe decidiu fazer o deploy do modelo de filtragem colaborativa e a rede neural simples. Eles usaram o primeiro para realizar predições de usuários e treinaram continuamente a segunda em produção com novos dados recebidos. Após duas semanas, a rede neural simples

---

[1] Andrew Ng tem uma ótima palestra (disponível em: *https://oreil.ly/o6tGK*) explicando que, se um algoritmo de aprendizado sofre de alto viés, obter mais dados de treinamento não ajudará muito. Considerando que, se um algoritmo de aprendizado sofre de alta variância, obter mais dados de treinamento provavelmente ajudará.

conseguiu superar o modelo de filtragem colaborativa. Ao avaliar os modelos, você pode considerar seu potencial de melhorias em um futuro próximo e o nível de facilidade/dificuldade de alcançar essas melhorias.

Avalie os prós e os contras. Ao selecionar modelos, é necessário pesar os prós e os contras. Compreender o que é indispensável no desempenho de seu sistema de ML o ajudará a escolher o modelo mais adequado.

Um clássico exemplo de prós e contras são os falsos positivos e os falsos negativos. Reduzir o número de falsos positivos pode aumentar o número de falsos negativos e vice-versa. Em uma tarefa em que falsos positivos são mais perigosos do que falsos negativos, como o desbloqueio de impressão digital (pessoas sem autorização não devem ser classificadas como autorizadas e com acesso), talvez você prefira um modelo que gere menos falsos positivos. Da mesma forma, em uma tarefa em que falsos negativos são mais perigosos do que falsos positivos, como a triagem de Covid-19 (pacientes com Covid-19 não devem ser classificados sem Covid-19), talvez um modelo que gere menos falsos negativos seja melhor. Outro exemplo de prós e contras é o requisito computacional e a acurácia — um modelo mais complexo pode fornecer maior acurácia, mas exigir uma máquina mais poderosa, como uma GPU em vez de uma CPU, para gerar predições com latência de inferência aceitável. Muitas pessoas também se preocupam com a interpretabilidade e o comprometimento do desempenho. Um modelo mais complexo pode fornecer melhor desempenho, mas seus resultados são menos interpretáveis.

Entenda as suposições do seu modelo. O estatístico George Box afirmou em 1976 que "todos os modelos estão errados, mas alguns são úteis". O mundo real é intrinsecamente complexo, logo os modelos só conseguem gerar suposições aproximadas. Cada um deles tem suas próprias suposições. Quando entendemos quais suposições um modelo faz e se nossos dados conseguem atendê-las, podemos avaliar qual funciona melhor para determinado caso de uso. Vejamos algumas suposições comuns. Não é uma lista abrangente, apenas uma demonstração:

Suposição de predição
   Todo modelo cujo intuito é predizer uma saída Y de uma entrada X faz a suposição de que é possível prever Y baseado em X.

IID
   Redes neurais supõem que exemplos são independentes e identicamente distribuídos (*https://oreil.ly/hXRr2*), o que significa que todos são extraídos independentemente da mesma distribuição conjunta.

Suavização
   Todo método de machine learning supervisionado supõe que há um conjunto de funções que podem transformar entradas em saídas, de modo que entradas semelhantes sejam transformadas em saídas semelhantes. Se uma entrada X

gera uma saída *Y*, então uma entrada próxima a *X* geraria uma saída proporcionalmente próxima a *Y*.

Tratabilidade
Seja *X* a entrada e *Z* a representação latente de *X*. Todo modelo generativo supõe que é tratável calcular a probabilidade *P(Z|X)*.

Fronteiras
Um classificador linear supõe que as fronteiras de decisão são lineares.

Independência condicional
Um classificador naive Bayes supõe que, dada a classe, os valores dos atributos são independentes uns dos outros.

Distribuído normalmente
Muitos métodos estatísticos supõem que os dados são distribuídos normalmente.

Ensembles

Ao considerar uma solução de ML para seu problema, talvez você queira começar com um sistema que tenha apenas um modelo (o processo de selecionar um modelo para seu problema foi discutido anteriormente neste capítulo). Depois de desenvolver um único modelo, você fica pensando em como continuar melhorando seu desempenho. Um método que fornece de modo consistente aumento de desempenho é um ensemble de vários modelos em vez de apenas um modelo individual para fazer predições. Cada modelo no ensemble é chamado de *base learner* [aprendiz-base]. Por exemplo, para a tarefa de predizer se um e-mail é SPAM ou NÃO SPAM, podemos ter três modelos diferentes. A predição final para cada e-mail são os votos majoritários de todos os três modelos. Portanto, se pelo menos dois aprendizes-base enviarem SPAM, o e-mail será classificado como SPAM.

Vinte das vinte e duas soluções vencedoras nas competições Kaggle em 2021, a partir de agosto de 2021, usaram ensembles.[2] Em janeiro de 2022, as 20 principais soluções do SQuAD 2.0 (*https://oreil.ly/odo12*), o Stanford Question Answering Dataset, são ensembles, como mostrado na Figura 6-2.

Os métodos ensembles são menos preferidos em produção porque são mais complexos de implementar e mais difíceis de manter. No entanto, ensembles ainda são comuns para tarefas em que um pequeno aumento de desempenho pode resultar em um grande ganho financeiro, como predizer a taxa de cliques para anúncios.

---

[2] Dei uma olhada nas soluções vencedoras listadas na página "Kaggle Solutions" (disponível em: *https://oreil.ly/vNrPx*). Uma solução utilizou 33 modelos (Giba, "1st Place-Winner Solution-Gilberto Titericz and Stanislav Semenov", Kaggle. Disponível em: *https://oreil.ly/z5od8*).

Rank	Model	EM	F1
	Human Performance *Stanford University* (Rajpurkar & Jia et al. '18)	86.831	89.452
1 Jun 04, 2021	IE-Net (ensemble) RICOH_SRCB_DML	90.939	93.214
2 Feb 21, 2021	FPNet (ensemble) Ant Service Intelligence Team	90.871	93.183
3 May 16, 2021	IE-NetV2 (ensemble) RICOH_SRCB_DML	90.860	93.100
4 Apr 06, 2020	SA-Net on Albert (ensemble) QIANXIN	90.724	93.011
5 May 05, 2020	SA-Net-V2 (ensemble) QIANXIN	90.679	92.948
5 Apr 05, 2020	Retro-Reader (ensemble) *Shanghai Jiao Tong University* http://arxiv.org/abs/2001.09694	90.578	92.978
5 Feb 05, 2021	FPNet (ensemble) YuYang	90.600	92.899
6 Apr 18, 2021	TransNets + SFVerifier + SFEnsembler (ensemble) Senseforth AI Research	90.487	92.894

Figura 6-2. Em janeiro de 2022, as 20 principais soluções do SQuAD 2.0 (https://oreil.ly/odo12) eram todas ensembles.

Vejamos um exemplo para termos uma noção de por que o ensemble funciona. Imagine que você tem três classificadores de spam de e-mail, cada um com uma acurácia de 70%. Supondo que cada classificador tenha a mesma probabilidade de realizar uma predição correta para cada e-mail e que nenhum deles seja correlacionado, mostraremos que, se pegarmos os votos majoritários desses três classificadores, podemos obter uma acurácia de 78,4%. Para cada e-mail, cada classificador tem 70% de chance de estar correto. O ensemble estará correto se pelo menos dois classificadores estiverem corretos. A Tabela 6-1 mostra as probabilidades de diferentes resultados possíveis do ensemble dado um e-mail. Esse ensemble terá acurácia de 0.343 + 0.441 = 0.784 ou 78,4%.

Tabela 6-1. Possíveis resultados do ensemble que recebe os votos majoritários de três classificadores

Saídas dos três modelos	Probabilidade	Saídas do ensemble
Os três estão corretos	0.7 * 0.7 * 0.7 = 0.343	Correto
Apenas dois estão corretos	(0.7 * 0.7 * 0.3) * 3 = 0.441	Correto
Apenas um está correto	(0.3 * 0.3 * 0.7) * 3 = 0.189	Incorreto
Nenhum está correto	0.3 * 0.3 * 0.3 = 0.027	Incorreto

Esse cálculo só é possível se os classificadores em um ensemble não forem correlacionados. Se todos os classificadores forem perfeitamente correlacionados — todos fazem a mesma predição para cada e-mail — o ensemble terá a mesma acurácia que cada classificador individual. Ao criar um ensemble, quanto menos correlação houver entre os aprendizes-base, melhor será o ensemble. Por isso, é comum escolher tipos muito diferentes de modelos para um ensemble. Por exemplo, você pode criar um ensemble que consiste em um modelo transformer, uma rede neural recorrente e um gradient-boosted trees.

Existem três formas de criar um ensemble: bagging, boosting, e stacking. Além de ajudar a aumentar o desempenho, segundo diversos trabalhos de pesquisa, os métodos ensemble, como boosting e bagging, juntamente com a reamostragem [resampling], demonstraram ajudar conjuntos de dados desbalanceados.[3] Analisaremos cada um desses três métodos, começando com o bagging.

Bagging

O método bagging, abreviação de *bootstrap aggregating* [agregação bootstrap], foi projetado para melhorar a estabilidade e a acurácia do treinamento dos algoritmos de ML.[4] Reduz a variância e ajuda a evitar sobreajuste. Dado um conjunto de dados, em vez de treinar um classificador em todo o conjunto, basta amostrar com substituição para criar conjuntos de dados diferentes, chamados bootstraps, e treinar um modelo de classificação ou regressão em cada um desses bootstraps. A amostragem com substituição garante que cada bootstrap seja criado independentemente de seus pares. A Figura 6-3 ilustra o método bagging.

---

[3] Mikel Galar, Alberto Fernandez, Edurne Barrenechea, Humberto Bustince e Francisco Herrera, "A Review on Ensembles for the Class Imbalance Problem: Bagging-, Boosting-, and Hybrid-Based Approaches", *IEEE Transactions on Systems, Man, and Cybernetics, Part C (Applications and Reviews)* 42, no. 4 (julho de 2012): 463–84. Disponível em: *https://oreil.ly/ZBlgE*; G. Rekha, Amit Kumar Tyagi e V. Krishna Reddy, "Solving Class Imbalance Problem Using Bagging, Boosting Techniques, With and Without Using Noise Filtering Method", *International Journal of Hybrid Intelligent Systems* 15, no. 2 (janeiro de 2019): 67–76. Disponível em: *https://oreil.ly/hchzU*.

[4] A estabilidade do treinamento aqui significa menos flutuação na perda de treinamento.

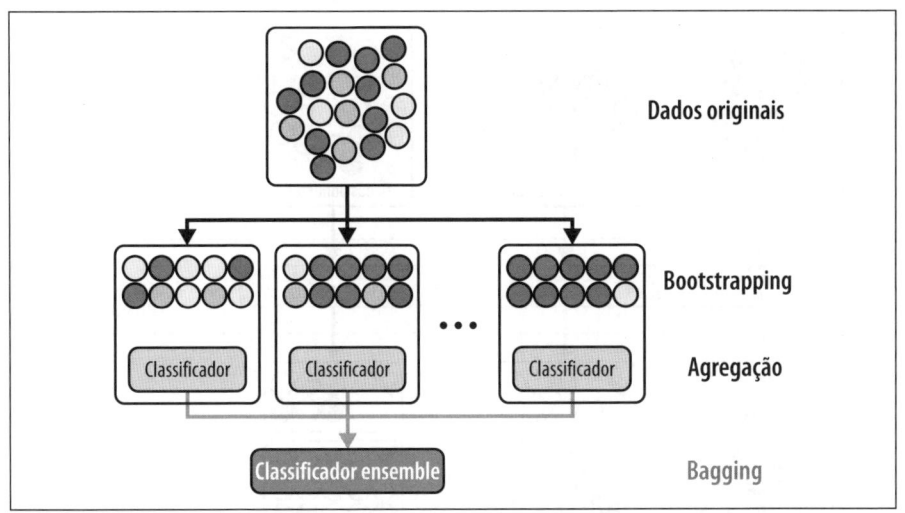

Figura 6-3. Método bagging. Fonte: Adaptado de uma imagem de Sirakorn (https://oreil.ly/KEAPl).

Se o problema for de classificação, a predição final é decidida pelo voto majoritário de todos os modelos. Por exemplo, se 10 classificadores votam SPAM e 6 modelos votarem NÃO SPAM, a predição final é SPAM. Se o problema for regressão, a predição final é a média das predições de todos os modelos.

Em geral, o bagging melhora métodos instáveis, como redes neurais, árvores de classificação e regressão e seleção de subconjuntos em regressão linear. No entanto, pode degradar levemente o desempenho de métodos estáveis, como k-vizinhos mais próximos.[5]

Uma floresta aleatória é um exemplo de bagging. Uma floresta aleatória é uma coleção de árvores de decisão construídas por bagging e aleatoriedade de features, em que cada árvore pode escolher apenas um subconjunto aleatório de features para usar.

Boosting

Boosting é uma família de algoritmos de ensemble iterativo que convertem weak learners [aprendizes fracos] em strong learners [aprendizes fortes]. Neste ensemble, cada aprendiz é treinado no mesmo conjunto de amostras, porém estas são ponderadas de modo diferente entre as iterações. Como resultado, os futuros aprendizes fracos focam mais os exemplos que os aprendizes fracos anteriores classificaram erroneamente. A Figura 6-4 mostra o boosting, que envolve as etapas a seguir.

---

[5] Leo Breiman, "Bagging Predictors", *Machine Learning* 24 (1996): 123–40. Disponível em: *https://oreil.ly/adzJu*.

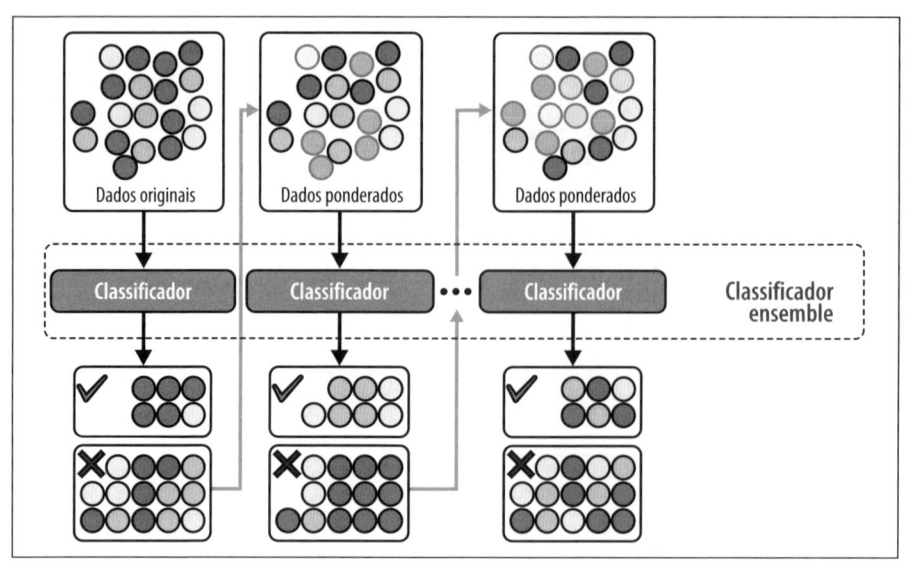

Figura 6-4. Ilustração do método boosting. Fonte: Adaptado de uma imagem de Sirakorn (https://oreil.ly/h5cuS).

1. Você começa treinando o primeiro classificador fraco no conjunto original de dados.
2. As amostras são reponderadas com base na qualidade da classificação do primeiro classificador, por exemplo, amostras classificadas incorretamente recebem um peso maior.
3. Treine o segundo classificador neste conjunto reponderado de dados. Agora, seu ensemble é formado pelo primeiro e pelo segundo classificador.
4. As amostras são ponderadas com base na qualidade de classificação do ensemble.
5. Treine o terceiro classificador neste conjunto de dados reponderado. Adicione o terceiro classificador ao ensemble.
6. Repita este processo em quantas iterações forem necessárias.
7. Construa o classificador forte final como uma combinação ponderada dos classificadores existentes — classificadores com erros de treinamento menores têm pesos maiores.

Um exemplo de algoritmo boosting é o gradient boosting machine (GBM), que produz um modelo de predição normalmente a partir de árvores fracas de decisão. O GBM constrói o modelo de modo faseado, como outros métodos de boosting fazem, e os generaliza, viabilizando a otimização de uma função de perda diferenciável arbitrária.

O XGBoost, uma variante do GBM, costumava ser o algoritmo preferido de muitas equipes vencedoras de competições de ML.[6] Tem sido usado em um amplo leque de tarefas, desde ranqueamento, classificação, até a descoberta do Bóson de Higgs.[7] No entanto, muitas equipes têm optado pelo LightGBM (*https://oreil. ly/1qyWf*), uma estrutura de gradient-boosting distribuído que possibilita aprendizado paralelo, e que geralmente permite treinamento mais rápido em grandes conjuntos de dados.

Stacking

O stacking é quando você treina os aprendizes-base a partir dos dados de treinamento e, em seguida, cria um meta-aprendiz que combina as saídas dos aprendizes-base para gerar as predições finais, conforme mostrado na Figura 6-5. O meta-aprendiz pode ser tão simples quanto uma heurística: você obtém os votos majoritários (para tarefas de classificação) ou a votação média (para tarefas de regressão) de todos os aprendizes-base. Pode ser outro modelo, como um de regressão logística ou de regressão linear.

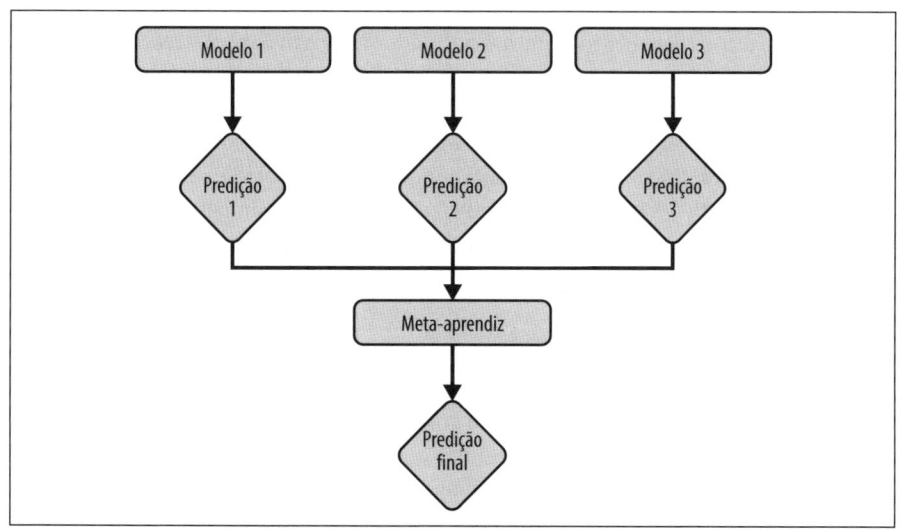

Figura 6-5. Visualização de um ensemble com método stacking a partir de três aprendizes-base

Para ótimos conselhos sobre como criar um ensemble, consulte este guia incrível (*https://oreil.ly/Nu6G6*) feito por uma das equipes lendárias do Kaggle, a MLWave.

---

[6] "Machine Learning Challenge Winning Solutions". Disponível em: *https://oreil.ly/YjS8d*.
[7] Tianqi Chen e Tong He, "Higgs Boson Discovery with Boosted Trees", *Anais da Pesquisa de Machine Learning* 42 (2015): 69–80. Disponível em: *https://oreil.ly/ysBYO*.

Controle de Versionamento e Monitoramento de Experimento

Durante o processo de desenvolvimento do modelo, não raro é necessário experimentar muitas arquiteturas e muitos modelos diferentes para escolher o melhor para o seu problema. Alguns modelos aparentemente são semelhantes entre si, diferindo em somente um hiperparâmetro, — como um modelo usando uma taxa de aprendizado de 0,003 e outro uma taxa de aprendizado de 0,002 — e ainda assim seus desempenhos são radicalmente diferentes. É importante manter um registro de todas as definições necessárias para recriar um experimento e seus artefatos relevantes. Artefato é um arquivo gerado durante um experimento — por exemplo, arquivos que mostram a curva de perda, grafo de perda de avaliação, logs ou resultados intermediários de um modelo ao longo de um processo de treinamento. Isso possibilita que você compare diferentes experimentos e escolha o mais apropriado às suas necessidades. A comparação de diferentes experimentos também pode ajudá-lo a entender como pequenas mudanças impactam o desempenho do seu modelo, o que, por sua vez, oferece mais visibilidade sobre como o modelo funciona.

O processo de acompanhamento do progresso e dos resultados de um experimento se chama monitoramento de experimentos. O processo de registrar todos os detalhes de um experimento com a finalidade de possivelmente recriá-lo depois ou compará-lo com outros experimentos se chama controle de versionamento. Os dois processos andam de mãos dadas. Muitas ferramentas originalmente criadas para serem ferramentas de monitoramento de experimentos, como MLflow e Weights & Biases, desenvolveram-se para incorporar o controle de versionamento. Muitas ferramentas originalmente estabelecidas como ferramentas de controle de versionamento, como DVC (*https://oreil.ly/f3sBp*), também incorporaram o monitoramento de experimentos.

Monitoramento de experimentos

Grande parte do treinamento de um modelo de ML é cuidar dos processos de aprendizado. Muitos problemas podem surgir durante o processo de treinamento, como perda que não diminui, sobreajuste, subajuste, valores de peso flutuantes, neurônios artificiais mortos e ficar sem memória. É essencial monitorar o que está acontecendo durante o treinamento não apenas para identificar e resolver esses problemas, como também para avaliar se seu modelo está aprendendo algo útil. Quando iniciei no ML, disseram-me que bastava monitorar a perda e a velocidade. Após diversos anos, as pessoas estão monitorando tantas coisas que suas telas de painel de controle de experimentos parecem bonitas e aterrorizantes ao mesmo tempo. Vejamos a seguir uma pequena lista de coisas que você pode considerar monitorar para cada experimento durante o processo de treinamento:

- A *curva de perda* correspondente à divisão de treinamento e a cada uma das divisões de avaliação.

- As *métricas de desempenho do modelo* relevantes em todas as divisões que não sejam de teste, como acurácia, F1-score e perplexidade.
- O log de *amostra correspondente, predição e rótulos ground truth*. Todos úteis para análises ad-hoc e verificação ou teste de sanidade.
- A *velocidade* do seu modelo, avaliada pelo número de passos por segundo ou, se seus dados forem texto, o número de tokens processados por segundo.
- *Métricas de desempenho do sistema* como uso de memória e utilização de CPU/GPU, importantes para identificar gargalos e evitar o desperdício de recursos do sistema.
- Os valores ao longo do tempo de qualquer *parâmetro e hiperparâmetro* cujas mudanças podem impactar o desempenho do seu modelo, como a taxa de aprendizagem, caso use um cronograma de taxa de aprendizagem; normalização de gradiente (tanto globalmente quanto por camada), ainda mais se estiver usando a técnica clipping de gradiente; e normalização de peso, sobretudo se estiver fazendo redução de peso.

Em teoria, não é má ideia monitorar tudo o que puder. Boa parte do tempo, provavelmente não é necessário ficar de olho em tudo. Mas, quando algo acontece, uma dessas coisas ou mais podem lhe fornecer pistas para entender e/ou debugar seu modelo. Via de regra, o controle oferece observabilidade do estado do seu modelo.[8] Contudo, na prática, devido às limitações das ferramentas atuais, talvez seja difícil monitorar muitas coisas, e ficar de olho em coisas menos importantes pode distraí-lo de monitorar o que de fato importa.

O monitoramento de experimentos possibilita comparação entre experimentos. Ao observar como uma determinada mudança em um componente impacta o desempenho do modelo, você entende um pouco o que esse componente faz. Uma forma simples de monitorar seus experimentos é fazer cópias automaticamente de todos os arquivos de código necessários para um experimento e registrar todas as saídas com seus timestamps.[9] O uso de ferramentas de monitoramento de experimentos, no entanto, pode fornecer dashboards interessantes e possibilitar que você compartilhe seus experimentos com seus colegas de trabalho.

Controle de versionamento

Imagine este cenário: você e sua equipe passaram as últimas semanas aprimorando um modelo, e uma das execuções finalmente mostrou resultados promissores. Você queria usá-lo para testes mais abrangentes, então tentou replicá-lo usando

---

[8] Abordaremos a observabilidade no Capítulo 8.
[9] Ainda estou esperando por uma ferramenta de monitoramento de experimentos que se integre com commits do Git e commits do DVC.

o conjunto de hiperparâmetros que anotou em algum lugar, apenas para descobrir que os resultados não eram exatamente os mesmos. Você se lembrou de que fez algumas alterações no código entre aquela execução e a seguinte, assim tentou ao máximo desfazer as alterações da memória, pois seu eu negligente decidiu que a alteração era mínima demais para ser comitada. Só que ainda não foi possível replicar o resultado promissor, pois existem muitas formas possíveis de fazer mudanças.

O problema poderia ser evitado se você tivesse versionado seus experimentos de ML. Os sistemas de ML são parte do código, parte dos dados, então é necessário não somente versionar seu código, como também seus dados. O versionamento de código se tornou mais ou menos um padrão na indústria. No entanto, neste ponto, o controle de versionamento de dados é como o uso do fio dental. Todo mundo concorda que é o certo a se fazer, mas poucos fazem. Existem algumas razões pelas quais o versionamento de dados é um desafio. Uma delas é que, como os dados geralmente são bem maiores que o código, não podemos usar a mesma estratégia que as pessoas costumam usar de versionamento de código para versionamento de dados.

Por exemplo, o controle de versionamento de código é feito monitorando todas as alterações feitas em uma base de código. Uma mudança é conhecida como diff, abreviação de difference [diferença]. Cada mudança é calculada comparando linha por linha. Uma linha de código normalmente é curta o bastante para que a comparação linha por linha faça sentido. No entanto, uma linha de dados, principalmente se estiver armazenada em formato binário, pode ser indefinidamente longa. Dizer que uma linha de 1.000.000 caracteres é diferente da outra linha de 1.000.000 caracteres não ajuda em nada.

Ferramentas de versionamento de código possibilitam que os usuários revertam a base do código para uma versão anterior, mantendo cópias de todos os arquivos antigos. No entanto, um conjunto de dados usado pode ser tão grande que duplicá-lo diversas vezes talvez seja impraticável. Essas ferramentas possibilitam que várias pessoas trabalhem na mesma base de código ao mesmo tempo, duplicando a base de código na máquina local de cada pessoa. Mas um conjunto de dados pode não caber em uma máquina local.

E ainda há confusão sobre o que exatamente é um diff quando fazemos o versionamento dos dados. Seriam diffs mudanças no conteúdo de qualquer arquivo em seu repositório de dados, apenas quando um arquivo é removido ou adicionado, ou quando o checksum de todo o repositório foi alterado? A partir de 2021, ferramentas de versionamento de dados, como DVC, somente registram um diff se o checksum do diretório total for alterado e se um arquivo for removido ou adicionado. Outra confusão é como resolver conflitos de merge: se o desenvolvedor 1 usa a versão de dados X para treinar o modelo A e o desenvolvedor 2 usa a versão de dados Y para treinar o modelo B, não faz sentido fazer o merge de versões de dados X e Y para criar Z, já que não há modelo correspondente a Z.

E mais, se você usar dados do usuário para treinar seu modelo, regulamentações como o Regulamento Geral de Proteção de Dados (GDPR) podem complicar o controle de versionamento desses dados. Por exemplo, as regulamentações podem exigir que você exclua os dados do usuário quando solicitado, tornando legalmente impossível recuperar versões mais antigas de seus dados.

Por mais que o controle de versionamento e o monitoramento de experimentos agressivos ajudem na reprodutibilidade, não a garantem. Os frameworks e o hardware usados podem introduzir não determinismo nos resultados de seu experimento[10], impossibilitando replicar o resultado de um experimento sem saber tudo sobre o ambiente em que seu experimento é executado. Atualmente, a forma como temos que executar tantos experimentos para encontrar o melhor modelo possível é resultado de tratarmos o ML como uma caixa-preta. Como não podemos predizer qual configuração funcionará melhor, temos que experimentar várias delas. Mas espero que, à medida que a área progrida, passemos a ter mais compreensão sobre os diferentes modelos e possamos refletir sobre qual modelo funcionará melhor em vez de executar centenas ou milhares de experimentos.

Debugando Modelos de ML

Debugar é parte inerente do desenvolvimento de qualquer software. Os modelos de ML não fogem à regra. Debugar nunca é divertido, e debugar modelos de ML pode ser absurdamente frustrante pelos três motivos a seguir.

Primeiro: modelos de ML falham sem dar um erro, tópico que abordaremos em mais detalhes no Capítulo 8. O código compila. A perda diminui como deveria. As funções corretas são chamadas. As predições são feitas, mas são incorretas. Os desenvolvedores não percebem os erros. E pior, os usuários também não e usam as predições como se a aplicação estivesse funcionando como deveria.

Segundo: mesmo quando você acha que encontrou o bug, validar se o bug foi corrigido pode ser demorado a ponto de frustrar. Ao debugar um programa de software tradicional, você pode fazer alterações no código com erros e ver o resultado de imediato. Mas quando fazemos alterações em um modelo de ML, talvez seja necessário treiná-lo novamente e esperar até que convirja para ver se o bug foi corrigido, o que pode levar horas. Em alguns

---

[10] Exemplos notáveis são operações atômicas com a CUDA, em que ordens não determinísticas de operações levam a diferentes erros de arredondamento de ponto flutuante entre as execuções.

casos, não se tem certeza se os bugs foram corrigidos até que o modelo seja implementado para os usuários.

Terceiro: debugar modelos de ML é difícil por causa de sua complexidade multifuncional. Há muitos componentes em um sistema de ML: dados, rótulos, features, algoritmos de ML, código, infraestrutura etc. Esses diferentes componentes podem pertencer a equipes distintas. Por exemplo, engenheiros de dados lidam com os dados, especialistas no assunto com os rótulos, cientistas de dados com os algoritmos de ML, engenheiros de ML ou a equipe da plataforma de ML lidam com a infraestrutura. Quando ocorre um erro, pode ser por causa de qualquer um desses componentes ou uma combinação deles. E isso dificulta saber onde procurar ou quem deveria estar investigando.

Vejamos algumas das coisas que podem fazer um modelo de ML falhar:

Restrições teóricas
  Como discutido anteriormente, cada modelo tem as próprias suposições sobre os dados e sobre as features que usa. Um modelo pode falhar porque os dados com os quais aprende não obedecem as suas suposições. Por exemplo, você usa um modelo linear para os dados cujas fronteiras de decisão não são lineares.

Implementação inadequada do modelo
  O modelo pode ser um bom ajuste para os dados, mas os erros estão na implementação do modelo. Por exemplo, se você usa o PyTorch, pode ter se esquecido de interromper as atualizações de gradiente durante a avaliação. Quanto mais componentes um modelo tiver, mais coisas podem dar errado e mais difícil será descobrir o que pode sair errado. No entanto, como os modelos estão sendo cada vez mais comoditizados e cada vez mais empresas usam modelos disponíveis no mercado, isso está se tornando menos problemático.

Escolha inadequada de hiperparâmetros
  Com o mesmo modelo, um conjunto de hiperparâmetros pode fornecer o resultado mais avançado possível, mas outro conjunto de hiperparâmetros pode fazer com que o modelo nunca convirja. O modelo é um ótimo ajuste para seus dados e sua implementação está correta, mas um conjunto inadequado de hiperparâmetros pode inutilizá-lo.

Problemas de dados
  Muitas coisas podem dar errado na coleta e no pré-processamento de dados e seus modelos podem ter um desempenho insatisfatório por isso, como amostras de dados e rótulos pareados incorretamente, rótu-

los ruidosos, features normalizadas usando estatísticas desatualizadas e muito mais.

Escolha inadequada de features
Pode haver muitas features possíveis para seus modelos aprenderem. Não raro, muitas features fazem com que seus modelos se sobreajustem demais aos dados de treinamento ou causem data leakage. Poucas features podem não ter poder preditivo para que seus modelos façam boas predições.

Debugar deve ser ação preventiva e curativa. Devemos ter boas práticas para minimizar as oportunidades de proliferação de bugs, como um procedimento para detectar, localizar e corrigir bugs. Ter a disciplina para seguir as melhores práticas e o procedimento de debugging é crucial no desenvolvimento, na implementação e no deploy de modelos de ML.

Infelizmente, ainda não existe abordagem científica para debugging em ML. No entanto, diversas técnicas consagradas de debugging foram publicadas por engenheiros e pesquisadores de ML experientes. Vejamos três delas. Leitores interessados em aprender mais podem conferir o post incrível de Andrej Karpathy "A Recipe for Training Neural Networks" (*https://oreil.ly/8fJ08*).

Comece simples e adicione gradualmente mais componentes
Comece com o modelo mais simples e, depois, adicione aos poucos mais componentes para ver se ajuda ou prejudica o desempenho. Por exemplo, caso queira construir uma rede neural recorrente (RNN), comece com apenas um nível de célula RNN antes de empilhar várias ou adicionar mais regularização. Se quiser usar um modelo do tipo BERT (Devlin *et al.*, 2018), que usa um modelo de linguagem mascarado (MLM) e perda de predição de próxima frase (NSP), convém usar apenas a perda MLM antes de adicionar a perda NSP. Atualmente, muitas pessoas começam clonando uma implementação open source de um modelo ultramoderno e usando os próprios dados. Na possibilidade remota de funcionar, é ótimo. Mas caso não funcione é muito difícil debugar o sistema porque o problema pode ter sido causado por qualquer um dos muitos componentes do modelo.

Sobreajuste um único lote
Após simples implementação do seu modelo, tente sobreajustar uma pequena quantidade de dados de treinamento e rode a avaliação nos mesmos dados para garantir que haja a menor perda possível. Se for para reconhecimento de imagem, faça o sobreajuste em 10 imagens e veja se consegue acurácia de 100%, ou se for para tradução automática, faça o sobreajuste em 100 pares de sentenças e veja se consegue o score BLEU

próximo de 100. Se não conseguir sobreajustar uma pequena quantidade de dados, pode haver algo errado com sua implementação.

Defina um random seed
Existem muitos fatores que contribuem para a aleatoriedade do seu modelo: inicialização de peso, dropout, embaralhamento de dados [data shuffle] etc. A aleatoriedade dificulta a comparação de resultados em diferentes experimentos — você não tem ideia se a mudança no desempenho se deve à mudança no modelo ou a uma random seed diferente. Definir uma random seed garante consistência entre diferentes execuções. Possibilita também que você reproduza erros e outras pessoas reproduzam seus resultados.

Treinamento Distribuído

À medida que os modelos estão ficando maiores e mais intensivos em recursos, as empresas se preocupam mais com o treinamento em escala.[11] É difícil adquirir expertise de escalabilidade, pois isso exige acesso constante a recursos computacionais massivos. Escalabilidade é um assunto que merece uma série de livros. Esta seção aborda alguns problemas dignos de nota a fim de salientar os desafios do ML em escala e fornecer um arcabouço para ajudá-lo a planejar os recursos do seu projeto de forma adequada.

É comum treinar um modelo usando dados que não cabem na memória. Mais comum ainda é quando manipulamos dados médicos, como tomografias computadorizadas ou sequências de genoma. Isso também pode acontecer com dados de texto se você trabalha para equipes que treinam grandes modelos de linguagem (cue OpenAI, Google, NVIDIA, Cohere). Quando seus dados não cabem na memória, seus algoritmos para pré-processamento (por exemplo, centralização zero, normalização, método de clareamento whitening), embaralhamento e lote de dados precisarão rodar fora do núcleo e em paralelo.[12] Por exemplo, caso tenha uma amostra grande de dados, uma máquina pode lidar com algumas amostras por vez, é possível trabalhar apenas com um tamanho pequeno de lote, resultando em instabilidade na otimização baseada em gradiente descendente.

Em alguns casos, uma amostra de dados é tão grande que nem cabe na memória e você terá que usar algo como checkpoint de gradiente, técnica que aproveita o

---

[11] Para produtos que atendem a um grande número de usuários, você também precisa se preocupar com a escalabilidade ao disponibilizar um modelo, que está fora do escopo de um projeto de ML, portanto, não abordado neste livro.
[12] Segundo a Wikipédia, "algoritmos out-of-core são algoritmos projetados para processar dados que são grandes demais para caber na memória principal de um computador de uma só vez" (s.v. "External memory algorithm. Disponível em: *https://oreil.ly/apv5m*).

consumo de memória e o trade-off computacional, fazendo com que seu sistema execute mais cálculos com menos memória. Segundo os autores do pacote open source gradient checkpointing, "para modelos feedforward, conseguimos colocar modelos 10x maiores em nossa GPU, com um aumento de apenas 20% no tempo computacional".[13] Mesmo quando uma amostra cabe na memória, o uso de checkpoints pode possibilitar o ajuste de mais amostras em um lote, o que pode viabilizar o treinamento mais rápido do modelo.

Paralelismo de dados

Agora é norma treinar modelos de ML em diversas máquinas. O método de paralelização mais comum suportado pelos frameworks modernos de ML é o paralelismo de dados: você divide seus dados em várias máquinas, treina seu modelo em todas elas e acumula gradientes. Isso levanta uma série de questões.

O desafio é como acumular gradientes de diferentes máquinas com acurácia e eficácia. Como cada máquina gera o próprio gradiente, caso seu modelo espere que todos terminem uma execução — SGD (gradiente descendente estocástico síncrono) — os retardatários farão com que todo o sistema fique lento, desperdiçando tempo e recursos.[14] O problema de atraso cresce com o número de máquinas, pois quanto mais workers, maior a probabilidade de que pelo menos um worker rode de forma anormalmente lenta em uma determinada iteração. No entanto, existem muitos algoritmos que efetivamente abordam esse problema.[15] Se seu modelo atualizar o peso usando o gradiente de cada máquina de forma separada — SGD assíncrono — a desatualização do gradiente pode se tornar um problema, já que os gradientes de uma máquina fizeram com que os pesos mudassem antes que os de outra máquina chegassem.[16] Vejamos a diferença entre SGD síncrono e assíncrono na Figura 6-6.

---

[13] Tim Salimans, Yaroslav Bulatov e colaboradores, repositório gradient-checkpointing, 2017. Disponível em: *https://oreil.ly/GTUgC*.

[14] Dipankar Das, Sasikanth Avancha, Dheevatsa Mudigere, Karthikeyan Vaidynathan, Srinivas Sridharan, Dhiraj Kalamkar, Bharat Kaul e Pradeep Dubey, "Distributed Deep Learning Using Synchronous Stochastic Gradient Descent", *arXiv*, 22 de fevereiro de 2016. Disponível em: *https://oreil.ly/ma8Y6*.

[15] Jianmin Chen, Xinghao Pan, Rajat Monga, Samy Bengio e Rafal Jozefowicz, "Revisiting Distributed Synchronous SGD", ICLR 2017. Disponível em: *https://oreil.ly/dzVZ5*; Matei Zaharia, Andy Konwinski, Anthony D. Joseph, Randy Katz e Ion Stoica, "Improving MapReduce Performance in Heterogeneous Environments", 8º Simpósio USENIX Sobre Design e Implementação de Sistemas Operacionais. Disponível em: *https://oreil.ly/FWswd*; Aaron Harlap, Henggang Cui, Wei Dai, Jinliang Wei, Gregory R. Ganger, Phillip B. Gibbons, Garth A. Gibson e Eric P. Xing, "Addressing the Straggler Problem for Iterative Convergent Parallel ML" (SoCC '16, Santa Clara, CA, Outubro 5–7, 2016). Disponível em: *https://oreil.ly/wZgOO*.

[16] Jeffrey Dean, Greg Corrado, Rajat Monga, Kai Chen, Matthieu Devin, Mark Mao, Marc'aurelio Ranzato et al., "Large Scale Distributed Deep Networks", NIPS 2012. Disponível em: *https://oreil.ly/EWPun*.

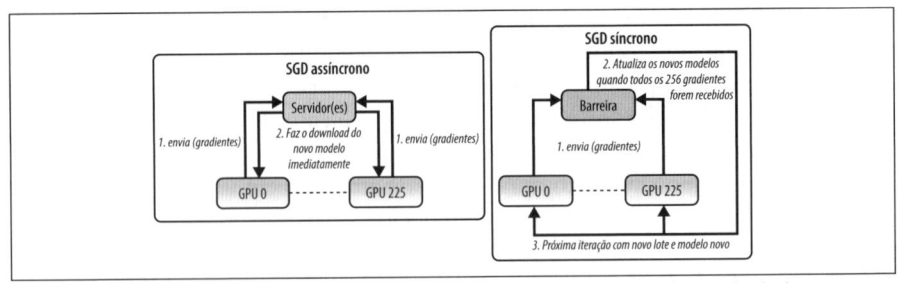

Figura 6-6. SGD síncrono versus SGD assíncrono para paralelismo de dados. Fonte: Adaptado de uma imagem de Jim Dowling[17]

Em teoria, o SGD assíncrono converge, só que exige mais etapas do que o SGD síncrono. Contudo, na prática, quando o número de pesos é grande, as atualizações de gradiente tendem a ser esparsas. Ou seja: a maioria das atualizações de gradiente modifica somente pequenas frações dos parâmetros, e é menos provável que duas atualizações de gradiente de máquinas diferentes modifiquem os mesmos pesos. Quando essas atualizações são esparsas, a desatualização do gradiente se torna um problema menor e o modelo converge de forma semelhante tanto no SGD síncrono quanto no assíncrono.[18]

Outro problema é que espalhar seu modelo em diversas máquinas pode fazer com que o tamanho do lote fique muito grande. Se uma máquina processa um tamanho de lote 1.000, mil máquinas processam um tamanho de lote de 1 milhão (o GPT-3 175B da OpenAI usava um tamanho de lote de 3,2 milhões em 2020).[19] Para simplificar o cálculo, se treinar uma época em uma máquina leva 1 milhão de etapas, o treinamento em 1.000 máquinas pode levar apenas 1.000 etapas. Uma abordagem intuitiva é aumentar a taxa de aprendizagem para contabilizar mais aprendizado em cada etapa, mas também não podemos deixar a taxa de aprendizagem muito grande, pois isso resulta em uma convergência instável. Na prática, aumentar o tamanho do lote além de um certo ponto gera retornos decrescentes.[20]

Por último, mas não menos importante, com a mesma configuração de modelo, o worker principal às vezes usa muito mais recursos do que outros workers. Se

---

[17] Jim Dowling, "Distributed TensorFlow", O'Reilly Media, 19 de dezembro de 2017. Disponível em: *https://oreil.ly/VYlOP*.
[18] Feng Niu, Benjamin Recht, Christopher Ré e Stephen J. Wright, "Hogwild!: A Lock-Free Approach to Parallelizing Stochastic Gradient Descent", 2011. Disponível em: *https://oreil.ly/sAEbv*.
[19] Tom B. Brown, Benjamin Mann, Nick Ryder, Melanie Subbiah, Jared Kaplan, Prafulla Dhariwal, Arvind Neelakantan *et al.*, "Language Models Are Few-Shot Learners", *arXiv*, 28 de maio de 2020. Disponível em: *https://oreil.ly/qjg2S*.
[20] Sam McCandlish, Jared Kaplan, Dario Amodei e OpenAI Dota Team, "An Empirical Model of LargeBatch Training", *arXiv*, 14 de dezembro de 2018. Disponível em: *https://oreil.ly/mcjbV*; Christopher J. Shallue, Jaehoon Lee, Joseph Antognini, Jascha Sohl-Dickstein, Roy Frostig e George E. Dahl, "Measuring the Effects of Data Parallelism on Neural Network Training", *Journal of Machine Learning Research* 20 (2019): 1–49. Disponível em: *https://oreil.ly/YAEOM*.

for esse o caso, visando aproveitar ao máximo todas as máquinas, é necessário descobrir uma forma de equilibrar a carga de workers entre elas. O modo mais fácil, mesmo não sendo o mais eficaz, é usar um tamanho de lote menor no worker principal e um tamanho de lote maior nos outros workers.

Paralelismo de modelo

No paralelismo de dados, cada worker tem sua própria cópia de todo o modelo, fazendo todo o cálculo necessário para cada uma delas. O paralelismo de modelo é quando diferentes componentes do seu modelo são treinados em máquinas diferentes, conforme mostrado na Figura 6-7. Por exemplo, a máquina 0 lida com o cálculo para as duas primeiras camadas, enquanto a máquina 1 lida com as próximas duas camadas, ou algumas máquinas podem lidar com o forward pass, ao passo que várias outras lidam com o backward pass.

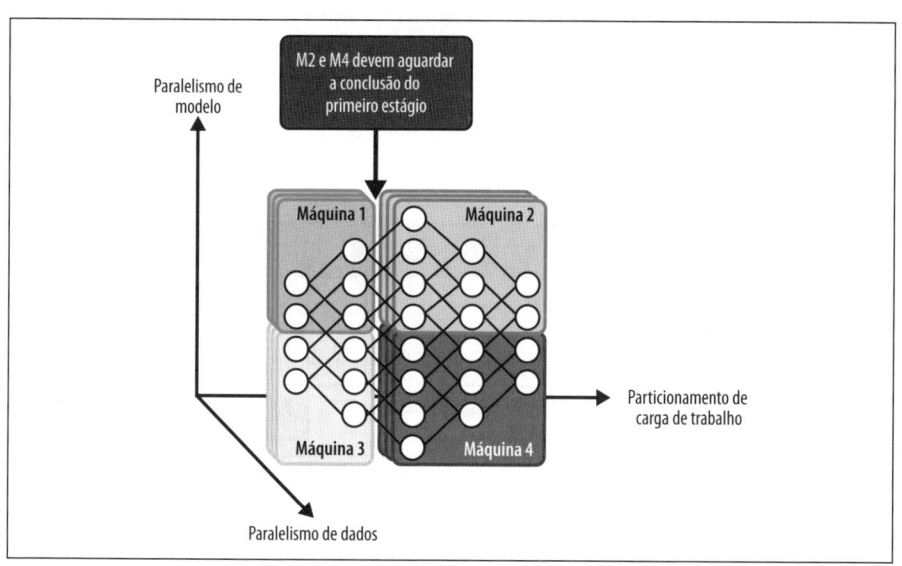

Figura 6-7. Paralelismo de dados e de modelos. Fonte: Adaptado de uma imagem de Jure Leskovec.[21]

O paralelismo de modelo pode induzir ao erro, pois, em alguns casos, paralelismo não significa que diferentes partes do modelo em diferentes máquinas sejam rodadas em paralelo. Por exemplo, se o seu modelo é uma matriz massiva e a matriz é dividida em duas metades em duas máquinas, essas duas metades podem ser executadas em paralelo. No entanto, se seu modelo for uma rede neural e você colocar a primeira camada na máquina 1 e a segunda camada na máquina 2, e a camada 2

---

[21] Jure Leskovec, Mining Massive Datasets course, Stanford, slides das aulas 13, 2020. Disponível em: https://oreil.ly/gZcja.

precisar das saídas da camada 1 para ser executada, a máquina 2 terá que esperar que a máquina 1 termine a execução primeiro.

Paralelismo de pipeline é uma técnica inteligente para fazer com que diferentes componentes de um modelo em máquinas distintas sejam executados ainda mais em paralelo. A técnica tem diversas variantes, mas a ideia principal é dividir o cálculo de cada máquina em várias partes. Uma vez que termina a primeira parte de seu cálculo, a máquina 1 passa o resultado para a máquina 2, depois segue para a segunda parte e assim por diante. Agora, a máquina 2 pode rodar seu cálculo na primeira parte, ao passo que a máquina 2 roda seu cálculo na segunda parte.

Concretizando as coisas, suponha que você tem quatro máquinas diferentes e a primeira, segunda, terceira e quarta camadas estão na máquina 1, 2, 3 e 4, respectivamente. Com o paralelismo de pipeline, cada minilote é dividido em quatro microlotes. A máquina 1 calcula a primeira camada no primeiro microlote, depois a máquina 2 calcula a segunda camada nos resultados da máquina 1, enquanto a máquina 1 calcula a primeira camada no segundo microlote e assim por diante. A Figura 6-8 exemplifica como é o paralelismo de pipeline em quatro máquinas; cada máquina roda tanto o forward pass quanto o backward pass para um componente de uma rede neural.

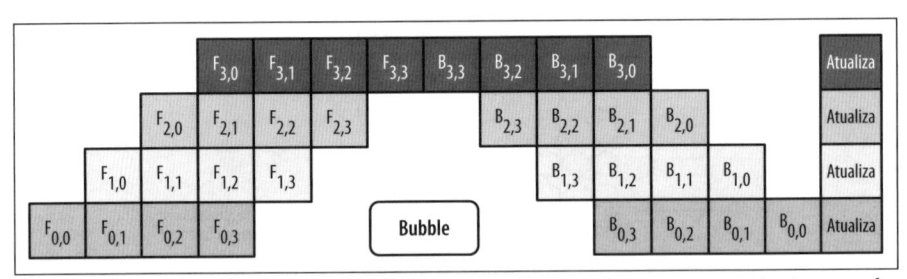

Figura 6-8. Paralelismo de pipeline para uma rede neural em quatro máquinas; cada máquina roda o forward pass (F) e o backward pass (B) para um componente da rede neural. Fonte: Adaptado de uma imagem de Ratner et al.[22]

O paralelismo de modelo e o de dados não são mutuamente exclusivos. Muitas empresas empregam os dois métodos para melhor utilização de hardware, embora a configuração para usar os dois métodos possa exigir empenho significativo de engenharia.

---

[22] Yanping Huang, Youlong Cheng, Ankur Bapna, Orhan Firat, Mia Xu Chen, Dehao Chen, HyoukJoong Lee et al., "GPipe: Easy Scaling with Micro-Batch Pipeline Parallelism", *arXiv*, 25 de julho de 2019. Disponível em: *https://oreil.ly/wehkx*.

AutoML

Há uma piada que um bom pesquisador de ML é alguém que automaticamente fica sem emprego, já que é capaz de criar um algoritmo de IA inteligente o bastante para projetar as coisas. Era engraçada até o TensorFlow Dev Summit 2018, quando Jeff Dean subiu ao palco e declarou que o Google pretendia substituir o conhecimento de ML por 100 vezes mais poder computacional, apresentando o AutoML para empolgação e horror da comunidade. Em vez de pagar a um grupo de 100 pesquisadores/engenheiros de ML para trabalhar em diversos modelos e posteriormente selecionar um abaixo do ideal, por que não usar esse dinheiro em processamento computacional para procurar o modelo ideal? Uma captura de tela da gravação do evento é mostrada na Figura 6-9.

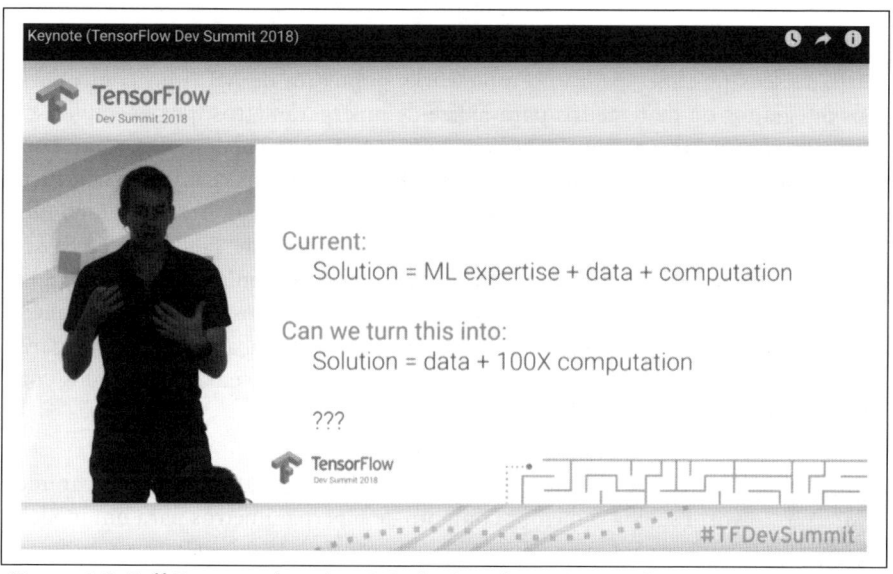

Figura 6-9. Jeff Dean revela o AutoML do Google no TensorFlow Dev Summit 2018.

Soft AutoML: ajuste de hiperparâmetros

AutoML é a automatização do processo de encontrar algoritmos de ML para resolver problemas do mundo real. Uma forma branda e mais popular de AutoML em produção é o ajuste de hiperparâmetros. Um hiperparâmetro é um parâmetro fornecido por usuários cujo valor é usado para controlar o processo de aprendizado, por exemplo, taxa de aprendizagem, tamanho do lote, número de camadas ocultas, número de unidades ocultas, probabilidade de dropout, β_1 e β_2 no otimizador Adam etc. Mesmo a quantização — por exemplo, usar 32 bits, 16 bits ou 8 bits para representar um número ou uma mistura dessas representações — pode ser considerada um hiperparâmetro a ser ajustado.²³ Com diferentes conjuntos de hiperparâmetros, o mesmo modelo pode fornecer desempenhos radicalmente diferentes no mesmo conjunto de dados. Melis *et al.* demonstraram no artigo de 2018 "On the State of the Art of Evaluation in Neural Language Models" (*https://oreil. ly/AY2lF*) que modelos mais fracos com hiperparâmetros bem ajustados podem ter desempenho superior que modelos mais fortes e sofisticados. O objetivo do ajuste de hiperparâmetros é encontrar o conjunto ideal de hiperparâmetros para um determinado modelo em um espaço de pesquisa — o desempenho de cada conjunto avaliado em um conjunto de validação. Apesar de saber de sua importância, muitos ainda ignoram abordagens sistemáticas para o ajuste de hiperparâmetros em detrimento de uma abordagem manual e intuitiva. Sem dúvidas, a mais popular é a graduate student descent (GSD), técnica em que um estudante de pós-graduação mexe nos hiperparâmetros até que o modelo funcione.²⁴

No entanto, mais e mais pessoas estão adotando o ajuste de hiperparâmetros como parte de seus pipelines padrão. Frameworks populares de ML vêm com utilitários integrados ou de terceiros para ajuste de hiperparâmetros, por exemplo, scikit-learn com o auto-sklearn,²⁵ TensorFlow com Keras Tuner e Ray com Tune (*https://oreil.ly/uulrC*). Métodos populares para ajuste de hiperparâmetros incluem random search,²⁶ grid search e otimização bayesiana.²⁷ O livro *AutoML: Methods, Systems, Challenges* do grupo AutoML da Universidade de Freiburg dedica seu primeiro capítulo (*https:// oreil.ly/LfqJm*) (você pode ler online gratuitamente) à otimização de hiperparâmetros. Ao ajustar hiperparâmetros, lembre-se de que o desempenho de um modelo pode ser mais sensível à alteração em um hiperparâmetro do que em outro, logo hiperparâmetros sensíveis devem ser ajustados com mais cuidado.

É crucial nunca usar sua divisão de teste para ajustar hiperparâmetros. Escolha o melhor conjunto de hiperparâmetros para um modelo com base em seu desempenho em uma divisão de validação e atribua o desempenho final do modelo na divisão de teste. Caso use sua divisão de teste para ajustar hiperparâmetros, você corre o risco de sobreajustar demais seu modelo à divisão de teste.

---

23 Abordaremos a quantização no Capítulo 7.
24 GSD é uma técnica bem documentada. Veja "How Do People Come Up With All These Crazy Deep Learning Architectures?", Reddit. Disponível em: *https://oreil.ly/5vEsH*; "Debate About Science at Organizations like Google Brain/ FAIR/DeepMind", Reddit. Disponível em: *https://oreil.ly/2K77r*; "Grad Student Descent", *Science Dryad*, 25 de janeiro de 2014. Disponível em: *https://oreil.ly/dIR9r*; e Guy Zyskind (@GuyZys), "Grad Student Descent: the preferred #nonlinear #optimization technique #machinelearning", Twitter, 27 de abril de 2015. Disponível em: *https://oreil.ly/SW1or*.
25 O auto-sklearn 2.0 também oferece capacidade básica de seleção de modelos.
26 Nossa equipe da NVIDIA desenvolveu o Milano (disponível em: *https://oreil.ly/FYWaU*), um framework agnóstico para ajuste automático de hiperparâmetros usando o random search.
27 Uma prática comum que observei é começar com um random search, em seguida, experimentar a pesquisa bayesiana ou um grid search assim que o espaço de pesquisa for significativamente reduzido.

Hard AutoML: architecture search e otimizador aprendido

Algumas equipes elevam o ajuste de hiperparâmetros ao próximo nível: e se tratarmos outros componentes de um modelo ou o modelo inteiro como hiperparâmetros? O tamanho de uma camada de convolução pode ter ou não uma camada skip para ser considerada um hiperparâmetro. Em vez de inserir manualmente uma camada de pooling após uma camada convolucional ou ReLu (unidade linear retificada) após a camada linear, você fornece ao algoritmo esses componentes básicos e deixa que ele descubra como combiná-los. Essa área de pesquisa é conhecida como architectural search ou pesquisa de arquitetura neural (NAS) para redes neurais, pois busca a arquitetura de modelo ideal. A configuração de uma NAS tem três componentes:

Espaço de pesquisa
    Define possíveis arquiteturas de modelo — ou seja, componentes básicos para escolher e restrições de como podem ser combinados.

Estratégia de estimativa de desempenho
    Avalia o desempenho de uma arquitetura candidata sem ter que treinar cada uma do zero até convergência. Quando temos um grande número de arquiteturas candidatas, digamos 1.000, talvez treinar todas até a convergência seja oneroso.

Estratégia de pesquisa
    Explora o espaço de pesquisa. Uma abordagem simples é o random search — escolher aleatoriamente entre todas as configurações possíveis — que é impopular porque é excessivamente oneroso, mesmo para a NAS. As abordagens comuns são aprendizados por reforço (recompensando as escolhas que melhoram a estimativa de desempenho) e evolução (adicionando mutações à arquitetura para escolher as que têm melhor desempenho, adicionando mutações a elas e assim por diante).[28]

Para NAS, o espaço de busca é discreto — a arquitetura final usa apenas uma das opções disponíveis para cada camada/operação,[29] sendo necessário fornecer o conjunto de componentes básicos. Os componentes básicos comuns são várias convoluções de diferentes tamanhos, lineares, várias ativações, pooling, identidade, zero etc. O conjunto de componentes básicos varia com base na arquitetura básica, por exemplo, redes neurais convolucionais ou transformers.

---

[28] Barret Zoph e Quoc V. Le, "Neural Architecture Search with Reinforcement Learning", *arXiv*, 5 de novembro de 2016. Disponível em: *https://oreil.ly/FhsuQ*; Esteban Real, Alok Aggarwal, Yanping Huang e Quoc V. Le, "Regularized Evolution for Image Classifier Architecture Search", AAAI 2019. Disponível em: *https://oreil.ly/FWYjn*.

[29] É possível tornar o espaço de pesquisa contínuo para possibilitar a diferenciação, mas a arquitetura resultante deve ser convertida em uma arquitetura discreta. Veja "DARTS: Differentiable Architecture Search" (disponível em: *https://oreil.ly/sms2H*) (Liu et al., 2018).

Em um típico processo de treinamento de ML, temos um modelo, depois um procedimento de aprendizado, um algoritmo que ajuda seu modelo a encontrar o conjunto de parâmetros que minimizam uma determinada função objetivo para um determinado conjunto de dados. Hoje, o procedimento de aprendizado mais comum para redes neurais é o gradiente descendente, que utiliza um otimizador para especificar como atualizar os pesos de um modelo com as atualizações de gradiente.[30] Como você provavelmente já sabe, os otimizadores populares são Adam, Momentum, SGD etc. Em teoria, podemos incluir otimizadores como componentes básicos na NAS e procurar um que funcione melhor.

Na prática, é difícil de fazer, pois os otimizadores são sensíveis à configuração de seus hiperparâmetros, e os hiperparâmetros padrão geralmente não funcionam bem nas arquiteturas.

Isso leva a um rumo estimulante de pesquisa: e se substituirmos as funções que especificam a regra de atualização por uma rede neural? O quanto devemos atualizar os pesos do modelo para ser calculado por esta rede neural? Essa abordagem resulta em otimizadores aprendidos, ao contrário dos otimizadores manuais. Como são redes neurais, os otimizadores aprendidos precisam ser treinados. É possível treinar seu otimizador aprendido no mesmo conjunto de dados em que está treinando o restante de sua rede neural, mas isso exige que treine um otimizador sempre que tiver uma tarefa.

Outra abordagem é treinar o otimizador aprendido uma vez em um conjunto de tarefas existentes — usando perda agregada nessas tarefas como função de perda e otimizadores projetados existentes como regra de aprendizagem — e usá-lo para cada nova tarefa depois disso. Por exemplo, Metz *et al.* construíram um conjunto de milhares de tarefas para treinar otimizadores aprendidos. Seu otimizador aprendido foi capaz de generalizar tanto para novos conjuntos de dados e domínios quanto para novas arquiteturas.[31] E o requinte dessa abordagem é que o otimizador aprendido pode ser usado para treinar um otimizador mais bem aprendido, um algoritmo que melhora a si mesmo.

Quer se trate de pesquisa de arquitetura ou regras de aprendizagem de meta-aprendizado, o custo inicial do treinamento é caro o suficiente para que apenas meia dúzia de empresas no mundo possa se dar ao luxo de realizá-lo. No entanto, é importante que as pessoas interessadas em ML em produção estejam cientes do progresso do AutoML por dois motivos. Primeiro, as arquiteturas resultantes e os otimizadores aprendidos podem possibilitar que os algoritmos

---

[30] Abordamos os procedimentos de aprendizado e otimizadores com mais detalhes na seção "Basic ML Reviews" do livro disponível no GitHub (disponível em: *https://oreil.ly/designing-machine-learning-systems-code*).

[31] Luke Metz, Niru Maheswaranathan, C. Daniel Freeman, Ben Poole e Jascha Sohl-Dickstein, "Tasks, Stability, Architecture, and Compute: Training More Effective Learned Optimizers, and Using Them to Train Themselves", *arXiv*, 13 de setembro de 2020. Disponível em: *https://oreil.ly/IH7eT*.

de ML funcionem de imediato em várias tarefas do mundo real, economizando tempo e custo de produção, durante o treinamento e a inferência. Por exemplo, a EfficientNets, família de modelos criados pela equipe de AutoML do Google, ultrapassa a acurácia mais avançada com eficiência até 10 vezes melhor.[32] Segundo, é possível resolver muitas tarefas do mundo real antes impossíveis com arquiteturas e otimizadores existentes.

> ## Quatro Fases do Desenvolvimento do Modelo de ML
>
> Antes de fazermos a transição para o treinamento de modelo, daremos uma espiada nas quatro fases do desenvolvimento do modelo de ML. Após decidir explorar o ML, sua estratégia depende da fase de adoção de machine learning em que você está. Existem quatro fases de adoção do ML. As soluções de uma fase podem ser usadas como baselines para avaliar as soluções da próxima fase:
>
> *Fase 1. Antes do machine learning*
> > Se for a primeira vez que você tenta realizar esse tipo de predição a partir desse tipo de dados, comece com soluções que não sejam de ML. A primeira tentativa de resolver o problema pode ser uma heurística mais simples. Por exemplo, para predizer qual letra os usuários digitarão em seguida, você pode mostrar as três letras mais comuns na língua inglesa, "e", "t" e "a", o que pode resultar em uma acurácia de 30%.
> >
> > O feed de notícias do Facebook foi introduzido em 2006 sem nenhum algoritmo inteligente — os posts eram mostrados em ordem cronológica, como mostrado na Figura 6-10.[33] Foi somente em 2011 que o Facebook começou a exibir atualizações de notícias em que você estava mais interessado na parte superior do feed.

---

[32] Mingxing Tan e Quoc V. Le, "EfficientNet: Improving Accuracy and Efficiency through AutoML and Model Scaling", *Google AI Blog*, 29 de maio de 2019. Disponível em: *https://oreil.ly/gonEn*.

[33] Samantha Murphy, "The Evolution of Facebook News Feed", *Mashable*, 12 de março de 2013. Disponível em: *https://oreil.ly/1HMXh*.

Figura 6-10. Feed de notícias do Facebook por volta de 2006. Fonte: Iveta Ryšavá.[34]

Segundo Martin Zinkevich em seu magnífico "Rules of Machine Learning: Best Practices for ML Engineering": "If you think that machine learning will give you a 100% boost, then a heuristic will get you 50% of the way there" ["Regras de Machine Learning: Práticas Recomendadas para Engenharia de ML: se você acha que o machine learning lhe dará um aumento de 100%, uma heurística o leva a 50% disso", em tradução livre].[35] Talvez você até ache que as soluções que não são de ML funcionem bem e que não precisa de ML.

Fase 2. Modelos de machine learning mais simples

No primeiro modelo de ML, comece com um algoritmo simples, algo que dê visibilidade ao seu funcionamento, possibilitando que você valide a utilidade da delimitação do seu problema e dos seus dados. Regressão logística, gradient-boosted trees, *k*-vizinhos mais próximos podem ser ótimos. São também mais fáceis de implementar e fazer o deploy, possibilitando que você crie de forma rápida uma estrutura de engenharia de dados para desenvolvimento e deploy que pode testar e ganhar confiança.

---

[34] Iveta Ryšavá, "What Mark Zuckerberg's News Feed Looked Like in 2006", Newsfeed.org, 14 de janeiro de 2016. Disponível em: *https://oreil.ly/XZT6Q*.
[35] Martin Zinkevich, "Rules of Machine Learning: Best Practices for ML Engineering", Google, 2019. Disponível em: *https://oreil.ly/YtEsN*.

Fase 3. Otimizando modelos simples
Após implementar a estrutura de ML, você pode focar otimizar os modelos simples de ML com diferentes funções objetivo, pesquisa de hiperparâmetros, engenharia de features, mais dados e ensembles.

Fase 4. Modelos complexos
Após extrapolar o limite de seus modelos simples e seu caso de uso exigir melhoria significativa do modelo, experimente modelos mais complexos.

Será necessário fazer experimentos para descobrir a rapidez com que seu modelo se deteriora em produção (por exemplo, com que frequência precisará ser retreinado) para que possa construir a infraestrutura que suporte esse requisito de retreinamento.[36]

Avaliação Offline do Modelo

Uma pergunta comum, mas bastante difícil, com a qual me deparo ao ajudar empresas com suas estratégias de ML é: "Como sei que nossos modelos de ML são bons?" Certa vez, uma empresa implementou o ML para detectar invasões em 100 drones de vigilância, só que não era possível calcular quantas invasões o sistema deixava de detectar, pois ninguém decidia qual era o melhor algoritmo de ML para suas necessidades.

Não entender como avaliar sistemas de ML não é necessariamente a razão para o fracasso de um projeto, mas pode impossibilitar a identificação da melhor solução para suas necessidades, ficando mais difícil convencer seus gerentes a adotar o ML. Talvez você queira fazer parceria com a equipe de negócios para desenvolver métricas de avaliação de modelo que sejam mais relevantes para os negócios de sua empresa.[37]

O ideal são os métodos de avaliação serem os mesmos durante o desenvolvimento e a produção. Porém, em muitos casos, o ideal é impossível porque, durante o desenvolvimento, você tem rótulos ground truth, mas em produção, não. Para determinadas tarefas, é possível inferir ou aproximar rótulos em produção com base no feedback dos usuários, conforme abordado na seção "Rótulos Naturais". Por exemplo, para a tarefa de recomendação, é possível inferir se uma recomendação é boa pelo fato de os usuários clicarem nela. No entanto, existem muitos vieses. Para outras tarefas, talvez você não consiga avaliar o desempenho do seu modelo diretamente em produção e talvez precise recorrer ao monitoramento extensivo para

---

[36] Vamos aprofundar a frequência de atualização de seus modelos no Capítulo 9.
[37] Veja a seção "Objetivos de Negócios e de ML" no Capítulo 2.

detectar alterações e falhas no desempenho do seu sistema de ML. No Capítulo 8, abordaremos o monitoramento.

Após implementação, você precisará continuar monitorando e testando seu modelo em produção. Nesta seção, analisaremos métodos para avaliar o desempenho do seu modelo antes de implementá-lo. Começaremos com as baselines com as quais avaliaremos nossos modelos. Em seguida, abordaremos alguns dos métodos comuns para avaliar seu modelo além das métricas gerais de acurácia.

Baselines

Alguém me disse uma vez que seu novo modelo generativo alcançou a pontuação FID de 10,3 no ImageNet.[38] Eu não fazia ideia do que esse número significava ou se o modelo seria útil para o meu problema. Outra vez ajudei uma empresa a implementar um modelo de classificação que a classe positivo aparecia 90% das vezes. Um engenheiro de ML da equipe me disse, todo empolgado, que seu modelo inicial alcançou um F1-score de 0.90. Perguntei se ele tinha comparado o F1-score com o random. Ele não fazia ideia do que eu estava falando. Descobriu-se que, como para sua tarefa a classe POSITIVO era responsável por 90% dos rótulos, se seu modelo gerasse aleatoriamente a classe positivo 90% das vezes, o F1-score também seria em torno de 0.90.[39] Seu modelo poderia estar fazendo predições aleatoriamente.[40]

Sozinhas, as métricas de avaliação significam pouco. É essencial avaliar seu modelo em relação à baseline que você está usando. As baselines exatas variam de um caso de uso para outro, mas veremos cinco baselines que podem ser úteis em todos os casos de uso:

Baseline aleatório
Se nosso modelo prediz aleatoriamente, qual é o desempenho esperado? As predições são geradas aleatoriamente seguindo uma distribuição específica, que pode ser a distribuição uniforme ou a distribuição de rótulos da tarefa. Por exemplo, considere a tarefa que tem dois rótulos, NEGATIVO que aparece 90% das vezes e POSITIVO que aparece 10% das vezes. A Tabela 6-2 mostra o F1-score e a acurácia dos modelos baselines com predições aleatórias. No entanto, como exercício para ver o quanto é desafiador para a maioria das pessoas intuir esses valores, tente calcular esses números brutos em sua cabeça antes de conferir a tabela.

---

[38] Distância inicial de Fréchet, métrica comum para calcular a qualidade de imagens sintetizadas. Quanto menor o valor, maior deve ser a qualidade.
[39] A acurácia, neste caso, seria em torno de 0.80.
[40] Revisite a seção "Usando as métricas adequadas de avaliação" do Capítulo 4 para relembrar a assimetria do F1-score.

Tabela 6-2 F1-score e acurácia de um modelo baseline com predições aleatórias

Distribuição aleatória	Significado	F1-score	Acurácia
Aleatória uniforme	Prediz cada rótulo com igual probabilidade (50%)	0.167	0.5
Distribuição de rótulos da tarefa	Prediz NEGATIVO 90% das vezes e POSITIVO 10% das vezes	0.1	0.82

Heurística simples

Esqueça o ML. Caso faça predições com base em heurísticas simples, que desempenho você esperaria? Por exemplo, caso queira criar um sistema de classificação para classificar itens no feed de notícias de um usuário com o objetivo de fazer com que ele passe mais tempo no feed de notícias, quanto tempo um usuário gastaria se você classificasse todos os itens em ordem cronológica inversa, mostrando o mais recente primeiro?

Baseline de regra zero

Baseline de regra zero é um caso especial de baseline de heurística simples: quando seu modelo baseline sempre prediz a classe mais comum. Por exemplo, para a tarefa de recomendar o app que um usuário provavelmente usará em seu celular, o modelo mais simples seria recomendar o app usado com mais frequência. Se essa heurística simples conseguir predizer o próximo app com acurácia em 70% das vezes, qualquer modelo que você criar terá que ter desempenho significativamente maior para justificar a complexidade adicional.

Baseline humano

Não raro, o objetivo do ML é automatizar o que teria sido feito de outra forma por humanos, por isso é útil saber o desempenho do seu modelo em comparação aos especialistas humanos. Por exemplo, caso trabalhe em um sistema de direção autônoma, é primordial calcular o progresso do seu sistema em comparação aos motoristas humanos, caso contrário, talvez você nunca consiga convencer os usuários a confiar nesse sistema. Mesmo que seu sistema não tenha a intenção de substituir especialistas humanos e apenas ajudá-los a melhorar a produtividade, ainda é importante saber em quais cenários esse sistema seria útil para humanos.

Soluções existentes

Em muitos casos, os sistemas de ML são projetados para substituir soluções existentes, que podem ser lógica de negócios com muitas instruções if/else ou soluções de terceiros. É imprescindível comparar seu novo modelo às soluções existentes. Nem sempre seu modelo de ML precisa ser melhor que as soluções existentes para ser útil. Um modelo cujo desempenho é um pouco inferior ainda pode ser útil se for mais fácil ou mais barato de usar.

Ao avaliar um modelo, é importante saber a diferença entre "um bom sistema" e "um sistema útil". Um bom sistema não é necessariamente útil, e um sistema ruim não é necessariamente inútil. Um veículo autônomo pode ser bom se apresentar melhoria significativa em relação aos sistemas autônomos anteriores, mas pode não servir de muita coisa se não funcionar tão bem quanto os motoristas humanos. Há casos que mesmo que um sistema de ML funcione melhor do que um humano médio, as pessoas ainda podem não confiar nele, o que o torna inútil. Por outro lado, um sistema que prediz a próxima palavra que um usuário digitará em seu celular pode ser considerado ruim se for pior do que um falante nativo. Contudo, ainda pode ser útil se as predições puderem ajudar os usuários a digitar mais rápido algumas vezes.

Métodos de Avaliação

Em ambientes acadêmicos, ao avaliar modelos de ML, as pessoas costumam se apegar a suas métricas de desempenho. No entanto, em produção, também queremos que nossos modelos sejam robustos, justos, calibrados e, em geral, façam sentido. Apresentaremos alguns métodos de avaliação que ajudam a calcular as propriedades de um modelo.

Testes de perturbação

Um grupo de alunos meus queria criar um app para predizer se alguém tem Covid-19 por meio da tosse. O melhor modelo funcionou muito bem nos dados de treinamento, que consistiam em segmentos de tosse de dois segundos coletados pelos hospitais. Mas ao implementá-lo para usuários reais, as predições desse modelo foram quase aleatórias. Uma das razões é que a tosse dos usuários reais contém muito ruído quando comparada à tosse coletada em hospitais. As gravações dos usuários podem ter música de fundo ou conversas próximas. Os microfones usados são de qualidade variável. Podem começar a gravar as tosses assim que a gravação começar ou aguardar uma fração de segundo.

De preferência, as entradas usadas para desenvolver seu modelo devem ser semelhantes às entradas com as quais seu modelo terá que trabalhar em produção, mas isso nem sempre é possível. Isso se torna ainda mais importante quando a coleta de dados é cara ou difícil, e os melhores dados disponíveis para treinamento aos quais você tem acesso são bem diferentes dos dados do mundo real. Em geral, as entradas com as quais seus modelos precisam trabalhar em produção são ruidosas em comparação às entradas em desenvolvimento.[41] O modelo com melhor desempenho nos dados de treinamento não é necessariamente o que tem melhor desempenho nos dados ruidosos.

---

[41] Outros exemplos de dados ruidosos incluem imagens com iluminação diferente ou textos com erros de digitação acidentais ou modificações de texto intencionais, como digitar "longo" como "loooooongo".

Para se ter uma ideia do desempenho do seu modelo com esses dados, podem ser necessárias pequenas alterações nas divisões de teste, a fim de analisar como essas alterações impactam o desempenho do seu modelo. Na tarefa de predizer se alguém tem Covid-19 pela tosse, você pode adicionar aleatoriamente algum ruído de fundo ou usar o clipping aleatoriamente para simular a variação nas gravações de seus usuários. Talvez você queira escolher o modelo que funciona melhor nos dados perturbados em vez daquele que funciona melhor nos dados limpos. Quanto mais sensível seu modelo for ao ruído, mais difícil será mantê-lo, pois se o comportamento de seus usuários mudar um pouco, como trocar de celular, o desempenho do modelo poderá diminuir. Seu modelo também fica suscetível a ataques adversários.

Testes de invariância

Um estudo de Berkeley descobriu que, entre 2008 e 2015, 1,3 milhão de candidatos negros e latinos elegíveis a crédito tiveram seus financiamentos hipotecários rejeitados por não serem brancos.[42] Quando os pesquisadores usaram a renda e as pontuações de crédito das solicitações rejeitadas, excluindo as features de identificação de cor e origem, os candidatos foram aceitos.

Determinadas mudanças nas entradas não devem levar a mudanças na saída. No caso anterior, as alterações nas informações de origem e cor não devem afetar o resultado da hipoteca. Da mesma forma, as alterações nos nomes dos candidatos não devem impactar os resultados da triagem de currículos nem o gênero de alguém deve impactar o quanto uma pessoa deve ganhar. Se isso ocorrer, seu modelo tem vieses, o que pode inutilizá-lo, não importa a qualidade de seu desempenho. Para evitar esses vieses, uma solução é fazer o mesmo processo que ajudou os pesquisadores de Berkeley a identificar os vieses: manter as entradas iguais, mas alterar as informações confidenciais para verificar se as saídas mudam. Melhor, antes de mais nada, exclua as informações confidenciais das features usadas para treinar seu modelo.[43]

Testes de expectativa direcional

Entretanto, determinadas mudanças nas entradas devem causar mudanças previsíveis nas saídas. Por exemplo, ao desenvolver um modelo para predizer preços de imóveis, manter todas as features iguais, mas aumentar o tamanho do lote não deve diminuir o preço predito, e diminuir a metragem quadrada não deve aumentá-lo. Caso as saídas mudem na direção oposta esperada, seu modelo pode não estar aprendendo a coisa certa e você precisa analisá-lo mais antes de implementá-lo.

---

[42] Khristopher J. Brooks, "Disparity in Home Lending Costs Minorities Millions, Researchers Find", *CBS News*, 15 de novembro de 2019. Disponível em: *https://oreil.ly/TMPVl*.

[43] Às vezes também é obrigatório por lei excluir informações confidenciais do processo de treinamento do modelo.

Calibração de modelo

Apesar de a calibração do modelo ser um conceito imperceptível, é crucial entendê-lo. Imagine que alguém faz uma predição de que algo vai acontecer com uma probabilidade de 70%. Ou seja, todas as vezes que essa predição é feita, o resultado predito corresponde ao resultado real em 70% das vezes. Se um modelo prediz que o time A vencerá o time B com 70% de probabilidade, e das mil vezes que esses dois times jogam juntos, o time A vence apenas 60% das vezes, dizemos que esse modelo não está calibrado. Um modelo calibrado deve predizer que a equipe A vence com 60% de probabilidade. A calibração de modelo muitas vezes é ignorada pelos profissionais de ML, apesar de ser uma das propriedades mais importantes de qualquer sistema preditivo. Parafraseando Nate Silver em seu livro *O Sinal e o Ruído*, a calibração é "um dos testes mais importantes de forecasting — eu diria que é o mais importante".

Vejamos dois exemplos para mostrar por que a calibração do modelo é importante. Primeiro, considere a tarefa de construir um sistema de recomendação para recomendar quais filmes os usuários provavelmente assistirão em seguida. Suponha que o usuário A assista a filmes de romance 80% do tempo e comédias 20% do tempo. Caso seu sistema de recomendação mostre exatamente os filmes que A provavelmente assistirá, as recomendações consistirão apenas em filmes de romance porque é mais provável que A assista a filmes de romance do que qualquer outro gênero de filme. Talvez você queira um sistema mais calibrado cujas recomendações sejam representativas dos hábitos reais de observação dos usuários. Nesse caso, os sistemas devem consistir em 80% de romance e 20% de comédia.[44]

Considere a tarefa de construir um modelo para predizer a probabilidade de um usuário clicar em um anúncio. Para simplificar, imagine que existam apenas dois anúncios, o anúncio A e o anúncio B. Seu modelo prediz que esse usuário clicará no anúncio A com 10% de probabilidade e no anúncio B com 8% de probabilidade. Não é necessário calibrar seu modelo para classificar o anúncio A acima do anúncio B. No entanto, se quiser predizer quantos cliques seus anúncios receberão, você precisará calibrá-lo. Se o seu modelo prediz que um usuário clicará no anúncio A com 10% de probabilidade, mas na realidade o anúncio só é clicado em 5% das vezes, o número estimado de cliques será bem menor. Caso tenha outro modelo que forneça a mesma classificação, mas seja melhor calibrado, considere o melhor calibrado. Para calcular a calibração de um modelo, basta contar: conte o número de vezes que seu modelo gera a probabilidade X e a frequência Y dessa predição se tornando realidade, e plote X em relação a Y. Em um grafo de um modelo perfeitamente calibrado X e Y serão iguais em todos os pontos de dados. Na scikit-learn, você pode plotar a curva de calibração de um classificador binário com o método `sklearn.calibration.calibration_curve`, mostrado na Figura 6-11.

---

[44] Para obter mais informações sobre recomendações calibradas, veja o artigo "Calibrated Recommendations" (*https://oreil.ly/yueHR*) de Harald Steck de 2018 baseado em seu trabalho na Netflix.

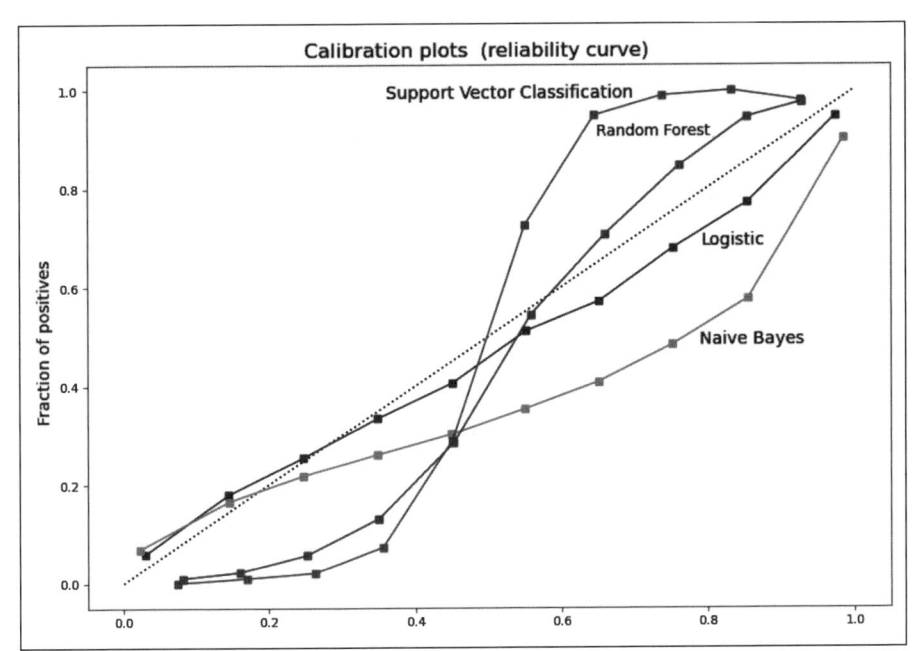

Figura 6-11. As curvas de calibração de diferentes modelos em uma tarefa fictícia. O modelo de regressão logística [no gráfico, logistic] é o melhor modelo calibrado porque otimiza diretamente a perda logística. Fonte: scikit-learn (https://oreil.ly/Tnts7).

Para calibrar seus modelos, um método comum é o Platt scaling (*https://oreil. ly/pQ0TQ*), implementado na scikit-learn com `sklearn.calibration.CalibratedClassifierCV`. Outra boa implementação open source de Geoff Pleiss pode ser encontrada no GitHub (*https://oreil.ly/e1Meh*). Para os leitores que desejam aprender mais sobre a importância da calibração de modelos e como calibrar redes neurais, Lee Richardson e Taylor Pospisil têm uma excelente postagem no blog (*https://oreil.ly/wPUkU*) com base em um trabalho que fizeram no Google.

Medição de confiança

A medição de confiança pode ser considerada uma maneira de pensar sobre a utilidade do threshold para cada predição individual. Mostrar indistintamente todas as predições de um modelo aos usuários, mesmo aquelas sobre as quais o modelo não tem certeza, pode, na melhor das hipóteses, causar aborrecimento e fazer com que os usuários percam a confiança no sistema, como um sistema de detecção de atividade em seu smartwatch que pensa que você está correndo mesmo que esteja apenas andando um pouco rápido. Na pior das hipóteses, pode desencadear consequências catastróficas, como um algoritmo de policiamento preditivo que sinaliza uma pessoa inocente como um criminoso em potencial.

Se deseja apenas mostrar as predições sobre as quais seu modelo tem certeza, como calcular essa certeza? Qual é o threshold de certeza no qual as predições devem ser mostradas? O que quer fazer com as predições abaixo desse threshold — descartá-las, recorrer ao human-in-the-loop (HITL) ou pedir mais informações aos usuários? Enquanto a maioria das outras métricas calcula o desempenho do sistema em média, a medição de confiança é uma métrica para cada amostra individual. A medição no nível do sistema é útil para termos noção do desempenho geral, porém as métricas no nível da amostra são cruciais quando nos preocupamos com o desempenho do sistema em cada amostra.

Avaliação baseada em slicing

Fatiamento [slicing] significa separar seus dados em subconjuntos e observar o desempenho do seu modelo em cada subconjunto separadamente. Um erro comum que tenho visto em muitas empresas é o foco demasiado em métricas de alta granularidade, como F1-score geral ou acurácia em todos os dados, e não em métricas de fatiamento. Isso pode ocasionar dois problemas. Um deles é que seu modelo tem um desempenho diferente em diferentes fatias de dados quando o modelo deveria ter o mesmo desempenho. Por exemplo, seus dados têm dois subgrupos, um majoritário e um minoritário, e o subgrupo majoritário é responsável por 90% dos dados:

- O modelo A atinge 98% de acurácia no subgrupo majoritário, mas apenas 80% no subgrupo minoritário. Ou seja: a acurácia geral é de 96,2%.
- O modelo B atinge 95% de acurácia no subgrupo majoritário e 95% no minoritário. Ou seja: a acurácia geral é de 95%.

Vejamos a comparação dos dois modelos na Tabela 6-3. Qual deles você escolheria?

Tabela 6-3. Desempenho de dois modelos nos subgrupos majoritários e minoritários

	Acurácia grupo majoritário	Acurácia grupo minoritário	Acurácia geral
Modelo A	98%	80%	96.2%
Modelo B	95%	95%	95%

Se focar apenas as métricas gerais, uma empresa pode escolher o modelo A. Talvez fique muito contente com a alta acurácia desse modelo até que, um dia, seus usuários finais descobrirem que o modelo é tendencioso em relação ao subgrupo minoritário, porque o subgrupo minoritário corresponde a um grupo demográfico sub-representado.[45] Além de ser contraproducente pela repercussão negativa, o

---

[45] Maggie Zhang, "Google Photos Tags Two African-Americans As Gorillas Through Facial Recognition Software", *Forbes*, 1 de julho de 2015. Disponível em: *https://oreil.ly/VYG2j*.

foco no desempenho venda os olhos da empresa às enormes melhorias em potencial do modelo. Se analisar o desempenho baseado em fatiamento dos dois modelos, a empresa verá estratégias diferentes. Por exemplo, a equipe pode decidir melhorar o desempenho do modelo A no subgrupo minoritário, resultando na melhoria do desempenho geral desse modelo. Ou pode manter os dois modelos iguais, mas agora a equipe tem mais informações para tomar decisões mais conscientes sobre qual modelo implementar. Outro problema é que o modelo tem o mesmo desempenho em diferentes fatias de dados quando deveria ter desempenho diferente. Alguns subconjuntos de dados são mais críticos. Por exemplo, quando você cria um modelo de churn prediction (para predizer quando um usuário cancelará uma assinatura ou um serviço), os usuários pagos são mais críticos do que os usuários não pagos. Focar o desempenho geral de um modelo pode prejudicar seu desempenho nessas fatias críticas.

Uns dos motivos fascinantes e aparentemente contraintuitivos pelos quais a avaliação em fatias é essencial é o Paradoxo de Simpson (*https://oreil.ly/clFB0*), fenômeno em que uma tendência aparece em vários grupos de dados, mas desaparece ou se inverte quando os grupos são combinados. Ou seja, o modelo B pode ter desempenho melhor do que o modelo A em todos os dados juntos, mas o modelo A tem desempenho melhor do que o modelo B em cada subgrupo separadamente. Considere o desempenho do modelo A e do modelo B no grupo A e no grupo B, como mostrado em Tabela 6-4. O modelo A tem desempenho melhor que o modelo B para os grupos A e B, mas quando combinado, o modelo B tem desempenho melhor que o modelo A.

Tabela 6-4. Exemplo do paradoxo de Simpson [a]

	Grupo A	Grupo B	Geral
Modelo A	93% (81/87)	73% (192/263)	78% (273/350)
Modelo B	87% (234/270)	69% (55/80)	83% (289/350)

[a] Números do estudo de tratamento de cálculos renais de: C. R. Charig, D. R. Webb, S. R. Payne e J. E. Wickham, "Comparison of Treatment of Renal Calculi by Open Surgery, Percutaneous Nephrolithotomy, and Extracorporeal Shockwave Lithotripsy", *British Medical Journal* (Clinical Research Edition) 292, no. 6524 (March 1986): 879–82: *https://oreil.ly/X8oWr*.

O paradoxo de Simpson é mais comum do que você imagina. Em 1973, as estatísticas de pós-graduação de Berkeley evidenciaram que a taxa de admissão de homens era bem maior do que a de mulheres, levando as pessoas a suspeitar de vieses contra as mulheres. Mas um exame detalhado dos departamentos individuais mostrou que as taxas de admissão de mulheres eram mais altas do que as de homens em quatro dos seis departamentos,[46] como mostrado em Tabela 6-5.

---

[46] P. J. Bickel, E. A. Hammel, and J. W. O'Connell, "Sex Bias in Graduate Admissions: Data from Berkeley", *Science* 187 (1975): 398–404. Disponível em: *https://oreil.ly/TeR7E*.

Tabela 6-5. Dados de admissão de pós-graduação de 1973 de Berkeley[a]

Departamento	Todos candidatos	Admitidos	Candidatos homens	Admitidos	Candidatos mulheres	Admitidas
A	933	64%	825	62%	108	82%
B	585	63%	560	63%	25	68%
C	918	35%	325	37%	593	34%
D	792	34%	417	33%	375	35%
E	584	25%	191	28%	393	24%
F	714	6%	373	6%	341	7%
Total	12,763	41%	8,442	44%	4,321	35%

[a] Dados de Bickel *et al.* (1975)

Independentemente de se deparar com esse paradoxo, o ponto aqui é que a agregação pode ocultar e contradizer situações reais. Para tomar decisões embasadas sobre qual modelo escolher, precisamos considerar seu desempenho não apenas em todos os dados, mas também em fatias individuais. A avaliação baseada em fatiamento pode fornecer insights para melhorar o desempenho do seu modelo em geral e em dados críticos e ajudar a detectar possíveis vieses. Pode também ajudar a revelar problemas que não são de ML. Certa vez, nossa equipe descobriu que nosso modelo teve um ótimo desempenho geral, mas um desempenho péssimo no tráfego de usuários de dispositivos móveis. Após investigar, percebemos que era porque um botão estava meio escondido em telas pequenas (por exemplo, telas de telefone).

Mesmo quando você acha que o fatiamento não importa, entender o desempenho do seu modelo de forma mais refinada pode lhe dar confiança para convencer outras partes interessadas, como seu chefe ou seus clientes, a confiar em seus modelos de ML. Para rastrear o desempenho do seu modelo em fatias críticas, primeiro é necessário saber quais são suas fatias críticas. Talvez você esteja se perguntando como identificar fatias críticas em seus dados. Infelizmente, o fatiamento ainda é mais uma arte do que uma ciência, exigindo intensa exploração de dados e análise. Vejamos as três principais abordagens:

Baseado em heurística

Fatie seus dados usando o conhecimento de domínio que tem dos dados e da tarefa em mãos. Por exemplo, ao trabalhar com tráfego da Web, convém dividir seus dados em dimensões como mobile versus desktop, tipo de navegador e localizações. Os usuários móveis podem se comportar de forma bem diferente dos usuários de desktop. Do mesmo modo, os usuários de internet em diferentes localizações geográficas podem ter expectativas diferentes sobre a aparência de um site.[47]

Análise de erros
Percorra manualmente os exemplos classificados de modo inadequado e encontre padrões entre eles. Descobrimos o problema do nosso modelo com usuários de dispositivos móveis quando percebemos que a maioria dos exemplos classificados de forma inadequada era de usuários de dispositivos móveis.

Slice finder
Há pesquisas intensas para sistematizar o processo de encontrar fatias, incluindo Chung *et al.* "Slice Finder: Automated Data Slicing for Model Validation" (*https://oreil.ly/eypmq*) e de 2019, por Sumyea Helal em "Subgroup Discovery Algorithms: A Survey and Empirical Evaluation" (*https://oreil.ly/7yBJO*) (2016). Via de regra, o processo começa com a geração de candidatos a fatias com algoritmos como beam search, clusterização ou decisão, depois eliminando candidatos evidentemente ruins para fatias e, em seguida, classificando os candidatos restantes.

Lembre-se de que, após identificar essas fatias críticas, você precisará de dados suficientes e rotulados de forma adequada para cada uma dessas fatias para avaliação. A qualidade de sua avaliação é tão boa quanto a qualidade de seus dados de avaliação.

Recapitulando

Neste capítulo, abordamos a parte do algoritmo de ML dos sistemas de machine learning, que muitos profissionais da área consideram a parte mais divertida do ciclo de vida de um projeto. Com modelos iniciais, podemos materializar (na forma de predições) todo nosso trabalho árduo em engenharia de dados e features e podemos finalmente avaliar nossa hipótese (ou seja, podemos predizer as saídas dadas as entradas).

Iniciamos com como selecionar os modelos de ML mais adequados às nossas tarefas. Em vez de entrar nos prós e contras de cada arquitetura individual de modelo — missão impossível, devido aos crescentes conjuntos de modelos existentes —, destacamos aspectos que você precisa considerar para tomar uma decisão embasada sobre qual modelo é melhor para seus objetivos, restrições, e requisitos. Em seguida, continuamos abordando diferentes aspectos do desenvolvimento do modelo. Abordamos não apenas os modelos individuais, como

---

[47] Para os leitores interessados em aprender mais sobre UX design em todas as culturas, Jenny Shen tem um ótimo post (disponível em: *https://oreil.ly/MAJVB*).

também conjuntos de modelos, técnica amplamente utilizada em competições e pesquisas no estilo leaderboard.

Durante a fase de desenvolvimento do modelo, você pode experimentar muitos modelos diferentes. O controle de monitoramento e versionamento intensivos de seus muitos experimentos geralmente são considerados importantes, porém muitos engenheiros de ML ainda o ignoram, pois aparentemente é um fardo. Por isso, ter ferramentas e infraestrutura adequadas para automatizar o processo de monitoramento e versionamento é essencial. No Capítulo 10, abordaremos ferramentas e infraestrutura do ML para produção.

Como os modelos atuais estão ficando maiores e consumindo mais dados, o treinamento distribuído está se tornando uma habilidade essencial para desenvolvedores de modelos de ML, e discutimos técnicas de paralelismo, como paralelismo de dados, paralelismo de modelo e paralelismo de pipeline. Fazer seus modelos funcionarem em um grande sistema distribuído, como aquele que roda modelos com centenas de milhões, se não bilhões, de parâmetros, pode ser desafiador e exigir conhecimento especializado em engenharia de sistemas.

Encerramos o capítulo com como avaliar seus modelos para escolher o melhor para implantação. As métricas de avaliação não significam muito, a menos que tenha um baseline para compará-las, e abordamos diferentes tipos de baseline que você pode considerar para avaliação. Abordamos também uma variedade de técnicas de avaliação necessárias para verificação de sanidade de seus modelos antes de avaliá-los em um ambiente de produção. Em geral, não importa a qualidade de sua avaliação offline de um modelo, você não tem certeza do desempenho do seu modelo em produção até que se faça o deploy do modelo. No próximo capítulo, veremos como implementar um modelo.

CAPÍTULO 7
Serviço de Predição e Deploy de Modelo

Nos Capítulos 4, 5 e 6, discutimos os aspectos para desenvolver um modelo de ML, desde a criação de dados de treinamento, extração de features e desenvolvimento do modelo até a criação de métricas para avaliá-lo. Esses aspectos constituem a lógica do modelo — instruções sobre como passar de dados brutos para um modelo de ML, conforme mostrado na Figura 7-1. Desenvolver essa lógica exige conhecimento de ML e expertise no assunto. Em muitas empresas, essa parte do processo é feita pelas equipes de ML ou de ciência de dados.

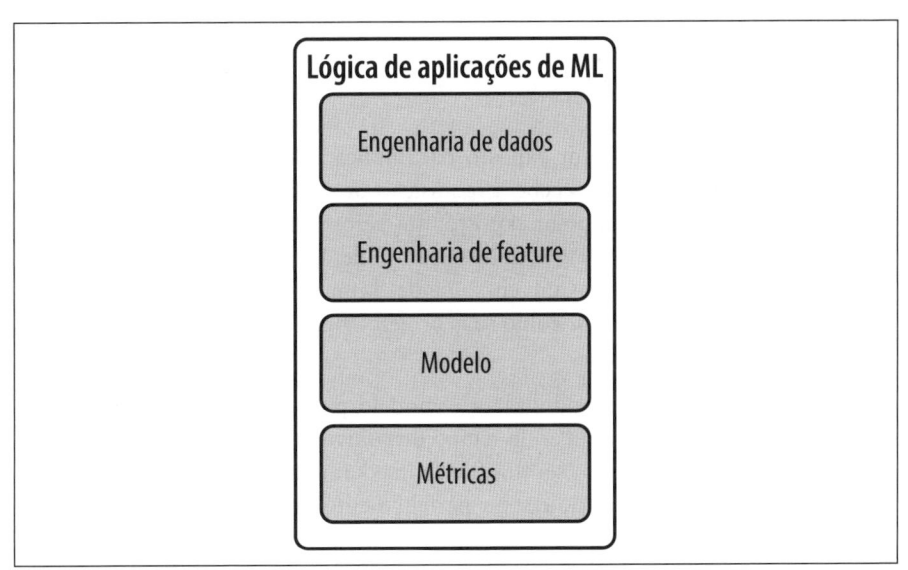

Figura 7-1. Diferentes aspectos que compõem a lógica do modelo de ML.

Neste capítulo, abordaremos outra parte do processo iterativo: fazer o deploy de seu modelo. "Deploy" é um termo vago que geralmente significa rodar e disponibilizar seu modelo. Durante o desenvolvimento, o modelo geralmente é executado em um ambiente de desenvolvimento.[1] Para fazer o deploy, seu modelo terá que sair desse ambiente. É possível fazer o deploy de seu modelo em um ambiente de teste para testá-lo ou em um ambiente de produção para ser usado por seus usuários finais. Neste capítulo, focaremos o deploy de modelos em ambientes de produção. Antes de avançarmos, quero enfatizar que produção é um espectro. Para algumas equipes, significa gerar belos gráficos em notebooks para mostrá-los à equipe de negócios. Para outras, significa manter seus modelos rodando para milhões de usuários por dia. Caso trabalhe com o primeiro cenário, seu ambiente de produção é semelhante ao de desenvolvimento e este capítulo não é tão relevante assim para você. Se trabalha mais ou menos com o segundo cenário, continue lendo.

Vi isso uma vez em algum lugar na internet: o deploy só é fácil se você ignorar todas as partes difíceis. Caso queira fazer o deploy de um modelo para seus amigos brincarem, basta fazer o wrapper de sua função de predição em um endpoint de requisição POST no Flask ou no FastAPI, inserir as dependências necessárias para essa função de predição rodar em um contêiner, fazer o push de seu modelo e seu contêiner[2] associado para um serviço de nuvem, como AWS ou GCP, expondo o endpoint:

```
# Exemplo de como usar o FastAPI para transformar sua função de predição
# em um endpoint POST
@app.route('/predict', methods=['POST'])
def predict():
    X = request.get_json()['X']
    y = MODEL.predict(X).tolist()
    return json.dumps({'y': y}), 200
```

Você pode usar esse endpoint exposto para aplicações downstream: por exemplo, quando uma aplicação recebe a requisição de predição de um usuário, essa requisição é enviada ao endpoint exposto, que retorna uma predição. Caso esteja familiarizado com as ferramentas necessárias, poderá ter um deploy funcional em uma hora. Meus alunos, após um curso de dez semanas, conseguiram fazer o deploy de uma aplicação de ML como seus projetos finais, embora poucos tivessem experiência com deploy antes.[3]

As partes difíceis são: disponibilizar seu modelo para milhões de usuários com latência de milissegundos e 99% do tempo disponível, configurar a infraestrutura para que a pessoa certa possa ser notificada imediatamente quando algo der errado, descobrir o que deu errado e subir perfeitamente as atualizações para corrigir o que está errado.

---

[1] No Capítulo 10, abordaremos os ambientes de desenvolvimento em detalhes.
[2] No Capítulo 9, falaremos mais sobre contêineres.
[3] CS 329S: Machine Learning Systems Design (disponível em: *https://oreil.ly/A6lFT*) em Stanford; você pode conferir as demonstrações desse projeto (disponível em: *https://oreil.ly/q4pjX*).

Em muitas empresas, a responsabilidade de fazer deploy de modelos fica nas mãos das mesmas pessoas que os desenvolveram. Em outras empresas, quando está pronto para deploy, o modelo será exportado e entregue à outra equipe para implementá-lo. No entanto, essa separação de responsabilidades pode causar alta sobrecarga de comunicações entre as equipes e fazer com que a atualização do seu modelo seja lenta. Pode também dificultar o debugging caso algo dê errado. No Capítulo 11, falaremos mais sobre estruturas de equipe.

> Exportar um modelo significa converter esse modelo em um formato que possa ser usado por outra aplicação. Algumas pessoas chamam esse processo de "serialização".[4] Há duas partes de um modelo que podemos exportar: a definição do modelo e os valores de parâmetro do modelo. A definição do modelo define a estrutura do seu modelo, como quantas camadas ocultas ele tem e quantas unidades em cada camada. Os valores de parâmetro fornecem os valores para essas unidades e camadas. Normalmente, essas duas partes são exportadas juntas. No TensorFlow 2, podemos usar o tf.keras.Model.save() para exportar seu modelo para o formato SavedModel do TensorFlow. No PyTorch, podemos usar o torch.onnx.export() para exportar seu modelo para o formato ONNX.

Independentemente de trabalhar com deploys de modelos de ML, saber como seus modelos são usados faz com que você compreenda suas restrições e o ajuda a adequá-los às suas finalidades. Neste capítulo, começaremos com alguns mitos comuns de deploy de ML que sempre ouço de pessoas que não fazem deploy de modelos de ML. Em seguida, discutiremos as duas principais maneiras pelas quais um modelo gera e fornece predições aos usuários: predição online e em lote. O processo de geração de predições se chama *inferência*.

Continuaremos com onde a computação para geração de predições deve ser feita: no dispositivo (também conhecido como borda) e na nuvem. A forma como um modelo atende e calcula as predições influencia como ele deve ser projetado, a infraestrutura necessária e os comportamentos que os usuários encontram. Caso tenha formação acadêmica, alguns dos tópicos discutidos neste capítulo podem estar fora de sua zona de conforto. Caso se depare com um termo desconhecido, reserve um momento para procurá-lo. Se uma seção ficar muito densa, sinta-se à vontade para ignorá-la. Este capítulo é modular, logo, pular uma seção não deve afetar a compreensão de outra.

---

[4] Veja a discussão sobre "serialização de dados" na seção "Formatos de Dados" do Capítulo 3.

Mitos sobre o Deploy de Machine Learning

Como abordado no Capítulo 1, a implementação de um modelo de ML pode ser muito diferente da implementação de um programa de software tradicional. Tal diferença pode fazer com que pessoas que nunca fizeram deploy de um modelo antes fiquem com medo do processo ou subestimem quanto tempo e empenho serão necessários. Nesta seção, vamos desmistificar alguns dos mitos comuns sobre o processo de deploy, e esperamos que você fique animado para iniciar o processo. Esta seção será mais útil às pessoas com pouca ou nenhuma experiência em deploy.

Mito 1: Faça Deploy de Apenas Um ou Dois Modelos por Vez

Em projetos acadêmicos, fui aconselhada a escolher um pequeno problema para focar, o que geralmente leva a um único modelo. Muitas pessoas de formação acadêmica com quem conversei costumam pensar em produção de ML no contexto de um único modelo. Posteriormente, a infraestrutura que têm em mente não funciona em aplicações reais, pois apenas suportam um ou dois modelos.

Na realidade, as empresas têm inúmeros modelos de ML. Talvez uma aplicação tenha muitas features diferentes e cada uma delas pode exigir o próprio modelo. Pense em um app como o Uber. É necessário um modelo para predizer cada um dos seguintes elementos: demanda de viagens, disponibilidade do motorista, tempo estimado de chegada, preço dinâmico, transação fraudulenta, customer churn e muito mais. Além disso, se este app operar em 20 países, até que haja modelos que generalizem em diferentes perfis de usuários, culturas e idiomas, cada país precisaria do próprio conjunto de modelos. Logo, se tivermos 20 países e 10 modelos para cada país, já temos 200 destes. A Figura 7-2 mostra um amplo leque de tarefas que utilizam o ML na Netflix.

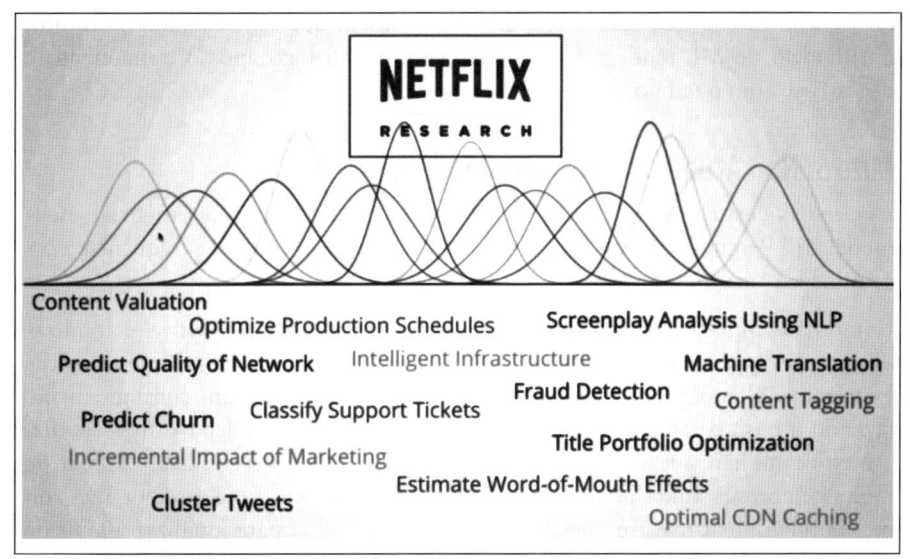

Figura 7-2. Diferentes tarefas que usam ML na Netflix. Fonte: Ville Tuulos.[5]

Na verdade, o Uber tem milhares de modelos em produção.[6] A cada momento, o Google roda milhares de modelos, que treinam simultaneamente e têm centenas de bilhões de parâmetros de tamanho.[7] A Booking.com tem mais de 150 modelos.[8] Um estudo de 2021 da Algorithmia mostra que entre as organizações com mais de 25 mil funcionários, 41% têm mais de 100 modelos em produção.[9]

Mito 2: Se Não Fizermos Nada, o Desempenho do Modelo Permanece o Mesmo

Softwares não envelhecem como um bom vinho, mas como leite. O fenômeno em que um programa de software se degrada ao longo do tempo, mesmo que nada pareça ter mudado, é conhecido como "deterioração de software" ou "bit rot". Os sistemas de ML não estão imunes a isso e padecem do que é conhecido como mudanças de distribuição de dados, quando a distribuição de dados que seu mo-

---

[5] Ville Tuulos, "Human-Centric Machine Learning Infrastructure @Netflix", InfoQ, 2018, vídeo, 49:11. Disponível em: *https://oreil.ly/j4Hfx*.
[6] Wayne Cunningham, "Science at Uber: Powering Machine Learning at Uber", *Uber Engineering Blog*, 10 de setembro de 2019. Disponível em: *https://oreil.ly/WfaCF*.
[7] Daniel Papasian e Todd Underwood, "OpML '20—How ML Breaks: A Decade of Outages for One Large ML Pipeline", Google, 2020, vídeo, 19:06. Disponível em: *https://oreil.ly/HjQm0*.
[8] Lucas Bernardi, Themistoklis Mavridis e Pablo Estevez, "150 Successful Machine Learning Models: 6 Lessons Learned at Booking.com", *KDD '19: Anais da 25ª Conferência Internacional ACM SIGKDD Sobre Descoberta de Conhecimento e Mineração de Dados* (julho de 2019): 1743–51. Disponível em: *https://oreil.ly/Ea1Ke*.
[9] "2021 Enterprise Trends in Machine Learning", Algorithmia. Disponível em: *https://oreil.ly/9kdcw*.

delo encontra em produção é diferente daquela em que foi treinado.[10] Portanto, um modelo de ML tende a ter melhor desempenho logo após o treinamento e degrada-se com o tempo.

Mito 3: Não Atualize Tanto Seus Modelos

As pessoas costumam me perguntar: "Com que frequência *devo* atualizar meus modelos?" Pergunta errada. A pergunta certa deve ser: "Com que frequência *posso* atualizar meus modelos?"

Como o desempenho de um modelo se deteriora com o tempo, o ideal é atualizá-lo o mais rápido possível. Em ML, devemos aprender com as melhores práticas existentes de DevOps. Mesmo em 2015, as pessoas já estavam constantemente fazendo o push de atualizações em seus sistemas. O Etsy faz deploy 50 vezes/dia, a Netflix, milhares de vezes por dia, a AWS, a cada 11,7 segundos.[11] Apesar de muitas empresas ainda atualizarem seus modelos apenas uma vez por mês, ou mesmo uma por trimestre, o ciclo de iteração do Weibo para atualizar alguns de seus modelos de ML é de 10 minutos.[12] Fiquei sabendo de números semelhantes em empresas como Alibaba e ByteDance (a empresa por trás do TikTok).

Nas palavras de Josh Wills, ex-engenheiro da equipe do Google e diretor de engenharia de dados do Slack, "estamos sempre tentando disponibilizar novos modelos em produção o mais rápido possível".[13] No Capítulo 9, falaremos mais sobre a frequência para retreinar seus modelos.

Mito 4: A Maioria dos Engenheiros de ML Não Precisa Se Preocupar com Escala

O significado de "escala" varia de aplicação para aplicação, mas podemos citar exemplos como um sistema que atende a centenas de requisições por segundo ou milhões de usuários por mês.

Talvez você argumente que, nesse caso, somente um pequeno número de empresas precisa se preocupar com isso. Porque existe apenas um Google, um Facebook e uma Amazon. Isso é verdade, só que esse pequeno número de grandes empresas emprega grande parte da mão de obra de engenharia de software. Segundo a Stack Overflow Developer Survey 2019, mais da metade dos entrevistados trabalhava para uma empresa com pelo menos 100 funcionários (veja a Figura 7-3). Não

---

[10] No Capítulo 8, discutiremos as mudanças na distribuição de dados.
[11] Christopher Null, "10 Companies Killing It at DevOps", *TechBeacon*, 2015. Disponível em: *https://oreil.ly/JvNwu*.
[12] Qian Yu, "Machine Learning with Flink in Weibo", QCon 2019, vídeo, 17:57. Disponível em: *https://oreil.ly/RcTMv*.
[13] Josh Wills, "Instrumentation, Observability and Monitoring of Machine Learning Models', InfoQ 2019. Disponível em: *https://oreil.ly/5Ot5m*.

é uma correlação perfeita, mas uma empresa de 100 funcionários tem uma boa chance de atender a um número razoável de usuários.

Tamanho da empresa

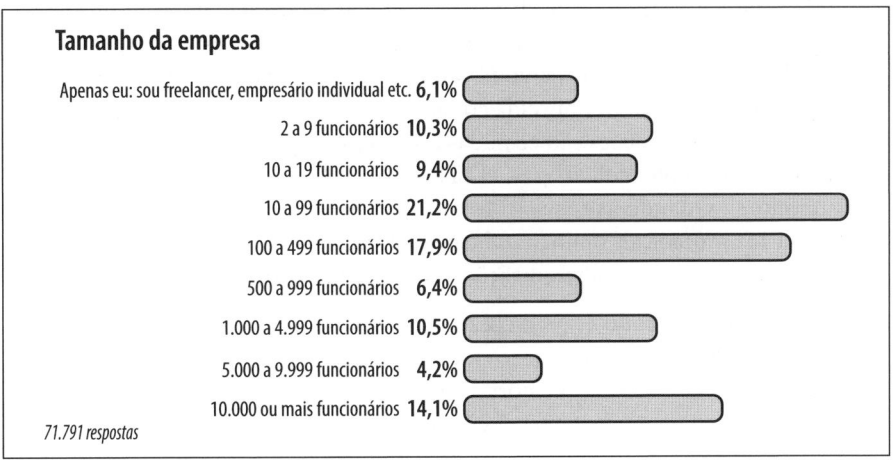

- Apenas eu: sou freelancer, empresário individual etc. **6,1%**
- 2 a 9 funcionários **10,3%**
- 10 a 19 funcionários **9,4%**
- 10 a 99 funcionários **21,2%**
- 100 a 499 funcionários **17,9%**
- 500 a 999 funcionários **6,4%**
- 1.000 a 4.999 funcionários **10,5%**
- 5.000 a 9.999 funcionários **4,2%**
- 10.000 ou mais funcionários **14,1%**

71.791 respostas

Figura 7-3. Distribuição do tamanho das empresas onde os engenheiros de software trabalham. Fonte: Adaptado de uma imagem do Stack Overflow.[14]

Não consegui encontrar uma pesquisa de posições específicas de ML, então perguntei no Twitter (*https://oreil.ly/e1fjn*) e encontrei resultados semelhantes. Ou seja, caso esteja procurando um trabalho de ML no setor, provavelmente trabalhará para uma empresa com pelo menos 100 funcionários, cujas aplicações de ML provavelmente precisam ser escaláveis. Estatisticamente falando, um engenheiro de ML deve se preocupar com a escala.

Predição em Lote versus Predição Online

É necessário tomar uma decisão fundamental que impactará seus usuários finais e desenvolvedores que trabalham em seu sistema: como o sistema gera e disponibiliza suas predições aos usuários finais, online ou em lote? As terminologias da predição em lote e online ainda são bastante confusas devido à falta de práticas padronizadas na indústria. Farei o meu melhor para explicar as nuances de cada termo nesta seção. Se você achar algum dos termos citados aqui muito confuso, sinta-se à vontade para ignorá-los por enquanto. Antes de mais nada, existem três modos principais de predição que espero que você se recorde:

- Predição online, que usa apenas features em lote (por exemplo, embeddings pré-computados).

---

[14] "Developer Survey Results", Stack Overflow, 2019. Disponível em: *https://oreil.ly/guYIq*.

- Predição online, também conhecida como predição de streaming, que usa features em lote e features de streaming.

Predição online é quando as predições são geradas e retornadas assim que as requisições dessas predições chegam. Por exemplo, você insere uma frase em inglês no Google Tradutor e recebe de volta sua tradução em francês imediatamente. A predição online também é conhecida como *predição on-demand*. Tradicionalmente, ao fazê-la, as requisições são enviadas ao serviço de predição por meio de APIs RESTful (por exemplo, solicitações HTTP — veja "Dados Passando por Serviço" no Capítulo 3). Quando as requisições de predição são enviadas por meio de chamadas HTTP, a predição online também é conhecida como *predição síncrona*: as predições são geradas em sincronização com as requisições.

Predição em lote é quando as predições são geradas periodicamente ou sempre que acionadas. As predições são armazenadas em algum lugar, como em tabelas SQL ou em um banco de dados in-memory, e acessadas conforme necessário. Por exemplo, a Netflix pode gerar recomendações de filmes para todos os seus usuários a cada quatro horas, e as recomendações pré-computadas são buscadas e mostradas aos usuários quando eles fazem login na Netflix. A predição em lote também é conhecida como *predição assíncrona*: as predições são geradas de forma assíncrona com as requisições.

Confusão de Terminologia

Os termos "predição online" e "predição em lote" podem ser confusos. Ambos podem fazer predições para diversas amostras (em lote) ou para uma amostra por vez. Para evitar confusão, as pessoas às vezes preferem os termos "predição síncrona" e "predição assíncrona". No entanto, essa distinção também não é perfeita, pois quando a predição online utiliza um transporte em tempo real para enviar requisições de predição para seu modelo, as requisições e as predições são tecnicamente assíncronas.

A Figura 7-4 mostra uma arquitetura simplificada para predição em lote e a Figura 7-5 mostra uma versão simplificada da predição online usando apenas features em lote. Veremos o uso de features em lote a seguir.

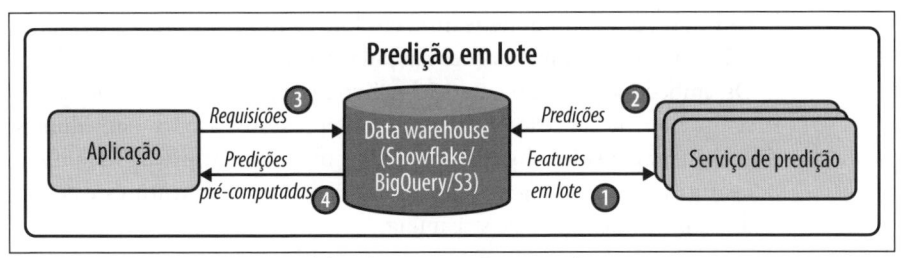

Figura 7-4. Arquitetura simplificada para predição em lote.

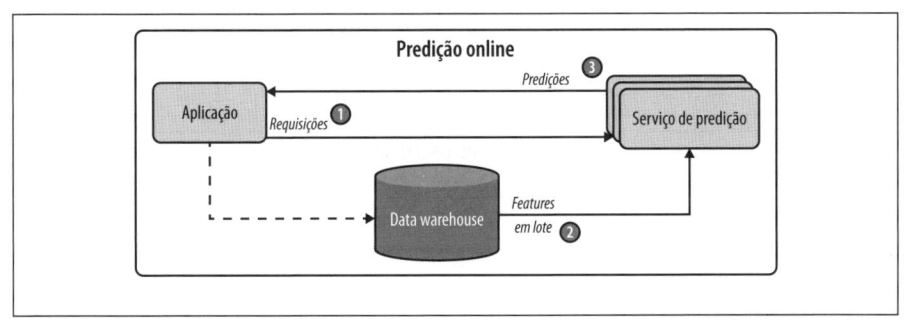

Figura 7-5. Arquitetura simplificada de predição online usando apenas features em lote.

Como abordado no Capítulo 3, features calculadas a partir de dados históricos, como dados em bancos de dados e data warehouses, são *features em lote*. Features calculadas a partir de dados de streaming — dados em transportes em tempo real — são *features de streaming*. Na predição em lote, apenas features em lote são usadas. Na predição online, no entanto, é possível usar features em lote e de streaming. Por exemplo, após um usuário fazer um pedido no DoorDash, talvez a equipe precise das seguintes features para estimar o tempo de entrega:

Features em lote
O tempo médio de preparação deste restaurante no passado

Features de streaming
Nos últimos 10 minutos, quantos outros pedidos têm e quantos entregadores estão disponíveis

> **Features de Streaming Versus Features Online**
>
> Já ouvi os termos "features de streaming" e "features online" usados de forma intercambiável. Na realidade, eles são bastante diferentes. Features online são mais gerais, pois se referem a qualquer feature usada para predição online, incluindo features em lote armazenadas na memória.

Um tipo bem comum de feature em lote usado para predição online, sobretudo em recomendações baseadas em sessão, são os embeddings. Os embeddings geralmente são pré-computados em lote e buscados sempre que necessários à predição online. Nesse caso, os embeddings podem ser considerados features online, mas não features de streaming. Features de streaming se referem exclusivamente às features calculadas a partir de dados de streaming.

A Figura 7-6 mostra uma arquitetura simplificada para predição online que usa features de streaming e features em lote. Algumas empresas chamam esse tipo de predição de "predição de streaming" a fim de diferenciá-lo do tipo de predição online que não usa features de streaming.

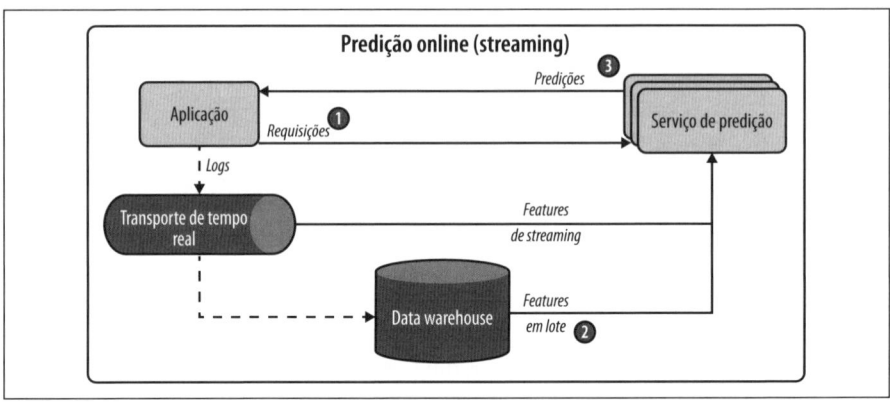

Figura 7-6. Arquitetura simplificada para predição online que usa features em lote e features de streaming.

No entanto, a predição online e a predição em lote não precisam ser mutuamente excludentes. Uma solução híbrida é pré-computar predições para consultas populares e, em seguida, gerar predições online para consultas menos populares. A Tabela 7-1 resume os principais pontos a serem considerados para predição online e em lote.

Tabela 7-1. Algumas diferenças importantes entre a predição em lote e a predição online

	Previsão em lote (assíncrona)	Predição online (síncrona)
Frequência	Periódica, como a cada quatro horas	Assim que as requisições chegarem
Útil para	Processamento de dados acumulados quando não precisamos de resultados imediatos (como sistemas de recomendação)	Quando as predições são necessárias assim que uma amostra de dados é gerada (como detecção de fraude)
Otimizada para	Alta taxa de requisição	Baixa latência

Em muitas aplicações, a predição online e a predição em lote são usadas juntas para diferentes casos de uso. Por exemplo, apps de pedidos de comida como DoorDash e UberEats usam a predição em lote para gerar recomendações de restaurantes — levaria muito tempo para gerar essas recomendações online porque há muitos restaurantes. No entanto, quando você clica em um restaurante, as recomendações de itens alimentares são geradas usando a predição online.

Muitas pessoas acreditam que a predição online é menos eficiente, tanto em termos de custo quanto de desempenho, do que a predição em lote, pois talvez você não consiga agrupar entradas em lote e utilizar a vetorização ou outras técnicas de otimização. Isso não é necessariamente verdade, como já discutimos na seção "Processamento em Lote versus Processamento de Fluxo", no Capítulo 3. Além disso, com a predição online, não é necessário gerar predições para usuários que não estão visitando seu site. Imagine que você roda um app em que apenas 2% de seus usuários fazem login diariamente, por exemplo, em 2020, o Grubhub tinha 31 milhões de usuários e 622 mil pedidos diários.[15] Se você gerar predições para todos os usuários todos os dias, a computação usada para gerar 98% de suas predições será desperdiçada.

Da Predição em Lote à Predição Online

Provavelmente, as pessoas com bagagem acadêmica que chegam ao ML usam predições online. Fornecemos uma entrada ao modelo e ele gera uma predição assim que recebe essa entrada. Provavelmente é assim que a maioria das pessoas interage com seus modelos durante a prototipagem. Provavelmente é assim também que a maioria das empresas implementam um modelo pela primeira vez, pois é mais fácil. Basta exportar seu modelo, carregá-lo para o Amazon SageMaker ou para o Google App Engine e acessar um endpoint exposto.[16] Agora, se enviarmos uma requisição contendo uma entrada para esse endpoint, ela enviará de volta uma predição gerada nessa entrada. O problema com a predição online é que seu modelo demora muito para gerar predições. E se, em vez de gerarmos as predições assim que chegam, calcularmos as predições com antecedência, armazenando-as no banco de dados para buscá-las quando as requisições chegarem? Isso é justamente o que a predição em lote faz. Com essa abordagem, é possível gerar predições para inúmeras entradas de uma só vez, utilizando técnicas distribuídas a fim de processar um alto volume de amostras com eficiência.

---

[15] David Curry, "Grubhub Revenue and Usage Statistics (2022)", Business of Apps, 11 de janeiro de 2022. Disponível em: *https://oreil.ly/jX43M*; "Average Number of Grubhub Orders per Day Worldwide from 2011 to 2020", Statista. Disponível em: *https://oreil.ly/Tu9fm*.

[16] A URL do ponto de entrada de um serviço que, nesse caso, é o serviço de predição do seu modelo de ML.

Como as predições são pré-computadas, não é necessário se preocupar com o tempo que seus modelos levarão para gerá-las. Por isso, a predição em lote também pode ser considerada como um truque para reduzir a latência de inferência de modelos mais complexos — o tempo necessário para obter uma predição geralmente é menor do que o tempo necessário para gerá-la. A predição em lote é boa quando você quer gerar muitas predições e não precisa dos resultados imediatamente. Não é necessário usar todas as predições geradas. Por exemplo, podemos fazer predições para todos os clientes sobre a probabilidade de eles comprarem um novo produto e ficarem entre os 10% melhores.

No entanto, o problema é que a predição em lote torna seu modelo menos responsivo às preferências de alteração dos usuários. Podemos ver essa limitação mesmo em empresas tecnologicamente mais modernas como a Netflix. Digamos que você tenha assistido a muitos filmes de terror ultimamente, então, quando faz login pela primeira vez na Netflix, os filmes de terror dominam as recomendações. Mas você está se sentindo contente hoje, então pesquisa "comédia" e começa a navegar na categoria comédia. A Netflix deve aprender e mostrar mais comédia em sua lista de recomendações, certo? No momento em que eu escrevia este livro, a Netflix não era capaz de atualizar a lista até que o próximo lote de recomendações fosse gerado, mas não tenho dúvidas de que essa limitação será resolvida em um futuro próximo. Outro problema com a predição em lote é que não precisamos saber com antecedência para quais requisições gerar predições. No caso de recomendação de filmes para usuários, sabemos com antecedência para quantos usuários gerar recomendações.[17] No entanto, para casos em que temos consultas imprevisíveis, se tivermos um sistema para traduzir do inglês para o francês, talvez seja impossível predizer todos os textos em inglês possíveis a serem traduzidos — precisamos usar a predição online para gerar predições à medida que as requisições chegam.

No exemplo da Netflix, a predição em lote ocasiona uma leve inconveniência (que está intimamente associada ao engajamento e à retenção do usuário), não a falhas catastróficas. Existem muitas aplicações em que a predição em lote levaria a falhas catastróficas ou simplesmente não funcionaria. A predição online é crucial em negociação de alta frequência (HFT), veículos autônomos, assistentes de voz, desbloqueio de celular usando rosto ou impressões digitais, detecção de queda para idosos e detecção de fraude. Ser capaz de detectar uma transação fraudulenta ocorrida há três horas ainda é melhor do que não detectá-la, mas ser capaz de detectá-la em tempo real pode impedir que a transação fraudulenta ocorra.

A predição em lote é uma solução alternativa para quando a predição online não é barata ou não é rápida o suficiente. Por que gerar um milhão de predições com antecedência e se preocupar em armazená-las e acessá-las se podemos gerar cada predição conforme necessário exatamente com o mesmo custo e a velocidade?

---

[17] Se um novo usuário logar, você poderá fornecer algumas recomendações genéricas.

À medida que o hardware se torna mais personalizado e poderoso e melhores técnicas são desenvolvidas possibilitando predições online mais rápidas e baratas, a predição online pode se tornar o padrão. Nos últimos anos, as empresas fizeram investimentos significativos para passar da predição em lote para a predição online. Para superar o desafio da latência da predição online, são necessários dois componentes:

- Um pipeline (near) real-time que pode trabalhar com dados recebidos, extrair features de streaming (se necessário), inseri-las em um modelo e retornar uma predição quase em tempo real. Um pipeline de streaming com transporte em tempo real e um mecanismo de computação de stream pode ajudar nisso.
- Um modelo que pode gerar predições a uma velocidade aceitável para seus usuários finais. Para a maioria das aplicações de consumo, isso significa milissegundos.

Abordamos o processamento em fluxo no Capítulo 3. Continuaremos discutindo a unificação do pipeline de streaming com o pipeline em lote na próxima seção. Em seguida, abordaremos como acelerar a inferência na seção "Otimização do modelo".

Unificando o Pipeline em Lote e o Pipeline de Streaming

A predição em lote é em grande parte um produto de sistemas legados. Na última década, o processamento de big data foi dominado por sistemas em lote como MapReduce e Spark, que nos possibilitam processar periodicamente uma grande quantidade de dados com muita eficiência. Quando começaram com o ML, as empresas aproveitaram seus sistemas de lote existentes para fazer predições. Quando querem usar features de streaming para predição online, essas empresas precisam criar um pipeline de streaming separado. Vejamos um exemplo para concretizar as coisas.

Imagine que você queira construir um modelo para predizer o horário de chegada de um app como o Google Maps. A predição é atualizada continuamente à medida que o percurso do usuário avança. Talvez seja útil usar uma feature como a velocidade média de todos os carros no percurso nos últimos cinco minutos. Para treinamento, é possível usar dados do último mês. Para extrair essa feature de seus dados de treinamento, convém colocar todos os dados em um dataframe para calcular essa feature para várias amostras de treinamento ao mesmo tempo. Durante a inferência, essa feature será continuamente calculada em um sliding window (ou algoritmo de janelas deslizantes). Ou seja, no treinamento, essa feature é calculada em lote, enquanto durante a inferência é calculada em um processo em fluxo. Ter dois pipelines diferentes para processar seus dados é causa comum de bugs no ML em produção. Uma delas é quando as alterações em um pipeline não são replicadas corretamente no outro, fazendo com que dois pipelines extraiam dois conjuntos diferentes de features. Isso é bastante comum se os dois pipelines são administrados por duas equipes diferentes: a equipe de ML administra o pipeline em lote para treinamento enquanto a equipe de deploy administra o de fluxo para inferência, conforme mostrado na Figura 7-7.

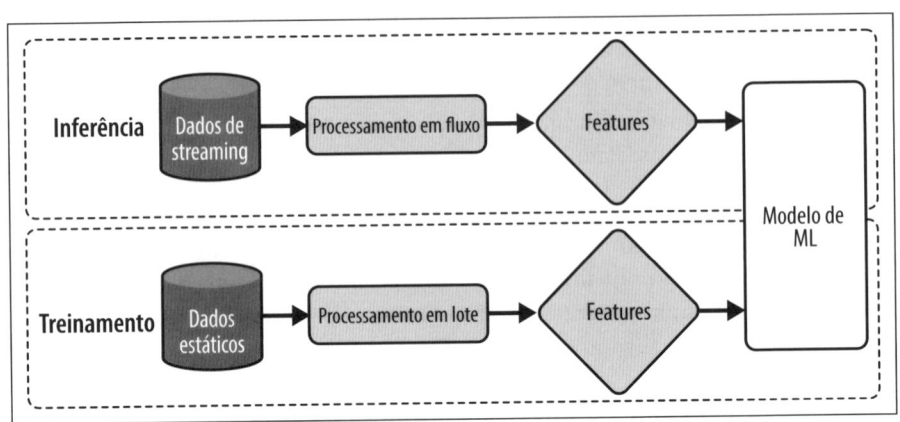

Figura 7-7. Ter dois pipelines diferentes para treinamento e inferência é fonte comum de bugs no ML em produção.

A Figura 7-8 mostra uma feature mais detalhada, e também mais complexa, do pipeline de dados para sistemas de ML que fazem predição online. O elemento circulado denominado Pesquisa é aquilo a que as pessoas são frequentemente expostas em um ambiente acadêmico.

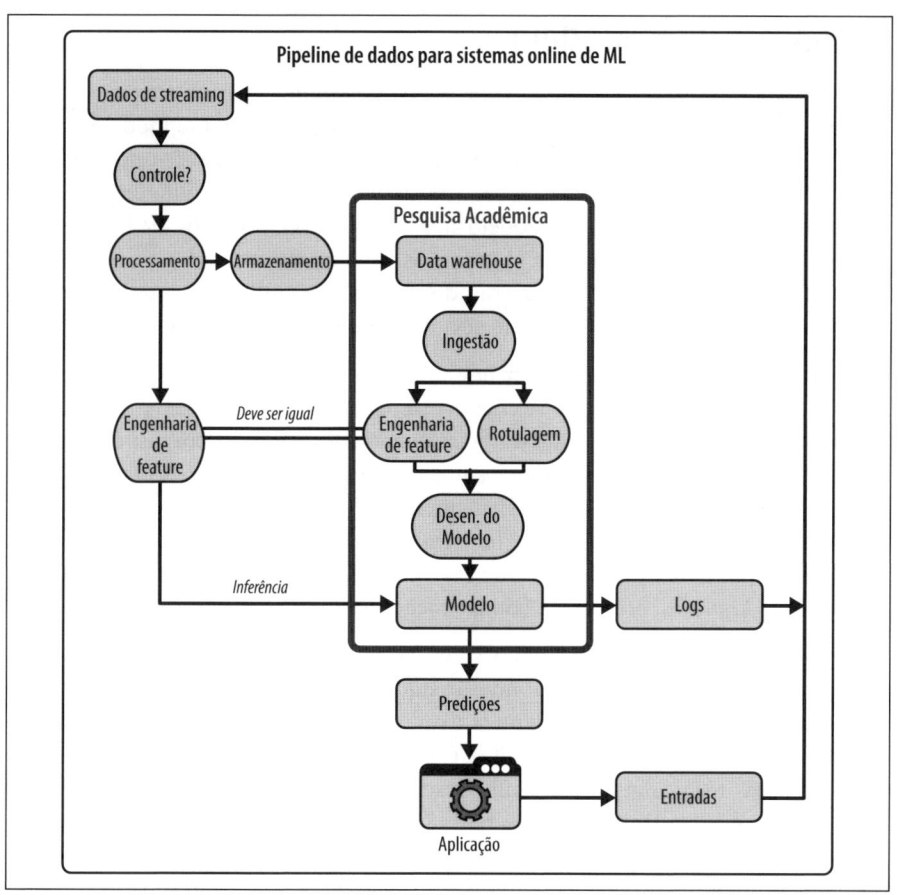

Figura 7-8. Um pipeline de dados para sistemas de ML que fazem predição online.

A criação de infraestrutura para unificar o processamento em fluxo e o processamento em lote se tornou um tópico popular nos últimos anos na comunidade de ML. Empresas como Uber e Weibo reestruturaram substancialmente sua infraestrutura para unificar seus pipelines de processamento em lote e em fluxo usando um processador stream (ou de fluxo) como o Apache Flink.[18] Algumas empresas usam feature stores para garantir a consistência entre as features em lote usadas durante o treinamento e as features de streaming usadas na predição. No Capítulo 10, falaremos mais sobre as feature stores.

---

[18] Shuyi Chean and Fabian Hueske, "Streaming SQL to Unify Batch & Stream Processing w/ Apache Flink @ Uber", *InfoQ*. Disponível em: *https://oreil.ly/XoaNu*; Yu, "Machine Learning with Flink in Weibo".

Compressão de Modelo

Falamos sobre um pipeline de streaming que possibilita que um sistema de ML extraia features de dados recebidos de streaming e as insira em um modelo de ML (near) real-time. No entanto, ter um pipeline near (real-time) não é suficiente para a predição online. Na próxima seção, abordaremos técnicas de inferência rápida para modelos de ML. Caso o modelo que queira fazer o deploy demore muito para gerar predições, temos três abordagens principais para reduzir sua latência de inferência: fazer inferências mais rápido, diminuir o modelo ou fazer com que o hardware em que está implementado seja executado mais rapidamente.

O processo de tornar um modelo menor se chama compressão de modelo, e o processo para torná-lo mais rápido se chama otimização de inferência. Originalmente, a compactação de modelos era para fazer os modelos caberem em dispositivos de borda. No entanto, tornar os modelos menores geralmente os torna mais rápidos. Discutiremos a otimização de inferência na seção "Otimização do modelo" e abordaremos o cenário de back-ends de hardware que estão sendo desenvolvidos especificamente para executar modelos de ML mais rápido na seção "ML na Nuvem e na Borda". Aqui, discutiremos a compactação do modelo.

O número de trabalhos de pesquisa sobre compressão de modelos está crescendo. Os utilitários prontos e disponíveis estão se proliferando. Em abril de 2022, o Awesome Open Source divulgou a lista "The Top 168 Model Compression Open Source Projects" (*https://oreil.ly/CYm82*), e essa lista está crescendo. Apesar de muitas técnicas estarem sendo desenvolvidas, os quatro tipos de técnicas que podemos encontrar com mais frequência são otimização low-rank, knowledge distillation [destilação de conhecimento], pruning [poda] e quantização. Os leitores interessados em uma análise abrangente podem conferir o "Survey of Model Compression and Acceleration for Deep Neural Networks" de Cheng *et al.*, atualizado em 2020.[19]

Fatoração Low-rank

A ideia principal da *fatoração low-rank* é substituir tensores de alta dimensão por tensores de baixa dimensão.[20] Um tipo de fatoração low-rank é *filtros convolucionais compactos*, em que os filtros de convolução superparametrizados (com muitos parâmetros) são substituídos por blocos compactos para reduzir o número de parâmetros e aumentar a velocidade. Por exemplo, ao usar várias estratégias, incluindo a substituição da convolução 3 × 3 pela convolução 1 × 1, o SqueezeNets atinge

---

[19] Yu Cheng, Duo Wang, Pan Zhou e Tao Zhang, "A Survey of Model Compression and Acceleration for Deep Neural Networks", *arXiv*, 14 de junho de 2020. Disponível em: *https://oreil.ly/1eMho*.

[20] Max Jaderberg, Andrea Vedaldi e Andrew Zisserman, "Speeding up Convolutional Neural Networks with Low Rank Expansions", *arXiv*, 15 de maio de 2014. Disponível em: *https://oreil.ly/4Vf4s*.

acurácia no nível do AlexNet no ImageNet com 50 vezes menos parâmetros.[21] Da mesma forma, o MobileNets decompõe a convolução padrão de tamanho $K \times K \times C$ em uma convolução profunda ($K \times K \times 1$) e uma convolução pontual ($1 \times 1 \times C$), com K sendo o tamanho do kernel e C sendo o número de canais. Ou seja: cada nova convolução usa apenas $K^2 + C$ em vez de $K^2 C$ parâmetros. Se $K = 3$, significa uma redução de oito a nove vezes no número de parâmetros (veja a Figura 7-9).[22]

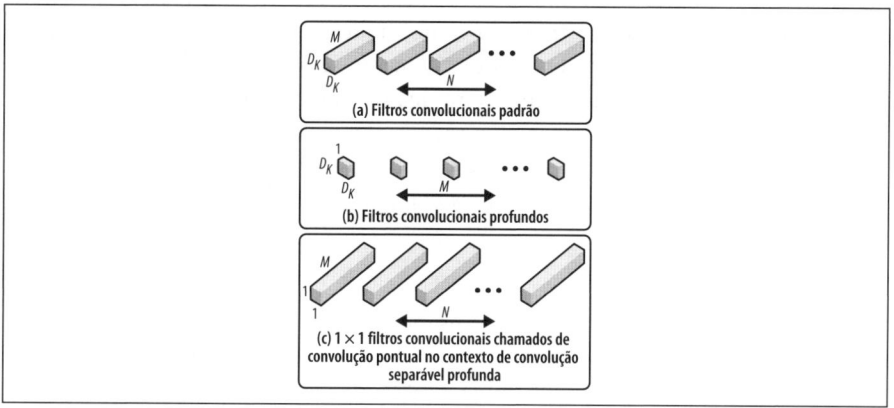

Figura 7-9. Filtros convolucionais compactos do MobileNets. Os filtros convolucionais padrão em (a) são substituídos por convolução profunda em (b) e convolução pontual em (c) para construir um filtro separável e profundo. Fonte: Adaptado de uma imagem de Ratner et al.

Esse método tem sido usado para desenvolver modelos menores com aceleração significativa em relação aos modelos padrão. No entanto, tende a ser específico para determinados tipos de modelos (por exemplo, filtros convolucionais compactos são específicos para redes neurais convolucionais) e exige muito conhecimento de arquitetura para projetá-lo, por isso ainda não é amplamente usado em muitos casos de uso.

Destilação de Conhecimento

A *destilação de conhecimento* é um método no qual um pequeno modelo (aluno) é treinado para imitar um modelo maior ou conjunto de modelos (professor). Faz-se o deploy do modelo menor. Mesmo que o aluno seja muitas vezes treinado após

---

[21] Forrest N. Iandola, Song Han, Matthew W. Moskewicz, Khalid Ashraf, William J. Dally e Kurt Keutzer, "SqueezeNet: AlexNet-Level Accuracy with 50x Fewer Parameters and <0.5MB Model Size", *arXiv*, 4 de novembro de 2016. Disponível em: *https://oreil.ly/xs3mi*.

[22] Andrew G. Howard, Menglong Zhu, Bo Chen, Dmitry Kalenichenko, Weijun Wang, Tobias Weyand, Marco Andreetto e Hartwig Adam, "MobileNets: Efficient Convolutional Neural Networks for Mobile Vision Applications", *arXiv*, 17 de abril de 2017. Disponível em: *https://oreil.ly/T84fD*.

um professor pré-treinado, ambos também podem ser treinados ao mesmo tempo.[23] Um exemplo de uma rede destilada usada em produção é o DistilBERT, que reduz o tamanho de um modelo BERT em 40%, mantendo 97% de seus recursos de compreensão de linguagem e sendo 60% mais rápido.[24]

A vantagem é que essa abordagem pode funcionar independentemente das diferenças arquitetônicas entre redes-professor e redes-aluno. Por exemplo, podemos obter uma floresta aleatória como aluno e um transformer como professor. A desvantagem é que depende muito da disponibilidade de uma rede-professores. Se você usar um modelo pré-treinado como modelo-professor, o treinamento da rede-aluno exigirá menos dados e provavelmente será mais rápido. No entanto, se não tiver um professor disponível, terá que treinar uma rede-professor antes de treinar uma rede-aluno, e treinar uma rede-professor exigirá muito mais dados e levará mais tempo para treiná-la. Esse método também é sensível a aplicações e arquiteturas de modelo, logo não tem uso amplo em produção.

Pruning

Pruning foi um método originalmente usado para árvores de decisão em que removíamos seções de uma árvore que não são críticas e redundantes para classificação.[25] À medida que ganharam ampla adoção, as pessoas começaram a perceber que as redes neurais são superparametrizadas e começaram a encontrar maneiras de reduzir a carga de trabalho causada pelos parâmetros extras.

No contexto de redes neurais, o pruning tem duas funções. Uma delas é remover nós inteiros de uma rede neural, o que significa alterar sua arquitetura e reduzir seu número de parâmetros. A função mais comum é encontrar os parâmetros menos úteis para as predições e defini-los como 0. Nesse caso, o pruning não reduz o número total de parâmetros, somente o número de parâmetros diferentes de zero. A arquitetura da rede neural permanece a mesma. Isso ajuda a reduzir o tamanho de um modelo, pois o pruning torna uma rede neural mais esparsa e a arquitetura esparsa costuma exigir menos espaço de armazenamento do que a estrutura densa. Experimentos revelam que técnicas de pruning podem reduzir as contagens de parâmetros diferentes de zero de redes treinadas em mais de 90%, diminuindo os requisitos de armazenamento e melhorando o desempenho computacional da inferência sem comprometer a acurácia geral.[26] No Capítulo 11, discutiremos como o pruning pode introduzir vieses em seu modelo.

---

[23] Geoffrey Hinton, Oriol Vinyals e Jeff Dean, "Distilling the Knowledge in a Neural Network", *arXiv*, 9 de março de 2015. Disponível em: *https://oreil.ly/OJEPW*.

[24] Victor Sanh, Lysandre Debut, Julien Chaumond e Thomas Wolf, "DistilBERT, a Distilled Version of BERT: Smaller, Faster, Cheaper and Lighter, *arXiv*, 2 de outubro de 2019. Disponível em: *https://oreil.ly/mQWBv*.

[25] Por isso, o nome "pruning".

[26] Jonathan Frankle e Michael Carbin, "The Lottery Ticket Hypothesis: Finding Sparse, Trainable Neural Networks", ICLR 2019. Disponível em: *https://oreil.ly/ychdl*.

Embora seja normalmente consenso que o pruning funciona,[27] tem havido muitas discussões sobre o valor real do pruning. Liu *et al.* argumentaram que o principal valor do pruning não reside nos "pesos importantes" herdados, mas na própria arquitetura podada.[28] Em alguns casos, o pruning pode ser útil como um paradigma de pesquisa de arquitetura e a arquitetura podada deve ser treinada novamente do zero como um modelo denso. No entanto, Zhu *et al.* mostraram que um grande modelo esparso após o pruning superou o desempenho do modelo denso retreinado.[29]

Quantização

Quantização é o método de compressão de modelo mais geral e comumente usado. É simples de fazer e generaliza tarefas e arquiteturas.

A quantização reduz o tamanho de um modelo usando menos bits para representar seus parâmetros. Por padrão, a maioria dos pacotes de software usa 32 bits para representar um número float (ponto flutuante de precisão simples). Se um modelo tiver 100M de parâmetros e cada um precisar de 32 bits para ser armazenado, serão necessários 400MB. Se usarmos 16 bits para representar um número, reduziremos o volume de memória pela metade. O uso de 16 bits para representar um float se chama meia precisão.

Em vez de usar floats, podemos ter um modelo totalmente de inteiros; cada inteiro leva apenas 8 bits para representar. Método também conhecido como "ponto fixo". Em casos extremos, alguns tentaram a representação de 1 bit de cada peso (redes neurais de peso binário), por exemplo, a BinaryConnect e a XNOR-Net.[30] Os autores do artigo XNOR-Net criaram a Xnor.ai, startup focada na compressão de modelos. No início de 2020, foi comprada pela Apple por US$200 milhões.[31]

A quantização não apenas reduz o consumo de memória, como também melhora a velocidade computacional. Primeiro, permite-nos aumentar o tamanho do nosso lote. Segundo, menos precisão acelera a computação, o que reduz ainda mais o tempo de treinamento e a latência de inferência. Considere adicionar dois núme-

---

[27] Davis Blalock, Jose Javier Gonzalez Ortiz, Jonathan Frankle e John Guttag, "What Is the State of Neural Network Pruning?" *arXiv*, 6 de março de 2020. Disponível em: *https://oreil.ly/VQsC3*.
[28] Zhuang Liu, Mingjie Sun, Tinghui Zhou, Gao Huang e Trevor Darrell, "Rethinking the Value of Network Pruning", *arXiv*, 5 de março de 2019. Disponível em: *https://oreil.ly/mB4IZ*.
[29] Michael Zhu e Suyog Gupta, "To Prune, or Not to Prune: Exploring the Efficacy of Pruning for Model Compression", *arXiv*, 13 de novembro de 2017. Disponível em: *https://oreil.ly/KBRjy*.
[30] Matthieu Courbariaux, Yoshua Bengio e Jean-Pierre David, "BinaryConnect: Training Deep Neural Networks with Binary Weights During Propagations", *arXiv*, 2 de novembro de 2015. Disponível em: *https://oreil.ly/Fwp2G*; Mohammad Rastegari, Vicente Ordonez, Joseph Redmon e Ali Farhadi, "XNOR-Net: ImageNet Classification Using Binary Convolutional Neural Networks", *arXiv*, 2 de agosto de 2016. Disponível em: *https://oreil.ly/gr3Ay*.
[31] Alan Boyle, Taylor Soper e Todd Bishop, "Exclusive: Apple Acquires Xnor.ai, Edge AI Spin-out from Paul Allen's AI2, for Price in $200M Range", *GeekWire*, 15 de janeiro de 2020. Disponível em: *https://oreil.ly/HgaxC*.

ros. Se realizarmos a adição pouco a pouco, e cada uma levar x nanossegundos, levará $32x$ nanossegundos para números de 32 bits, mas apenas $16x$ nanossegundos para números de 16 bits.

Mas a quantização tem pontos negativos. Reduzir o número de bits para representar seus números significa que você pode representar um intervalo menor de valores. Para valores fora desse intervalo, você terá que arredondá-los e/ou fazer o scale up para que fiquem dentro do intervalo. O arredondamento de números resulta em erros de arredondamento, e pequenos erros de arredondamento podem resultar em grandes mudanças de desempenho. Corremos o risco também de arredondar/escalar seus números para under/overflow e renderizar para 0. Não é nada fácil implementar arredondamento e escala eficientes em baixo nível, mas, felizmente, os principais frameworks já vem com eles.

A quantização pode ocorrer durante o treinamento (treinamento consciente de quantização),[32] em que os modelos são treinados em menor precisão, ou pós-treinamento, em que os modelos são treinados em ponto flutuante de precisão simples e depois quantizados para inferência. Usar a quantização durante o treinamento significa que podemos usar menos memória para cada parâmetro, possibilitando treinar modelos maiores no mesmo hardware.

O treinamento de baixa precisão se tornou cada vez mais popular ultimamente, com suporte dos mais modernos hardwares de treinamento. A NVIDIA lançou os Tensor Cores, unidades de processamento que suportam treinamento de precisão mista.[33] As TPUs do Google (unidades de processamento de tensor) também oferecem suporte ao treinamento com Bfloat16 (formato de ponto flutuante de 16 bits para machine learning), que a empresa apelidou de "o segredo para alto desempenho em Cloud TPUs".[34] O treinamento em ponto fixo ainda não é tão popular, mas teve muitos resultados promissores.[35]

A inferência de ponto fixo se tornou um padrão na indústria. Alguns dispositivos de borda suportam apenas inferência de ponto fixo. Os frameworks mais populares para inferência de ML em dispositivos — TensorFlow Lite do Google, PyTorch

---

[32] A partir de outubro de 2020, o treinamento consciente de quantização do TensorFlow não treinava modelos com pesos em bits mais baixos, mas coletava estatísticas para usar na quantização pós-treinamento.

[33] Chip Huyen, Igor Gitman, Oleksii Kuchaiev, Boris Ginsburg, Vitaly Lavrukhin, Jason Li, Vahid Noroozi e Ravi Gadde, "Mixed Precision Training for NLP and Speech Recognition with OpenSeq2Seq", *NVIDIA Devblogs*, 9 de outubro de 2018. Disponível em: *https://oreil.ly/WDT1l*. Um post meu!

[34] Shibo Wang e Pankaj Kanwar, "BFloat16: The Secret to High Performance on Cloud TPUs", *Google Cloud Blog*, 23 de agosto de 2019. Disponível em: *https://oreil.ly/ZG5p0*.

[35] Itay Hubara, Matthieu Courbariaux, Daniel Soudry, Ran El-Yaniv e Yoshua Bengio, "Quantized Neural Networks: Training Neural Networks with Low Precision Weights and Activations", *Journal of Machine Learning Research* 18 (2018): 1–30; Benoit Jacob, Skirmantas Kligys, Bo Chen, Menglong Zhu, Matthew Tang, Andrew Howard, Hartwig Adam e Dmitry Kalenichenko, "Quantization and Training of Neural Networks for Efficient Integer-Arithmetic-Only Inference", *arXiv*, 15 de dezembro de 2017. Disponível em: *https://oreil.ly/sUuMT*.

Mobile do Facebook, TensorRT da NVIDIA — oferecem quantização pós-treinamento gratuita com algumas linhas de código.

> ## Estudo de Caso
>
> Para entender melhor como otimizar modelos em produção, vejamos um fascinante estudo de caso da Roblox: como a equipe escalou um BERT para atender a mais de 1 bilhão de requisições diárias em CPUs.[36] Para muitos de seus serviços de PLN, a equipe precisava lidar com mais de 25.000 inferências por segundo com uma latência inferior a 20ms, conforme mostrado na Figura 7-10. Eles começaram com um grande modelo BERT com entrada de forma fixa, depois substituíram-no por um DistilBERT e a entrada de forma fixa por entrada de forma dinâmica e, por último, fizeram a quantização.
>
> **Escalando o BERT: principais melhorias**
>
> ☐ Taxa de requisição (inferências por seg.) da utilização de 32 núcleos   ● Latência em ms (50º percentil)
>
> | Cenário | Taxa | Latência |
> |---|---|---|
> | Cenário #1: "Baseline BERT" (PyTorch BERT + entrada de forma fixa) | 100 | 330 |
> | Cenário #2: "Modelo menor" (PyTorch DistilBERT + entrada de forma fixa) | 185 | 171 |
> | Cenário #3: "Entradas menores" (PyTorch DistilBERT + entrada de forma dinâmica) | 369 | 69 |
> | Cenário #4: "Pesos menores" (PyTorch DistilBERT + entrada de forma dinâmica + quantização) | 3.015 | 10 |
>
> *Figura 7-10. Melhoria de latência de vários métodos de compressão de modelo. Fonte: Adaptado de uma imagem de Le e Kaehler.*
>
> O maior aumento de desempenho obtido veio da quantização. A conversão de pontos flutuantes de 32 bits em inteiros de 8 bits reduz a latência em 7 vezes e aumenta a taxa de transferência em 8 vezes. Os resultados aqui parecem bem promissores para melhorar a latência; no entanto, devem ser encarados com cautela, já que não há menção a mudanças na qualidade de saída após cada melhoria de desempenho.

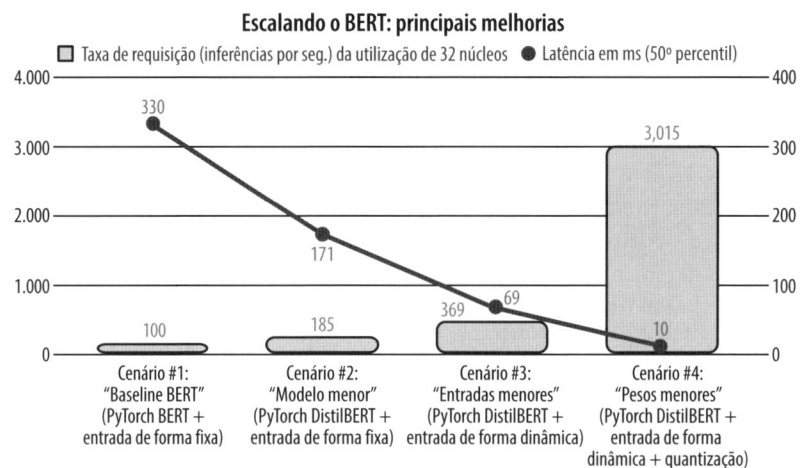

---

[36] Quoc Le e Kip Kaehler, "How We Scaled Bert To Serve 1+ Billion Daily Requests on CPUs", Roblox, 27 de maio de 2020. Disponível em: *https://oreil.ly/U01Uj*.

ML na Nuvem e na Borda

Outra decisão que precisamos tomar é onde ocorrerá a computação do modelo: na nuvem ou na borda. Na nuvem, grande parte da computação é feita em nuvem, sejam públicas ou privadas. Na borda, grande parte da computação é feita em dispositivos de consumo — como navegadores, celulares, laptops, smartwatches, carros, câmeras de segurança, robôs, dispositivos incorporados, FPGAs (matrizes de portas programáveis) e ASICs (circuitos integrados específicos de aplicação) — que também são conhecidos como dispositivos de borda. O modo mais fácil é empacotar seu modelo e fazer o deploy por meio de um serviço de nuvem gerenciado, como AWS ou GCP, e é assim que muitas empresas fazem deploy quando começam com o ML. Os serviços em nuvem facilitaram incrivelmente com que as empresas disponibilizassem seus modelos em produção.

No entanto, existem muitos pontos negativos com o deploy em nuvem. O primeiro é o custo. Os modelos de ML podem ser de computação intensiva e isso tem um custo alto. Mesmo em 2018, grandes empresas como Pinterest, Infor e Intuit já gastavam centenas de milhões de dólares anualmente com despesas de nuvem.[37] Para empresas de médio e pequeno porte, essas despesas podem ficar entre US$50 mil e US$2 milhões por ano.[38] Um simples erro na manipulação de serviços em nuvem pode levar à falência de startups.[39] À medida que suas despesas com nuvem aumentam, cada vez mais empresas estão procurando formas de recorrer aos dispositivos de borda. Na borda, quanto mais computação, menos as empresas usam a nuvem e menos arcam com o custo dos servidores. Além de ajudar a controlar os custos, existem muitas propriedades que tornam a computação de borda convidativa. A primeira é possibilitar que suas aplicações sejam executadas onde a computação em nuvem não consegue. Em nuvens públicas, seus modelos dependem de conexões de internet estáveis para enviar dados para a nuvem e vice-versa. A computação de borda possibilita que seus modelos rodem em situações em que não há conexões com a internet ou onde as conexões não são confiáveis, como em áreas rurais ou países em desenvolvimento. Trabalhei com diversas empresas e organizações que têm políticas rígidas contra a internet, ou seja, as aplicações que queremos vender não devem depender de conexões com a internet.

---

[37] Amir Efrati e Kevin McLaughlin, "As AWS Use Soars, Companies Surprised by Cloud Bills", *The Information*, 25 de fevereiro de 2019. Disponível em: *https://oreil.ly/H9ans*; Mats Bauer, "How Much Does Netflix Pay Amazon Web Services Each Month?", Quora, 2020. Disponível em: *https://oreil.ly/HtrBk*.

[38] "2021 State of Cloud Cost Report", Anodot. Disponível em: *https://oreil.ly/5ZIJK*.

[39] "Burnt $72K Testing Firebase and Cloud Run and Almost Went Bankrupt", Hacker News, 10 de dezembro de 2020. Disponível em: *https://oreil.ly/vsHHC*; "How to Burn the Most Money with a Single Click in Azure", Hacker News, 29 de março de 2020. Disponível em: *https://oreil.ly/QvCiI*. Discutiremos com mais detalhes como as empresas respondem às altas despesas com nuvem na seção "Nuvem Pública versus Data Centers Privado".

E mais, uma vez que seus modelos estejam nos dispositivos dos consumidores, é possível se preocupar menos com a latência da rede. Exigir transferência de dados pela rede (enviar dados para o modelo na nuvem a fim de fazer predições e depois enviá-las de volta aos usuários) pode impossibilitar alguns casos de uso. Em muitos casos, a latência da rede é um gargalo maior do que a latência de inferência. Por exemplo, podemos reduzir a latência de inferência da ResNet-50 de 30ms para 20ms, mas a latência de rede pode chegar a segundos, dependendo de onde estamos e de quais serviços estamos tentando usar. Migrar seus modelos para a borda também é convidativo quando se trata de dados confidenciais do usuário. ML na nuvem significa que seus sistemas podem ter que enviar dados do usuário pelas redes, deixando-os mais suscetíveis à interceptação de dados. A computação em nuvem também significa armazenar dados de muitos usuários no mesmo local, ou seja, uma violação pode afetar muitas pessoas. "Quase 80% das empresas sofreram violação de dados na nuvem nos últimos 18 meses", segundo a revista *Security*.[40] A computação de borda facilita o cumprimento de regulamentações, como o GDPR, sobre como os dados do usuário podem ser transferidos ou armazenados. Embora possa mitigar as preocupações com a privacidade, a computação de borda não as elimina completamente. Em alguns casos, barreiras como a natureza distribuída de dispositivos de borda pode trazer sérios riscos a ataques aos dados do usuário.

Na migração para a computação de borda, os dispositivos de borda devem ser poderosos o suficiente para lidar com a computação, ter memória o bastante para armazenar modelos de ML e carregá-los na memória, bem como ter bateria suficiente ou estar conectado a uma fonte de energia para rodar a aplicação por tempo razoável. Rodar um BERT de tamanho normal no seu celular, se ele conseguir, é uma forma rápida de ficar sem bateria. Devido às inúmeras vantagens que a computação de borda apresenta em relação à computação em nuvem, as empresas estão em uma corrida para desenvolver dispositivos de borda otimizados para diferentes casos de uso de ML. Empresas consolidadas, incluindo Google, Apple e Tesla, divulgaram planos de fabricar os próprios chips. Nesse ínterim, as startups de hardware de ML angariaram bilhões de dólares para desenvolver melhores chips de IA.[41] Estima-se que até 2025 o número de dispositivos de borda em todo o mundo ultrapassará 30 bilhões.[42] Com tantas novas ofertas de hardware para rodar modelos de ML, surge uma pergunta: como fazemos com que nosso modelo rode em hardware arbitrário com eficiência? Na seção a seguir, abordaremos como compilar e otimizar um modelo para executá-lo em um determinado back-end de

---

[40] "Nearly 80% of Companies Experienced a Cloud Data Breach in Past 18 Months", *Security*, 5 de junho de 2020. Disponível em: *https://oreil.ly/gA1am*.

[41] Veja o slide #53, CS 329S's Lecture 8: Deployment Prediction Service, 2022. Disponível em: *https://oreil.ly/cXTou*.

[42] "Internet of Things (IoT) and Non-IoT Active Device Connections Worldwide from 2010 to 2025", Statista. Disponível em: *https://oreil.ly/BChLN*.

hardware. No processo, apresentaremos conceitos importantes que talvez você se depare ao lidar com modelos na borda, como as representações intermediárias (IRs) e compiladores.

Compilando e Otimizando Modelos para Dispositivos de Borda

Para que um modelo criado com um determinado framework, como TensorFlow ou PyTorch, rode em um back-end de hardware, esse framework deve ser compatível com o fornecedor do hardware. Por exemplo, embora as TPUs tenham sido lançadas publicamente em fevereiro de 2018, foi somente em setembro de 2020 que o PyTorch passou a ser compatível com as TPUs. Antes disso, se você quisesse usar uma TPU, teria que usar um framework compatível. Fornecer suporte de um framework para um back-end de hardware é demorado e exige muita engenharia. O mapeamento de cargas de trabalho de ML para um back-end de hardware exige a compreensão e o aproveitamento do design do hardware, e diferentes back-ends de hardware têm diferentes layouts de memória e primitivas de computação, conforme mostrado na Figura 7-11.

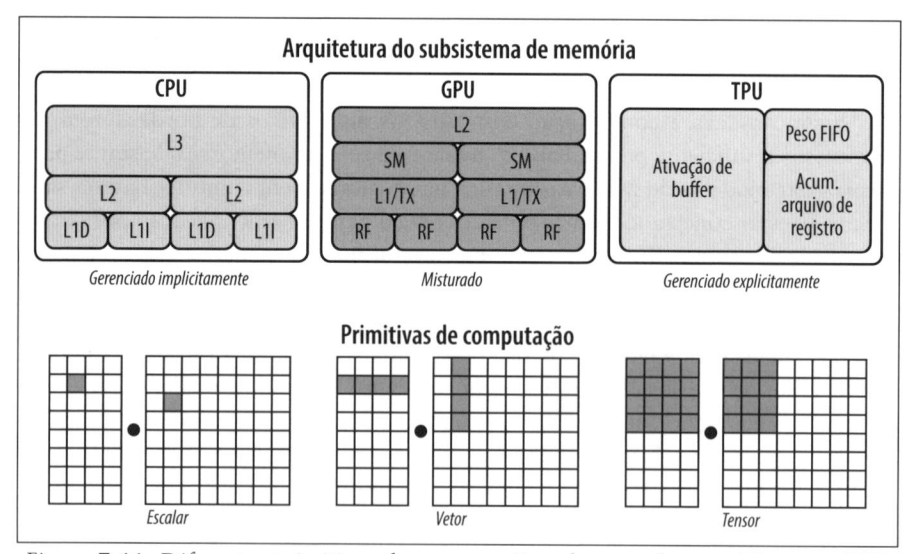

Figura 7-11. Diferentes primitivas de computação e layouts de memória para CPU, GPU e TPU. Fonte: Adaptado de uma imagem de Ratner et al.[43]

Por exemplo, a primitiva de computação de CPUs costumava ser um número (escalar) e a primitiva de computação de GPUs costumava ser um vetor unidimen-

---

[43] Tianqi Chen, Thierry Moreau, Ziheng Jiang, Lianmin Zheng, Eddie Yan, Meghan Cowan, Haichen Shen et al., "TVM: An Automated End-to-End Optimizing Compiler for Deep Learning", *arXiv*, 12 de fevereiro de 2018. Disponível em: https://oreil.ly/vGnkW.

sional, enquanto a primitiva de computação de TPUs é um vetor bidimensional (tensor).[44] A execução de um operador de convolução será bem diferente com vetores unidimensionais do que com vetores bidimensionais. Da mesma forma, é necessário considerar diferentes layouts L1, L2 e L3 e tamanhos de buffer para usá-los com eficiência.

Por causa desse desafio, os desenvolvedores de framework costumam focar fornecer compatibilidade a somente uma dúzia de server-class hardware, e os fornecedores de hardware costumam oferecer as próprias bibliotecas de kernel para uma pequena variedade de frameworks. Fazer o deploy de modelos de ML em um novo hardware exige bastante esforço manual. E se, em vez de direcionar novos compiladores e bibliotecas para cada novo back-end de hardware, criarmos um intermediário para fazer a ponte entre frameworks e plataformas? Os desenvolvedores de frameworks não terão mais que fornecer suporte a todos os tipos de hardware; só precisarão traduzir seu código de framework para esse intermediário. Os fornecedores de hardware podem oferecer suporte a um intermediário em vez de diversos frameworks.

Esse tipo de "intermediário" se chama representação intermediária (IR). As IRs estão no cerne dos compiladores. A partir do código original de um modelo, os compiladores geram uma série de IRs de alto e baixo nível antes de gerar o código nativo para um back-end de hardware, de modo que possa ser rodado nesse back-end de hardware, como mostrado na Figura 7-12.

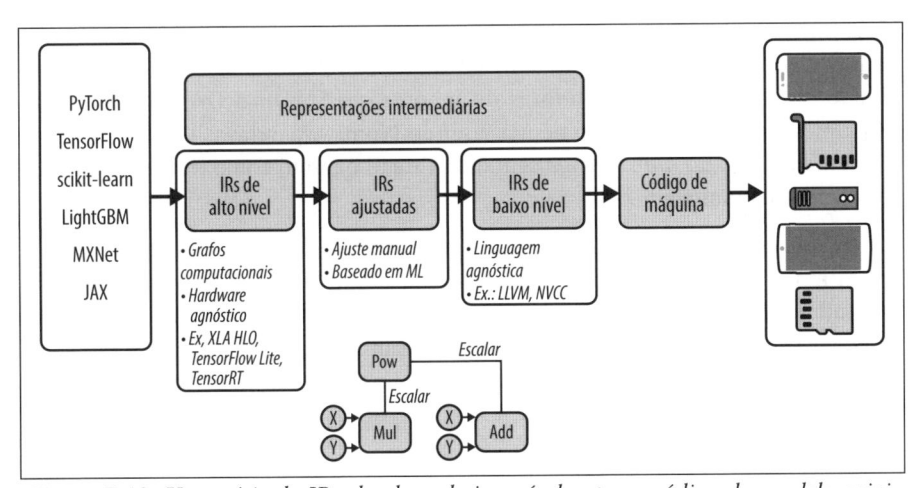

Figura 7-12. Uma série de IRs de alto e baixo nível entre o código do modelo original e o código de máquina que pode ser executado em um determinado back-end de hardware.

---

[44] Atualmente, muitas CPUs têm instruções vetoriais e algumas GPUs têm núcleos tensores, que são bidimensionais.

Esse processo também é conhecido como *lowering*: convertemos o código do framework de alto nível em código nativo de hardware de baixo nível. Não está traduzindo porque não há mapeamento de um para um entre eles. As IRs de alto nível geralmente são grafos computacionais de seus modelos de ML. Um grafo computacional descreve a ordem em que sua computação é executada. Os leitores interessados podem ler sobre grafos computacionais no PyTorch (*https://oreil.ly/who8P*) e TensorFlow (*https://oreil.ly/O8qR9*).

Otimização do Modelo

Após fazer o "lowering" para executar seus modelos no hardware de sua escolha, talvez você se depare com um problema: desempenho. Por mais que o código de máquina gerado possa ser executado em um back-end de hardware, talvez você não consiga fazer isso com eficiência. O código gerado pode não tirar proveito da localidade de dados e caches de hardware, ou talvez não use features avançadas como vetor ou operações paralelas que podem acelerar o código.

Um típico fluxo de trabalho de ML consiste em muitos frameworks e bibliotecas. Por exemplo, é possível usar pandas/dask/ray para extrair features de seus dados. Você pode usar o NumPy para realizar a vetorização. É possível usar um modelo pré-treinado transformer do Hugging Face para gerar features e, em seguida, fazer predições com um ensemble de modelos criados com diversos frameworks, como sklearn, TensorFlow ou LightGBM. Nesses frameworks, ainda que funções individuais possam ser otimizadas, há pouca ou nenhuma otimização neles. Uma forma ingênua de mover dados entre essas funções para computação pode causar desaceleração da ordem de magnitude em todo o fluxo de trabalho. Um estudo realizado por pesquisadores do laboratório Stanford DAWN descobriu que típicas cargas de trabalho de ML usando NumPy, pandas e TensorFlow são executadas *23 vezes mais devagar* em uma thread quando comparadas ao código otimizado manualmente.[45]

Em muitas empresas, o que acontece é que cientistas de dados e engenheiros de ML criam modelos que aparentemente funcionam no ambiente de desenvolvimento. No entanto, quando se faz o deploy, esses modelos ficam demasiadamente lentos. Logo, as empresas contratam engenheiros de otimização para otimizar os modelos para o hardware em que são executados. Vejamos um exemplo de descrição de trabalho para engenheiros de otimização na Mythic:

> Essa visão faz parte da equipe de engenharia de IA: nossa experiência é usada para desenvolver algoritmos e modelos de IA otimizados para nosso hardware, bem como para fornecer orientação às equipes de hardware e de

---

[45] Shoumik Palkar, James Thomas, Deepak Narayanan, Pratiksha Thaker, Rahul Palamuttam, Parimajan Negi, Anil Shanbhag et al., "Evaluating End-to-End Optimization for Data Analytics Applications in Weld", *Anais das Doações VLDB* 11, no. 9 (2018): 1002–15. Disponível em: *https://oreil.ly/ErUIo*.

compiladores da Mythic. A equipe de engenharia de IA impacta significativamente a Mythic quando:

- Desenvolve ferramentas de retreinamento de quantização e robustez de IA
- Investiga novas features para nosso compilador que aproveitam a adaptabilidade das redes neurais
- Desenvolvem novas redes neurais otimizadas para nossos produtos de hardware
- Interagem com clientes internos e externos para atender suas necessidades de desenvolvimento

Além de serem difíceis de encontrar e caros de contratar, engenheiros que fazem otimização precisam ter experiência em arquiteturas de ML e hardware. Os compiladores de otimização (compiladores que também otimizam seu código) é uma solução alternativa, pois podem automatizar o processo de otimização de modelos. No processo de fazer o lowering do código do modelo de ML para código de máquina, os compiladores podem analisar o grafo computacional do seu modelo de ML e seus operadores — convolução, loops, entropia cruzada — e encontrar uma forma de acelerá-lo.

Há duas formas de otimizar seus modelos de ML: localmente e globalmente. Localmente é quando otimizamos um operador ou um conjunto de operadores do modelo. Globalmente é quando otimizamos todo o grafo computacional de ponta a ponta. Existem técnicas padrões de otimização local conhecidas por acelerar seu modelo, a maioria faz com que as coisas funcionem em paralelo ou reduz o acesso à memória nos chips. Vejamos quatro das técnicas comuns:

Vetorização
   Dado um loop ou um loop aninhado, em vez de executá-lo um item por vez, execute vários elementos contíguos na memória ao mesmo tempo para reduzir a latência causada pela I/O de dados.

Paralelização
   Dado um array de entrada (ou *n-dimensional* array), divida-o em diferentes partes de trabalho independentes e faça a operação em cada parte individualmente.

Loop tiling[46]
>Altere a ordem de acesso aos dados em um loop para aproveitar o layout e o cache da memória do hardware. Esse tipo de otimização depende do hardware. Um bom padrão de acesso em CPUs não é um bom padrão de acesso em GPUs.

Fusão de operador
>Realize a fusão de diversos operadores em um para evitar acesso redundante à memória. Por exemplo, duas operações no mesmo array exigem dois loops nesse array. No caso de uma fusão, é apenas um loop. A Figura 7-13 mostra um exemplo de fusão de operadores.

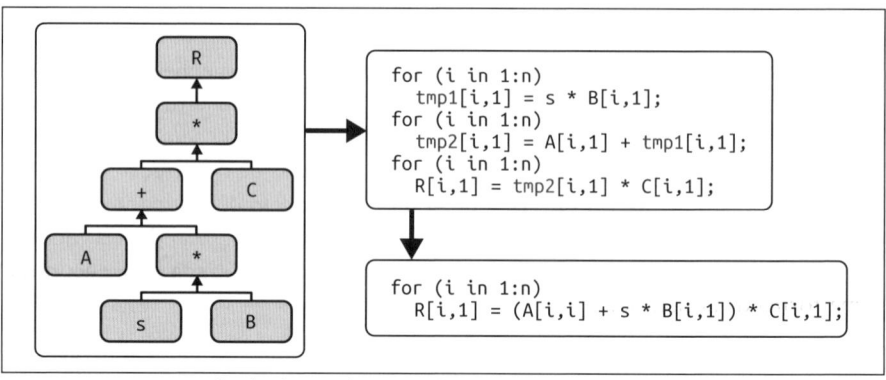

```
for (i in 1:n)
    tmp1[i,1] = s * B[i,1];
for (i in 1:n)
    tmp2[i,1] = A[i,1] + tmp1[i,1];
for (i in 1:n)
    R[i,1] = tmp2[i,1] * C[i,1];
```

```
for (i in 1:n)
    R[i,1] = (A[i,i] + s * B[i,1]) * C[i,1];
```

Figura 7-13. Exemplo de fusão de operadores. Fonte: Adaptado de uma imagem de Matthias Boehm.[47]

Para obter maior aceleração, seria necessário usar as estruturas de nível superior do seu grafo computacional. Por exemplo, uma rede neural de convolução com grafo computacional pode ser fundida vertical ou horizontalmente para reduzir o acesso à memória e acelerar o modelo, como mostrado na Figura 7-14.

---

[46] Para uma visualização de loop tiling, consulte o slide 33 da apresentação da Colfax Research "Access to Caches and Memory" (disponível em: *https://oreil.ly/7ipWQ*), seção 10 da série Programming and Optimization for Intel Architecture: Hands-on Workshop. A série completa está disponível em: *https://oreil.ly/hT1g4*.

[47] Matthias Boehm, "Architecture of ML Systems 04 Operator Fusion and Runtime Adaptation", Graz University of Technology, 5 de abril de 2019. Disponível em: *https://oreil.ly/py43J*.

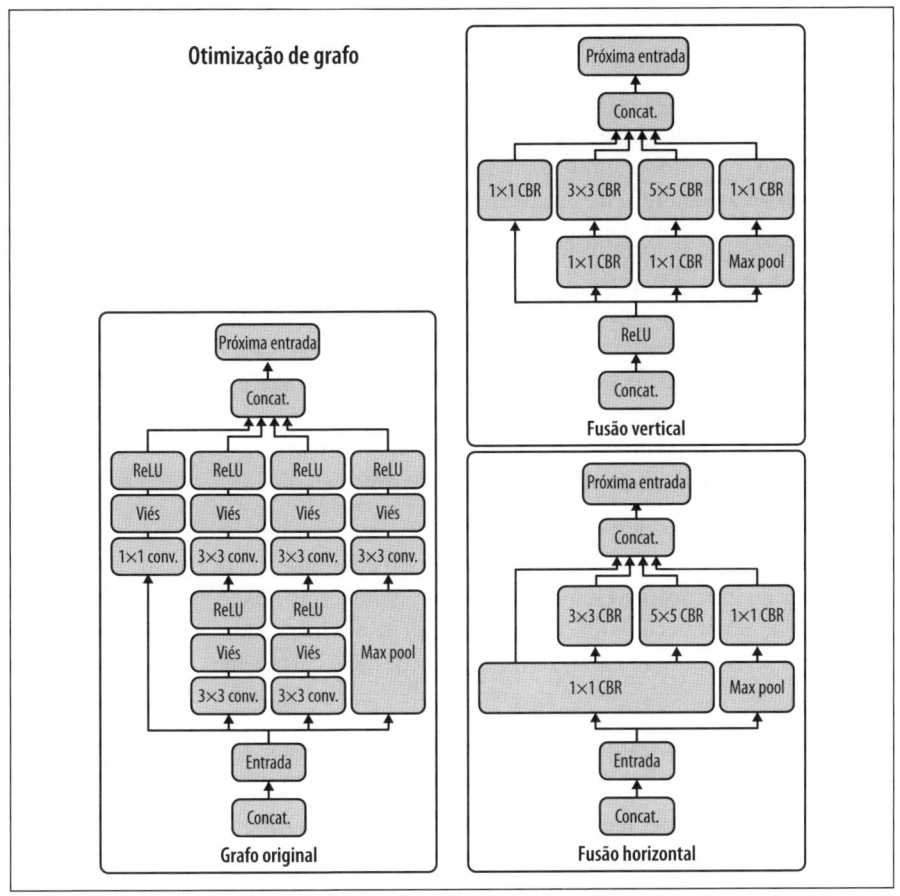

Figura 7-14. Fusão vertical e horizontal do grafo computacional de uma rede neural de convolução. CBR significa "convolução, viés [bias] e ReLU". Fonte: Adaptado de uma imagem da equipe do TensorRT.[48]

Usando ML para otimizar modelos de ML

Como sugerido na seção anterior com a fusão vertical e horizontal para uma rede neural convolucional, existem muitas formas possíveis de executar um determinado grafo computacional. Por exemplo, dados três operadores A, B e C, podemos fundir A com B, fundir B com C ou A, B e C todos juntos.

Tradicionalmente, os fornecedores de framework e hardware contratam engenheiros de otimização que, com base em sua experiência, apresentam heurísticas sobre a melhor forma de executar o grafo computacional de um modelo. Por exemplo, a NVIDIA pode ter um engenheiro ou uma equipe de engenheiros que se concentra

---

[48] Shashank Prasanna, Prethvi Kashinkunti e Fausto Milletari, "TensorRT 3: Faster TensorFlow Inference and Volta Support", NVIDIA Developer, 4 de dezembro de 2017. Disponível em: *https://oreil.ly/d9b98*.

exclusivamente em como fazer o ResNet-50 rodar mais rápido em seu servidor DGX A100.[49]

As heurísticas manuais têm algumas limitações. Primeiro, não são ideais. Não há garantia de que a heurística criada por um engenheiro seja a melhor solução possível. Segundo, não são adaptativas. Repetir o processo em um novo framework ou em uma nova arquitetura de hardware exige um empenho hercúleo.

Isso é complicado pelo fato de que a otimização do modelo depende dos operadores que formam seu grafo computacional. Otimizar uma rede neural de convolução é diferente de otimizar uma rede neural recorrente, que é diferente de otimizar um transformer. Fornecedores de hardware como NVIDIA e Google focam a otimização de modelos populares como ResNet-50 e BERT para seu hardware. Mas e se você, como pesquisador de ML, criar uma nova arquitetura de modelo? Talvez precise otimizá-lo por conta própria para mostrar que é rápido antes de ser adotado e otimizado pelos fornecedores de hardware.

Caso não tenha ideia de boas heurísticas, uma solução potencial pode ser tentar todas as formas possíveis de executar um grafo computacional, registrar o tempo necessário de execução e escolher a melhor. No entanto, dado um número combinatório de possíveis caminhos, explorá-los em sua totalidade seria impraticável. Felizmente, o ML é bom em aproximar soluções para problemas intratáveis.

E se usarmos o ML para restringir o espaço de pesquisa, de modo que não precisemos explorar tantos caminhos, predizendo quanto tempo um caminho levará para não ficarmos esperando a execução de todo o grafo computacional?

Estimar quanto tempo um caminho através de um grafo computacional levará para ser executado acaba sendo difícil, pois exige muitas suposições sobre esse mesmo grafo. É mais fácil focar uma pequena parte do grafo. Caso use o PyTorch em GPUs, já deve ter visto o torch.backends.cudnn.benchmark=True. Quando True, o *cuDNN autotune* é habilitado. O *cuDNN autotune* pesquisa um conjunto predeterminado de opções para executar um operador de convolução e, em seguida, escolhe o caminho mais rápido. O autotune cuDNN, apesar de sua eficácia, funciona somente com operadores de convolução. Uma solução mais geral é autoTVM (*https://oreil.ly/ZNgzH*), que faz parte do stack de compiladores open source TVM. O autoTVM trabalha com subgrafos ao invés de apenas um operador, então os espaços de busca com os quais trabalha são mais complexos. O funcionamento do autoTVM é complicadíssimo, mas em termos simples:

1. Primeiro, divide seu grafo computacional em subgrafos.

---

[49] Por isso que você não deve ler muito os resultados de benchmarking, como os resultados do MLPerf (disponível em: *https://oreil.ly/XrW2C*). Um modelo popular que roda muito rápido em um tipo de hardware não significa que um modelo arbitrário rodará muito rápido naquele hardware. Pode ser que esse modelo esteja superotimizado.

2. Prediz o tamanho de cada subgrafo.
3. Aloca tempo para procurar o melhor caminho possível para cada subgrafo.
4. Traça a melhor forma possível de executar cada subgrafo para rodar o grafo inteiro.

O autoTVM calcula o tempo real que leva para executar cada caminho até o fim, fornecendo dados ground truth para treinar um modelo de custo a fim de predizer quanto tempo um caminho futuro levará. A vantagem dessa abordagem é: como é treinado usando os dados gerados durante o tempo de execução, o modelo pode se adaptar a qualquer tipo de hardware em que seja executado. A desvantagem é que leva mais tempo para o modelo de custo começar a melhorar. A Figura 7-15 mostra o ganho de desempenho que o autoTVM teve em relação ao cuDNN para o modelo ResNet-50 no NVIDIA TITAN X.

Embora os resultados dos compiladores baseados em ML sejam impressionantes, temos um porém: a lentidão. Você percorre todos os caminhos possíveis e encontra os mais otimizados. Esse processo pode demorar horas e até dias para modelos complexos de ML. No entanto, é uma operação on-time e os resultados de sua pesquisa de otimização podem ser armazenados em cache e usados para otimizar modelos existentes, fornecendo um ponto de partida para futuras sessões de ajuste. Basta otimizar seu modelo uma vez para um back-end de hardware e o executar em vários dispositivos do mesmo tipo de hardware. Esse tipo de otimização é ideal quando temos um modelo pronto para produção e hardware para executar a inferência.

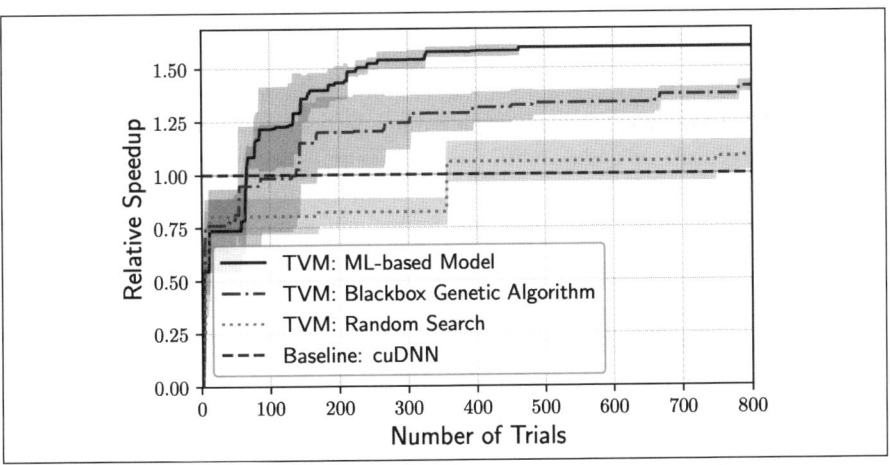

Figura 7-15. Aceleração [Relative Speedup no gráfico] alcançada pelo autoTVM em relação ao cuDNN para ResNet-50 no NVIDIA TITAN X. São necessárias aproximadamente 70 tentativas [Number of Trials] para que o autoTVM supere em desempenho o cuDNN. Fonte: Chen et al.[50]

---

[50] Chen et al., "TVM: An Automated End-to-End Optimizing Compiler for Deep Learning".

ML em Navegadores

Temos falado sobre como os compiladores podem nos ajudar a gerar modelos de execução de código nativo da máquina em determinados back-ends de hardware. No entanto, é possível gerar código que pode ser executado em qualquer back-end de hardware rodando esse código nos navegadores. Caso possa rodar seu modelo em um navegador, poderá executá-lo em qualquer dispositivo compatível com navegadores: MacBooks, Chromebooks, iPhones, celulares Android e muito mais. Não é necessário se preocupar com quais chips esses dispositivos usam. Se a Apple decidir mudar de chips Intel para chips ARM, o problema não é seu.

Ao falar sobre navegadores, muitas pessoas pensam em JavaScript. Existem ferramentas que podem ajudá-lo a compilar seus modelos em JavaScript, como TensorFlow.js (*https://oreil.ly/3Afzv*), Synaptic (*https://oreil.ly/SYiLq*) e brain.js (*https://oreil.ly/83IIa*). No entanto, o JavaScript é lento e sua capacidade como linguagem de programação é limitada para lógicas complexas, como extrair features de dados.

Uma abordagem mais promissora é o WebAssembly (WASM). O WASM é um padrão aberto que possibilita rodar programas executáveis em navegadores. Após criar seus modelos no scikit-learn, PyTorch, TensorFlow ou qualquer framework que tenha usado, em vez de compilar seus modelos para serem executados em um hardware específico, você pode compilar seu modelo para WASM. Você recebe de volta um arquivo executável que pode ser usado apenas com JavaScript. O WASM é uma das tendências tecnológicas mais empolgantes que vi nos últimos dois anos. É eficiente, fácil de usar e tem um ecossistema que está virando febre.[51] Em setembro de 2021, já era compatível com 93% dos dispositivos em todo o mundo.[52]

A principal desvantagem do WASM é que, como roda em navegadores, é lento. Embora o WASM já seja bem mais rápido que o JavaScript, ainda é lento em comparação à execução de código nativo em dispositivos (como aplicativos iOS ou Android). Um estudo de Jangda *et al.* demonstrou que aplicações compiladas para WASM são executadas mais lentamente do que aplicações nativas em uma média de 45% (no Firefox) a 55% (no Chrome).[53]

Recapitulando

Parabéns, você concluiu um dos capítulos mais técnicos deste livro! O capítulo é técnico porque o deploy de modelos de ML é um desafio tecnológico, não um desafio de ML.

---

[51] Wasmer. Disponível em: *https://oreil.ly/dTRxr*; Awesome Wasm. Disponível em: *https://oreil.ly/hlIFb*.
[52] Can I Use _____?. Disponível em: *https://oreil.ly/slI05*.
[53] Abhinav Jangda, Bobby Powers, Emery D. Berger e Arjun Guha, "Not So Fast: Analyzing the Performance of WebAssembly versus Native Code", USENIX. Disponível em: *https://oreil.ly/uVzrX*.

Vimos diferentes formas de fazer deploy de modelo, comparando a predição online com a predição em lote e o ML na borda com o ML na nuvem. Cada caminho tem seus percalços. Apesar de a predição online tornar seu modelo mais responsivo às mudanças nas preferências dos usuários, há a preocupação com a latência de inferência. E mesmo a predição em lote sendo solução alternativa para quando seus modelos demoram muito para gerar predições, torna seu modelo menos flexível.

Do mesmo modo, a inferência na nuvem é fácil de configurar, mas se torna impraticável por causa da latência da rede e do custo. Inferência na borda exige dispositivos de borda com poder computacional, memória e bateria suficientes. No entanto, acredito que a maioria desses desafios se deve às limitações do hardware em que os modelos de ML são executados. À medida que o hardware se torna mais poderoso e otimizado para ML, acredito que os sistemas de ML farão a transição para predição online em dispositivos, ilustrado na Figura 7-16.

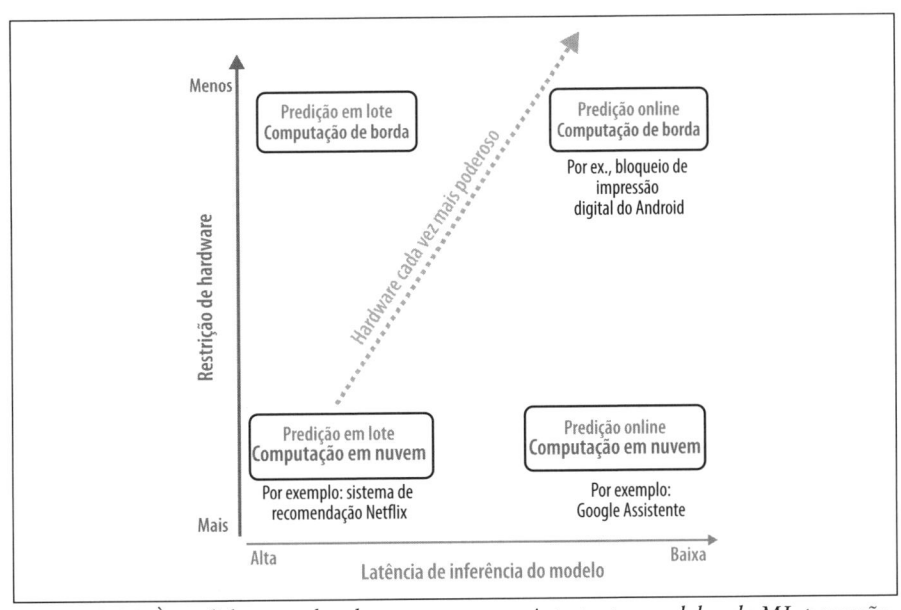

Figura 7-16. À medida que o hardware se torna mais potente, modelos de ML passarão a ser online e de borda.

Eu costumava pensar que um projeto de ML é feito depois do deploy do modelo, e espero ter deixado claro neste capítulo que eu estava redondamente enganada. Migrar o modelo do ambiente de desenvolvimento para o ambiente de produção gera uma nova série de problemas. A primeira é como manter esse modelo em produção. No próximo capítulo, discutiremos como nossos modelos podem falhar em produção e como monitorá-los continuamente para detectar problemas e resolvê-los o mais rápido possível.

CAPÍTULO 8
Mudanças na Distribuição de Dados e Monitoramento

Começaremos o capítulo com uma história que um executivo me contou e com a qual muitos leitores podem se identificar. Há cerca de dois anos, a empresa desse executivo contratou uma consultoria a fim de desenvolver um modelo de ML para ajudá-los a predizer a quantidade necessária de cada item de supermercado na próxima semana, de modo que pudessem fazer o devido reabastecimento. A consultoria demorou seis meses para desenvolver o modelo. Uma vez entregue, a empresa implementou o modelo e ficou bastante satisfeita com o desempenho. Finalmente, todos poderiam se vangloriar para seus investidores de que eram uma empresa que usava IA. No entanto, após um ano, os números despencaram. A demanda por alguns itens estava constantemente sendo superestimada, fazendo com que itens extras perdessem o prazo de validade. Ao mesmo tempo, a demanda por alguns itens estava regularmente sendo subestimada, levando à perda de vendas.[1] A princípio, sua equipe de inventário alterou de forma manual as predições do modelo para corrigir os padrões observados, mas, por fim, as predições do modelo ficaram tão ruins que não puderam mais usá-lo. A equipe tinha três opções: pagar à mesma consultoria uma quantia exorbitante para atualizar o modelo, pagar ainda mais à outra consultoria, visto que esta precisaria de tempo para entrar no ritmo ou contratar uma equipe interna para fazer a manutenção do modelo.

A empresa dele aprendeu do modo mais difícil uma lição importante que o resto do setor também está aprendendo: implementar um modelo não é o fim do processo. Em produção, o desempenho de um modelo se degrada com o tempo. Após

---

[1] Aparentemente, esse é um padrão bastante comum para predição de estoque. Eugene Yan escreveu sobre uma história semelhante, exemplificando o problema dos ciclos de feedback degenerados no artigo "6 Little-Known Challenges After Deploying Machine Learning" (disponível em: *https://oreil.ly/p1yCd*) (2021).

fazer o deploy de um modelo, ainda precisamos monitorar continuamente seu desempenho para detectar problemas, bem como subir atualizações para corrigi-los.

Neste capítulo e no próximo, abordaremos os tópicos necessários para ajudá-lo a manter um modelo em produção. Começaremos abordando os motivos pelos quais os modelos de ML com ótimo desempenho durante o desenvolvimento falham em produção. Em seguida, entramos de cabeça em um problema bastante prevalente e espinhoso que afeta quase todos os modelos de ML em produção: mudanças na distribuição de dados. Isso ocorre quando a distribuição de dados em produção difere e diverge da distribuição de dados à qual o modelo foi exposto durante o treinamento. Prosseguiremos com como monitorar as mudanças de distribuição. No próximo capítulo, abordaremos como atualizar continuamente seus modelos em produção para se adaptar às mudanças nas distribuições de dados.

Causas de Falhas de Um Sistema de ML

Antes de identificarmos a causa das falhas de um sistema de ML, discutiremos brevemente o que é uma falha de sistema de ML. Uma falha ocorre quando uma ou mais expectativas do sistema são violadas. No software tradicional, nos preocupamos sobretudo com expectativas operacionais de um sistema: se o sistema roda sua lógica dentro das métricas operacionais esperadas, por exemplo, latência e taxa de transferência. Em um sistema de ML, nos preocupamos com as métricas operacionais e com as métricas de desempenho de ML. Por exemplo, considere um sistema de tradução automática inglês-francês. Talvez sua expectativa operacional seja: dada uma sentença em inglês, o sistema retorne uma tradução em francês dentro de uma latência de um segundo. Já sua expectativa de desempenho de ML é que a tradução retornada seja uma tradução precisa da frase original em inglês 99% das vezes. Se inserirmos uma frase em inglês no sistema e não recebermos uma tradução, a primeira expectativa será violada, logo temos uma falha de sistema.

Agora, se recebermos uma tradução incorreta, não temos necessariamente uma falha de sistema porque a expectativa de acurácia permite alguma margem de erro. No entanto, se continuarmos inserindo diferentes frases em inglês no sistema e continuarmos recebendo traduções erradas, a segunda expectativa será violada, o que a torna uma falha de sistema.

É mais fácil de detectar as violações de expectativa operacional, pois geralmente são acompanhadas por uma interrupção operacional, como um timeout, um 404 error em uma página da web, um erro de falta de memória ou uma falha de segmentação. No entanto, é mais difícil detectar as violações de expectativa de desempenho de ML, pois exige calcular e monitorar o desempenho de modelos de ML em produção. No exemplo anterior do sistema de tradução automática inglês-francês, detectar se as traduções retornadas estão corretas 99% das vezes é difícil se não soubermos quais são traduções corretas. No Google Tradutor existem inúmeros exemplos de traduções absurdamente equivocadas sendo usadas pelos usuários, já que eles não sabem que essas traduções estão erradas. Por esse motivo, dizemos que os sistemas de ML geralmente falham sem dar um erro. Para detectar e corrigir de modo eficaz as falhas de um sistema de ML em produção, é bom entender por que um modelo, após funcionar comprovadamente bem durante o desenvolvimento, falharia em produção. Examinaremos dois tipos de falhas: falhas de sistema de software e falhas específicas de ML.

Falhas de Sistema de Software

Falhas de sistema de software são falhas que ocorreriam em sistemas que não são de ML. Vejamos alguns exemplos:

Falha de dependência
Uma base de código ou pacote de software do qual seu sistema depende quebra, o que leva seu sistema a falhar. Esse modo de falha é comum quando a dependência é administrada por uma empresa ou entidade terceira e mais comum ainda se o terceiro que administra a dependência não existir mais.[2]

Falha de deploy
Falhas causadas por erros de deploy: quando fazemos o deploy sem querer dos binários de uma versão mais antiga do modelo em vez de a versão atual ou quando os sistemas não têm as permissões corretas para ler ou gravar determinados arquivos.

Falhas de hardware
Quando o hardware que usamos para fazer o deploy do modelo, como CPUs ou GPUs, não se comporta como deveria. Por exemplo, as CPUs que usamos podem superaquecer e travar.[3]

Downtime ou crash
Se um componente do sistema rodar em um servidor em algum lugar, como AWS ou um serviço hospedado, e esse servidor estiver inativo, o sistema também ficará inativo.

O simples fato de algumas falhas não serem específicas de ML não significa que os engenheiros não precisam entender sua importância. Em 2020, Daniel Papasian e Todd Underwood, dois engenheiros de ML do Google, analisaram 96 casos em que um grande pipeline de ML no Google quebrou. O dois analisaram os dados

---

[2] Essa é uma das razões pelas quais muitas empresas hesitam em usar produtos de startups e por que preferem usar software open source. Se usarmos um produto que não tem mais suporte de seus criados, e se for open source, podemos pelo menos acessar todo o código-fonte e fazermos a própria manutenção.

[3] Raios cósmicos podem fazer com que seu hardware deixe de funcinar (Wikipédia, s.v. "Soft error". Disponível em: *https://oreil.ly/4cvNg*).

dos 15 anos anteriores para determinar as causas e descobriram que 60 dessas 96 falhas ocorreram devido a causas não relacionadas diretamente ao ML.[4] A maioria dos problemas está relacionado a sistemas distribuídos, por exemplo, onde o scheduler ou orquestrador de fluxo de trabalho comete um erro, ou relacionado ao pipeline de dados, no qual os dados de diversas fontes são unidos incorretamente ou o uso indevido de estruturas de dados.

Tratar falhas de sistema de software não exige habilidades de ML, mas habilidades tradicionais de engenharia de software, e resolvê-las foge ao escopo deste livro. Devido à importância das habilidades tradicionais de engenharia de software na implementação de sistemas de ML, a engenharia de ML é principalmente engenharia, não ML.[5] Para leitores interessados em aprender como tornar os sistemas de ML confiáveis da perspectiva de engenharia de software, recomendo o livro *Reliable Machine Learning*, publicado pela O'Reilly, Todd Underwood é um dos autores. Uma razão para as falhas predominantes de sistema de software é que, como a adoção do ML no setor ainda é incipiente, as ferramentas de ML em produção são limitadas e as práticas recomendadas ainda não estão tão consolidadas ou padronizadas. No entanto, à medida que as ferramentas e as melhores práticas para o ML em produção amadurecem, há motivos para acreditarmos que a proporção de falhas de sistema de software diminuirá e a proporção de falhas relacionadas ao ML aumentará.

Falhas Específicas de ML

São falhas específicas de sistemas de ML. Por exemplo, problemas de coleta e processamento de dados, hiperparâmetros inadequados, alterações no pipeline de treinamento não replicadas corretamente no pipeline de inferência e vice-versa, mudanças na distribuição de dados que fazem com que o desempenho de um modelo se deteriore com o tempo, edge cases [casos limite] e loops de feedback degenerados.

Neste capítulo, focaremos o tratamento de falhas específicas de ML. Ainda que responsáveis por uma pequena parte das falhas, podem ser mais perigosas do que as falhas que não são de ML, pois são difíceis de detectar e corrigir e podem impedir que os sistemas de ML sejam usados por completo. No Capítulo 4, abordamos os problemas de dados em detalhes, no Capítulo 6, o ajuste de hiperparâmetro e, no Capítulo 7, analisamos o perigo de ter dois pipelines separados para treinamento e inferência. Neste capítulo, discutiremos três problemas novos e bastante

---

[4] Daniel Papasian e Todd Underwood, "How ML Breaks: A Decade of Outages for One Large ML Pipeline", Google, 17 de julho de 2020, vídeo, 19:06. Disponível em: *https://oreil.ly/WGabN*. Uma falha não relacionada ao ML ainda pode ser uma falha indireta de ML. Por exemplo, um servidor pode travar em sistemas que não sejam de ML, mas como os sistemas de ML tendem a exigir mais poder computacional, isso pode fazer com que o servidor trave com mais frequência.

[5] O auge da minha carreira: Elon Musk concordou comigo (disponível em: *https://oreil.ly/mBseG*).

comuns que surgem após o deploy de um modelo: dados de produção diferentes dos dados de treinamento, casos limite e loops de feedback degenerados.

Dados de produção diferentes dos dados de treinamento

Quando dizemos que um modelo de ML aprende com os dados de treinamento, significa que o modelo aprende a distribuição subjacente dos dados de treinamento com o objetivo de utilizar essa distribuição aprendida para gerar predições acuradas para dados desconhecidos — dados que o modelo não viu durante o treinamento. Veremos o que isso significa em termos matemáticos na seção "Mudanças de Distribuição de Dados". Quando o modelo é capaz de gerar predições acuradas para dados desconhecidos, dizemos que esse modelo "generaliza dados desconhecidos".[6] Os dados de teste que usamos para avaliar um modelo durante o desenvolvimento devem representar os dados desconhecidos, e o desempenho do modelo nos dados de teste deve nos fornecer uma ideia da qualidade de generalização do modelo.

Uma das primeiras coisas que aprendi nos cursos de ML é que é fundamental que os dados de treinamento e os dados desconhecidos venham de uma distribuição semelhante. A suposição é que os dados desconhecidos vêm de uma distribuição *estacionária* que é *a mesma* que a distribuição de dados de treinamento. Caso os dados desconhecidos sejam oriundos de uma distribuição diferente, o modelo pode não generalizar bem.[7]

Entretanto, trata-se de uma suposição incorreta na maioria dos casos por dois motivos. Primeiro, é improvável que a distribuição subjacente dos dados do mundo real seja *a mesma* que distribuição subjacente dos dados de treinamento. A curadoria de um conjunto de dados de treinamento que pode representar com acurácia os dados que um modelo encontrará em produção acaba sendo dificílima.[8] Os dados do mundo real são multifacetados e, em muitos casos, virtualmente infinitos, enquanto os dados de treinamento são finitos e limitados pelo tempo, computação e recursos humanos disponíveis durante a criação e o processamento do conjunto de dados. Há muitos vieses de seleção e amostragem diferentes, como discutido no Capítulo 4, e isso pode acontecer, fazendo com que os dados do mundo real divirjam dos dados de treinamento. A divergência pode ser algo tão pequeno quanto dados do mundo real que usam um tipo diferente de codificação de emojis. Esse tipo de divergência leva a um modo de falha comum conhecido como

---

[6] Antes da pandemia, quando as conferências acadêmicas presenciais ainda existiam, ouvi muitas vezes pesquisadores discutindo sobre quais modelos podem generalizar melhor. "Meu modelo generaliza melhor que o seu modelo" é o máximo da pretensão.
[7] Masashi Sugiyama e Motoaki Kawanabe, *Machine Learning in Non-stationary Environments: Introduction to Covariate Shift Adaptation* (Cambridge, MA: MIT Press, 2012).
[8] John Mcquaid, "Limits to Growth: Can AI's Voracious Appetite for Data Be Tamed?" *Undark*, 18 de outubro de 2021. Disponível em: *https://oreil.ly/LSjVD*.

train-serving skew [*distorção entre treinamento e produção*]: um modelo que se sai muito bem no desenvolvimento, mas tem um desempenho péssimo quando implementado.

Segundo, a realidade não é *estacionária*. As coisas mudam. As distribuições de dados mudam. Em 2019, as pessoas pesquisavam pela cidade de Wuhan provavelmente para obter informações de viagem, mas desde a Covid-19, as pessoas passaram a pesquisar por Wuhan, pois queriam saber sobre o local de origem da Covid-19. Outro modo de falha comum é que um modelo se sai muito bem quando implementado pela primeira vez, mas seu desempenho diminui com o tempo à medida que a distribuição de dados muda. É necessário monitorar e detectar esse modo de falha continuamente enquanto um modelo estiver em produção.

Quando uso a Covid-19 como exemplo causador das mudanças de dados, algumas pessoas têm a impressão de que as mudanças de dados só ocorrem em eventos incomuns, insinuando que não acontecem com frequência. Mudanças de dados acontecem o tempo todo, de repente, gradual ou sazonalmente. Podem acontecer inesperadamente devido a um evento específico, tipo, seus concorrentes existentes alteram suas políticas de preços e você precisa atualizar suas predições de preços como resposta, quando você lança seu produto em uma nova região, ou quando uma celebridade menciona seu produto, causando um aumento no número de novos usuários, e assim por diante. Podem ocorrer gradualmente porque as normas sociais, culturas, idiomas, tendências, indústrias etc. simplesmente mudam com o tempo. Podem também acontecer devido a variações sazonais. Por exemplo, as pessoas podem estar mais propensas a usar app de viagens no inverno quando está frio e com neve do que na primavera.

Em virtude das complexidades dos sistemas de ML e às práticas inadequadas quando se trata de fazer o deploy, grande porcentagem do que pode parecer mudanças de dados nos dashboards de monitoramento é causada por erros internos:[9] bugs no pipeline de dados, valores ausentes inseridos de modo incorreto, inconsistências entre as features extraídas durante treinamento e inferência, features padronizadas com estatísticas do subconjunto errado de dados, versão incorreta do modelo ou bugs na interface da aplicação, obrigando os usuários a alterar seus comportamentos. Abordaremos esse modo de erro na seção "Mudanças na Distribuição de Dados", visto que afeta quase todos os modelos de ML.

Casos limite [Casos Edge]

Imagine um carro autônomo que pode conduzi-lo com segurança em 99,99% do tempo, mas nos outros 0,01% do tempo, pode sofrer um acidente catastrófico,

---

[9] O diretor de tecnologia (CTO) de uma empresa de serviços de monitoramento me disse que, em sua estimativa, 80% das mudanças identificadas por seu serviço são causadas por erros humanos.

podendo deixá-lo permanentemente ferido ou até mesmo causar sua morte.[10] Você usaria esse carro? Caso esteja tentado a dizer não, você não é o único. Um modelo de ML que funciona bem na maioria dos casos, porém falha em um pequeno número de casos, pode não servir de nada se essas falhas ocasionarem consequências catastróficas. Por esse motivo, as principais empresas de carros autônomos estão centradas em fazer seus sistemas funcionarem em casos limite.[11]

Casos limite são amostras de dados tão extremas que fazem com que o modelo cometa erros catastróficos. Embora os casos limite normalmente indiquem amostras de dados extraídas da mesma distribuição, se houver um aumento repentino no número de amostras de dados em que seu modelo não tem um bom desempenho, talvez seja uma indicação de que a distribuição de dados subjacente mudou. Veículos autônomos são usados com frequência para exemplificar como casos limite podem impedir que um sistema de ML seja implementado. Mas isso também vale para qualquer aplicação crítica de segurança, como diagnóstico médico, controle de tráfego, e-discovery etc. Pode valer também para aplicações não críticas de segurança. Imagine um chatbot de atendimento ao cliente que dê respostas razoáveis à maioria das solicitações, mas que às vezes, profere conteúdo escandalosamente racista ou sexista. Esse chatbot será um risco para a marca de qualquer empresa que queira usá-lo, sendo inutilizável.

> ### Casos limite e Outliers
>
> Talvez você esteja se perguntando sobre as diferenças entre um caso edge e um outlier. A definição do que faz um caso edge varia de acordo com a disciplina. No ML, por conta da recente adoção em produção, casos limite ainda estão sendo descobertos, tornando sua definição conflituosa.
>
> Neste livro, outliers se referem a dados: um exemplo que difere significativamente de outros exemplos. Casos limites se referem ao desempenho: um exemplo em que um modelo apresenta desempenho significativamente pior do que outros exemplos. Um outlier pode fazer com que um modelo tenha um desempenho atipicamente ruim, o que o torna um caso edge. No entanto, nem todos os outliers são casos limite. Por exemplo, uma pessoa perambulando no meio de uma rodovia é um outlier, mas não é um caso

---

[10] Isso significa que um carro autônomo é um pouco mais seguro do que um motorista humano. Em 2019, a proporção de mortes relacionadas ao trânsito por 100.000 motoristas era de 15,8, ou 0,0158% ("Fatality Rate per 100,000 Licensed Drivers in the U.S. from 1990 to 2019", Statista, 2021. Disponível em: *https:// oreil.ly/w3wYh*).

[11] Rodney Brooks, "Edge Cases for Self Driving Cars", *Robots, AI, and Other Stuff*, 17 de junho de 2017. Disponível em: *https://oreil.ly/Nyp4F*; Lance Eliot, "Whether Those Endless Edge or Corner Cases Are the Long-Tail Doom for AI Self-Driving Cars", *Forbes*, 13 de julho de 2021. Disponível em: *https://oreil.ly/ L2Sbp*; Kevin McAllister, "Self-Driving Cars Will Be Shaped by Simulated, Location Data", *Protocol*, 15 de março de 2021. Disponível em: *https://oreil.ly/tu8hs*.

edge se seu carro autônomo conseguir detectar com acurácia essa pessoa e, como resposta, decidir fazer a manobra adequada.

Durante o desenvolvimento do modelo, os outliers podem impactar negativamente o desempenho do seu modelo, conforme mostrado na Figura 8-1. Em muitos casos, talvez remover os outliers seja bom, pois ajuda seu modelo a aprender melhores fronteiras de decisão e generalizar melhor em dados desconhecidos. No entanto, durante a inferência, não temos geralmente a opção de remover ou ignorar as consultas que diferem significativamente de outras consultas. Podemos optar por transformá-la, por exemplo, quando inserimos "mechin learningin" na Pesquisa do Google, o Google pergunta se você quer escrever "machine learning". Mas é bem provável que você queira desenvolver um modelo para que possa ter um bom desempenho mesmo com entradas inesperadas.

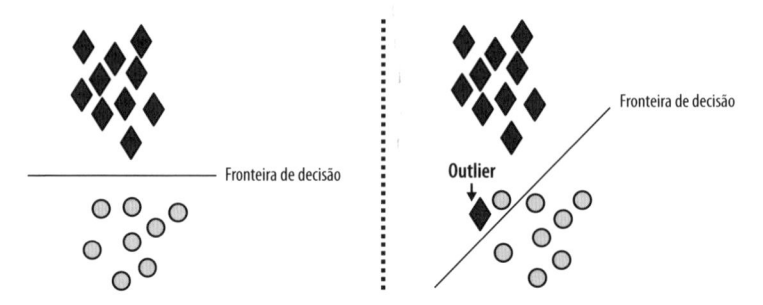

Figura 8-1. A imagem à esquerda mostra a fronteira de decisão quando não se tem outlier. A imagem à direita mostra a fronteira de decisão quando se tem um outlier, muito diferente da fronteira de decisão no primeiro caso e provavelmente com menos acurácia.

Loops de feedback degenerados

Na seção "Rótulos Naturais" do Capítulo 4, discutimos um loop de feedback como o tempo que leva desde o momento em que uma predição é mostrada até o momento de feedback da predição fornecida. Podemos usar o feedbcak para extrair rótulos naturais a fim de avaliar o desempenho do modelo e treinar a próxima iteração dele.

Um *loop de feedback degenerado* pode acontecer quando as próprias predições influenciam o feedback, que, por sua vez, influencia a próxima iteração do modelo. Em termos mais técnicos, um loop de feedback degenerado é criado quando as saídas de um sistema são usadas para gerar as entradas futuras do sistema, que, por sua vez, influenciam as saídas futuras do sistema. No ML, as predições de um sistema podem influenciar como os usuários interagem com o sistema, e como as interações dos usuários com ele às vezes são utilizadas como dados de treinamento para o mesmo sistema, pois loops de feedback degenerados podem ocorrer e provocar consequências indesejáveis. Loops de feedback degenerados são bastantes comuns em tarefas com rótulos naturais de usuários, como sistemas de recomendação e predição de taxa de cliques de anúncios.

Vamos concretizar as coisas: imagine que você construiu um sistema para recomendar aos usuários músicas que possam gostar. O sistema mostra primeiro as músicas melhores classificadas aos usuários. Por serem exibidas primeiro, os usuários clicam mais nelas, tornando o sistema mais confiante de que essas recomendações são boas. No início, os rankings de duas músicas, A e B, podem ser ligeiramente diferentes, mas como teve originalmente uma classificação mais alta, A apareceu no topo da lista de recomendações, fazendo os usuários clicarem mais nela, o que deixou o sistema de classificação de A ainda mais alto. Após um tempo, a classificação de A ficou bem mais alta de que a de B.[12] Loops de feedback degenerados são uma das razões pelas quais filmes, livros ou músicas populares continuam se tornando mais populares, dificultando a entrada de novos itens em listas populares. Esse tipo de cenário é bastante comum em produção e é alvo de inúmeras pesquisas. Apresenta muitos nomes diferentes, como "viés de exposição", "viés de popularidade", "filter bubbles" [bolhas de filtro] e às vezes "echo chambers" [câmaras de eco].

Vejamos outro exemplo para evitar o perigo de loops de feedback degenerados. Imagine criar um modelo de triagem de currículo para predizer se alguém com um determinado currículo está qualificado para o trabalho. O modelo descobre que a feature X prediz com acurácia se alguém está qualificado, por isso, recomenda currículos com a feature X. Podemos substituir X por features como "estudou em Stanford", "trabalhou no Google" ou "se identifica como homem". Os recrutadores entrevistam somente pessoas cujos currículos são recomendados pelo modelo. Ou seja: entrevistam candidatos com a feature X, o que significa que a empresa só contrata candidatos com feature X. Por sua vez, isso faz com que o modelo atribua ainda mais peso à feature X.[13] Ter visibilidade de como seu modelo faz predições, como calcular a importância de cada feature para o modelo, conforme discutido no Capítulo 5 — pode ajudar a detectar o viés da feature X, neste caso.

Se não forem tratados, loops de feedback degenerados podem fazer com que seu modelo tenha um desempenho abaixo do ideal, na melhor das hipóteses. Na pior das hipóteses, podem perpetuar e amplificar os vieses embutidos nos dados, como vieses contra candidatos sem a feature X.

---

[12] Ray Jiang, Silvia Chiappa, Tor Lattimore, András György e Pushmeet Kohli, "Degenerate Feedback Loops in Recommender Systems", *arXiv*, 17 de fevereiro de 2019. Disponível em: *https://oreil.ly/b9G7o*.
[13] Relacionado ao "survivorship bias" ["viés de sobrevivência", em tradução livre].

Detectando loops de feedback degenerados. Se os loops de feedback degenerados são tão ruins, como sabemos se um loop de feedback em um sistema é degenerado? Quando temos um sistema offline, é difícil detectar loops de feedback degenerados. Loops degenerados resultam do feedback do usuário e um sistema não terá usuários até que esteja online (ou seja, implementado para usuários). Para a tarefa de sistemas de recomendação, é possível detectar loops de feedback degenerados calculando a diversidade de popularidade das saídas de um sistema, mesmo quando o sistema está offline. Podemos calcular a popularidade de um item com base em quantas vezes ele interagiu (por exemplo, viu, deu like, comprou etc.) anteriormente. A popularidade de todos os itens provavelmente terá uma distribuição long tail [cauda longa]: um pequeno número de itens interage muito, enquanto a maioria dos itens raramente interage. Diversas métricas, como *diversidade agregada* e *cobertura média de itens long-tail* proposto por Brynjolfsson et al. (*https://oreil.ly/8EKPf*) (2011), Fleder e Hosanagar (*https://oreil.ly/PmNQm*) (2009), e Abdollahpouri et al. (*https://oreil.ly/EkiFw*) (2019) podem ajudá-lo a calcular a diversidade das saídas de um sistema de recomendação.[14] Scores baixos significam que as saídas do seu sistema são homogêneas, o que pode ser causado por viés de popularidade.

Em 2021, Chia et al. foram além e propuseram a medição da taxa de acerto em relação à popularidade. Primeiro, dividiu-se os itens em buckets com base em sua popularidade — por exemplo, o bucket 1 tem itens com os quais interagiram menos de 100 vezes, o bucket 2 tem itens com os quais interagiram mais de 100 vezes, porém menos de 1.000 vezes etc. Depois, calculou-se a acurácia da predição de um sistema de recomendação para cada um desses buckets. Caso um sistema de recomendação seja bem melhor em recomendar itens populares do que itens menos populares, provavelmente sofre de viés de popularidade.[15] Se o sistema está em produção e você percebe que suas predições se tornam mais homogêneas com o tempo, provavelmente o sistema sofre de loops de feedback degenerados.

Corrigindo loops de feedback degenerados. Como os loops de feedback degenerados são um problema comum, existem diversos métodos propostos para corrigi-los. Neste capítulo, abordaremos dois deles. O primeiro é usar randomização e o segundo é usar features posicionais. Vimos que loops de feedback degenerados podem fazer com que as saídas de um sistema sejam mais homogêneas com o tempo. Introdu-

---

[14] Erik Brynjolfsson, Yu (Jeffrey) Hu e Duncan Simester, "Goodbye Pareto Principle, Hello Long Tail: The Effect of Search Costs on the Concentration of Product Sales", *Management Science* 57, no. 8 (2011): 1373–86. Disponível em: *https://oreil.ly/tGhHi*; Daniel Fleder e Kartik Hosanagar, "Blockbuster Culture's Next Rise or Fall: The Impact of Recommender Systems on Sales Diversity", *Management Science* 55, no. 5 (2009). Disponível em: *https://oreilly/Zwkh8*; Himan Abdollahpouri, Robin Burke e Bamshad Mobasher, "Managing Popularity Bias in Recommender Systems with Personalized Re-ranking", *arXiv*, 22 de janeiro de 2019. Disponível em: *https://oreil.ly/jgYLr*.

[15] Patrick John Chia, Jacopo Tagliabue, Federico Bianchi, Chloe He e Brian Ko, "Beyond NDCG: Behavioral Testing of Recommender Systems with RecList", *arXiv*, 18 de novembro de 2021. Disponível em: *https://oreil.ly/7GfHk*.

zir a randomização nas predições pode reduzir sua homogeneidade. No caso de sistemas de recomendação, em vez de mostrar aos usuários apenas os itens que o sistema classifica como mais altos, mostramos aos usuários itens aleatórios, e usamos seu feedback para determinar a verdadeira qualidade desses itens. Essa é a abordagem que o TikTok segue. Cada vídeo novo recebe aleatoriamente um pool inicial de tráfego (que pode ter até centenas de impressões). Esse pool de tráfego é usado para avaliar a qualidade não enviesada de cada vídeo a fim de determinar se deve ser movido para um pool maior de tráfego ou ser marcado como irrelevante.[16]

A randomização demonstrou melhorar a diversidade, porém à custa da experiência do usuário.[17] Mostrar aos nossos usuários itens completamente aleatórios pode fazer com que eles percam o interesse em nosso produto. Uma estratégia de exploração inteligente, como as discutidas na seção "Bandits contextuais como estratégia de exploração", pode ajudar a aumentar a diversidade de itens com perda razoável de acurácia de predição. Schnabel *et al.* usam uma pequena quantidade de técnicas de randomização e inferência causal para estimar o valor sem viés de cada música.[18] Foi possível demonstrar que esse algoritmo conseguiu corrigir um sistema de recomendação, tornando as recomendações justas para os criadores.

Vimos também que os loops de feedback degenerados são causados pelo feedback dos usuários sobre as predições, e o feedback dos usuários sobre uma predição é tendencioso e com base em onde é mostrado. Considere o exemplo anterior do sistema de recomendação, em que recomendamos cinco músicas de cada vez aos usuários. Você percebe que a música mais recomendada tem bem mais chances de ser clicada em comparação às outras quatro músicas. Você não tem certeza se o seu modelo é excepcionalmente bom em escolher a música principal ou se os usuários clicam em qualquer música desde que apareça nas recomendações mais altas.

Se a posição na qual uma predição é mostrada impacta de algum modo seu feedback, talvez você queira codificar as informações posicionais usando *features posicionais*. As features posicionais podem ser numéricas (por exemplo, as posições são 1, 2, 3,...) ou booleanas (por exemplo, se uma predição é mostrada na primeira posição ou não). Repare que "features posicionais" são diferentes dos "embeddings posicionais" mencionados no Capítulo 5. Vejamos um exemplo ingênuo de como usar as features posicionais. Durante o treinamento, adicionamos "se uma música é recomendada primeiro" como feature aos dados de treinamento, como mostrado em Tabela 8-1. Essa feature possibilita que nosso

---

[16] Catherine Wang, "Why TikTok Made Its User So Obsessive? The AI Algorithm That Got You Hooked", *Towards Data Science*, 7 de junho de 2020. Disponível em: *https://oreil.ly/J7nJ9*.

[17] Gediminas Adomavicius e YoungOk Kwon, "Improving Aggregate Recommendation Diversity Using Ranking-Based Techniques", *IEEE Transactions on Knowledge and Data Engineering* 24, no. 5 (maio de 2012): 896–911. Disponível em: *https://oreil.ly/0JjUV*.

[18] Tobias Schnabel, Adith Swaminathan, Ashudeep Singh, Navin Chandak e Thorsten Joachims, "Recommendations as Treatments: Debiasing Learning and Evaluation", *arXiv*, 17 de fevereiro de 2016. Disponível em: *https://oreil.ly/oDPSK*.

modelo aprenda o quanto uma recomendação principal influencia a probabilidade de uma música ser clicada.

Tabela 8-1. Adicionando features posicionais aos dados de treinamento para mitigar os loops de feedback degenerados

ID	Música	Gênero	Ano	Artista	Usuário	1ª Posição	Clicou?
1	Shallow	Pop	2020	Lady Gaga	listenr32	False	Não
2	Good Vibe	Funk	2019	Funk Overlord	listenr32	False	Não
3	Beat It	Rock	1989	Michael Jackson	fancypants	False	Não
4	In Bloom	Rock	1991	Nirvana	fancypants	True	Sim
5	Shallow	Pop	2020	Lady Gaga	listenr32	True	Sim

Durante a inferência, queremos predizer se um usuário clicará em uma música, independentemente de onde é recomendada, portanto, podemos definir a feature 1ª Posição como False. Em seguida, analisamos as predições do modelo em várias músicas para cada usuário e escolhemos a ordem em que cada música será exibida.

É um exemplo ingênuo porque fazer isso sozinho pode não ser suficiente para evitar os loops de feedback degenerados. Uma abordagem mais sofisticada seria usar dois modelos diferentes. O primeiro modelo prediz a probabilidade de o usuário ver e considerar uma recomendação, levando em conta a posição em que essa recomendação será exibida. O segundo modelo então prediz a probabilidade de o usuário clicar em determinado item que viu e considerou. O segundo modelo não diz respeito a posições.

Mudanças na Distribuição de Dados

Na seção anterior, abordamos as causas comuns para falhas de sistema de ML. Nesta seção, focaremos uma causa bastante complicada de falhas: mudanças na distribuição de dados ou, abreviadamente, mudanças de dados [data shifts]. A mudança na distribuição de dados é o fenômeno no aprendizado supervisionado quando os dados com os quais um modelo trabalha mudam ao longo do tempo, fazendo com que as predições desse modelo apresentem menos acurácia com o passar do tempo. A distribuição dos dados em que o modelo é treinado se chama *distribuição de origem*. A distribuição dos dados em que o modelo executa a inferência se chama *distribuição alvo*. Mesmo que as discussões sobre a mudança na distribuição de dados tenham se tornado comuns apenas nos últimos anos devido à crescente adoção do ML no setor, a mudança na distribuição de dados em sistemas que aprenderam com dados já era estudada em 1986.[19] Recomendo um livro

---

[19] Jeffrey C. Schlimmer e Richard H. Granger, Jr., "Incremental Learning from Noisy Data", *Machine Learning* 1 (1986): 317–54. Disponível em: https://oreil.ly/FxFQi.

sobre mudanças na distribuição de conjuntos de dados, *Dataset Shift in Machine Learning* de Quiñonero-Candela *et al.*, publicado pela MIT Press em 2008.

Tipos de Mudanças na Distribuição de Dados

Embora o termo mudança na distribuição de dados seja usado com frequência de modo intercambiável como mudança de conceito [concept drift] e mudança de covariável [covariate shift] e, ocasionalmente, mudança de rótulo [label shift], vejamos três subtipos distintos de mudanças de dados. Perceba que nossa análise sobre diferentes tipos de mudanças de dados envolve bastante matemática, sendo sobretudo útil do ponto de vista de pesquisa: desenvolver algoritmos eficientes para detectar e lidar com mudanças de dados exige entender as causas dessas mudanças. Em produção, ao encontrar uma mudança de distribuição, os cientistas de dados geralmente não param para se perguntar que tipo de mudança é. Eles se preocupam majoritariamente com como lidar com essa mudança. Caso ache essa discussão densa, sinta-se à vontade em ir direto para a seção "Mudanças Gerais de Distribuição de Dados".

Para entender o que significam mudança de conceito, mudança de covariável e mudança de rótulo, primeiro precisamos definir algumas notações matemáticas. Vamos chamar as entradas de um modelo de X e suas saídas de Y. Sabemos que no aprendizado supervisionado, os dados de treinamento podem ser vistos como um conjunto de amostras da distribuição conjunta $P(X, Y)$, e o ML geralmente modela $P(Y|X)$. Podemos decompor esta distribuição conjunta $P(X, Y)$ de duas maneiras:

- $P(X, Y) = P(Y|X)P(X)$
- $P(X, Y) = P(X|Y)P(Y)$

$P(Y|X)$ denota a probabilidade condicional de uma saída dada uma entrada — por exemplo, a probabilidade de um e-mail ser spam dado o conteúdo do mesmo. $P(X)$ denota a densidade de probabilidade da entrada. $P(Y)$ denota a densidade de probabilidade da saída. Vejamos as definições de mudança de rótulo, mudança de covariável e mudança de conceito:

Mudança de covariável
  Quando $P(X)$ muda, mas $P(Y|X)$ continua o mesmo. Refere-se à primeira decomposição da distribuição conjunta.

Mudança de rótulo
  Quando $P(Y)$ muda, mas $P(X|Y)$ continua o mesmo. Refere-se à segunda decomposição da distribuição conjunta.

Mudança de conceito
> Quando *P(Y|X)* muda, mas *P(X)* continua o mesmo. Refere-se à primeira decomposição da distribuição conjunta.[20]

Se achar isso confuso, não se desespere. Na seção a seguir, veremos exemplos para exemplificar todas essas distinções.

Mudança de covariável

Mudança de covariável é uma das formas mais estudadas de mudança de distribuição de dados.[21] Em estatística, uma covariável é uma variável independente que pode influenciar o resultado de um determinado ensaio estatístico, mas que não é de interesse direto. Suponha que você está realizando um experimento para determinar como as localizações afetam os preços dos imóveis. A variável do preço do imóvel é de seu interesse direto, mas você sabe que a metragem quadrada afeta o preço, logo a metragem quadrada é uma covariável. No ML supervisionado, o rótulo é a variável de interesse direto e as features de entrada são variáveis covariáveis. Em termos matemáticos, mudança de covariável é quando P(X) muda, mas P(Y|X) permanece o mesmo, significando que a distribuição da entrada muda, mas a probabilidade condicional de uma saída dada uma entrada permanece a mesma.

Vamos concretizar as coisas: considere a tarefa de detectar o câncer de mama. Sabendo que o risco de câncer de mama é maior em mulheres com mais de 40 anos,[22] você tem uma variável "idade" como entrada. Talvez você tenha mais mulheres com mais de 40 anos nos dados de treinamento do que nos dados de inferência, logo as distribuições de entrada nos dados de treinamento e nos dados de inferência são diferentes. No entanto, para um exemplo com uma determinada idade, como acima de 40 anos, a probabilidade de que este exemplo tenha câncer de mama é constante. Dado P(Y|X), a probabilidade de ter câncer de mama a partir dos 40 anos é a mesma.

No desenvolvimento do modelo, as mudanças de covariáveis podem ocorrer devido a vieses durante o processo de seleção de dados, podendo ser resultado da dificuldade na coleta de exemplos para determinadas classes. Por exemplo, suponha que, para estudar o câncer de mama, você obtenha dados de uma clínica onde as mulheres realizam o exame de câncer de mama. Como os médicos incentivam as pessoas com mais de 40 anos a realizar exames, seus dados estão repletos de

---

[20] Talvez você se pergunte o que acontece quando *P(X|Y)* muda, mas *P(Y)* permanece o mesmo, como na segunda decomposição. Nunca encontrei nenhuma pesquisa com este cenário. Perguntei a alguns pesquisadores especializados em mudanças de dados a respeito, e eles também me disseram que este cenário seria dificílimo de estudar.

[21] Wouter M. Kouw e Marco Loog, "An Introduction to Domain Adaptation and Transfer Learning", *arXiv*, 31 de dezembro de 2018. Disponível em: *https://oreil.ly/VKSVP*.

[22] "Breast Cancer Risk in American Women", National Cancer Institute. Disponível em: *https://oreil.ly/BFP3U*.

mulheres com mais de 40 anos. Por esse motivo, a mudança de covariável está estritamente relacionada ao problema de viés de seleção amostral.[23]

Mudanças de covariáveis também podem ocorrer porque os dados de treinamento são alterados artificialmente para facilitar o aprendizado do seu modelo. Conforme discutido no Capítulo 4, fica difícil para os modelos de ML aprenderem com conjuntos de dados desbalanceados. Assim, convém coletar mais amostras das classes raras ou fazer um oversample de seus dados nessas classes para facilitar o aprendizado do modelo nas classes raras. A mudança de covariável também pode ser ocasionada pelo processo de aprendizado do modelo, sobretudo pelo aprendizado ativo. No Capítulo 4, definimos aprendizado ativo da seguinte forma: em vez de selecionar aleatoriamente amostras para treinar um modelo, usamos as amostras mais úteis para esse modelo conforme algumas heurísticas. Ou seja, a distribuição de entrada de treinamento é alterada pelo processo de aprendizado para diferir da distribuição de entrada do mundo real, e as mudanças de covariáveis são consequência.[24]

Em produção, a mudança de covariável geralmente ocorre devido a grandes mudanças no ambiente ou na forma com a aplicação é usada. Imagine que você tenha um modelo para predizer a probabilidade de um usuário gratuito se converter em um usuário pagante. O nível de renda do usuário é uma feature. O departamento de marketing da sua empresa lançou recentemente uma campanha que atrai usuários de um grupo demográfico mais abastado do que seu grupo demográfico atual. A distribuição de entrada em seu modelo mudou, mas a probabilidade de um usuário com um determinado nível de renda se converter em usuário pagante permanece a mesma.

Caso saiba com antecedência como a distribuição de entrada do mundo real será diferente da distribuição de entrada de treinamento, poderá empregar técnicas como *ponderação de importância* para treinar seu modelo a fim de trabalhar com os dados do mundo real. A ponderação de importância tem duas etapas: estimar a razão de densidade entre a distribuição de entrada do mundo real e a distribuição de entrada de treinamento, depois ponderar os dados de treinamento de acordo com essa razão e treinar um modelo de ML nesses dados ponderados.[25] Contudo, como não sabemos de antemão como a distribuição mudará no mundo real, é dificílimo treinar preventivamente seus modelos para torná-los robustos a distribuições novas e desconhecidas. Há diversas pesquisas tentando ajudar os modelos a

---

[23] Arthur Gretton, Alex Smola, Jiayuan Huang, Marcel Schmittfull, Karsten Borgwardt e Bernard Schölkopf, "Covariate Shift by Kernel Mean Matching", *Journal of Machine Learning Research* (2009). Disponível em: *https://oreil.ly/s49MI*.

[24] Sugiyama e Kawanabe, *Machine Learning in Non-stationary Environments*.

[25] Tongtong Fang, Nan Lu, Gang Niu e Masashi Sugiyama, "Rethinking Importance Weighting for Deep Learning under Distribution Shift", *Anais do NeurIPS 2020*: *https://oreil.ly/GzJ1r*; Gretton et al., "Covariate Shift by Kernel Mean Matching".

aprender representações de variáveis latentes que são invariantes nas distribuições de dados,[26] mas não tenho conhecimento se o setor adotou essa técnica.

Mudança de rótulo

Mudança de rótulo, também conhecida como mudança a priori, mudança de probabilidade a priori ou mudança-alvo, é quando $P(Y)$ muda, mas $P(X|Y)$ continua o mesmo. Pense assim: quando a distribuição de saída muda, mas, *para uma dada saída*, a distribuição de entrada permanece a mesma.

Lembre-se de que a mudança de covariável é quando a distribuição de entrada muda. Quando a distribuição de entrada muda, a distribuição de saída também muda, resultando em mudança de covariável e mudança de rótulo acontecendo ao mesmo tempo. Considere o exemplo anterior de câncer de mama para mudança de covariável. Como há mais mulheres com mais de 40 anos em nossos dados de treinamento do que em nossos dados de inferência, a porcentagem de rótulos POSITIVO é maior durante o treinamento. No entanto, se você selecionar aleatoriamente dos dados de treinamento a pessoa A com câncer de mama e de seus dados de teste a pessoa B com câncer de mama, A e B têm a mesma probabilidade de ter mais de 40 anos. Ou seja, $P(X|Y)$, ou probabilidade de idade acima de 40 anos com câncer de mama, é a mesma. Portanto, este também é um caso de mudança de rótulo.

Contudo, nem todas as mudanças de covariáveis resultam em mudanças de rótulo. Como se trata de algo sutil, vejamos outro exemplo. Imagine que agora existe um medicamento preventivo que toda mulher toma e que ajuda a reduzir a chance de ter câncer de mama. A probabilidade $P(Y|X)$ é reduzida para mulheres de todas as idades, logo não é mais um caso de mudança de covariável. No entanto, dada uma pessoa com câncer de mama, a distribuição etária permanece a mesma, então ainda é um caso de mudança de rótulo. Como a mudança de rótulo está estritamente relacionada à mudança de covariável, os métodos para detectar e adaptar modelos para mudanças de rótulo são semelhantes aos métodos de adaptação para a mudança de covariável. Vamos analisá-los em breve neste capítulo.

Mudança de conceito

Mudança de conceito, também conhecida como mudança posterior, é quando a distribuição de entrada permanece a mesma, mas a distribuição condicional da saída dada uma entrada muda. Pense nisso como "mesma entrada, saída diferente". Suponha que você é responsável por um modelo que prediz o preço de um imóvel com base em suas features. Antes da Covid-19, um apartamento de três quartos em São Francisco custava US$2 milhões. Entretanto, no início da Covid-19,

---

[26] Han Zhao, Remi Tachet Des Combes, Kun Zhang e Geoffrey Gordon, "On Learning Invariant Representations for Domain Adaptation", *Proceedings of Machine Learning Research* 97 (2019): 7523–32. Disponível em: *https://oreil.ly/ZxYWD*.

muitas pessoas deixaram São Francisco, então o mesmo apartamento passou a custar US$1 milhão e meio. Assim, embora a distribuição das features do imóvel permaneça a mesma, a distribuição condicional do preço do imóvel, dadas as suas features, mudou. Em muitos casos, mudanças de conceito são cíclicas ou sazonais. Por exemplo, os preços das corridas de app variam durante a semana em relação aos fins de semana, e os preços das passagens aéreas aumentam durante as festas de fim de ano. As empresas podem ter modelos diferentes para lidar com mudanças cíclicas e sazonais. Por exemplo, podem ter um modelo para predizer preços de corridas durante a semana e outro modelo para fins de semana.

Mudanças Gerais de Distribuição de Dados

Existem outros tipos de mudanças no mundo real que, mesmo não sendo alvo de pesquisas acadêmicas, ainda podem degradar o desempenho de seus modelos. Uma é a *mudança de feature*, quando features novas são adicionadas, features mais antigas são removidas ou o conjunto de todos os valores possíveis de uma feature é alterado.[27] Por exemplo, seu modelo estava usando anos para a feature "idade", mas agora usa meses, logo o intervalo dos valores dessa feature mudou. Uma vez, nossa equipe percebeu que o desempenho do nosso modelo despencou porque um bug em nosso pipeline fez com que uma feature se tornasse NaNs (abreviação de "not a number").

Mudança do esquema de rótulo é quando o conjunto de valores possíveis para Y muda. Com a mudança de rótulo, $P(Y)$ muda, mas $P(X|Y)$ continua o mesmo. Com a mudança do esquema de rótulo, tanto $P(Y)$ e $P(X|Y)$ mudam. Como um esquema descreve a estrutura dos dados, o esquema de rótulos de uma tarefa descreve a estrutura dos rótulos dessa tarefa. Por exemplo, um dicionário que mapeia de uma classe para um valor inteiro, como {"POSITIVO": 0, "NEGATIVO": 1}, é um esquema. Com tarefas de regressão, a mudança do esquema de rótulo pode ocorrer devido a alterações no possível intervalo de valores de rótulo. Imagine que você está criando um modelo para predizer o score de crédito de alguém. De início, você usava um sistema de score de crédito que variava de 300 a 850, mas mudou para um novo sistema que varia de 250 a 900.

Com tarefas de classificação, a mudança do esquema de rótulo pode acontecer por causa de novas classes. Por exemplo, suponha que você está construindo um modelo para diagnosticar doenças e há uma nova doença para diagnosticar. As classes também podem ficar desatualizadas ou mais refinadas. Imagine que é responsável por um modelo de análise de sentimentos para tweets que mencionam sua marca. A princípio, seu modelo prediz somente três classes: POSITIVO, NEGATIVO e NEUTRO. No entanto, seu departamento de marketing percebeu que os tweets

---

[27] Você pode pensar nisso como o caso em que $P(X)$ e $P(Y|X)$ mudam.

mais prejudiciais são os raivosos, então quiseram dividir a classe NEGATIVO em duas classes: TRISTE e RAIVOSOS. Em vez de ter três, sua tarefa agora tem quatro classes. Quando o número de classes muda, a estrutura do seu modelo pode mudar,[28] e talvez seja necessário rerrotular seus dados e retreinar seu modelo do zero. A mudança do esquema de rótulo é bastante comum com tarefas de alta cardinalidade — tarefas com um grande número de classes — como categorização de produtos ou documentação. Não existe nenhuma regra afirmando que apenas um tipo de mudança deve ocorrer por vez. Um modelo pode sofrer de diversos tipos de mudanças, ficando difícil manipulá-los.

Detectando Mudanças na Distribuição de Dados

As mudanças na distribuição de dados apenas são um problema se causarem a degradação do desempenho do seu modelo. Sendo assim, talvez a primeira ideia seja monitorar as métricas relacionadas à acurácia do seu modelo — acurácia, F1-score, revogação, AUC-ROC etc. — em produção para ver se mudaram. "Mudar" aqui geralmente significa "diminuir", mas se a acurácia do meu modelo de repente aumentar ou flutuar significativamente sem nenhum motivo que eu saiba, eu gostaria de investigar. As métricas relacionadas à acurácia funcionam comparando as predições do modelo com os rótulos ground truth.[29] Durante o desenvolvimento do modelo, temos acesso aos rótulos, mas em produção nem sempre temos acesso a eles e, mesmo que tivéssemos, os rótulos serão demorados, como discutido na seção "Rótulos Naturais" do Capítulo 4. Ter acesso a rótulos dentro de uma janela de tempo razoável ajudará muito a fornecer visibilidade ao desempenho do seu modelo.

Quando os rótulos ground truth não estiverem disponíveis ou estiverem demorando demais para serem úteis, podemos monitorar outras distribuições de interesse. As distribuições de interesse são a distribuição de entrada $P(X)$, a distribuição do rótulo $P(Y)$, e as distribuições condicionais $P(X|Y)$ e $P(Y|X)$. Embora não seja necessário conhecer os rótulos ground truth de Y para monitorar a distribuição de entrada, monitorar a distribuição dos rótulos e ambas as distribuições condicionais exigem conhecimento de Y. Nas pesquisas acadêmicas, houve empenhos para entender e detectar mudanças de rótulos sem rótulos da distribuição-alvo. Um desses empenhos é a Black Box Shift Estimation de Lipton *et al.* (2018). No entanto, na indústria, a maioria dos métodos de detecção de mudança foca a detecção de mudanças na distribuição de entrada, sobretudo nas distribuições de features, como discutimos em detalhes neste capítulo.

---

[28] Se você usa uma rede neural usando softmax como sua última camada para sua taxa de classificação, a dimensão dessa camada softmax é [number_of_hidden_units × number_of_classes]. Quando o número de classes muda, o número de parâmetros em sua camada softmax muda.

[29] Você não precisa de rótulos ground truth se usar um método de aprendizado não supervisionado, mas a grande maioria das aplicações hoje são supervisionadas.

Métodos estatísticos

No setor, um método simples que muitas empresas usam para detectar se as duas distribuições são as mesmas é comparar suas estatísticas como mínimo, máximo, média, mediana, variância, vários quantis (como 5º, 25º, 75º ou 95º quantil), skewness [assimetria], curtose etc. Por exemplo, podemos calcular a mediana e a variância dos valores de uma feature durante a inferência e compará-los às métricas calculadas durante o treinamento. A partir de outubro de 2021, até mesmo as ferramentas de validação de dados integradas do TensorFlow Extended (*https:// oreil.ly/knwm0*) usavam apenas estatísticas resumidas para detectar a skewness entre os dados de treinamento e veiculação e as mudanças entre os diferentes dias de dados de treinamento. É um bom começo, mas essas métricas estão longe de ser suficientes.[30] Média, mediana e variância só são úteis com distribuições para as quais a média/mediana/variância são resumos úteis. Se essas métricas diferirem de modo significativo, a distribuição de inferência pode ter mudado a partir da distribuição de treinamento. No entanto, se essas métricas forem semelhantes, não existe garantia de que não haja mudança.

Uma solução mais sofisticada é usar um teste de hipótese para duas amostras, abreviação de teste para duas amostras. É um teste para determinar se a diferença entre duas populações (dois conjuntos de dados) é estatisticamente significativa. Se for, então a probabilidade de que a diferença seja uma flutuação aleatória devido à variabilidade amostral é muito baixa, assim a diferença é causada pelo fato de essas duas populações serem oriundas de duas distribuições distintas. Caso considere os dados de ontem como população de origem e os dados de hoje como população-alvo, e esses dados forem estatisticamente diferentes, é provável que a distribuição de dados subjacente tenha mudado entre ontem e hoje.

Uma ressalva: a diferença ser estatisticamente significativa não quer dizer que seja praticamente importante. No entanto, podemos usar uma boa heurística: se formos capaz de detectar a diferença a partir de uma amostra relativamente pequena, é bem provável que seja uma diferença grave. Se for necessário um grande número de amostras para detectar, provavelmente não vale a pena se preocupar com a diferença.

Um teste básico de duas amostras é o teste Kolmogorov-Smirnov, também conhecido como teste K-S ou KS.[31] Trata-se de um teste estatístico não paramétrico, ou seja, não requer nenhum parâmetro da distribuição subjacente para funcionar. Não faz nenhuma suposição sobre a distribuição subjacente, ou seja, pode funcionar para qualquer distribuição. No entanto, a grande desvantagem do teste KS é

---

[30] Hamel Husain deu uma ótima aula sobre por que a skewness do TensorFlow Extended é tão ruim para o CS 329S: Machine Learning Systems Design (disponível em: *https://oreil.ly/Y9hAW*) (Stanford, 2022). Você pode encontrar o vídeo no YouTube (disponível em: *https://oreil.ly/ivxbQ*).

[31] I. M. Chakravarti, R. G. Laha e J. Roy, *Handbook of Methods of Applied Statistics*, vol. 1, *Techniques of Computation, Descriptive Methods, and Statistical Inference* (New York: Wiley, 1967).

que só pode ser usado para dados unidimensionais. Caso as predições e rótulos do seu modelo sejam unidimensionais (números escalares), o teste KS será útil para detectar mudanças de rótulo ou predição. Contudo, não funcionará para dados de alta dimensionalidade, e as features geralmente são de alta dimensionalidade.[32] Os testes KS também podem ser dispendiosos e gerar muitos alertas falsos positivos.[33]

Detector	Tabular	Image	Time Series	Text	Categorical Features	Online	Feature Level
Kolmogorov-Smirnov	✓	✓		✓	✓		✓
Cramér-von Mises	✓	✓				✓	✓
Fisher's Exact Test	✓				✓	✓	✓
Maximum Mean Discrepancy (MMD)	✓	✓		✓	✓	✓	
Learned Kernel MMD	✓	✓		✓	✓		
Context-aware MMD	✓	✓	✓	✓	✓		
Least-Squares Density Difference	✓	✓		✓	✓	✓	
Chi-Squared	✓				✓		✓
Mixed-type tabular data	✓				✓		✓
Classifier	✓	✓	✓	✓	✓		
Spot-the-diff	✓	✓	✓	✓	✓	✓	
Classifier Uncertainty	✓	✓	✓	✓	✓		
Regressor Uncertainty	✓	✓	✓	✓	✓		

Figura 8-2. Alguns algoritmos de detecção de mudança implementados pelo Alibi Detect (https://oreil.ly/162tf). Fonte: Captura de tela do repositório GitHub do projeto.

Outro teste é a diferença de densidade dos mínimos quadrados, algoritmo que se baseia no método de estimativa da diferença de densidade dos mínimos quadrados.[34] Há também o MMD, Maximum Mean Discrepancy [discrepância média máxima, em tradução livre] (*https://oreil.ly/KzUuw*) (Gretton et al., 2012), técnica baseada em kernel para testes multivariados de duas amostras e sua variante Learned Kernel MMD [MMD de kernel aprendido, em tradução livre] (*https://oreil.ly/C5dXI*) (Liu et al., 2020). O MMD é popular na área de pesquisa acadêmica, mas, enquanto escrevia este livro, eu não sabia de nenhuma empresa que estivesse usando. O Alibi Detect (*https://oreil.ly/162tf*) é um ótimo pacote open

---

[32] Eric Feigelson e G. Jogesh Babu, "Beware the Kolmogorov-Smirnov Test!" Center for Astrostatistics, Penn State University. Disponível em: *https://oreil.ly/7AHcT*.

[33] Eric Breck, Marty Zinkevich, Neoklis Polyzotis, Steven Whang e Sudip Roy, "Data Validation for Machine Learning", *Anais do SysML*, 2019. Disponível em: *https://oreil.ly/xoneh*.

[34] Li Bu, Cesare Alippi e Dongbin Zhao, "A pdf-Free Change Detection Test Based on Density Difference Estimation", *IEEE Transactions on Neural Networks and Learning Systems* 29, no. 2 (fevereiro de 2018): 324–34. Disponível em: *https://oreil.ly/RD8Uy*. Os autores alegam que o método funciona em entradas multidimensionais.

source com implementações de muitos algoritmos de detecção de mudança, como mostrado na Figura 8-2. Em geral, como os testes de duas amostras funcionam melhor em dados de baixa dimensionalidade do que em dados de alta dimensionalidade, recomenda-se bastante reduzir a dimensionalidade de seus dados antes de realizar um teste de duas amostras neles.[35]

Janelas de escala de tempo para detectar mudanças

Nem todos os tipos de mudanças são iguais — algumas são mais difíceis de detectar do que outras. Por exemplo, as mudanças acontecem em ritmos diferentes, e mudanças abruptas são mais fáceis de detectar do que mudanças lentas e graduais.[36]

Mudanças também podem acontecer em duas dimensões: espacial ou temporal. Mudanças espaciais são aquelas que acontecem em pontos de acesso, como sua aplicação receber um novo grupo de usuários ou agora ser disponibilizada em um tipo diferente de dispositivo. Mudanças temporais são aquelas que acontecem ao longo do tempo. Para detectar mudanças temporais, uma abordagem comum é tratar os dados de entrada para aplicações de ML como dados de série temporal.[37] Ao lidar com mudanças temporais, a janela de escala de tempo dos dados que analisamos afeta as mudanças que podemos detectar. Se os dados tiverem um ciclo semanal, uma escala de tempo inferior a uma semana não detectará o ciclo. Considere os dados na Figura 8-3. Se usarmos os dados do dia 9 ao 14 como distribuição de origem, o dia 15 parecerá uma mudança. No entanto, se usarmos os dados do dia 1 ao 14 como distribuição de origem, todos os pontos de dados do dia 15 provavelmente serão gerados por essa mesma distribuição. Conforme exemplificado, detectar mudanças temporais é difícil quando as mudanças são confundidas pela variação sazonal.

---

[35] Stephan Rabanser, Stephan Günnemann e Zachary C. Lipton, "Failing Loudly: An Empirical Study of Methods for Detecting Dataset Shift", *arXiv*, 29 de outubro de 2018. Disponível em: *https://oreil.ly/HxAwV*.

[36] Manuel Baena-García, José del Campo-Ávila, Raúl Fidalgo, Albert Bifet, Ricard Gavaldà e Rafael MoralesBueno, "Early Drift Detection Method", 2006. Disponível em: *https://oreil.ly/Dnv0s*.

[37] Nandini Ramanan, Rasool Tahmasbi, Marjorie Sayer, Deokwoo Jung, Shalini Hemachandran e Claudionor Nunes Coelho Jr., "Real-time Drift Detection on Time-series Data", *arXiv*, 12 de outubro de 2021. Disponível em: *https://oreil.ly/xmdqW*.

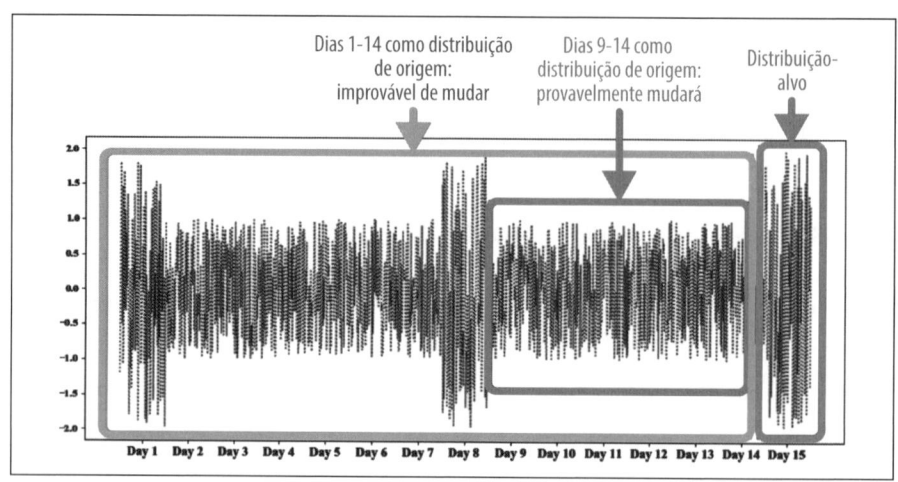

Figura 8-3. Se uma distribuição mudou ao longo do tempo depende da janela de escala de tempo especificada.

Ao calcular estatísticas de execução ao longo do tempo, é importante diferenciar *estatísticas cumulativas de sliding statistics* [*estatísticas deslizantes*, em tradução livre]. Estatísticas deslizantes são calculadas em uma única janela de escala de tempo, por exemplo, uma hora. As estatísticas cumulativas são continuamente atualizadas com mais dados. Ou seja, para o início de cada janela de escala de tempo, a acurácia deslizante é redefinida, enquanto a acurácia deslizante não é. Como têm informações de janelas de tempo anteriores, as estatísticas cumulativas podem ocultar o que acontece em uma janela de tempo específica. A Figura 8-4 mostra um exemplo de como a acurácia cumulativa pode ocultar a queda repentina da acurácia entre 16 e 18 horas.

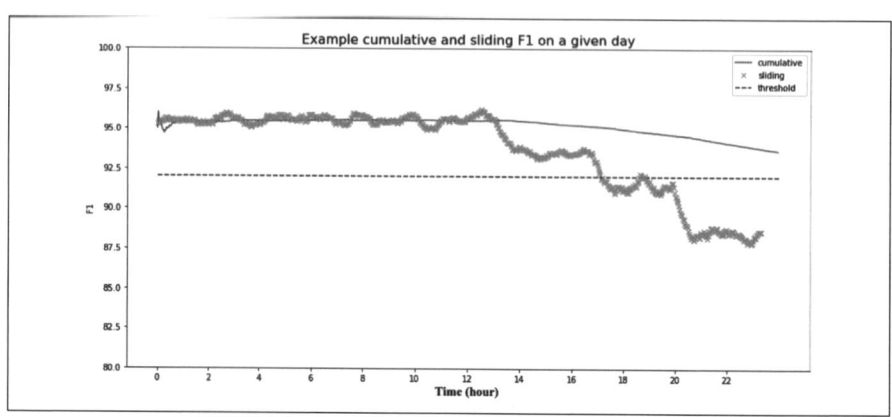

Figura 8-4. A acurácia cumulativa oculta a queda repentina da acurácia entre 16 e 18 horas. Fonte: Adaptado de uma imagem do Made With ML (https://oreil.ly/viegx).

Trabalhar com dados no espaço temporal complica e muito as coisas, exigindo conhecimento de técnicas de análise de séries temporais, como decomposições de séries temporais, que fogem ao escopo deste livro. Para os leitores interessados em decomposição de séries temporais, a equipe da Lyft tem um ótimo estudo de caso (*https://oreil.ly/zi1kk*) sobre como a equipe decompôs seus dados de séries temporais para lidar com a sazonalidade do mercado.

Atualmente, muitas empresas usam a distribuição dos dados de treinamento como distribuição base e monitoram a distribuição dos dados de produção em um determinado nível de granularidade, como por hora e diariamente.[38] Quanto menor a janela de escala de tempo, mais rápido conseguimos detectar mudanças na distribuição de dados. No entanto, uma janela de escala de tempo muito curta pode levar a falsos alarmes de mudanças, como mostra a Figura 8-3. Algumas plataformas, sobretudo aquelas que lidam com análise de dados em tempo real, como monitoramento, fornecem uma operação de merge, possibilitando mesclar estatísticas de janelas de escala de tempo mais curtas a fim de criar estatísticas para janelas de escala de tempo maiores. Por exemplo, podemos calcular as estatísticas de dados importantes a cada hora e, em seguida, mesclar esses blocos de estatísticas por hora em visualizações diárias. Plataformas de monitoramento mais avançadas ainda tentam a análise de causa-raiz (RCA), que analisa automaticamente as estatísticas em diversos tamanhos de janela de tempo para detectar exatamente a janela de tempo em que ocorreu uma mudança nos dados.[39]

Lidando com as Mudanças nas Distribuições de Dados

A forma como empresas lidam com as mudanças de dados depende do nível de sofisticação de suas configurações de infraestrutura de ML. Num dos extremos do espectro, temos empresas que começaram com ML e ainda estão trabalhando para disponibilizar modelos de ML em produção. Ou seja, talvez ainda não tenham chegado ao ponto em que as mudanças dos dados representam uma catástrofe. No entanto, em algum momento no futuro — talvez daqui a três ou seis meses — podem perceber que seus modelos iniciais implementados se degradaram a ponto de prejudicar mais do que ajudar. Assim, essas empresas precisarão adaptar seus modelos às distribuições alteradas ou substituí-los por outras soluções. Ao mesmo tempo, muitas empresas supõem que as mudanças de dados são inevitáveis, logo treinam periodicamente seus modelos — uma vez por mês, por semana ou uma vez por dia — independentemente da extensão da mudança. Como determinar a frequência ideal para retreinar seus modelos é uma decisão importante que muitas

---

[38] Estou trabalhando em uma solução que pode lidar com o nível de granularidade em minuto.
[39] Obrigada Goku Mohandas por compartilhar esta dica no servidor MLOps do Discord (disponível em: *https://oreil.ly/UOJ8h*).

empresas ainda tomam com base em intuições em vez de dados experimentais.[40] No Capítulo 9, falaremos mais sobre a frequência de retreinamento.

Existem três abordagens para que um modelo funcione com uma nova distribuição em produção. A primeira é a abordagem atualmente predominante na área de pesquisa: treinar modelos usando conjuntos imensos de dados. Aqui se espera que, se o conjunto de dados de treinamento for grande o bastante, o modelo será capaz de aprender uma distribuição tão abrangente que quaisquer pontos de dados que encontrar em produção provavelmente virão dessa distribuição. A segunda abordagem, menos popular na área de pesquisa, é adaptar um modelo treinado a uma distribuição-alvo, *sem exigir novos rótulos*. Zhang et al. (2013) usaram interpretações causais junto com embedding de kernel de distribuições condicionais e marginais para corrigir as predições dos modelos para mudanças de covariáveis e de rótulos sem usar rótulos da distribuição-alvo.[41] Da mesma forma, Zhao *et al.* (2020) propuseram o aprendizado de representação invariante de domínio: técnica de adaptação de domínio não supervisionada que pode aprender representações de dados invariantes para as mudanças nas distribuições.[42] Entretanto, esta área de pesquisa é pouco explorada e não tem ampla adoção na indústria.[43] A terceira abordagem é o que normalmente é feito no setor hoje: retreinar seu modelo usando os dados rotulados da distribuição-alvo. No entanto, retreinar seu modelo não é tão simples. Retreinar pode significar treinar novamente seu modelo do zero nos dados antigos e novos ou continuar treinando o modelo existente em novos dados. A última abordagem também é conhecida como ajuste fino.

Caso queira retreinar seu modelo, temos dois problemas. Primeiro: treinar seu modelo do zero (retreinamento stateless) ou continuar o treinando a partir do último checkpoint (treinamento stateful). Segundo, quais dados usar: dados das últimas 24 horas, da semana passada, dos últimos 6 meses ou do ponto em que os dados começaram a flutuar. Talvez seja necessário realizar experimentos para descobrir qual estratégia de retreinamento funciona melhor para você.[44] Neste livro, usamos "retreinamento" para nos referirmos tanto ao treinamento do zero

---

[40] Como Han-chung Lee, um dos primeiros revisores, salientou, isso também ocorre porque as empresas pequenas não têm dados suficientes sobre seus modelos. Quando você não tem muitos dados, é melhor ter um regime baseado em tempo do que sobreajustar seu regime a dados insuficientes.

[41] Kun Zhang, Bernhard Schölkopf, Krikamol Muandet e Zhikun Wang, "Domain Adaptation under Target and Conditional Shift", *Anais da 30ª Conferência Internacional de Machine Learning* (2013). Disponível em: *https://oreil.ly/C123l*.

[42] Han Zhao, Remi Tachet Des Combes, Kun Zhang e Geoffrey Gordon, "On Learning Invariant Representations for Domain Adaptation", *Anais da Pesquisa em Machine Learning* 97 (2019): 7523–32. Disponível em: *https://oreil.ly/W78hH*.

[43] Zachary C. Lipton, Yu-Xiang Wang e Alex Smola, "Detecting and Correcting for Label Shift with Black Box Predictors", *arXiv*, 12 de fevereiro de 2018. Disponível em: *https://oreil.ly/zKSlj*.

[44] Alguns fornecedores de monitoramento afirmam que suas soluções são capazes de detectar não apenas quando seu modelo deve ser retreinado, mas também quais dados devem ser retreinados. Não consegui verificar a validade dessas alegações.

quanto ao ajuste fino. Discutiremos mais sobre a estratégia de retreinamento no próximo capítulo.

Leitores familiarizados com a literatura de data shift podem frequentemente ver as mudanças de dados mencionadas junto com a adaptação de domínio e aprendizado por transferência. Caso considere uma distribuição como um domínio, o problema de como adaptar seu modelo a novas distribuições é semelhante a como adaptar seu modelo a diferentes domínios.

Da mesma forma, caso considere aprender uma distribuição conjunta $P(X, Y)$ como uma tarefa, então adaptar um modelo treinado em uma distribuição conjunta para outra distribuição conjunta pode ser tido como uma forma de aprendizado por transferência. O aprendizado por transferência diz respeito à família de métodos em que um modelo desenvolvido para uma tarefa é reutilizado como ponto de partida para um modelo em uma segunda tarefa. A diferença é que, no aprendizado por transferência, não é necessário retreinar o modelo básico do zero para a segunda tarefa. No entanto, para adaptar seu modelo a uma nova distribuição, talvez seja necessário retreinar seu modelo do zero.

Não precisamos começar a tratar as mudanças na distribuição de dados depois que elas acontecerem. É possível projetar seu sistema para torná-lo mais robusto a mudanças. Um sistema usa inúmeras features, e features diferentes mudam em ritmos diferentes. Suponha que você está criando um modelo para predizer se um usuário fará o download de um app. Talvez você fique tentado a usar a classificação desse app na loja de app como uma feature, pois os apps de classificação mais alta tendem a ser baixados mais. No entanto, a classificação de uma app muda bem rápido. Em vez disso, convém colocar em buckets a classificação de cada app em categorias gerais, como top 10, entre 11 e 100, entre 101 e 1.000, entre 1.001 e 10.000 e assim por diante. Ao mesmo tempo, as categorias de um app podem mudar com bem menos frequência, mas podem ter menos poder para predizer se um usuário fará o download desse app. Ao escolher features para seus modelos, talvez você queira considerar o trade-off entre desempenho e estabilidade de uma feature: uma feature pode ser excelente para acurácia, mas se deteriorar rapidamente, forçando-o a treinar seu modelo com mais frequência.

Você também pode projetar seu sistema para facilitar a adaptação a mudanças. Por exemplo, os preços de imóveis podem mudar mais rápido em grandes cidades como São Francisco do que na zona rural do Arizona. Assim, um modelo de predição de preços de imóveis que atende a zona rural do Arizona pode precisar ser atualizado com menos frequência do que um modelo que atende a São Francisco. Se você usar o mesmo modelo para atender a ambos os mercados, precisará usar dados de ambos os mercados para atualizar seu modelo no ritmo exigido por São Francisco. Contudo, se usar um modelo separado para cada mercado, poderá atualizar cada um deles somente quando necessário. Antes de passarmos para a próxima seção, quero reiterar que nem toda degradação de desempenho de modelos em produção exige soluções de ML. Hoje, boa parte das falhas de ML são causadas por erros humanos. Se a falha do seu modelo for causada por erros humanos, primeiro você precisa encontrar esses erros para corrigi-los. É difícil detectar uma mudança de dados, porém determinar o que causa uma mudança pode ser ainda mais difícil.

Monitoramento e Observabilidade

À medida que o setor percebeu que muitas coisas podem dar errado com um sistema de ML, muitas empresas começaram a investir em monitoramento e observabilidade de seus sistemas de ML em produção. Apesar de serem às vezes usados de forma intercambiável, monitoramento e observabilidade são diferentes. Monitoramento se refere ao ato de rastrear, calcular e registrar diferentes métricas que podem nos ajudar a determinar quando algo dá errado. Observabilidade significa configurar nosso sistema de uma forma que nos forneça visibilidade para nos ajudar a investigar o que deu errado. O processo de configurar nosso sistema dessa forma também é chamado de "instrumentação". Exemplos de instrumentação incluem adicionar temporizadores às suas funções, contar NaNs em suas features, rastrear como as entradas são transformadas em seus sistemas, registrar eventos incomuns, como entradas invulgarmente longas etc. A observabilidade faz parte do monitoramento. Sem algum nível de observabilidade, o monitoramento é impossível.

O monitoramento tem tudo a ver com métricas. Como os sistemas de ML são sistemas de software, a primeira classe de métricas que precisamos monitorar são as métricas operacionais. Essas métricas são projetadas para informar a integridade de seus sistemas. Em geral, são divididas em três níveis: a rede em que roda o sistema, a máquina em que o sistema é executado e a aplicação em que o sistema é executado. Exemplos dessas métricas incluem latência; taxa de transferência; número de requisições de predição que seu modelo recebe no último minuto, hora, dia; porcentagem de requisições que retornam com código 2xx; utilização de CPU/GPU; utilização de memória etc. Não importa o nível de qualidade de seu modelo de ML, se o sistema estiver inativo, o modelo não servirá de nada. Vejamos um exemplo. Uma das propriedades fundamentais de um sistema de software em produção é a disponibilidade — a frequência em que o sistema está disponível para oferecer desempenho razoável aos usuários. Calcula-se essa propriedade por *tempo de atividade*, a porcentagem de tempo em que um sistema está disponível. As condições para determinar se um sistema está disponível são definidas nos objetivos de nível de serviço (SLOs) ou nos acordos de nível de serviço (SLAs). Por exemplo, um SLA pode especificar que o serviço é disponível se tiver latência mediana inferior a 200ms e percentil 99º inferior a 2s.

Talvez um provedor de serviços ofereça um SLA que especifique sua garantia de tempo de atividade, como 99,99% do tempo, e se essa garantia não for atendida, o provedor devolverá o dinheiro aos clientes. Por exemplo, a partir de outubro de 2021, o serviço AWS EC2 passou a oferecer porcentagem de tempo de atividade mensal de pelo menos 99,99% (quatro noves) e, se a porcentagem de tempo de atividade mensal for menor que isso, há a devolução de um crédito de serviço para pagamentos futuros do EC2.[45] O tempo de atividade mensal de 99,99% significa que o serviço só pode ficar indisponível por pouco mais de 4 minutos por mês, e 99,999% significa apenas 26 segundos por mês! No entanto, quando se trata de um sistema de ML, a integridade ultrapassa o tempo de atividade do sistema. Caso seu sistema de ML esteja funcionando, mas suas predições forem uma porcaria, seus usuários não ficarão nada contentes. Outra classe de métricas que queremos monitorar são as métricas específicas de ML que informam a integridade de nossos modelos de ML.

Métricas Específicas de ML

Via de regra, dentro das métricas específicas de ML, há quatro artefatos para monitorar: métricas relacionadas à acurácia de um modelo, predições, features e entradas brutas. São artefatos gerados em quatro estágios diferentes de um pipeline de sistema de ML, conforme mostrado na Figura 8-5. No pipeline, quanto mais profundo estiver, mais transformações um artefato passou, o que torna mais provável que uma mudança nesse artefato seja causada por erros em uma dessas transformações. No entanto, quanto mais transformações passou, mais estruturado um artefato se torna e mais próximo está das métricas com as quais realmente nos importamos, facilitando o monitoramento. Veremos cada um desses artefatos em detalhes nas seções a seguir.

Difícil de monitorar ← → *Fácil de monitorar*

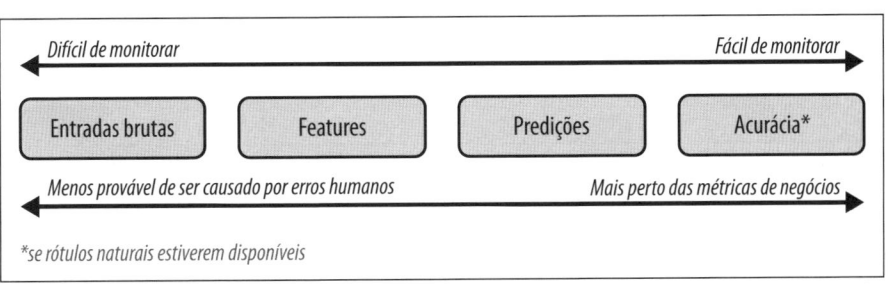

Entradas brutas — Features — Predições — Acurácia*

Menos provável de ser causado por erros humanos ← → *Mais perto das métricas de negócios*

*se rótulos naturais estiverem disponíveis

Figura 8-5. Quanto mais transformações um artefato passou, maior a probabilidade de suas alterações serem causadas por erros em uma dessas transformações.

---

[45] "Amazon Compute Service Level Agreement", Amazon Web Services, última atualização: 24 de agosto de 2022. Disponível em: *https://oreil.ly/5bjx9*.

Monitoramento de métricas relacionadas à acurácia

Se seu sistema receber qualquer tipo de feedback do usuário para as predições que faz — clicar, ocultar, comprar, upvote, downvote, favoritar, bookmark, compartilhar etc. — você definitivamente deve analisar seus logs e monitorá-lo. Alguns comentários podem ser usados para inferir rótulos naturais, que podem ser utilizados para calcular métricas relacionadas à acurácia do seu modelo. Métricas relacionadas à acurácia são métricas mais diretas para ajudá-lo a decidir se o desempenho de um modelo se degradou.

Mesmo que não possa ser usado para inferir rótulos naturais diretamente, o feedback pode ser usado para detectar mudanças no desempenho do seu modelo de ML. Por exemplo, ao criar um sistema para recomendar aos usuários quais vídeos assistir no YouTube, queremos acompanhar não apenas se eles clicam em um vídeo recomendado (taxa de cliques), como também a duração do tempo de reprodução do vídeo e se terminam de assisti-lo (taxa de conclusão). Se, com o tempo, a taxa de cliques permanecer a mesma, mas a taxa de conclusão cair, pode significar que o sistema de recomendação está piorando.[46]

É possível também projetar o sistema para que possamos coletar feedback dos usuários. Por exemplo, o Google Tradutor tem a opção de os usuários votarem positiva ou negativamente em uma tradução, como ilustrado na Figura 8-6. Se o número de downvotes que o sistema recebe de repente aumenta, pode haver problemas. Os downvotes também podem ser usados para orientar o processo de rotulagem: fazer com que especialistas humanos gerem novas traduções para as amostras com votos negativos, a fim de treinar a próxima iteração de seus modelos.

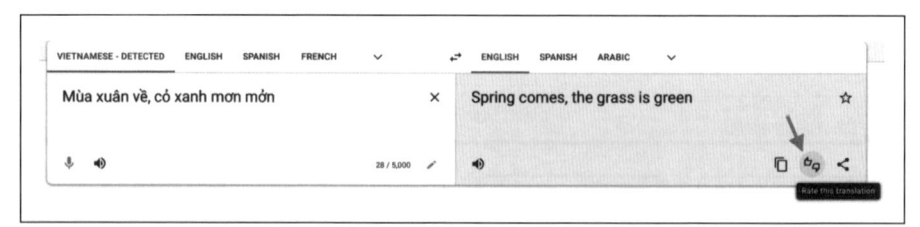

Figura 8-6. O Google Tradutor possibilita que os usuários votem positiva ou negativamente em uma tradução. Esses votos serão usados para avaliar a qualidade do modelo de tradução, bem como para orientar o processo de rotulagem.

Monitorando predições

A predição é o artefato mais comum para monitorar. Se for uma tarefa de regressão, cada predição é um valor contínuo (por exemplo, o preço predito de um

---

[46] Tome cuidado ao usar a taxa de conclusão como uma métrica para otimizar, pois isso pode influenciar seu sistema de recomendação em shorts vídeos.

imóvel), e se for uma tarefa de classificação, cada predição é um valor discreto correspondente à categoria predita. Como cada predição normalmente é apenas um número (baixa dimensionalidade), as predições são fáceis de visualizar e suas estatísticas resumidas são fáceis de calcular e interpretar.

É possível monitorar as predições para as mudanças na distribuição. Como as predições são de baixa dimensionalidade, também é mais fácil calcular testes de duas amostras para detectar se a distribuição da predição mudou. Mudanças de distribuição de predição também são um proxy para mudanças de distribuição de entrada. Supondo que a função que mapeia da entrada para a saída não mude — os pesos e vieses do seu modelo não mudaram —, uma mudança na distribuição de predição geralmente indica uma mudança na distribuição de entrada subjacente. É possível também monitorar predições para qualquer coisa estranha acontecendo, como predizer um número incomum de False em uma linha. Pode haver um longo atraso entre as predições e os rótulos ground truth, conforme discutido na seção "Rótulos Naturais" do Capítulo 4. As mudanças nas métricas relacionadas à acurácia podem não ser evidentes por dias ou semanas, enquanto um modelo que prediz tudo False por 10 minutos pode ser detectado de imediato.

Monitorando features

No setor, as soluções de monitoramento de ML focam o monitoramento de mudanças nas features, tanto as features que um modelo usa como entradas quanto as transformações intermediárias de entradas brutas nas features finais. O monitoramento de features é convidativo, pois, quando comparado aos dados de entrada brutos, as features são bem estruturadas porque seguem um esquema predefinido. A primeira etapa do monitoramento de features é a *validação de feature*: garantir que suas features sigam um esquema esperado. Em geral, os esquemas esperados são gerados a partir de dados de treinamento ou do senso comum. Se, em produção, essas expectativas forem violadas, pode haver uma mudança na distribuição subjacente. Por exemplo, vejamos algumas das coisas que você pode verificar em uma determinada feature:

- Se os valores mínimo, máximo ou mediano de uma feature estiverem dentro de um intervalo aceitável
- Se os valores de uma feature satisfazem um formato de expressão regular
- Se todos os valores de uma feature pertencem a um conjunto predefinido
- Se os valores de uma feature são sempre maiores que os valores de outra feature

Como as features geralmente são organizadas em tabelas — cada coluna representa uma feature e cada linha representa uma amostra de dados — a validação de features também é conhecida como teste de tabela ou validação de tabela. Algumas pessoas chamam de teste unitário para dados. Existem muitas bibliotecas open source que o ajudam a fazer a validação básica de features, sendo as duas mais comuns: Great Expectations (*https://oreil.ly/vBa35*) e Deequ (*https://oreil.ly/OWoIB*), que é da AWS. A Figura 8-7 mostra algumas das funções integradas de validação de features da Great Expectations e um exemplo de como usá-las.

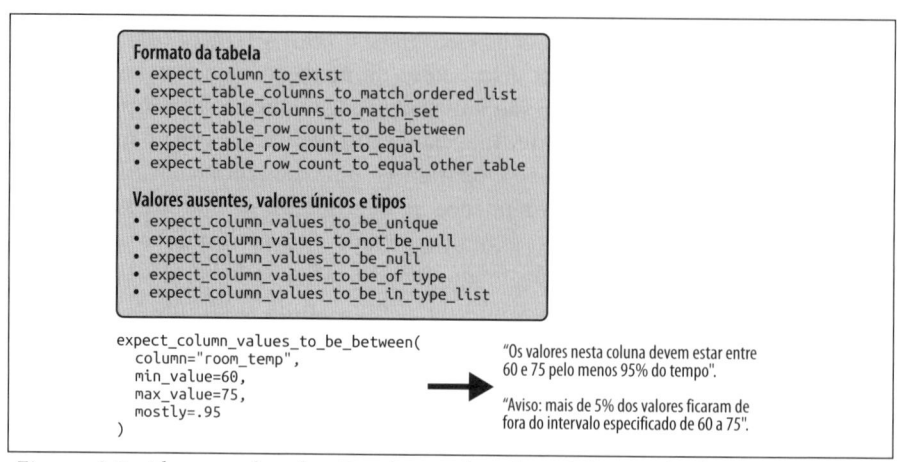

```
Formato da tabela
• expect_column_to_exist
• expect_table_columns_to_match_ordered_list
• expect_table_columns_to_match_set
• expect_table_row_count_to_be_between
• expect_table_row_count_to_equal
• expect_table_row_count_to_equal_other_table

Valores ausentes, valores únicos e tipos
• expect_column_values_to_be_unique
• expect_column_values_to_not_be_null
• expect_column_values_to_be_null
• expect_column_values_to_be_of_type
• expect_column_values_to_be_in_type_list
```

```
expect_column_values_to_be_between(
    column="room_temp",
    min_value=60,
    max_value=75,
    mostly=.95
)
```
→ "Os valores nesta coluna devem estar entre 60 e 75 pelo menos 95% do tempo".

"Aviso: mais de 5% dos valores ficaram de fora do intervalo especificado de 60 a 75".

Figura 8-7 Algumas das funções integradas de validação de features da Great Expectations e um exemplo de como usá-las. Fonte: Adaptado do conteúdo do GitHub da Great Expectations.

Além da validação básica de features, podemos também usar testes de duas amostras para detectar se a distribuição subjacente de uma feature ou um conjunto de feature mudou. Como uma feature ou um conjunto de features pode ser de alta dimensionalidade, talvez seja necessário reduzir a dimensionalidade antes de realizar o teste nelas, o que pode tornar o teste menos eficaz. Existem quatro preocupações importantes ao fazer o monitoramento de features:

Uma empresa pode ter centenas de modelos em produção e cada modelo usa centenas, senão milhares, de features.

Mesmo algo tão simples como calcular estatísticas resumidas para todas essas features a cada hora pode ser custoso, não apenas em termos computacionais necessários, como também de memória usada. Muitas métricas, como o rastreamento, ou seja, computação constante, também podem desacelerar o sistema e aumentar a latência que os usuários experimentam e o tempo que levamos para detectar anomalias.

Embora o rastreamento de features seja útil para fins de debugging, não serve de muita coisa para detectar a degradação do desempenho do modelo.

Em teoria, uma pequena mudança na distribuição pode ocasionar falhas catastróficas, mas, na prática, pequenas mudanças de uma feature individual podem não prejudicar o desempenho do modelo. As distribuições de features mudam o tempo todo, e a maioria dessas mudanças é benigna.[47] Caso queria ser alertado sempre que uma feature mudar, não demora muito para que você fique sobrecarregado com alertas e perceba que a maioria desses alertas é falsos positivos. Isso pode provocar o fenômeno chamado "fadiga de alerta" [alert fatigue], em que a equipe de monitoramento deixa de prestar atenção aos alertas por serem tão frequentes. O problema do monitoramento de features se torna um outro problema: tentar decidir quais mudanças de features são críticas e quais não são.

Em geral, a extração de features é realizada em diversas etapas (como preenchimento de valores ausentes e padronização), usando várias bibliotecas (como pandas, Spark) em diversos serviços (como BigQuery ou Snowflake).

Podemos ter um banco de dados relacional como entrada para o processo de extração de features e um array NumPy como saída. Mesmo que você identifique uma mudança prejudicial em uma feature, talvez seja impossível detectar se essa mudança é causada por uma mudança na distribuição de entrada subjacente ou por um erro em uma das diversas etapas de processamento.

O esquema que suas features seguem pode mudar com o tempo.

Caso não tenha uma forma de versionar seus esquemas e mapear cada uma de suas features para o esquema esperado, a causa do alerta pode ser o esquema incompatível em vez de uma mudança nos dados.

Não menciono essa preocupação para descartarmos a importância do monitoramento de features; mudanças no espaço de features são fonte útil de sinais para entender a integridade de seus sistemas de ML. Felizmente, pensar sobre essas preocupações pode ajudá-lo a escolher uma solução de monitoramento de features que funcione para você.

Monitoramento de entradas brutas

Conforme discutido na seção anterior, uma mudança nas features pode ser causada por problemas nas etapas de processamento e não por mudanças nos dados. E se monitorarmos as entradas brutas antes de serem processadas? Os dados brutos de entrada podem não ser mais fáceis de monitorar, já que podem vir de diversas fontes em formatos diferentes, seguindo inúmeras estruturas. Hoje, o modo como muitos fluxos de trabalho de ML são definidos impossibilita que os engenheiros tenham acesso direto aos dados brutos de entrada, pois em geral, esses dados são administrados por uma equipe de plataforma de dados que os processam e os migram para um local como um data warehouse. Assim, os engenheiros de ML somente podem consultar os dados desse data warehouse, que já foram parcialmente processados. Portanto, o monitoramento de entradas brutas geralmente é respon-

---

[47] Rabanser, Günnemann e Lipton, "Failing Loudly".

sabilidade da equipe da plataforma de dados, não da equipe de ciência de dados ou de ML. Ou seja, foge ao escopo deste livro. Até agora, analisamos diferentes tipos de métricas para monitoramento, desde métricas operacionais geralmente usadas para sistemas de software até métricas específicas de ML que ajudam a acompanhar a integridade de seus modelos. Na próxima seção, discutiremos o toolbox que você pode usar para ajudar no monitoramento de métricas.

Toolbox de Monitoramento

Calcular, rastrear e interpretar métricas para sistemas complexos não é tarefa nada fácil, e os engenheiros recorrem a um conjunto de ferramentas para ajudá-los a fazer isso. É comum o setor anunciar métricas, logs e traces como os três pilares do monitoramento. No entanto, acho essas distinções imprecisas, pois parecem ser definidas a partir da perspectiva de pessoas que desenvolvem sistemas de monitoramento: traces são uma forma de logs e as métricas podem ser calculadas a partir de logs. Nesta seção, eu gostaria de focar o conjunto de ferramentas da perspectiva dos usuários dos sistemas de monitoramento: logs, dashboards e alertas.

Logs

Sistemas de software tradicionais dependem de logs para registrar eventos produzidos em runtime. Um evento é qualquer coisa que possa ser de interesse aos desenvolvedores do sistema, seja no momento em que o evento acontece ou posteriormente para fins de debugging e análise. Exemplos de eventos incluem quando um contêiner é iniciado, a quantidade de memória necessária, quando uma função é chamada, quando essa função termina de rodar, as outras funções que essa função chama, a entrada e saída dessa função etc. Além do mais, não se esqueça de registrar falhas, stack traces, códigos de erro e muito mais. Nas palavras de Ian Malpass do Etsy: "Se algo se mexer, nós o rastreamos."[48] A equipe também rastreia coisas que ainda não mudaram, caso mudem posteriormente.

O número de logs pode crescer exponencialmente. Por exemplo, em 2019, o app de namoro Badoo estava lidando com 20 bilhões de eventos por dia.[49] Quando algo der errado, será necessário consultar seus logs para a sequência de eventos que o provocaram, processo semelhante a encontrar uma agulha no palheiro.

Nos primórdios da implementação de software, uma aplicação podia ser um único serviço. Se algo acontecesse, sabíamos onde. Mas hoje, um sistema pode consistir de muitos componentes diferentes: contêineres, schedulers, microsserviços, persistência poliglota, roteamento mesh, instâncias de escala automática efêmeras,

---

[48] Ian Malpass, "Measure Anything, Measure Everything", *Code as Craft*, 15 de fevereiro de 2011. Disponível em: https://oreil.ly/3KF1K.

[49] Andrew Morgan, "Data Engineering in Badoo: Handling 20 Billion Events Per Day", InfoQ, 9 de agosto de 2019. Disponível em: https://oreil.ly/qnnuV.

funções Lambda serverless. Uma requisição pode fazer de 20 a 30 saltos desde o envio até o recebimento da resposta. A parte difícil não é detectar quando algo aconteceu, e sim onde estava o problema.[50]

Ao registramos um evento, queremos facilitar o máximo possível o processo para encontrá-lo mais tarde. Essa prática com arquitetura de microsserviço se chama *distributed tracing* [tracing distribuído, em tradução livre]. Queremos atribuir a cada processo um ID exclusivo para que, quando algo der errado, a mensagem de erro tenha (assim espero) esse ID. Isso nos possibilita pesquisar as mensagens de log associadas a ele. Queremos também registrar com cada evento todos os metadados necessários: a hora em que acontece, o serviço onde acontece, a função chamada, o usuário associado ao processo, se houver etc.

Como os logs são grandes e difíceis de gerenciar, muitas ferramentas foram desenvolvidas para ajudar as empresas a gerenciá-los e analisá-los. Estima-se que o mercado de gerenciamento de logs de 2021 valia US$2,3 bilhões e esse valor deve crescer para US$4,1 bilhões até 2026.[51]

Analisar bilhões de eventos registrados de forma manual é inútil, por isso muitas empresas usam o ML para analisar logs. Um exemplo de caso de uso de ML para análise de log é a detecção de anomalias: detectar eventos anormais em seu sistema. Um modelo mais sofisticado pode até classificar cada evento em termos de prioridades, como usual, anormal, exceção, erro e fatal. Outro caso de uso de ML na análise de log é que, quando um serviço falha, é bom saber a probabilidade de os serviços relacionados serem impactados. Isso pode ser bastante útil quando o sistema está sofrendo ciberataques.

Muitas empresas processam logs em processos em lote. Nesse cenário, coletamos um grande número de logs e, em seguida, fazemos a consulta periódica, procurando eventos específicos por meio do SQL ou processando-os usando o processo em lote, como em um cluster Spark, Hadoop ou Hive. Isso faz com que processamento de logs seja eficiente porque podemos utilizar os processos distribuídos e o MapReduce para aumentar a taxa de transferência do processamento. No entanto, como processamos os logs periodicamente, só conseguimos identificar problemas de modo periódico. Para identificar anomalias em seus logs assim que ocorrerem, é possível processar seus eventos assim que forem registrados. Isso faz com que processamento de log vire um problema de processamento de fluxo.[52] Você pode usar o transporte em tempo real, como Kafka ou Amazon Kinesis, para transportar eventos à medida que são registrados. Para pesquisar eventos com características

---

[50] Charity Majors, "Observability—A 3-Year Retrospective", *The New Stack*, 6 de agosto de 2019. Disponível em: *https://oreil.ly/Logby*.

[51] "Log Management Market Size, Share and Global Market Forecast to 2026", MarketsandMarkets, 2021. Disponível em: *https://oreil.ly/q0xgh*.

[52] Para leitores não familiarizados com processamento de fluxo, consulte a seção "Processamento em lote versus processamento de fluxo" do Capítulo 3.

específicas em tempo real, podemos usar um mecanismo de streaming SQL como KSQL ou Flink SQL.

Dashboards

Uma imagem vale mais que mil palavras. Uma série de números pode não significar nada para você, mas visualizá-la em um gráfico pode revelar relações entre esses números. Os dashboards para visualizar métricas são essenciais para o monitoramento. Outro uso dos dashboards é tornar o monitoramento acessível a não engenheiros. O monitoramento não serve apenas para os desenvolvedores de um sistema, serve também para as partes interessadas não relacionadas à engenharia, como product managers e business developers. Embora possam ajudar muito no entendimento das métricas, os gráficos sozinhos não são o bastante. É necessário que você tenha e experiência e conhecimento estatístico. Vejamos os dois gráficos da Figura 8-8. Neles, a única coisa evidente é que a perda flutua muito. Se houver uma mudança de distribuição em qualquer um desses dois gráficos, não consigo distinguir. É mais fácil plotar um gráfico para gerar uma linha ondulada do que entender o que essa linha significa.

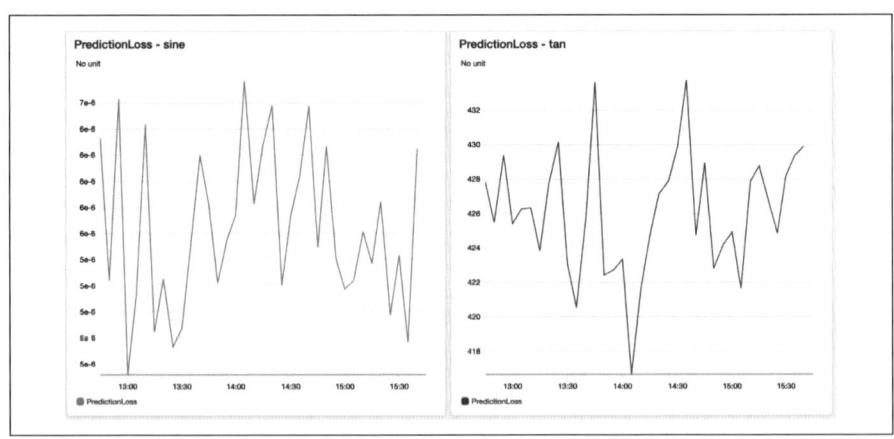

Figura 8-8 Os gráficos são úteis para entender os números, mas não são o bastante.

Métricas excessivas em um dashboard também podem ser contraproducentes, fenômeno conhecido como *dashboard rot*. É importante escolher as métricas adequadas ou abstrair as métricas de nível inferior para calcular os sinais de nível superior, que fazem mais sentido às tarefas específicas.

Alertas

Quando nosso sistema de monitoramento detecta algo suspeito, é necessário alertar as pessoas adequadas a respeito. Um alerta consiste nos três componentes seguintes:

Política de alerta
 Determina a condição para um alerta. Talvez você queira criar um alerta quando uma métrica violar um threshold, opcionalmente em um determinado período. Por exemplo, talvez você queira ser notificado quando a acurácia de um modelo estiver abaixo de 90% ou se a latência da resposta HTTP for maior que um segundo por pelo menos 10 minutos.

Canais de notificação
 Determinam quem deve ser notificado quando a condição for atendida. Os alertas serão mostrados no serviço de monitoramento usado, como Amazon CloudWatch ou GCP Cloud Monitoring, mas você também quer encontrar as pessoas responsáveis quando elas não forem contempladas por esses serviços de monitoramento. Por exemplo, é possível definir seus alertas a fim de serem enviados a um endereço de e-mail como mlops-monitoring@ [*domínio de e-mail da sua empresa*], ou para serem postados em um canal do Slack, como #mlops-monitoring ou no PagerDuty.

Descrição do alerta
 Ajuda a pessoa alertada a entender o que está acontecendo. A descrição deve ser a mais detalhada possível, como:

```
## Acurácia do modelo do recomendador abaixo de 90%

${timestamp}: This alert originated from the service ${service-name}
```

Dependendo do público do alerta, muitas vezes é necessário torná-lo acionável fornecendo instruções de mitigação ou um runbook (*https://oreil.ly/vgLR8*), compilação de procedimentos e operações de rotina que podem ajudar no tratamento do alerta.

A fadiga de alerta é um fenômeno real, como mencionado anteriormente neste capítulo. A fadiga de alerta pode ser desmoralizadora — ninguém gosta de ser acordado no meio da noite por causa de algo que não é sua responsabilidade. E perigosa também — ser exposto a alertas corriqueiros pode fazer com que as pessoas não prestem atenção a alertas críticos. É importante definir condições significativas, de modo que apenas alertas críticos sejam enviados.

Observabilidade

Desde meados da década de 2010, o setor começou a adotar o termo "observabilidade" em vez de "monitoramento". O monitoramento não faz suposições sobre a relação entre o estado interno de um sistema e suas saídas. Monitoramos as saídas externas do sistema para descobrir *quando* algo dá errado dentro do sistema — não há garantia de que as saídas externas nos ajudarão a descobrir *o que* saiu de errado. Nos primórdios da implementação, os sistemas de software eram simples o bastante para que o monitoramento de saídas externas fosse suficiente para a manutenção do software. Um sistema costumava ter apenas alguns componentes e uma equipe cuidava de toda a base de código. Se algo desse errado, era possível fazer alterações no sistema para testar e descobrir o que saiu de errado.

No entanto, os sistemas de software se tornaram drasticamente mais complexos na última década. Hoje, um sistema de software tem muitos componentes. Muitos deles são serviços administrados por outras empresas — todos os serviços nativos da nuvem — ou seja: uma equipe nem administra o interior de todos os componentes do sistema. Se algo der errado, a equipe não pode simplesmente decompor o sistema para analisá-lo. A equipe precisa confiar nas saídas externas de seu sistema para identificar o que está acontecendo internamente. Observabilidade é o termo usado para lidar com esse desafio. Trata-se de conceito proveniente da teoria de controle: trazer "melhor visibilidade para a compreensão do comportamento complexo do software usando [saídas] coletadas do sistema no run time".[53]

Telemetria

As saídas de um sistema coletadas no runtime também se chamam *telemetria*. Telemetria é outro termo que surgiu a partir do monitoramento de software na última década. A palavra "telemetria" se origina das raízes gregas *tele*, que significa "remoto" e *metro*, que significa "medida". Logo, telemetria basicamente significa "medidas remotas". No contexto de monitoramento, refere-se a logs e métricas coletados de componentes remotos, como serviços em nuvem ou aplicações executadas em dispositivos do cliente.

Em outras palavras, observabilidade faz uma suposição mais forte do que o monitoramento tradicional: os estados internos de um sistema podem ser inferidos a partir do conhecimento de suas saídas externas. Os estados internos podem ser

---

[53] Suman Karumuri, Franco Solleza, Stan Zdonik e Nesime Tatbul, "Towards Observability Data Management at Scale", *ACM SIGMOD Record* 49, no. 4 (dezembro de 2020): 18–23. Disponível em: *https://oreil.ly/oS5hn*.

estados atuais, como "a utilização da GPU agora" e estados históricos, como "a utilização média da GPU do dia anterior". Em um sistema observável, quando algo dá errado, devemos conseguir descobrir o que deu errado examinando os logs e as métricas do sistema, sem precisarmos enviar um novo código para o sistema. A observabilidade consiste em instrumentar seu sistema, garantindo que informações suficientes sobre o runtime sejam coletadas e analisadas.

O monitoramento foca as métricas, que geralmente são agregadas. A observabilidade viabiliza métricas mais refinadas, para que você possa saber não apenas quando o desempenho de um modelo se degrada, como também em quais tipos de entradas ou em quais subgrupos de usuários ou por quanto tempo o modelo se degrada. Por exemplo, podemos consultar os logs para obter respostas a perguntas como: "mostre-me todos os usuários para os quais o modelo A retornou predições erradas na última hora, agrupadas por CEPs" ou "mostre-me as requisições de outliers nos últimos 10 minutos" ou "mostre-me todas as saídas intermediárias desta entrada através do sistema". Para isso, é necessário registrar as saídas do seu sistema usando tags e outras palavras-chave de identificação, possibilitando que essas saídas sejam posteriormente divididas em diferentes dimensões de dados.

No ML, a observabilidade engloba a interpretabilidade. A interpretabilidade nos ajuda a entender como um modelo de ML funciona, e a observabilidade nos ajuda a compreender como todo o sistema de ML, incluindo seu modelo, funciona. Por exemplo, quando o desempenho de um modelo despenca na última hora, conseguir interpretar qual feature contribui mais para todas as predições incorretas ajudará a descobrir o que deu errado com o sistema e como corrigi-lo.[54] Nesta seção, abordamos diversos aspectos do monitoramento, desde quais dados monitorar e quais métricas acompanhar até diferentes ferramentas de monitoramento e observabilidade. Apesar de ser um conceito poderoso, o monitoramento é inerentemente *passivo*. Esperamos que uma mudança ocorra para detectá-la. O monitoramento ajuda a descobrir o problema sem corrigi-lo. Na próxima seção, apresentaremos o aprendizado contínuo, paradigma que pode ajudá-lo *ativamente* a atualizar seus modelos para lidar com mudanças.

Recapitulando

Talvez esse seja o capítulo mais desafiador que escrevi deste livro. A razão é que, apesar da importância de entender como e por que os sistemas de ML falham em produção, a literatura a respeito é limitada. Costumamos pensar que a área de pesquisa acadêmica está à frente da produção, mas a pesquisa ainda está tentando recuperar o atraso em relação à produção. Para entender as falhas dos sistemas de ML, diferenciamos dois tipos de falhas: falhas de sistemas de software (falhas

---

[54] Veja a seção "Importância de Feature" do Capítulo 5.

que também ocorrem em sistemas que não são de ML) e falhas específicas de ML. Atualmente, apesar de a maioria das falhas de ML não serem específicas ao aprendizado, conforme as ferramentas e a infraestrutura em torno do MLOps amadurecem, isso pode mudar. Vimos as três causas principais de falhas específicas de ML: dados de produção diferentes dos dados de treinamento, casos limite e loops de feedback degenerados. As duas primeiras estão relacionadas aos dados, enquanto a última está relacionada ao design do sistema, pois ocorre quando as saídas influenciam a entrada do mesmo sistema.

Focamos uma falha que despertou muita atenção nos últimos anos: mudanças na distribuição de dados. Analisamos três tipos de mudanças: mudança de covariável, mudança de rótulo e mudança de conceito. Embora estudar as mudanças de distribuição seja um subcampo de pesquisa em expansão, a comunidade ainda não encontrou uma narrativa padrão. Artigos diferentes chamam os mesmos fenômenos por nomes distintos. Muitos estudos ainda se baseiam na suposição de que sabemos de antemão como a distribuição mudará ou temos os rótulos para os dados da distribuição de origem e da distribuição-alvo. Mas, na realidade, não sabemos como serão os dados futuros, e obter rótulos para novos dados pode ser oneroso, demorado ou simplesmente inviável.

Para detectar mudanças, precisamos monitorar nossos sistemas implementados. O monitoramento é um conjunto importante de práticas para qualquer sistema de engenharia de software em produção, não apenas o ML, sendo uma área em que devemos aprender o máximo que pudermos sobre o mundo DevOps. O monitoramento tem tudo a ver com métricas. Discutimos diferentes métricas que precisamos monitorar: métricas operacionais — métricas que devem ser monitoradas com qualquer sistema de software, como latência, taxa de transferência e utilização da CPU — e métricas específicas de ML. Pode-se usar o monitoramento com métricas, predições, features e/ou entradas brutas relacionadas à acurácia.

O monitoramento é difícil, pois, mesmo que não seja oneroso calcular métricas, entendê-las não é simples. É fácil criar dashboards para mostrar gráficos, porém não é nada fácil entender o que um gráfico significa, se mostra sinais de desvio e, em caso de desvio, se é causado por uma mudança na distribuição de dados subjacente ou por erros no pipeline. Talvez seja necessário entender as estatísticas para compreender os números e os gráficos. Detectar a degradação do desempenho do modelo em produção é o primeiro passo. O próximo passo é como adaptar nossos sistemas a ambientes em mudança, assunto que abordaremos no próximo capítulo.

CAPÍTULO 9
Aprendizado Contínuo e Teste em Produção

No Capítulo 8, analisamos diversas maneiras pelas quais um sistema de ML pode falhar em produção. Focamos um problema bastante espinhoso que tem gerado muita discussão entre pesquisadores e profissionais: mudanças na distribuição de dados. Vimos também inúmeras técnicas e ferramentas de monitoramento para detectar mudanças na distribuição de dados. Neste capítulo, continuaremos esta discussão: como adaptamos nossos modelos às mudanças na distribuição de dados? A resposta é atualizar continuamente nossos modelos de ML. Começaremos com a discussão sobre o que é o aprendizado contínuo e seus desafios — spoiler: o aprendizado contínuo é, em grande parte, um problema de infraestrutura. Em seguida, definiremos um plano de quatro estágios para colocar o aprendizado contínuo em prática.

Após definir a infraestrutura para possibilitar que você atualize seus modelos com a frequência desejada, considere a pergunta que quase todos os engenheiros de ML me fazem: "Com que frequência devo retreinar meus modelos?" Essa pergunta é o foco da próxima seção do livro. Se o modelo for retreinado para se adaptar ao ambiente em mudança, avaliá-lo em um conjunto de teste estacionário não é suficiente. Abordaremos um conceito aparentemente assustador, mas necessário: teste em produção. Trata-se do processo de testar seus sistemas live data em produção para garantir que seu modelo atualizado realmente funcione sem consequências catastróficas.

Os tópicos deste capítulo e do capítulo anterior estão intimamente associados. O teste em produção complementa o monitoramento. Se monitorar significa acompanhar passivamente as saídas de qualquer modelo que esteja sendo usado, testar em produção significa escolher proativamente qual modelo gera saídas para que possamos avaliá-lo. O intuito do monitoramento e do teste em produção é entender o desempenho de um modelo e identificar quando atualizá-lo. O intuito do aprendizado contínuo é automatizar a atualização com segurança e eficiência. Todos esses conceitos nos possibilitam projetar um sistema de ML que seja sustentável e adaptável a ambientes em mudança. Estou muito entusiasmada em escrever este capítulo, e espero que vocês fiquem animados também!

Aprendizado Contínuo

Quando ouvem "aprendizado contínuo", muitas pessoas pensam no paradigma de treinamento em que um modelo se atualiza a cada amostra recebida em produção. Na verdade, pouquíssimas empresas fazem isso. Primeiro, se seu modelo for uma rede neural, aprender com cada amostra recebida o torna suscetível ao esquecimento catastrófico. O esquecimento catastrófico ou interferência catastrófica se refere à tendência de uma rede neural se esquecer completa e abruptamente informações aprendidas anteriormente ao aprender novas informações.[1] Segundo, pode fazer com que o treinamento seja dispendioso — a maioria dos back-ends atuais de hardware foram projetados para processamento em lote. Ou seja, processar somente uma amostra por vez causa um enorme desperdício de poder computacional, impossibilitando explorar o paralelismo de dados.

As empresas que utilizam o aprendizado contínuo em produção atualizam seus modelos em microlotes. Por exemplo, é possível atualizar o modelo existente a cada 512 ou 1.024 exemplos — o número ideal de exemplos em cada microlote depende da tarefa.

Não se deve fazer o deploy do modelo atualizado até que seja avaliado. Ou seja, você não deve fazer mudanças diretamente no modelo existente. Ao contrário, crie uma réplica do modelo existente e atualize essa réplica em novos dados e só substitua o modelo existente pela réplica atualizada se ela provar ser melhor. O modelo existente é chamado de modelo campeão, e a réplica atualizada, adversária. Esse processo é mostrado na Figura 9-1. Trata-se de uma simplificação demasiada do processo para fins de compreensão. Na realidade, talvez uma empresa tenha várias adversárias ao mesmo tempo, e lidar com o adversário fracassado é muito mais sofisticado do que simplesmente descartá-lo.

Ainda assim, o termo "aprendizado contínuo" faz com que as pessoas imaginem atualizar os modelos com muita frequência, como a cada 5 ou 10 minutos. Muitas pessoas argumentam que a maioria das empresas não precisa atualizar seus modelos com tanta frequência por dois motivos. Primeiro, as empresas não têm tráfego suficiente (ou seja, dados novos suficientes) para que esse cronograma de retreinamento faça sentido. Segundo, os modelos não se deterioram tão rápido. Eu concordo. De nada adianta mudar o cronograma de retreinamento de uma semana para um dia se isso não gerar retorno e causar mais sobrecarga.

---

[1] Joan Serrà, Dídac Surís, Marius Miron e Alexandros Karatzoglou, "Overcoming Catastrophic Forgetting with Hard Attention to the Task", *arXiv*, 14 de janeiro de 2018. Disponível em: *https://oreil.ly/P95EZ*.

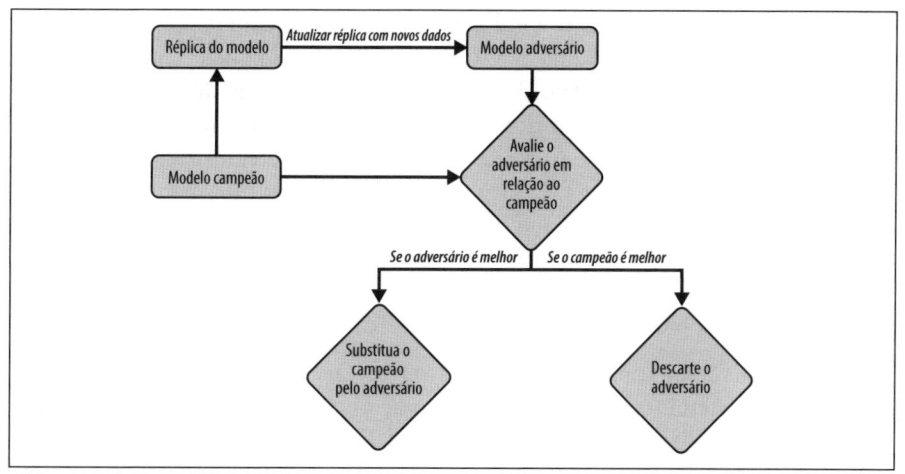

Figura 9-1. Simplificação de como o aprendizado contínuo pode funcionar em produção. Na realidade, o processo de lidar com adversário fracassado é muito mais sofisticado do que simplesmente descartá-lo.

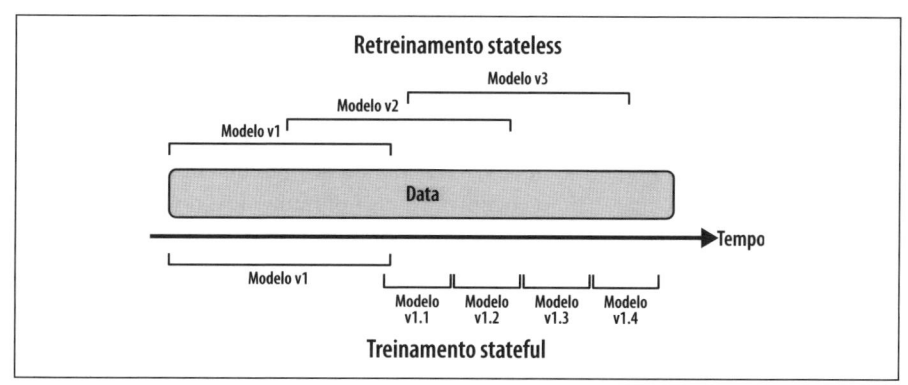

Retreinamento Stateless versus Treinamento Stateful

No entanto, o aprendizado contínuo não tem a ver com a frequência de retreinamento, mas com a forma pela qual o modelo é retreinado. A maioria das empresas faz *retreinamento stateless* — o modelo é treinado do zero a cada vez. O aprendizado contínuo significa também viabilizar *treinamento stateful* — o modelo continua treinando em novos dados.[2] O treinamento stateful também é conhecido como ajuste fino ou aprendizado incremental. A diferença entre retreinamento stateless e treinamento stateful é exemplificada na Figura 9-2.

Figura 9-2. Retreinamento stateless versus treinamento stateful.

---

[2] É "treinamento stateful" em vez de "retreinamento stateful" porque não há retreinamento aqui. O modelo continua treinando desde o último estado.

Projetando Sistemas de Machine Learning | 267

O treinamento stateful permite a atualização do modelo com menos dados. Treinar um modelo do zero costuma exigir bem mais dados do que fazer o ajuste fino do mesmo modelo. Por exemplo, se você retreinar seu modelo do zero, talvez seja necessário usar todos os dados dos últimos três meses. No entanto, caso faça o ajuste fino do seu modelo a partir do checkpoint de ontem, precisará usar somente os dados do último dia. O Grubhub descobriu que o treinamento stateful possibilita que seus modelos convirjam mais rápido e exija menos poder computacional. Passar do retreinamento diário stateless para o treinamento diário stateful reduziu o custo computacional de treinamento em 45 vezes e aumentou a taxa de compra em 20%.[3]

Uma propriedade inestimável que muitas vezes é negligenciada, visto que com o treinamento stateful, talvez seja possível evitar o armazenamento de dados completamente. No retreinamento tradicional stateless, uma amostra de dados pode ser reutilizada durante várias iterações de treinamento de um modelo, o que significa que os dados precisam ser armazenados. Isso nem sempre é possível, sobretudo para dados com requisitos rigorosos de privacidade. No paradigma de treinamento stateful, cada atualização de modelo é treinada usando apenas os dados atualizados, logo, uma amostra de dados é usada somente uma vez para treinamento, como mostrado na Figura 9-2. Ou seja, é possível treinar seu modelo sem precisar armazenar dados em armazenamento permanente, o que ajuda a eliminar muitas preocupações com a privacidade deles. No entanto, isso é negligenciado, já que a prática atual de "vamos acompanhar tudo" ainda deixa muitas empresas relutantes em descartá-los.

O treinamento stateful não significa nenhum treinamento do zero. As empresas que empregaram com mais sucesso o treinamento stateful treinam também ocasionalmente seu modelo do zero em uma grande quantidade de dados para calibrá-lo. Como alternativa, podem também treinar seu modelo do zero em paralelo com o treinamento stateful e, em seguida, combinar os dois modelos atualizados usando técnicas como parameter server.[4]

Após definir sua infraestrutura para possibilitar o retreinamento stateless e o treinamento stateful, basta ajustar a frequência de treinamento. É possível atualizar seus modelos a cada uma hora, uma vez por dia ou sempre que uma mudança de distribuição for detectada. Como encontrar o cronograma ideal de retreinamento será discutido na seção "Com que Frequência Atualizar Seus Modelos".

---

[3] Alex Egg, "Online Learning for Recommendations at Grubhub", *arXiv*, 15 de julho de 2021. Disponível em: *https://oreil.ly/FBBUw*.

[4] Mu Li, Li Zhou, Zichao Yang, Aaron Li, Fei Xia, David G. Andersen e Alexander Smola, "Parameter Server for Distributed Machine Learning" (Workshop NIPS sobre Big Learning, Lake Tahoe, CA, 2013). Disponível em: *https://oreil.ly/xMmru*.

O aprendizado contínuo é definir a infraestrutura de uma maneira que possibilite que você, cientista de dados ou engenheiro de ML, atualize seus modelos sempre que necessário, seja do zero ou ajuste fino, e faça o deploy dessa atualização rapidamente. Talvez você se pergunte: o treinamento stateful parece legal, mas como funciona se eu quiser adicionar uma nova feature ou outra camada ao meu modelo? Para responder a isso, devemos diferenciar dois tipos de atualizações de modelo:

Iteração do modelo
Quando se adiciona uma feature nova a uma arquitetura de modelo existente ou a arquitetura do modelo é alterada.

Iteração de dados
A arquitetura e as features do modelo permanecem as mesmas, mas você atualiza esse modelo com novos dados.

Atualmente, o treinamento stateful é empregado principalmente para iteração de dados, pois alterar sua arquitetura de modelo ou adicionar uma feature nova ainda exige treinar o modelo resultante do zero. Há pesquisas demonstrando que pode ser possível ignorar o treinamento do zero para a iteração do modelo com técnicas como knowledge transfer [transferência de conhecimento] (*https://oreil.ly/lp0GB*) (Google, 2015) e model surgery [cirurgia de modelo] (*https://oreil.ly/SU0F1*) (OpenAI, 2019). Segundo a OpenAI, "a cirurgia transfere pesos treinados de uma rede para outra após um processo de seleção a fim de determinar quais seções do modelo permanecem inalteradas e quais devem ser reinicializadas".[5] Diversos laboratórios grandes de pesquisa fizeram experiências com essas técnicas; no entanto, não fiquei sabendo de nenhum resultado claro usado no setor.

> ## Ambiguidade de Terminologia
>
> Uso o termo "aprendizado contínuo" em vez de "aprendizado online" porque quando digo "aprendizado online", as pessoas geralmente pensam em educação online. Caso digite "aprendizado online" ou "online learning" no Google, os principais resultados provavelmente serão sobre cursos online. Algumas pessoas usam "aprendizado online" para se referir à configuração específica em que um modelo aprende com cada nova amostra recebida. Nesse cenário, o aprendizado contínuo é uma generalização do aprendizado online.
>
> Em inglês, uso o termo "continual learning" para aprendizado contínuo em vez de "continuous learning" que, em português, seria aprendizado continuado. Continuous learning [aprendizado continuado] se refere ao regime

---

[5] Jonathan Raiman, Susan Zhang e Christy Dennison, "Neural Network Surgery with Sets", *arXiv*, 13 de dezembro de 2019. Disponível em: *https://oreil.ly/SU0F1*.

no qual seu modelo aprende continuamente com cada amostra recebida, ao passo que com o continual learning [aprendizado contínuo], o aprendizado é feito em uma série de lotes ou microlotes.

O aprendizado continuado às vezes é usado para se referir à entrega continuada de ML, que está intimamente relacionada ao aprendizado contínuo, pois ambos ajudam as empresas a acelerar o ciclo de iteração de seus modelos de ML. No entanto, a diferença em inglês é que o "continuous learning", é usado da perspectiva do DevOps, quando se trata da configuração do pipeline para entrega continuada, enquanto o "continual learning" é usado da perspectiva do machine learning.

Devido à ambiguidade do termo "aprendizado continuado/continuous learning, tanto em inglês como em português, espero que a comunidade possa abrir mão dele.

Por que Aprendizado Contínuo?

Vimos que o aprendizado contínuo é sobre como definir a infraestrutura para que você possa atualizar seus modelos e fazer o deploy dessas mudanças tão rápido quanto desejar. Mas por que você precisa da capacidade de atualizar seus modelos tão rápido quanto desejar?

O primeiro caso de uso do aprendizado contínuo é evitar as mudanças na distribuição de dados, principalmente quando acontecem de forma repentina. Imagine que você está construindo um modelo para determinar os preços de um serviço ride-sharing como o Lyft.[6] Historicamente, a demanda de corridas em uma noite de quinta-feira em determinado bairro é baixa. Logo, o modelo prediz preços baixos de corrida, fazendo com que as corridas sejam menos atraentes aos motoristas. Mas nesta quinta-feira à noite há um grande evento no bairro e, de repente, a demanda de corridas aumenta. Caso seu modelo não consiga responder a essa mudança com rapidez suficiente, aumentando sua predição de preço e mobilizando mais motoristas para aquele bairro, os passageiros terão que esperar muito tempo por uma corrida, ocasionando uma experiência negativa ao usuário. Eles podem procurar o concorrente, ocasionando a perda de receita.

Outro caso de uso de aprendizado contínuo é a adaptação a eventos raros. Imagine que trabalha para um site e-commerce como a Amazon. A Black Friday é um evento importante de compras que acontece somente uma vez por ano. Não há como reunir dados históricos suficientes para que seu modelo consiga fazer predições com acurácia sobre como os clientes se comportarão durante a Black Friday deste

---

[6] Esse tipo de problema também é chamado de "precificação dinâmica".

ano. Para melhorar o desempenho, seu modelo deve aprender ao longo do dia com novos dados. Em 2019, o Alibaba adquiriu a Data Artisans, equipe que lidera o desenvolvimento do framework de processamento de fluxo do Apache Flink, por US$103 milhões, a fim de que pudesse ajudá-los a adaptar o Flink para casos de uso de ML.[7] Seu principal caso de uso foi fazer recomendações melhores no Dia dos Solteiros, ocasião de compras na China semelhante à Black Friday nos EUA.

Hoje, o aprendizado contínuo pode ajudar a superar um grande desafio do ML em produção: o *continuous cold start problem* [problema contínuo de partida fria, em tradução livre]. O cold start problem surge quando seu modelo precisa fazer predições para um novo usuário sem nenhum dado histórico. Por exemplo, para recomendar a um usuário quais filmes ele deseja assistir, um sistema de recomendação geralmente precisa saber o que esse usuário assistiu antes. Mas se o usuário for novo, não temos seu histórico de exibição, temos que gerar algo genérico, por exemplo, os filmes mais populares no momento.[8] O continuous cold start é uma generalização do cold start problem,[9] podendo acontecer não apenas com novos usuários como também com usuários existentes. Por exemplo, pode acontecer porque um usuário existente muda de um laptop para um celular e seu comportamento em um celular é diferente de seu comportamento em um laptop. Pode acontecer porque os usuários não estão logados — a maioria dos sites de notícias não exige que leitores efetuem login para lê-las.

Pode acontecer também quando um usuário visita um serviço tão raramente que quaisquer dados históricos que o serviço tenha sobre esse usuário estão desatualizados. Por exemplo, a maioria das pessoas só reserva hotéis e voos algumas vezes por ano. A Coveo, empresa que fornece mecanismos de pesquisa e sistemas de recomendação para sites e-commerce, descobriu ser comum que 70% dos compradores de um site e-commerce o visitem menos de três vezes por ano.[10]

Caso não se adapte com rapidez suficiente, seu modelo não poderá fazer recomendações relevantes para esses usuários até a próxima vez em que for atualizado. Até lá, esses usuários podem ter saído do serviço porque não encontram nada relevante para eles. Se pudéssemos fazer com que nossos modelos se adaptassem a cada sessão de cada usuário, os modelos conseguiriam fazer predições relevantes e com

---

[7] Jon Russell, "Alibaba Acquires German Big Data Startup Data Artisans for $103M", *TechCrunch*, 8 de janeiro de 2019. Disponível em: *https://oreil.ly/4tf5c*. Um revisor inicial mencionou que também é possível que o principal objetivo desta aquisição fosse aumentar o volume open sourde do Alibaba, que é pequeno em comparação com outros gigantes tecnológicos.

[8] O problema é igualmente desafiador se você quiser que seu modelo descubra quando recomendar um novo filme que ninguém assistiu e não deu feedback ainda.

[9] Lucas Bernardi, Jaap Kamps, Julia Kiseleva e Melanie J. I. Müller, "The Continuous Cold Start Problem in e-Commerce Recommender Systems", *arXiv*, 5 de agosto de 2015. Disponível em: *https://oreil.ly/GWUyD*.

[10] Jacopo Tagliabue, Ciro Greco, Jean-Francis Roy, Bingqing Yu, Patrick John Chia, Federico Bianchi e Giovanni Cassani, "SIGIR 2021 E-Commerce Workshop Data Challenge", *arXiv*, 19 de abril de 2021. Disponível em: *https://oreil.ly/8QxmS*.

acurácia para os usuários, mesmo quando acessassem o serviço pela primeira vez. O TikTok, por exemplo, usou com sucesso o aprendizado contínuo para adaptar seu sistema de recomendação a cada usuário em poucos minutos. Basta fazer o download do app e, depois de alguns vídeos, os algoritmos do TikTok são capazes de predizer com alta acurácia o que você quer assistir em seguida.[11] Não acho que todos devam tentar criar algo tão viciante quanto o TikTok, mas é a prova de que o aprendizado contínuo pode desencadear um forte potencial preditivo.

A pergunta "Por que aprendizado contínuo?" deve ser reformulada para "por que não o aprendizado contínuo?". O aprendizado contínuo é um superconjunto de aprendizado em lote, pois possibilita que você faça tudo o que o aprendizado em lote tradicional pode fazer. Mas o aprendizado contínuo também possibilita casos de uso com os quais o aprendizado em lote não consegue lidar.

Se o aprendizado contínuo exige o mesmo empenho para configurar e custa o mesmo que o aprendizado em lote, não há motivo para não usá-lo. Ao escrever este livro, ainda havia muitos desafios para o aprendizado contínuo, conforme nos aprofundaremos na seção a seguir. No entanto, as ferramentas de MLOps para aprendizado contínuo estão amadurecendo. Ou seja, um dia, em um futuro não muito distante, talvez seja tão fácil configurar o aprendizado contínuo quanto o aprendizado em lote.

Desafios do Aprendizado Contínuo

Apesar de ter muitos casos de uso e muitas empresas o terem usado com grande sucesso, o aprendizado contínuo ainda apresenta muitos desafios. Nesta seção, abordaremos três grandes desafios: acesso a dados novos, avaliação e algoritmos.

Desafio de acesso a dados novos

O primeiro desafio é obter dados novos. Caso queira atualizar seu modelo a cada hora, você precisa de dados novos a cada hora. Atualmente, muitas empresas extraem dados novos de treinamento de seus data warehouses. A velocidade com que podemos extrair dados de um data warehouses depende da rapidez com que esses dados são armazenados nesses data warehouses. Isso pode demorar, ainda mais se os dados vierem de diversas fontes. Uma alternativa é permitir o pull de dados antes de serem armazenados em data warehouses, por exemplo, diretamente de transportes em tempo real, como Kafka e Kinesis, que transportam dados de aplicações para data warehouses,[12] como mostrado na Figura 9-3.

---

[11] Catherine Wang, "Why TikTok Made Its User So Obsessive? The AI Algorithm That Got You Hooked", *Towards Data Science*, 7 de junho de 2020. Disponível em: *https://oreil.ly/BDWf8*.

[12] Veja a seção "Dados Passando por Transporte em Tempo Real" do Capítulo 3.

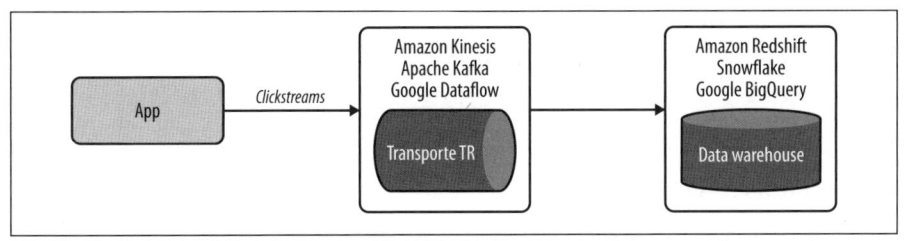

Figura 9-3. Extrair dados diretamente de transportes em tempo real, antes de serem armazenados em data warehouses, pode possibilitar acesso a dados mais recentes.

Conseguir extrair dados novos não é suficiente. Caso seu modelo precise de dados rotulados para atualizar, como a maioria dos modelos atuais, esses dados também precisarão ser rotulados. Em muitas aplicações, a velocidade com que um modelo pode ser atualizado é limitada pela velocidade com que os dados são rotulados.

Os melhores candidatos para o aprendizado contínuo são tarefas nas quais podemos obter rótulos naturais com loops de feedback curtos. Exemplos dessas tarefas incluem preços dinâmicos (com base na demanda e disponibilidade estimadas), estimativa de tempo de chegada, predição de preço de ações, predição de cliques em anúncios e sistemas de recomendação para conteúdo online como tweets, músicas, short vídeos, notícias etc. Porém esses rótulos naturais normalmente não são gerados como rótulos, e sim como atividades comportamentais que precisam ser extraídas em rótulos. Vejamos um exemplo para esclarecer as coisas. Caso administre um site e-commerce, sua aplicação pode registrar que às 22h33, o usuário A clica no produto com o ID 32345. Seu sistema precisa analisar os logs para ver se esse ID do produto já foi recomendado a esse usuário e, se sim, qual consulta motivou essa recomendação para que possa combinar essa consulta a essa recomendação e rotulá-la como boa recomendação, como mostrado na Figura 9-4.

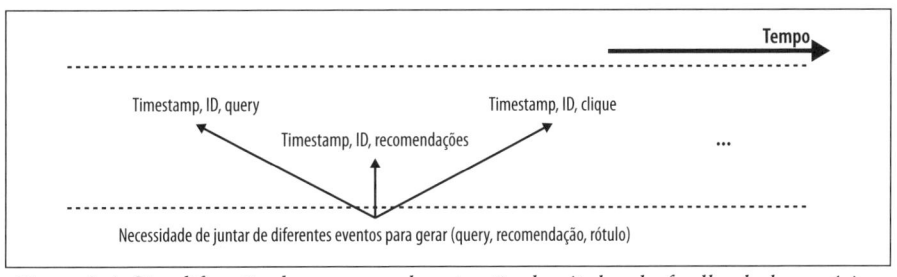

Figura 9-4. Simplificação do processo de extração de rótulos do feedback do usuário.

O processo de analisar os logs para extrair rótulos se chama computação de rótulo. Pode ser muito oneroso se o número de logs for grande. Pode-se fazer a computação de rótulos com o processamento em lote: por exemplo, esperar que os logs sejam armazenados em data warehouses antes de executar um batch job para extrair todos os rótulos dos logs de uma só vez. No entanto, conforme discutido antes, isso significa que precisaríamos aguardar os dados serem armazenados primeiro e, em seguida, aguardar a execução do próximo batch job. Uma abordagem mais rápida seria utilizar o processamento de fluxo para extrair rótulos diretamente dos transportes em tempo real.[13]

Se a iteração de velocidade do seu modelo for prejudicada pela velocidade de rotulagem, também é possível acelerar o processo de rotulagem usando ferramentas de rotulagem programáticas como o Snorkel para gerar rótulos rápidos com o mínimo de intervenção humana. Talvez seja possível também utilizar rótulos crowdsourcing para anotar rapidamente novos dados.

Visto que as ferramentas de streaming ainda são incipientes, arquitetar uma infraestrutura eficiente de streaming primeiro para acessar dados atualizados e extrair rótulos rápidos de transportes em tempo real pode exigir engenharia intensiva e altos custos. A boa notícia é que as ferramentas de streaming estão crescendo de modo rápido. A Confluent, plataforma construída com base no Kafka, era uma empresa que valia US$16 bilhões em outubro de 2021. No final de 2020, a Snowflake montou uma equipe focada em streaming.[14] Em setembro de 2021, a Materialize angariou US$100 milhões para desenvolver um banco de dados SQL de streaming.[15] À medida que as ferramentas de streaming amadurecem, será mais fácil e menos custoso às empresas desenvolverem infraestrutura de streaming para ML.

Desafio de avaliação

O maior desafio do aprendizado contínuo não é escrever uma função para atualizar continuamente seu modelo — você pode fazer isso com um script! O maior desafio é garantir que essa atualização seja boa o suficiente para ser implementada. Neste livro, vimos como os sistemas de ML provocam falhas catastróficas em produção, desde milhões de minorias tendo empréstimos injustamente negados a motoristas que confiam demais no piloto automático e se envolvem em acidentes fatais.[16]

Os riscos de falhas catastróficas aumentam com o aprendizado contínuo. Primeiro, quanto mais frequentemente atualizarmos nossos modelos, mais oportunidades haverá de falhas nas atualizações. Segundo, o aprendizado contínuo torna nos-

---

[13] Veja a seção "Processamento em Lote versus Processamento de Fluxo" do Capítulo 3.
[14] Tyler Akidau, "Snowflake Streaming: Now Hiring! Help Design and Build the Future of Big Data and Stream Processing", Snowflake blog, 26 de outubro de 2020. Disponível em: *https://oreil.ly/Knh2Y*.
[15] Arjun Narayan, "Materialize Raises a $60M Series C, Bringing Total Funding to Over $100M", *Materialize*, 30 de setembro de 2021. Disponível em: *https://oreil.ly/dqxRb*.
[16] Khristopher J. Brooks, "Disparity in Home Lending Costs Minorities Millions, Researchers Find", *CBS News*, 15 de novembro de 2019. Disponível em: *https://oreil.ly/SpZ1N*; Lee Brown, "Tesla Driver Killed in Crash Posted Vídeos Driving Without His Hands on the Wheel", *New York Post*, 16 de maio de 2021. Disponível em: *https://oreil.ly/uku9S*; "A Tesla Driver Is Charged in a Crash Involving Autopilot That Killed 2 People", *NPR*, 18 de janeiro de 2022. Disponível em: *https://oreil.ly/WWaRA*.

sos modelos mais suscetíveis à manipulação coordenada e ao ataque adversário. Como os modelos aprendem online, a partir de dados do mundo real, fica mais fácil os usuários inserirem dados maliciosos para enganar os modelos e fazê-los aprender coisas erradas. Em 2016, a Microsoft lançou o Tay, um chatbot capaz de aprender por meio de "conversas casuais e divertidas" no Twitter. Assim que Tay foi lançado, os trolls começaram a twittar comentários racistas e misóginos para o bot. O bot logo começou a postar tweets inflamatórios e ofensivos, fazendo com que a Microsoft o desativasse 16 horas após seu lançamento.[17]

Para evitar incidentes semelhantes ou piores, é crucial testar minuciosamente cada uma de suas atualizações de modelo para garantir desempenho e segurança antes de implementá-las para um público mais amplo. Já discutimos a avaliação offline do modelo no Capítulo 6 e discutiremos a avaliação online (teste em produção) neste capítulo.

Ao projetar o pipeline de avaliação para aprendizado contínuo, lembre-se de que a avaliação leva tempo, podendo ser outro gargalo para a frequência de atualização do modelo. Por exemplo, uma grande empresa de pagamentos online com a qual trabalhei tem um sistema de ML para detectar transações fraudulentas.[18] Os padrões de fraude mudam depressa, então a empresa gostaria de atualizar seu sistema rapidamente para se adaptar às mudanças nos padrões. A equipe não podia implementar o novo modelo antes de passá-lo por um teste A/B em relação ao modelo atual. No entanto, devido à natureza desbalanceada da tarefa — a maioria das transações não é fraude — leva aproximadamente duas semanas para se ter transações fraudulentas suficientes a fim de poder avaliar com acurácia qual modelo é melhor.[19] Portanto, a empresa só podia atualizar seu sistema a cada duas semanas.

Desafio de algoritmo

Comparado ao desafio de dados novos e a avaliação, este é um desafio "mais suave", pois afeta apenas certos algoritmos e determinadas frequências de treinamento. Para ser exata, afeta apenas modelos baseados em matrizes e em árvores que precisam ser atualizados muito rápido (por exemplo, de hora em hora). Para ilustrar esse ponto, considere dois modelos diferentes: uma rede neural e um modelo baseado em matriz, como modelo de filtragem colaborativa. O modelo de filtragem colaborativa usa uma matriz usuário-item e uma técnica de redução de dimensionalidade.

É possível atualizar o modelo de rede neural com um lote de dados de qualquer tamanho. É possível até mesmo realizar a etapa de atualização com apenas uma

---

[17] James Vincent, "Twitter Taught Microsoft's Friendly AI Chatbot to Be a Racist Asshole in Less Than a Day", *The Verge*, 24 de maio de 2016. Disponível em: *https://oreil.ly/NJEVF*.

[18] O sistema de detecção de fraude deles consiste em diversos modelos de ML.

[19] Na seção "Bandits", aprenderemos como os bandits podem ser usados como uma alternativa mais eficiente em termos de dados aos testes A/B.

amostra de dados. No entanto, caso queira atualizar o modelo de filtragem colaborativa, é necessário primeiro usar todo o conjunto de dados para construir a matriz de usuário-item antes de realizar a redução de dimensionalidade nele. Claro, você pode aplicar a redução de dimensionalidade à sua matriz sempre que atualizá-la com uma nova amostra de dados, mas se sua matriz for grande, a etapa de redução de dimensionalidade seria muito demorada e onerosa para ser executada com frequência. Portanto, esse modelo é menos adequado para aprender com um conjunto parcial de dados do que o modelo de rede neural anterior.[20]

É bem mais fácil adaptar modelos como redes neurais do que modelos baseados em matriz e em árvore ao paradigma de aprendizado contínuo. Entretanto, existem algoritmos para criar modelos baseados em árvores que podem aprender com quantidades incrementais de dados, principalmente o Hoeffding Tree e suas variantes Hoeffding Window Tree e Hoeffding Adaptive Tree,[21] mesmo não sendo amplamente usados.

Não somente o algoritmo de aprendizado precisa trabalhar com conjuntos de dados parciais, como o código de extração de features também. Na seção "Escalonamento" do Capítulo 5, vimos que muitas vezes é necessário escalonar suas features usando estatísticas como mínimo, máximo, mediana e variância. A fim de calcular essas estatísticas para um conjunto de dados, muitas vezes precisamos passar por todo o conjunto de dados. Quando o modelo pode ver somente um pequeno subconjunto de dados por vez, em teoria, é possível calcular essas estatísticas para cada subconjunto de dados. No entanto, essas estatísticas flutuarão muito entre diferentes subconjuntos. As estatísticas calculadas de um subconjunto podem diferir e muito do próximo subconjunto, sendo difícil para o modelo treinado em um subconjunto generalizar para o próximo subconjunto.

A fim de estabilizar essas estatísticas em diferentes subconjuntos, convém calcular essas estatísticas online. Em vez de usar a média ou variância de todos os dados de uma só vez, você calcula ou aproxima essas estatísticas de forma incremental à medida que vê novos dados, como os algoritmos descritos em "Optimal Quantile Approximation in Streams".[22] Hoje, os frameworks populares oferecem certa capacidade para computar estatísticas de execução — por exemplo, o StandardScaler do sklearn tem um `parcial_fit` que possibilita que um escalonador de features

---

[20] Algumas pessoas chamam essa configuração de "aprender com informações parciais", mas aprender com informações parciais se refere à outra configuração, conforme descrito no artigo "Subspace Learning with Partial Information" (disponível em: *https://oreil.ly/OuJvG*) de Gonen *et al.* (2016).

[21] Pedro Domingos e Geoff Hulten, "Mining High-Speed Data Streams", *Anais da Sexta Conferência Internacional Sobre Descoberta de Conhecimento e Mineração de Dados* (Boston: ACM Press, 2000), 71–80; Albert Bifet e Ricard Gavaldà, "Adaptive Parameter-free Learning from Evolving Data Streams", 2009. Disponível em: *https://oreil.ly/XIMpl*.

[22] Zohar Karnin, Kevin Lang e Edo Liberty, "Optimal Quantile Approximation in Streams"< *arXiv*, 17 de março de 2016. Disponível em: *https://oreil.ly/bUu4H*.

seja usado com estatísticas de execução — mas os métodos integrados são lentos e não são compatíveis com uma ampla variedade de estatísticas de execução.

Quatro Estágios do Aprendizado Contínuo

Abordamos o que é o aprendizado contínuo, porque esse aprendizado e seus desafios são importantes. A seguir, abordaremos como superar esses desafios e fazer com que o aprendizado contínuo aconteça. No momento em que eu escrevia este livro, as empresas ainda não tinham começado a usar o aprendizado contínuo. A transição rumo ao aprendizado contínuo acontece em quatro estágios, conforme descrito a seguir. Veremos o que acontece em cada estágio, bem como os requisitos necessários para passar de um estágio para o outro.

Estágio 1: retreinamento manual e stateless

De início, a equipe geralmente foca o desenvolvimento de modelos de ML para resolver o maior número possível de problemas de negócios. Por exemplo, se sua empresa é um site e-commerce, você pode desenvolver quatro modelos na seguinte ordem:

1. Um modelo para detectar transações fraudulentas
2. Um modelo para recomendar produtos relevantes aos usuários
3. Um modelo para predizer se um vendedor está abusando de um sistema
4. Um modelo para predizer quanto tempo levará para enviar um pedido

Como sua equipe está focando o desenvolvimento de novos modelos, a atualização dos modelos existentes fica em segundo plano. Você atualiza um modelo existente somente quando essas duas condições são atendidas: o desempenho do modelo se degradou a ponto de prejudicar mais do que ajudar e sua equipe tem tempo para atualizá-lo. Alguns de seus modelos estão sendo atualizados uma vez a cada seis meses. Alguns estão sendo atualizados uma vez por trimestre. Alguns já foram lançados há um ano e não foram atualizados.

O processo de atualização de um modelo é manual e com finalidade específica. Alguém, geralmente um engenheiro de dados, precisa consultar o data warehouse em busca de novos dados. Outra pessoa limpa esses novos dados, extrai features deles, retreina esse modelo do zero nos dados antigos e novos e exporta o modelo atualizado para um formato binário. Depois, outra pessoa pega esse formato binário e faz o deploy do modelo atualizado. Não raro, o código que encapsula os dados, as features e lógica do modelo foi alterado durante o processo de retreinamento, mas essas mudanças não foram replicadas para a produção, causando bugs difíceis de rastrear. Se esse processo lhe parecer dolorosamente familiar, você não está sozinho. A grande maioria das empresas fora do setor tecnológico — por exemplo, qualquer empresa que adotou o ML há menos de três anos e não tem uma equipe de plataforma de ML — está nesse estágio.[23]

Estágio 2: retreinamento automatizado

Após alguns anos, sua equipe conseguiu implementar modelos para resolver a maioria dos problemas óbvios. Você tem entre 5 e 10 modelos em produção. Agora, a prioridade não é mais desenvolver novos modelos, mas manter e melhorar os modelos existentes. O processo manual e com finalidade específica de atualização de modelos mencionado no estágio anterior se tornou uma problemática grande demais para ser ignorado. Sua equipe decide escrever um script para rodar automaticamente todas as etapas de retreinamento. Esse script é executado periodicamente usando um processo em lote, como o Spark. A maioria das empresas com infraestrutura de ML pouco madura está nesse estágio. Algumas empresas sofisticadas realizam experimentos para determinar a frequência ideal de retreinamento. No entanto, para a maioria das empresas neste estágio, a frequência de retreinamento é definida com base na intuição — por exemplo, "uma vez por dia parece certo" ou "vamos iniciar o processo de retreinamento todas as noites quando tivermos computação ociosa".

Ao criar scripts a fim de automatizar o processo de retreinamento para seu sistema, é necessário considerar que diferentes modelos em seu sistema podem exigir diferentes cronogramas de retreinamento. Por exemplo, considere um sistema de recomendação com dois modelos: um modelo para gerar embeddings para todos os produtos e outro para classificar a relevância de cada produto em uma consulta. Talvez seja necessário retreinar o modelo de embedding com menos frequência do que o modelo de classificação. Como as características dos produtos não mudam com tanta frequência, talvez você consiga retreinar seus embeddings uma vez por semana,[24] enquanto seus modelos de classificação podem precisar ser retreinados uma vez por dia. O script de automação pode ficar ainda mais complicado se houver dependências entre seus modelos. Por exemplo, como o modelo de classificação depende dos embeddings, quando os embeddings mudam, o modelo de classificação também deve ser atualizado.

Requisitos. Caso sua empresa tenha modelos de ML em produção, é provável que já tenha a maioria da infraestrutura necessária para o retreinamento automatizado. A viabilidade deste estágio gira em torno da viabilidade de escrever um script para automatizar seu fluxo de trabalho e configurar sua infraestrutura para automaticamente:

1. Fazer o pull dos dados.

---

[23] Abordaremos as plataformas de ML na seção "Plataforma de ML".
[24] Talvez você precise treinar seu modelo embedding com mais frequência se tiver muitos itens novos todos os dias.

2. Fazer o downsample e o upsample desses dados, se necessário.
3. Extrair features.
4. Processar e/ou anotar rótulos para criar dados de treinamento.
5. Dar o pontapé inicial no processo de treinamento.
6. Avaliar o modelo recém-treinado.
7. Fazer o deploy.

O tempo necessário para escrever este script depende de muitos fatores, incluindo a competência do profissional. No entanto, em geral, os três principais fatores que impactarão a viabilidade desse script são: scheduler, dados e armazenamento de modelo.

O primeiro fator é um scheduler, basicamente uma ferramenta que lida com o agendamento de tarefas, que abordaremos na seção "Cron, Schedulers e Orquestradores" no Capítulo 10. Se ainda não tiver um scheduler, precisará de tempo para configurar um. No entanto, se já tiver um scheduler como Airflow ou Argo, conectar os scripts não deve ser tão difícil. O segundo fator é a disponibilidade e acessibilidade de seus dados. É necessário coletar dados em seu data warehouse? É necessário juntar dados de diversas organizações? É necessário extrair muitas features do zero? É necessário também rotular seus dados? Quanto mais sim você responder para cada uma dessas perguntas, mais tempo levará para configurar esse script. Stefan Krawczyk, gerente de plataforma de ML/dados da Stitch Fix, suspeita que as pessoas gastam boa parte do tempo com scripts.

O terceiro fator é armazenamento de modelo para versão e armazenamento automático de todos os artefatos necessários para reproduzir um modelo. O armazenamento de modelo mais simples é provavelmente um bucket S3 que armazena blobs serializados de modelos de alguma forma estruturada. Mas o armazenamento de blobs como o S3 não é lá aquelas coisas em versionamento de artefatos nem legível por humanos. Talvez você precise de um armazenamento de modelo mais maduro, como o Amazon SageMaker (serviço gerenciado) e MLflow da Databricks (open source). Falaremos em detalhes sobre o armazenamento de modelos e avaliaremos diferentes armazenamentos de modelos na seção "Model Store" do Capítulo 10.

> **Reutilização de Feature (Log e Wait)**
>
> Ao criar dados de treinamento a partir de dados novos para atualizar seu modelo, lembre-se de que os dados novos já passaram pelo serviço de predição. Esse serviço de predição já extraiu features desses dados novos para inserir nos modelos de predição. Algumas empresas reutilizam essas features extraídas para retreinamento do modelo, economizando poder computacional e possibilitando consistência entre predição e treinamento. Essa abordagem é conhecida como "log e wait". É uma abordagem clássica para reduzir o skewness de serviço dos dados de treinamento discutido no Capítulo 8 (veja a seção "Dados de produção diferentes dos dados de treinamento"). Apesar do log e wait ainda não ser uma abordagem corrente, está ficando cada vez mais popular. A Faire tem uma ótima postagem no blog (*https://oreil.ly/AxFnJ*) que discute os prós e contras de sua abordagem "log e wait".

Estágio 3: treinamento automatizado e stateful

No estágio 2, cada vez que retreinar seu modelo, você o treina do zero (retreinamento stateless). Isso torna seu retreinamento oneroso, sobretudo para retreinamento com maior frequência. Talvez você leia a seção "Retreinamento Stateless versus Treinamento Stateful" e decida fazer um treinamento stateful — por que treinar com dados dos últimos três meses todos os dias quando você pode continuar treinando apenas os dados do último dia? Assim sendo, neste estágio, você reconfigura seu script de atualização automática para que, quando a atualização do modelo for iniciada, primeiro localize o checkpoint anterior e o carregue na memória antes de continuar o treinamento nesse ponto checkpoint.

Requisitos. Neste estágio, a principal coisa é mudar seu mindset: como retreinar do zero é norma — muitas empresas estão tão acostumadas com cientistas de dados que entregam um modelo para engenheiros implementarem do zero a cada vez — muitas empresas não pensam em configurar sua infraestrutura para viabilizar o treinamento stateful.

Caso esteja comprometido com o treinamento stateful, a reconfiguração do script de atualização é simples. Neste estágio, o importante é rastrear seus dados e modelar seu lineage. Imagine que, primeiro, você faz o upload da versão do modelo 1.0. Esse modelo é atualizado com dados novos para criar a versão do modelo 1.1 e, depois, criar o modelo 1.2. Em seguida, você faz o upload de outro modelo, chamado de versão do modelo 2.0. Este modelo é atualizado com dados novos para criar a versão do modelo 2.1. Após um tempo, talvez você tenha a versão do modelo 3.32, a versão do modelo 2.11 e do modelo 1.64. Talvez você queira saber como esses modelos evoluem ao longo do tempo, qual modelo foi usado como seu modelo-base e quais dados foram usados para atualizá-lo, de modo que possa reproduzi-lo e debugá-lo. Até onde sei, nenhum armazenamento existente de modelo tem essa capacidade de lineage, então você provavelmente terá que construir a solução internamente. Se deseja fazer o pull de novos dados dos transportes em tempo real em vez de data warehouses, como abordado na seção "Desafio de Acesso a Dados Novos", e sua infraestrutura de streaming não estiver madura o suficiente, talvez seja necessário reformular seu pipeline de streaming.

Estágio 4: aprendizado contínuo

No estágio 3, seus modelos ainda são atualizados com base em um cronograma fixo estabelecido pelos desenvolvedores. Definir o cronograma ideal não é simples e pode depender da situação. Por exemplo, na semana passada, nada aconteceu no mercado, então seus modelos não se deterioraram tão rápido. No entanto, esta semana, muita coisa aconteceu. Logo, seus modelos se deterioram mais rápido e exigem um cronograma de retreinamento mais rápido. Em vez de depender de um cronograma fixo, talvez você queira que seus modelos sejam atualizados automaticamente sempre que as distribuições de dados mudarem e o desempenho do modelo cair.

A chave do sucesso é quando você combina aprendizado contínuo com implementação de borda. Imagine que você pode enviar um modelo-base com um novo dispositivo — celular, relógio, drone etc. — e o modelo nesse dispositivo será atualizado e adaptado continuamente ao ambiente conforme necessário, sem precisar sincronizar com um servidor central. Não haverá necessidade de um servidor central. Ou seja: não há custo com o servidor. Não haverá também necessidade de transferir dados entre o dispositivo e a nuvem. Ou seja: melhor segurança e privacidade dos dados!

Requisitos. A mudança do estágio 3 para o estágio 4 é vertiginosa. Primeiro, será necessário um mecanismo para acionar atualizações de modelo. Este trigger pode ser:

Com base no tempo
    Por exemplo, a cada cinco minutos

Baseado em desempenho
    Por exemplo, sempre que o desempenho do modelo cair

Baseado em volume
    Por exemplo, sempre que a quantidade total de dados rotulados aumenta em 5%

Baseado em mudanças
    Por exemplo, sempre que uma grande mudança na distribuição de dados é detectada

Para que esse mecanismo de trigger funcione, será necessário uma solução de monitoramento sólida. Na seção "Monitoramento e Observabilidade", vimos que a parte difícil não é detectar as mudanças, mas determinar quais dessas mudanças importam. Se sua solução de monitoramento fornecer muitos alertas falsos, seu modelo acabará sendo atualizado com bem mais frequência do que o necessário. Será necessário também um pipeline sólido para avaliar continuamente as atualizações do seu modelo. Escrever uma função para atualizar seus modelos não é muito diferente do que você faria no estágio 3. A parte difícil é garantir que o modelo atualizado esteja funcionando de forma adequada. Na seção "Teste em Produção", veremos diversas técnicas de teste que você pode usar.

Com que Frequência Atualizar Seus Modelos

Agora que sua infraestrutura foi configurada para atualizar um modelo mais rápido, você faz a famigerada pergunta que tem afligido os engenheiros em empresas de todos os tipos e tamanhos: "Com que frequência devo atualizar meus modelos?" Antes de tentar responder a essa pergunta, primeiro, precisamos descobrir quanto ganho seu modelo obterá ao ser atualizado com dados novos. Quanto mais ganho obter com dados mais recentes, mais frequentemente seu modelo deve ser retreinado.

Valor da atualização dos dados

A dúvida de quantas vezes atualizar um modelo fica mais fácil se soubermos quanto o desempenho do modelo melhorará com a atualização. Por exemplo, se treinarmos nosso modelo toda semana em vez de todo mês, quanto ganho de desempenho podemos obter? E se treinarmos o modelo todo dia? As pessoas vivem dizendo que as distribuições de dados mudam. Logo, dados mais recentes são melhores, mas quanto melhores são os dados mais recentes?

Uma forma de descobrir o ganho é treinar seu modelo nos dados de diferentes janelas de tempo no passado e avaliá-lo nos dados de hoje para verificar como o desempenho muda. Por exemplo, suponha que tenha dados do ano de 2020. Para calcular o valor da atualização dos dados, você pode experimentar a versão do modelo de treinamento A nos dados de janeiro a junho de 2020, a versão do modelo B nos dados de abril a setembro e a versão do modelo C nos dados de julho a novembro e, em seguida, testar cada uma dessas versões do modelo nos dados de dezembro, conforme mostrado na Figura 9-5. A diferença no desempenho dessas versões lhe dará uma noção do ganho de desempenho que seu modelo pode obter com dados mais recentes. Se o modelo treinado com dados de um trimestre atrás for muito pior do que o modelo treinado com dados de um mês atrás, sabemos que não devemos esperar um trimestre para retreinar o modelo.

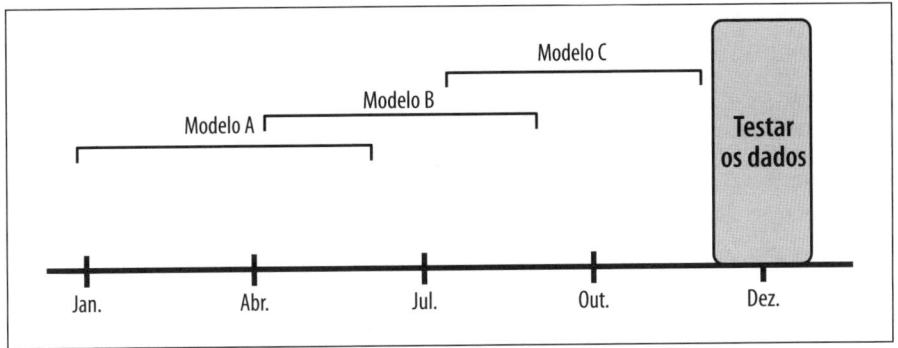

Figura 9-5. Para ter uma noção do ganho de desempenho que você pode obter com dados mais recentes, treine seu modelo com dados de diferentes janelas de tempo no passado e teste com dados de hoje para ver como o desempenho muda.

Trata-se de um exemplo simples para ilustrar como funciona o experimento de atualização de dados. Na prática, talvez você queira que seus experimentos sejam mais refinados, operando não em meses, mas em semanas, dias, até horas ou minutos. Em 2014, o Facebook fez um experimento semelhante para predição de taxa de cliques em anúncios e descobriu que poderia reduzir a perda do modelo em 1%, fazendo o retreinamento diário em vez de semanal. O ganho de desempenho foi substancial o bastante para que a equipe mudasse o pipeline de semanal para diário.[25] Visto que os conteúdos online hoje são bem mais diversificados e a atenção dos usuários muda rapidamente, podemos imaginar que o valor da atualização dos dados para a taxa de cliques do anúncio é ainda maior. Algumas empresas com infra sofisticada de ML tiveram ganho de desempenho suficiente com pipelines de retreinamento a cada poucos minutos.[26]

Iteração de modelo versus iteração de dados

Discutimos anteriormente neste capítulo que nem todas as atualizações de modelo são iguais. Diferenciamos entre iteração de modelo (adicionar uma feature nova a uma arquitetura de modelo existente ou alterar a arquitetura de modelo) e iteração de dados (mesma arquitetura de modelo e features, mas atualizamos esse modelo com dados novos). Talvez você se pergunte não apenas com que frequência atualizar seu modelo, como também que tipo de atualizações de modelo executar. Em teoria, você pode fazer os dois tipos de atualizações e, na prática, deve fazer os dois de vez em quando. No entanto, quanto mais recursos você utilizar em uma abordagem, menos recursos pode utilizar em outra.

---

[25] Xinran He, Junfeng Pan, Ou Jin, Tianbing Xu, Bo Liu, Tao Xu, Tanxin Shi *et al.*, "Practical Lessons from Predicting Clicks on Ads at Facebook", in *ADKDD '14: Anais do Oitavo Workshop Internacional de Mineração de Dados Para Publicidade Online* (agosto de 2014): 1–9. Disponível em: *https://oreil.ly/oS16J*.

[26] Qian Yu, "Machine Learning with Flink in Weibo", QCon 2019, vídeo, 17:57. Disponível em: *https://oreil.ly/Yia6v*.

Por um lado, caso ache que fazer a iteração de seus dados não oferece muito ganho de desempenho, então você deve utilizar seus recursos para encontrar um modelo melhor. Por outro, se uma arquitetura melhor de modelo exigir poder computacional 100x maior para treinamento e oferecer 1% de desempenho, enquanto a atualização do mesmo modelo nos dados das últimas três horas exigir pouco poder computacional e também oferecer 1% de ganho de desempenho, é melhor optar pela iteração de dados.

Talvez em um futuro próximo, tenhamos mais entendimento teórico para saber em que situação uma abordagem funcionará melhor (sugestão "pesquisa acadêmica"), mas até hoje nenhum livro pode lhe oferecer a resposta sobre qual abordagem funcionará melhor para seu modelo específico em sua tarefa específica. É necessário fazer experimentos para descobrir. A pergunta sobre com que frequência atualizar seu modelo é difícil de responder, e espero que esta seção tenha explicado suficientemente essas sutilezas. No início, quando sua infraestrutura é incipiente e o processo de atualização de um modelo é manual e lento, a resposta é: quantas vezes você *conseguir*.

No entanto, à medida que sua infraestrutura amadurece e o processo de atualização de um modelo é parcialmente automatizado, podendo ser feito em questão de horas, senão minutos, a resposta a essa pergunta depende da resposta de outra pergunta: "Quanto ganho de desempenho eu obteria com dados mais recentes?" É importante realizar experimentos para quantificar o valor da atualização dos dados para seus modelos.

Teste em Produção

No decorrer deste livro, incluindo este capítulo, falamos sobre o perigo de fazer deploy de modelos que não foram suficientemente avaliados. Para avaliar suficientemente seus modelos, primeiro, é necessário combinar a avaliação offline, abordada no Capítulo 6, e avaliação online discutida nesta seção. A fim de compreendermos por que a avaliação offline não é suficiente, analisaremos dois tipos principais de teste para avaliação offline: divisões de teste e backtests.

Talvez o primeiro tipo de avaliação que lhe venha à mente seja as boas e velhas divisões de teste que podemos usar para avaliar os modelos offline, como abordado no Capítulo 6. Em geral, essas divisões de teste são estáticas e precisam ser assim para que tenhamos um benchmark confiável a fim de comparar diversos modelos. Será difícil comparar os resultados do teste de dois modelos se forem testados em conjuntos de teste diferentes.

No entanto, caso atualize o modelo para se adaptar a uma nova distribuição de dados, não será suficiente avaliar esse novo modelo em divisões de teste da distribuição antiga. Supondo que quanto mais recentes os dados, maior a probabilidade de virem da distribuição atual, é possível testar seu modelo nos dados mais recentes aos quais você tem acesso. Portanto, após atualizar seu modelo nos dados do último dia, você pode testá-lo nos dados da última hora (supondo que os dados da última hora não foram incluídos nos dados usados para atualizar seu modelo). O método de testar um modelo preditivo em dados de um período de tempo específico no passado é conhecido como *backtest*.

A questão é se os backtests são suficientes para substituir as divisões de teste estático. Nem tanto. Se algo saiu errado em seu pipeline de dados e alguns dados da última hora estiverem corrompidos, avaliar seu modelo apenas com base nesses dados recentes não é suficiente. Com os backtests, é necessário avaliar seu modelo em um conjunto de teste estático amplamente estudado que você confia (em grande parte) como forma de verificação de sanidade.

Como as distribuições de dados mudam, o fato de se sair bem nos dados da última hora não significa que o modelo continuará se saindo bem nos dados no futuro. A única maneira de saber se um modelo se sairá bem em produção é implementá-lo. Essa percepção levou a um conceito aparentemente aterrador, mas necessário: teste em produção. No entanto, o teste em produção não precisa ser assustador. Existem técnicas para ajudá-lo a avaliar seus modelos em produção (geralmente) com segurança. Nesta seção, abordaremos as seguintes técnicas: shadow deployment, teste A/B, análise canário, experimentos interleave e bandits.

Shadow Deployment

O shadow deployment pode ser a forma mais segura de fazer o deploy de seu modelo ou qualquer atualização de software. O shadow deployment funciona da seguinte forma:

1. Faça o deploy do modelo candidato em paralelo com o modelo existente.
2. Para cada requisição recebida, encaminhe-a para ambos os modelos a fim de realizarem predições, vinculando somente a predição do modelo existente ao usuário.
3. Registre as predições do novo modelo para fins de análise.

Somente quando identificar que as predições do novo modelo são satisfatórias, você substituirá o modelo existente pelo novo modelo. Como não fornecemos as predições do novo modelo aos usuários até termos certeza de que são satisfatórias, o risco desse novo modelo fazer algo estranho é baixo, pelo menos, não maior do que o modelo existente. No entanto, esta técnica nem sempre é conveniente porque é onerosa. Acaba dobrando o número de predições que seu sistema precisa gerar. Ou seja, geralmente dobra o custo computacional de inferência.

Testes A/B

O teste A/B é uma forma de comparar duas variantes de um objeto, normalmente testando as respostas a essas duas variantes e determinando qual delas é mais eficaz. No nosso caso, temos o modelo existente como uma variante e o modelo candidato (o modelo atualizado recentemente) como outra. Usaremos testes A/B para determinar qual modelo é melhor, segundo algumas métricas predefinidas. Os testes A/B se tornaram tão comuns que, a partir de 2017, empresas como Microsoft e Google já realizavam mais de 10.000 testes A/B por ano.[27] É a primeira resposta de muitos engenheiros de ML sobre como avaliar modelos em produção. O teste A/B funciona da seguinte forma:

1. Faça o deploy do modelo candidato junto com o modelo existente.
2. Uma porcentagem do tráfego é roteada ao novo modelo para predições; o restante é roteado para o modelo existente para predições. É comum que ambas as variantes veiculem o tráfego de predição ao mesmo tempo. No entanto, há casos em que as predições de um modelo podem afetar as predições de outro modelo, por exemplo, na precificação dinâmica de um app de corridas, os preços preditos de um modelo podem influenciar o número de motoristas e passageiros disponíveis, que, por sua vez, influenciam as predições do outro modelo. Nesses casos, talvez seja necessário rodar suas variantes alternativamente, por exemplo, veicular o modelo A em um dia e, veicular o modelo B no dia seguinte.
3. Monitore e analise as predições e o feedback do usuário, se houver, de ambos os modelos a fim de determinar se a diferença no desempenho dos dois é estatisticamente significativa.

Para fazer o teste A/B da forma adequada, é necessário fazer muitas coisas corretamente. Neste livro, discutiremos duas coisas importantes. A primeira, o teste A/B consiste em um experimento aleatório: o tráfego roteado para cada modelo deve ser verdadeiramente aleatório. Caso contrário, o resultado do teste será inválido. Por exemplo, caso haja um viés de seleção na maneira como o tráfego é roteado para os dois modelos, como usuários expostos ao modelo A geralmente estão usando celulares, ao passo que os usuários expostos ao modelo B geralmente usam desktops, se o modelo A tiver melhor acurácia do que o modelo B, não podemos afirmar se é porque A é melhor que B ou se "usar um celular" influencia a qualidade da predição. A segunda, seu teste A/B deve ser executado em um número suficiente de amostras para obter confiança suficiente sobre o resultado. Como calcular o número de amostras necessárias para um teste A/B é uma pergunta

---

[27] Ron Kohavi e Stefan Thomke, "The Surprising Power of Online Experiments", *Harvard Business Review*, setembro-outubro de 2017. Disponível em: *https://oreil.ly/OHfj0*.

simples cuja resposta é complicadíssima, recomendo que os leitores consultem um livro sobre teste A/B para saber mais detalhes.

O ponto principal aqui é que, se o resultado do seu teste A/B mostrar que um modelo é melhor que outro com significância estatística, você pode determinar qual modelo é realmente melhor. Para calcular a significância estatística, o teste A/B usa testes estatísticos de hipóteses, como testes de duas amostras. No Capítulo 8, vimos testes de duas amostras quando os usamos para detectar mudanças na distribuição. Refrescando a memória: um teste de duas amostras é um teste para determinar se a diferença entre essas duas populações é estatisticamente significativa. No caso de uso de mudança de distribuição, se uma diferença estatística sugerir que duas populações vêm de distribuições diferentes, significa que a distribuição original mudou. No caso de uso do teste A/B, as diferenças estatísticas significam que reunimos evidências suficientes para mostrar que uma variante é melhor que a outra.

A significância estatística, embora útil, não é infalível. Digamos que fizemos um teste de duas amostras e obtemos o resultado de que o modelo A é melhor que o modelo B com o p-valor de $p = 0,05$ ou 5%, e definimos significância estatística como $p \leq 0,5$. Isso significa que, se fizermos o mesmo experimento de teste A/B várias vezes $(100 - 5 =) 95\%$ das vezes, obteremos o resultado de que A é melhor que B e os outros 5% das vezes, B é melhor que A. Logo, ainda que o resultado seja estatisticamente significativo, é possível que, se fizermos o experimento novamente, escolhamos outro modelo. Mesmo que o resultado do seu teste A/B não seja estatisticamente significativo, não significa que o teste falhou. Caso rode seu teste A/B com muitas amostras e a diferença entre os dois modelos testados seja estatisticamente insignificante, talvez não haja muita diferença entre esses dois modelos, e provavelmente não há problema em usar qualquer um deles.

Para os leitores interessados em aprender mais sobre testes A/B e outros conceitos estatísticos importantes em ML, recomendo o livro de Ron Kohavi's *Trustworthy Online Controlled Experiments (A Practical Guide to A/B Testing)* (Cambridge University Press) e ótima introdução de Michael Barber à estatística para ciência de dados (*https://oreil.ly/JdVA0*) (muito breve). Não raro, em produção, não temos apenas um candidato, mas vários modelos candidatos. É possível fazer testes A/B com mais de duas variantes, o que significa que podemos ter testes A/B/C ou mesmo testes A/B/C/D.

Release Canário

Release canário é uma técnica para reduzir o risco de introduzir uma nova versão de software em produção, lançando aos poucos mudanças em um pequeno subconjunto de usuários antes de implementá-la em toda a infraestrutura e disponibilizá-la para todos.[28] No contexto de deploy de ML, a release canário funciona assim:

1. Faça o depoy do modelo candidato junto com o modelo existente. O modelo candidato é chamado de canário.
2. Uma parte do tráfego é roteada para o modelo candidato.
3. Se seu desempenho for satisfatório, aumente o tráfego para o modelo candidato. Caso contrário, elimine o canário e roteie todo o tráfego de volta para o modelo existente.
4. Pare quando o canário atender a todo o tráfego (o modelo candidato substituiu o modelo existente) ou quando o canário for eliminado.

O desempenho do modelo candidato é calculado em relação ao desempenho do modelo existente segundo as métricas que você imagina serem importantes. Se as principais métricas do modelo candidato se degradarem significativamente, o canário será eliminado e todo o tráfego será roteado para o modelo existente.

As releases canário podem ser usadas para implementar testes A/B devido às semelhanças em suas configurações. No entanto, é possível fazer análise canário sem testes A/B. Por exemplo, não é necessário randomizar o tráfego a fim de rotear para cada modelo. Um cenário plausível é primeiro lançar o modelo candidato para um mercado menos crítico antes de disponibilizá-los para todos. Para os leitores interessados em saber como funciona a release canário no setor, a Netflix e o Google têm um ótimo post compartilhado no blog (*https://oreil.ly/QfBrn*) sobre como usam a análise canário automatizada.

Experimentos Interleave

Imagine que você tem dois sistemas de recomendação, A e B, e quer avaliar qual deles é melhor. Cada vez, um modelo recomenda 10 itens que os usuários podem gostar. Com o teste A/B, você dividiria seus usuários em dois grupos: um grupo é exposto a A e o outro grupo é exposto a B. Cada usuário será exposto às recomendações feitas por um modelo. E se, em vez de expor um usuário às recomendações de um modelo, expusermos esse usuário às recomendações de ambos os modelos e vermos em quais recomendações do modelo eles clicarão? Essa é a base dos experimentos interleave, originalmente propostos por Thorsten Joachims em 2002 para os problemas de rankings de busca.[29] A Netflix descobriu que os experimentos in-

---

[28] Danilo Sato, "CanaryRelease", 25 de junho de 2014: MartinFowler.com. Disponível em: *https://oreil.ly/YtKJE*.

[29] Thorsten Joachims, "Optimizing Search Engines using Clickthrough Data", KDD 2002. Disponível em: *https://oreil.ly/XnH5G*.

terleave "identificam de forma confiável os melhores algoritmos com tamanho de amostra consideravelmente menor em comparação aos testes A/B tradicionais".[30]

A Figura 9-6 mostra como o interleave difere do teste A/B. Nos testes A/B, as principais métricas, como retenção e streaming, são calculadas e comparadas entre os dois grupos. Na interleave, os dois algoritmos podem ser comparados calculando as preferências do usuário. Como o interleave pode ser decidido pelas preferências do usuário, não há garantia de que a preferência do usuário resultará em melhores métricas.

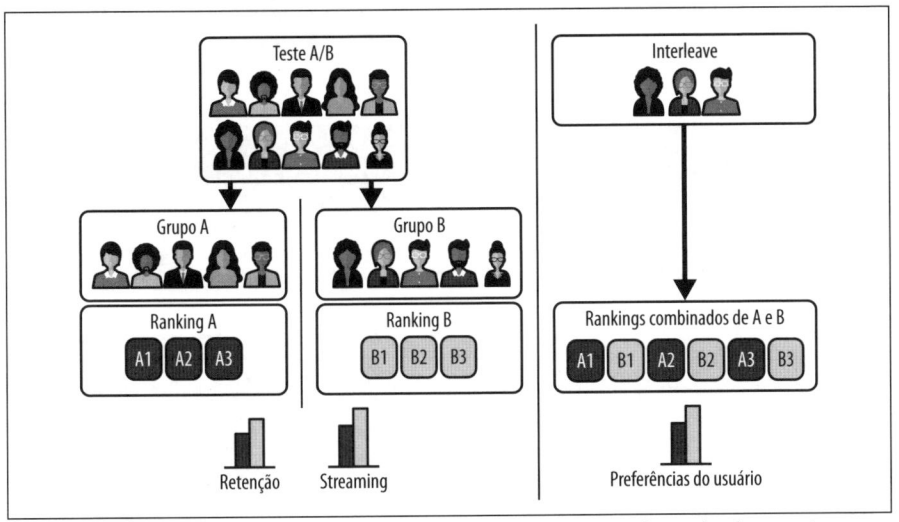

Figura 9-6. Ilustração de interleave versus teste A/B. Fonte: Adaptado de uma imagem de Ratner et al.

Quando mostramos recomendações de diversos modelos aos usuários, é importante observar que a posição de uma recomendação influencia a probabilidade de um usuário clicar nela. Por exemplo, é mais provável que os usuários cliquem na recomendação que aparece primeiro do que na última recomendação. Para que o interleave produza resultados válidos, devemos garantir que, em qualquer posição, uma recomendação seja igualmente provável de ser gerada por A ou B. Para assegurar isso, podemos usar o método team-draft interleaving, que imita o processo de draft norte-americano, evento anual dentro dos calendários de cada liga de esporte (NBA, NFL, NHL e MLB) em que as franquias escolhem jogadores promissores das universidades. Para cada posição de recomendação, selecionamos aleatoriamente A ou B com igual probabilidade, e o modelo escolhido seleciona a

---

[30] Joshua Parks, Juliette Aurisset e Michael Ramm, "Innovating Faster on Personalization Algorithms at Netflix Using Interleaving", *Netflix Technology Blog*, 29 de novembro de 2017. Disponível em: *https:// oreil.ly/lnvDY*.

principal recomendação que ainda não foi escolhida.[31] A Figura 9-7 mostra como o método team-drafting funciona.

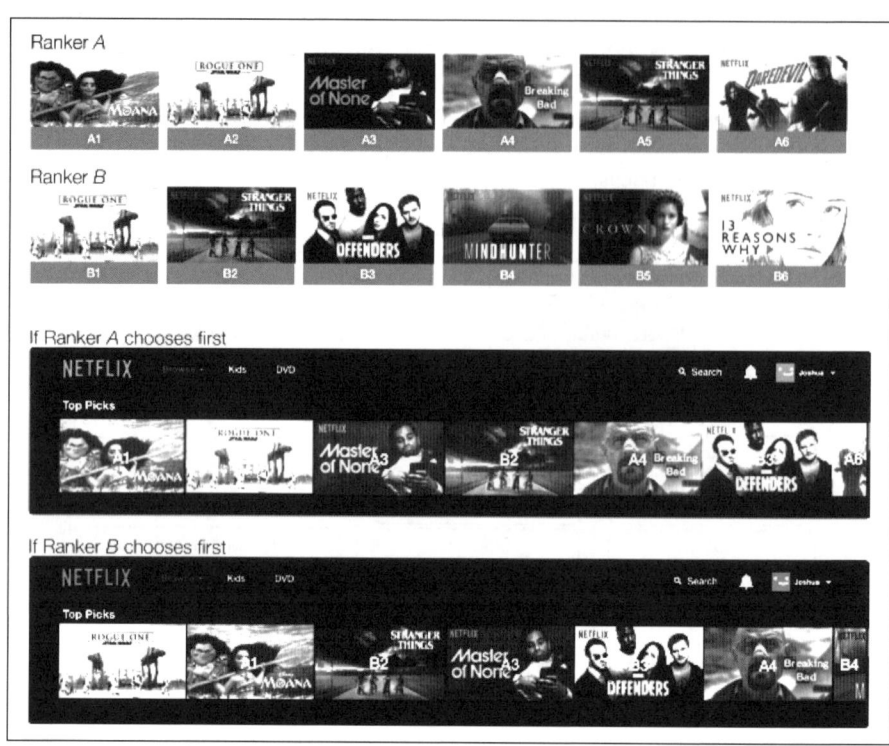

Figura 9-7. Interleave de recomendações de vídeo de dois algoritmos de classificação usando o team-draft. Fonte: Parks et al.[32]

Bandits

Para quem não conhece, os algoritmos bandits se originaram do jogo de azar. Um cassino tem diversas máquinas caça-níqueis com recompensas diferentes. Uma máquina caça-níqueis também é conhecida como bandido de um braço só, por conta de sua alavanca, por isso o nome. Não sabemos qual caça-níqueis oferece a maior recompensa. Podemos experimentar ao longo do tempo para descobrir qual máquina caça-níqueis é a melhor enquanto maximizamos a recompensa. Multi-armed bandits são algoritmos com várias probabilidades que possibilitam equilibrar entre explotação (escolher a máquina caça-níqueis que

---

[31] Olivier Chapelle, Thorsten Joachims, Filip Radlinski e Yisong Yue, "Large-Scale Validation and Analysis of Interleaved Search Evaluation", *ACM Transactions on Information Systems* 30, no. 1 (fevereiro de 2012): 6. Disponível em: *https://oreil.ly/lccvK*.
[32] Parks *et al.*, "Innovating Faster on Personalization Algorithms".

mais recompensa no passado) e exploração (escolher outras máquinas caça-níqueis que podem recompensar ainda mais).

Atualmente, o método padrão para testar modelos em produção é o teste A/B. Com o teste A/B, roteamos aleatoriamente o tráfego para cada modelo para predições e, no final do teste, calculamos qual modelo funciona melhor. O teste A/B é stateless: podemos rotear o tráfego para cada modelo sem precisar sabermos seu desempenho atual. É possível fazer testes A/B mesmo com predição em lote.

Quando se tem vários modelos para avaliar, cada modelo pode ser considerado uma máquina caça-níqueis cuja recompensa (ou seja, acurácia da predição) você não sabe. Bandits possibilitam que você determine como rotear o tráfego para cada modelo de predição a fim de estipular o melhor modelo enquanto maximiza a acurácia da predição para seus usuários. O algoritmo bandit é stateful: antes de encaminhar uma requisição para um modelo, é necessário calcular o desempenho atual de todos os modelos. Isso exige três coisas:

- Seu modelo deve ser capaz de fazer predição online.
- De preferência, loops de feedback curtos: é necessário obter feedback sobre se uma predição é boa ou não. Em geral, isso se aplica a tarefas em que os rótulos podem ser determinados a partir do feedback dos usuários, como nas recomendações — se os usuários clicarem em uma recomendação, ela será considerada boa. Se os loops de feedback forem curtos, você poderá atualizar o payoff de cada modelo rapidamente.
- Trata-se de um mecanismo para coletar feedback, calcular e acompanhar o desempenho de cada modelo e encaminhar requisições de predição para diferentes modelos com base em seu desempenho atual.

Os bandits são alvo de estudo intenso na comunidade acadêmica, demonstrando ser mais eficientes em dados do que os testes A/B (em muitos casos, bandits são até melhores). Os bandits exigem menos dados para determinar qual modelo é o melhor e, ao mesmo tempo, reduzem o custo de oportunidade à medida que roteiam o tráfego para o melhor modelo de forma mais rápida. Veja as discussões sobre bandits da LinkedIn, Netflix, Facebook e Dropbox (*https://oreil.ly/vsKsg*), Zillow (*https://oreil.ly/A7KkD*), e Stitch Fix (*https://oreil.ly/2LKZd*). Para uma visão mais teórica, confira o Capítulo 2 do livro *Reinforcement Learning* (*https://oreil.ly/fpR2H*) (Sutton e Barto, 2020).

Em um experimento feito por Greg Rafferty, do Google, o teste A/B exigiu mais de 630.000 amostras para obter um intervalo de confiança de 95%, enquanto um simples algoritmo bandit (amostragem de Thompson) determinou que um modelo era 5% melhor que o outro com menos de 12.000 amostras.[33] No entanto, os bandits são mais difíceis de implementar do que os testes A/B, pois exigem poder computacional e acompanhamento dos payoffs dos modelos. Portanto, algoritmos bandits não são amplamente utilizados no setor, salvo os casos de algumas grandes empresas tecnológicas.

> ### Algoritmos Bandits
>
> Muitas das soluções para o problema multi-armed bandit podem ser usadas aqui. O algoritmo mais simples para exploração é o ε-greedy. Para uma porcentagem do tempo, digamos 90% do tempo ou ε = 0,9, você roteia o tráfego para o modelo com melhor desempenho no momento e, nos outros 10% do tempo, roteia o tráfego para um modelo aleatório. Ou seja, para cada uma das predições que seu sistema gera, 90% delas vêm do melhor modelo naquele momento.
>
> Dois dos algoritmos de exploração mais populares são a amostragem de Thompson e o Upper Confidence Bound (UCB). A amostragem de Thompson seleciona um modelo com probabilidade de que esse modelo seja o melhor, dado o conhecimento atual.[34] No nosso caso, significa que o algoritmo seleciona o modelo com base em sua probabilidade de ter um valor maior (melhor desempenho) do que todos os outros modelos. Por outro lado, o UCB seleciona o item com o maior limite de confiança superior.[35] Dizemos que o UCB implementa *otimismo diante da incerteza*, atribui um "bônus de incerteza", também chamado de "bônus de exploração", aos itens sobre os quais não tem certeza.

Bandits contextuais como estratégia de exploração

Se os bandits para avaliação do modelo determinam a recompensa (ou seja, a acurácia da predição) de cada modelo, os bandits contextuais determinam a recompensa de cada ação. No caso de recomendações/anúncios, uma ação é um item/anúncio a ser exibido aos usuários, e a recompensa é a probabilidade de um usuário clicar nele. Bandits contextuais, assim como outros bandits, são uma técnica incrível para melhorar a eficiência dos dados do seu modelo.

---

[33] Greg Rafferty, "A/B Testing—Is There a Better Way? An Exploration of Multi-Armed Bandits", *Towards Data Science*, 22 de janeiro de 2020. Disponível em: *https://oreil.ly/MsaAK*.

[34] William R. Thompson, "On the Likelihood that One Unknown Probability Exceeds Another in View of the Evidence of Two Samples" *Biometrika* 25, no. 3/4 (dezembro de 1933): 285–94. Disponível em: *https://oreil.ly/TH1HC*.

[35] Peter Auer, "Using Confidence Bounds for Exploitation–Exploration Trade-offs", *Journal of Machine Learning Research* 3 (novembro de 2002): 397–422. Disponível em: *https://oreil.ly/vp9mI*.

Algumas pessoas também chamam os bandits para avaliação de modelos de "bandits contextuais". O que torna as discussões confusas, portanto, neste livro, "bandits contextuais" se referem a estratégias de exploração para determinar a recompensa das predições.

Imagine que você está criando um sistema de recomendação com 1.000 itens para recomendar, o que o torna um 1,000-arm bandit problem [problema bandits com 1000 braços]. A cada vez, você só pode recomendar os 10 itens mais relevantes para um usuário. Em termos de bandits, você terá que escolher os 10 melhores braços. Os itens mostrados obtêm feedback do usuário, inferidos por meio de cliques desses usuários. Mas você não receberá feedback sobre os outros 990 itens. Isso é conhecido como problema de *feedback parcial*, também conhecido como *feedback bandit*. Você também pode pensar nos bandits contextuais como um problema de classificação com feedback bandits. Digamos que cada vez que um usuário clica em um item, esse item recebe 1 ponto de valor. Quando um item tem 0 pontos de valor, pode ser porque nunca foi mostrado a um usuário ou porque foi mostrado, mas não foi clicado. Você quer mostrar aos usuários os itens com o maior valor, mas se continuar mostrando apenas os itens com mais pontos de valor, continuará recomendando os mesmos itens populares e os itens nunca mostrados permanecerão com 0 pontos de valor.

Bandits contextuais são algoritmos que o ajudam no equilíbrio entre mostrar aos usuários os itens que eles possivelmente gostarão e os itens sobre os quais você quer feedback.[36] Trata-se do mesmo trade-off exploração/explotação que muitos leitores podem se deparar no aprendizado por reforço. Bandits contextuais também são chamados de problemas de aprendizado por reforço "one-shot".[37] No aprendizado por reforço, é necessário realizar uma série de ações antes de ver as recompensas. Com os bandits contextuais, é possível obter feedback do bandit imediatamente após uma ação — por exemplo, após recomendar um anúncio, você recebe feedback sobre se um usuário clicou nessa recomendação.

Bandits contextuais são alvo de diversas pesquisas e demonstraram melhorar significativamente o desempenho dos modelos (confira os relatórios de Twitter (*https://oreil.ly/EqjmB*) e do Google (*https://oreil.ly/ipMxd*)). No entanto, os bandits contextuais são mais difíceis de implementar do que os bandits de modelo, pois a estratégia de exploração depende da arquitetura do modelo de ML (por

---

[36] Lihong Li, Wei Chu, John Langford e Robert E. Schapire, "A Contextual-Bandit Approach to Personalized News Article Recommendation", *arXiv*, 28 de fevereiro de 2010. Disponível em: *https://oreil.ly/uaWHm*.

[37] Segundo a Wikipédia, *multi-armed bandit* é um problema clássico de aprendizado por reforço que exemplifica o dilema do trade-off exploração-explotação. (s.v., "Multi-armed bandit". Disponível em: *https://oreil.ly/ySjwo*). O nome vem de imaginar um jogador em uma fileira de máquinas caça-níqueis (às vezes conhecido como "bandidos de um braço") que tem que decidir quais máquinas jogar, quantas vezes jogar cada máquina e em que ordem jogá-las, e se continua na máquina atual ou tenta uma máquina diferente.

exemplo, se é uma árvore de decisão ou uma rede neural), o que o torna menos generalizável entre os casos de uso. Leitores interessados em combinar bandits contextuais com aprendizado profundo devem conferir um ótimo artigo escrito por uma equipe do Twitter: "Deep Bayesian Bandits: Exploring in Online Personalized Recommendations" (*https://oreil.ly/Uv03p*) (Guo et al., 2020).

Antes de encerrarmos esta seção, quero enfatizar um ponto. Vimos diversos tipos de testes para modelos de ML. No entanto, é importante observar que um bom pipeline de avaliação não tem a ver apenas com quais testes executar, mas também com quem deve executar esses testes. No ML, o processo de avaliação geralmente é de propriedade de cientistas de dados — as mesmas pessoas que desenvolveram o modelo são responsáveis por avaliá-lo. Os cientistas de dados costumam avaliar seu novo modelo específico usando conjuntos de testes que gostam. Primeiro, esse processo está imbuído de vieses — os cientistas de dados têm contextos sobre os modelos que a maioria dos usuários não tem, o que significa que provavelmente não usarão esse modelo da forma que a maioria de seus usuários usará. Segundo, a natureza ad hoc do processo significa que os resultados podem ser variáveis. Um cientista de dados pode rodar um conjunto de testes e descobrir que o modelo A é melhor que o modelo B, enquanto outro cientista de dados pode identificar coisas diferentes. A ausência de uma forma de garantir a qualidade dos modelos em produção levou muitos modelos a falhar após implementação, o que, por sua vez, alimenta a ansiedade dos cientistas de dados ao fazer deploy dos modelos. Para mitigar esse problema, é importante que cada equipe defina pipelines claros sobre como os modelos devem ser avaliados: por exemplo, os testes a serem executados, a ordem em que devem ser executados, os thresholds que devem passar para chegarem ao próximo estágio. Melhor, esses pipelines devem ser automatizados e acionados sempre que houver uma nova atualização de modelo. Os resultados devem ser relatados e analisados, semelhante ao processo de integração contínua/implementação contínua (CI/CD) da engenharia tradicional de software. É crucial entender que um bom processo de avaliação envolve não apenas quais testes executar, como também quem deve executá-los.

Recapitulando

Este capítulo abordou um tópico que acredito estar entre os tópicos mais interessantes, porém pouco explorados: como atualizar continuamente seus modelos em produção para adaptá-los às mudanças nas distribuições de dados. Vimos quatro estágios pelos quais uma empresa pode passar no processo de modernização de sua infraestrutura para aprendizado contínuo: do manual, treinamento do zero ao aprendizado contínuo automatizado e stateless. Em seguida, examinamos a pergunta que aflige os engenheiros de ML em empresas de todos os tipos e tamanhos, "Com que frequência *devo* atualizar meus modelos?" encorajando-os a considerar o valor da atualização dos dados para seus modelos e os trade-offs entre iteração de modelo e iteração de dados.

Semelhante à predição online discutida no Capítulo 7, o aprendizado contínuo exige infraestrutura de streaming madura. A parte de treinamento do aprendizado contínuo pode ser feita em lote, mas a parte de avaliação online requer streaming. Muitos engenheiros receiam que o streaming seja difícil e oneroso. Era verdade há três anos, mas as tecnologias de streaming amadureceram de modo considerável desde então. Mais e mais empresas estão fornecendo soluções para facilitar a migração para o streaming, incluindo Spark Streaming, Snowflake Streaming, Materialize, Decodable, Vectorize etc.

O aprendizado contínuo é um problema específico do ML, mas exige em grande parte solução de infraestrutura. A fim de acelerar o ciclo de iteração e detectar falhas nas atualizações de novos modelos rapidamente, precisamos configurar nossa infraestrutura da maneira adequada. Isso exige que a equipe de ciência de dados/ML e a equipe de plataforma trabalhem juntas. No próximo capítulo, abordaremos a infraestrutura para ML.

CAPÍTULO 10
Infraestrutura e Ferramentas para MLOps

Nos Capítulos 4, 5 e 6, abordamos a lógica para desenvolver sistemas de ML. Nos Capítulos 7, 8 e 9, discutimos os aspectos para implementar, monitorar e atualizar continuamente um sistema de ML. Até agora, pressupomos que os profissionais de ML têm acesso a todas as ferramentas e infraestrutura de que precisam para implementar essa lógica e trabalhar nesses aspectos. No entanto, tal pressuposição está longe de ser verdadeira. Muitos cientistas de dados já me falaram que sabem fazer as coisas certas para seus sistemas de ML, porém não conseguem fazê-las, pois trabalham com uma infraestrutura que não se adéqua nem possibilita o trabalho deles.

Sistemas de ML são complexos. Quanto mais complexo, mais um sistema pode se beneficiar de uma boa infraestrutura. Quando configurada adequadamente, a infraestrutura pode ajudar a automatizar processos, reduzindo a necessidade de expertise e tempo computacional improdutivo. Isso, por sua vez, pode agilizar o desenvolvimento e a entrega de aplicações de ML, reduzir a extensão de bugs e possibilitar novos casos de uso. Mas quando configurada de forma inadequada, a infraestrutura fica difícil de usar e cara para substituir. Neste capítulo, discutiremos como configurar a infraestrutura adequada para sistemas de ML. Mas antes de mergulharmos de cabeça, é importante observar que as necessidades de infraestrutura de cada empresa são diferentes. A infraestrutura necessária depende do número de aplicações desenvolvidas e do nível de especialização dessas aplicações.

Em uma extremidade do espectro, temos empresas que usam o ML para business analytics ad hoc, como projetar o número de novos usuários que terão no próximo ano a fim de apresentar essa análise na reunião de planejamento trimestral. É bem provável que essas empresas não precisem investir em nenhuma infraestrutura — Jupyter Notebooks, Python e Pandas seriam ótimas soluções. Se tiver apenas um simples caso de uso de ML, como um app Android de detecção de objetos para mostrar a seus amigos, você também não precisará de nenhuma infraestrutura — basta um framework de ML compatível com Android, como o TensorFlow Lite.

Na outra extremidade do espectro, existem empresas que trabalham em aplicações com requisitos excepcionais. Por exemplo, carros autônomos têm requisitos exclusivos de acurácia e latência — é necessário que o algoritmo responda em milissegundos e sua acurácia deve ser praticamente perfeita, pois uma predição errada pode resultar em acidentes graves. Da mesma forma, a pesquisa do Google tem requisitos exclusivos de escala, já que a maioria das empresas não processa 63 mil consultas de pesquisa por segundo, o que se traduz em 234 milhões de consultas de pesquisa por hora.[1] É bem provável que essas empresas precisem desenvolver a própria infraestrutura altamente especializada. O Google desenvolveu grande parte de sua infraestrutura interna para busca; o mesmo aconteceu com empresas de carros autônomos como a Tesla e a Waymo.[2] É comum que parte da infraestrutura especializada seja posteriormente divulgada e adotada por outras empresas. Por exemplo, o Google estendeu sua infraestrutura de nuvem interna para o público, resultando na Google Cloud Platform (*https://oreil.ly/0g02L*).

No meio do espectro está a maioria das empresas, aquelas que usam ML para diversas aplicações comuns — um modelo de detecção de fraude, um de otimização de preços, um modelo de churn prediction, um sistema de recomendação etc. — em escala razoável. "Escala razoável" se refere a empresas que trabalham com dados na ordem de gigabytes e terabytes, em vez de petabytes, por dia. A equipe delas de ciência de dados pode variar de 10 a centenas de engenheiros.[3] Essa categoria pode incluir qualquer empresa, desde uma startup de 20 pessoas até uma empresa na escala da Zillow, mas não na escala da MAAAM.[4] Por exemplo, em 2018, a Uber estava adicionando dezenas de terabytes de dados por dia ao seu data lake, e o maior conjunto de dados da Zillow gerava 2 terabytes de dados não compactados por dia.[5] Em contrapartida, mesmo em 2014, o Facebook estava gerando *4 petabytes* de dados por dia.[6] As empresas no meio do espectro provavelmente se beneficiarão da infraestrutura generalizada de ML que está sendo cada vez mais padronizada (veja a Figura 10-1). Neste livro, focaremos a infraestrutura para a grande maioria das aplicações de ML em uma escala razoável.

---

[1] Kunal Shah, "This Is What Makes SEO Important for Every Business", *Entrepreneur India*, 11 de maio de 2020. Disponível em: *https://oreil.ly/teQlX*.

[2] Para uma prévia da infraestrutura de processamento da Tesla para ML, recomendo assistir à gravação do Tesla AI Day 2021 no YouTube (disponível em: *https://oreil.ly/etH9C*).

[3] A definição de "escala razoável" foi inspirada pelo artigo de Jacopo Tagliabue "You Do Not Need a Bigger Boat: Recommendations at Reasonable Scale in a (Mostly) Serverless and Open Stack", *arXiv*, 15 de julho de 2021. Disponível em: *https://oreil.ly/YNRZQ*. Para mais discussão em escala razoável, veja "ML and MLOps at a Reasonable Scale" (disponível em: *https://oreil.ly/goPrb*) de Ciro Greco (outubro de 2021).

[4] MAAAM é a abreviação de Meta, Apple, Amazon, Alphabet, Microsoft.

[5] Reza Shiftehfar, "Uber's Big Data Platform: 100+ Petabytes with Minute Latency", *Uber Engineering*, 17 de outubro de 2018. Disponível em: *https://oreil.ly/6Ykd3*; Kaushik Krishnamurthi, "Building a Big Data Pipeline to Process Clickstream Data", Zillow, 6 de abril de 2018. Disponível em: *https://oreil.ly/SGmNe*.

[6] Nathan Bronson e Janet Wiener, "Facebook's Top Open Data Problems", Meta, 21 de outubro de 2014. Disponível em: *https://oreil.ly/p6QjX*.

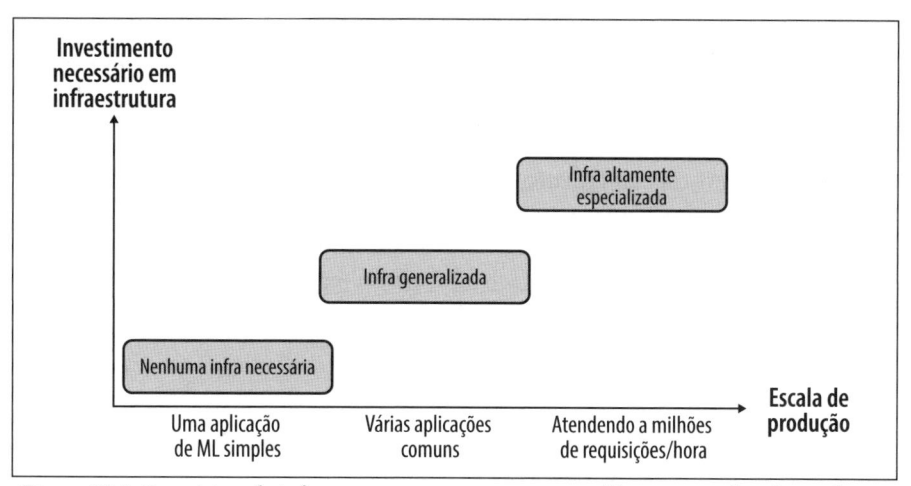

Figura 10-1. Requisitos de infraestrutura para empresas em diferentes escalas de produção.

Para definir a infraestrutura adequada às suas necessidades, é importante entender exatamente o que infraestrutura significa e em que consiste. Segundo a Wikipédia, no mundo físico, "infraestrutura é o conjunto de instalações e sistemas fundamentais que sustentam a operacionalidade viável de residências e empresas".[7] No mundo de ML, infraestrutura é o conjunto de instalações fundamentais que sustentam o desenvolvimento e a manutenção de sistemas de ML. O que deve ser considerado como "instalações fundamentais" varia muito de empresa para empresa, como discutido anteriormente neste capítulo. Nesta seção, examinaremos as quatro camadas seguintes:

Camada de armazenamento e processamento computacional
A camada de armazenamento é onde os dados são coletados e armazenados. A camada de processamento fornece poder computacional necessário para rodar suas cargas de trabalho de ML, como treinar um modelo, computar e gerar features etc.

Camada de gerenciamento de recursos
O gerenciamento de recursos inclui ferramentas para agendar e orquestrar suas cargas de trabalho, utilizando ao máximo seus recursos computacionais disponíveis. Exemplos de ferramentas nesta categoria incluem Airflow, Kubeflow e Metaflow.

Camada de plataforma de ML
Fornece ferramentas para auxiliar no desenvolvimento de aplicações de ML, como model e features stores e ferramentas de monitoramento. Exemplos de ferramentas nesta categoria incluem SageMaker e MLflow.

---

[7] Wikipédia, s.v. "Infrastructure". Disponível em: *https://oreil.ly/YaIk8*.

Camada de ambiente de desenvolvimento
   Em geral, chamado de ambiente de dev; é onde o código é escrito e os experimentos são executados. É necessário versionar e testar o código. É necessário rastrear os experimentos.

A Figura 10-2 mostra essas quatro camadas. Dados e processamento são recursos essenciais necessários para qualquer projeto de ML. Logo, a *camada de armazenamento e processamento* forma o alicerce infraestrutural para qualquer empresa que queira utilizar o ML. Essa camada também é a mais abstrata para um cientista de dados. Discutiremos essa camada primeiro porque esses recursos são os mais fáceis de explicar.

```
Mais comoditizada    [ Ambiente de desenvolvimento,
                       por exemplo, IDE, Git, CI/CD ]

                     [ Plataforma de ML, por exemplo,
                       model store, monitoramento ]        Mais importante
                                                           para os cientistas
                     [ Gerenciamento de recursos, por exemplo,   de dados
                       orquestrador de fluxo de trabalho ]

                     [ Camada de armazenamento e
                       processamento, por exemplo,
                       AWS EC2/S3, GCP, Snowflake ]
```

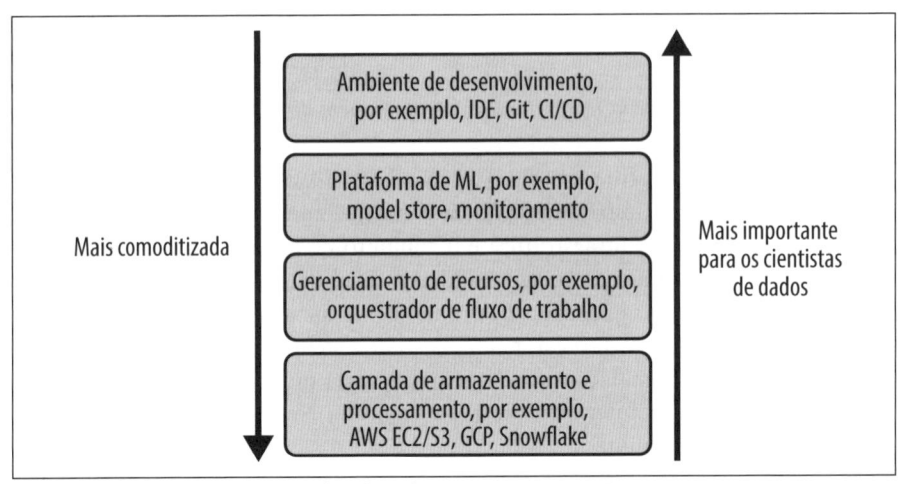

Figura 10-2. Diferentes camadas de infraestrutura para ML.

É necessário que os cientistas de dados interajam com o ambiente de desenvolvimentos todos os dias, logo é o menos abstrato para eles. Abordaremos essa categoria a seguir, depois discutiremos o gerenciamento de recursos, tema controverso entre cientistas de dados — as pessoas ainda estão debatendo se um cientista de dados precisa saber sobre essa camada ou não. Como "plataforma de ML" é um conceito relativamente novo com diferentes componentes ainda em crescimento, discutiremos essa categoria por último, após nos familiarizarmos com todas as outras categorias. Uma plataforma de ML exige investimento inicial de uma empresa, mas se for bem-feita, pode facilitar muito a vida dos cientistas de dados nos casos de uso de negócios dessa empresa.

Ainda que duas empresas tenham exatamente as mesmas necessidades de infraestrutura, a infraestrutura resultante talvez pareça diferente, dependendo de suas abordagens de construção versus decisões de compra — ou seja, o que querem construir internamente versus o que querem terceirizar para outras empresas.

Abordaremos as decisões de construir versus comprar na última parte deste capítulo, em que também abordaremos a expectativa de abstrações padronizadas e unificadas para infraestrutura de ML. Vamos nessa!

Armazenamento e Processamento Computacional

Os sistemas de ML trabalham com muitos dados, e esses dados precisam ser armazenados em algum lugar. A *camada de armazenamento* é onde os dados são coletados e armazenados. Na sua forma mais simples, a camada de armazenamento pode ser um disco rígido (HDD) ou uma unidade de estado sólido (SSD). A camada de armazenamento pode estar em um só lugar, por exemplo, é possível armazenar todos seus dados no Amazon S3 ou no Snowflake, ou espalhados por diversos locais.[8] A camada de armazenamento pode ser local, em um data center privado ou na nuvem. Antigamente, as empresas até tentavam gerenciar a própria camada de armazenamento. No entanto, na última década, a camada de armazenamento foi basicamente comoditizada e migrada para a nuvem. O armazenamento de dados se tornou tão barato que a maioria das empresas armazena todos os dados que têm sem custo.[9] Falamos sobre a camada de dados intensivamente no Capítulo 3, portanto, neste capítulo, focaremos a camada de processamento.

A *camada de processamento* se refere a todos os recursos computacionais aos quais uma empresa tem acesso e ao mecanismo que determina como esses recursos podem ser usados. A quantidade de recursos computacionais disponíveis determina a escalabilidade das cargas de trabalho. Pense na camada de processamento como o mecanismo para executar seus jobs. Na sua forma mais simples, a camada de processamento pode ser apenas um único núcleo de CPU ou um núcleo de GPU que executa toda a sua computação. Sua forma mais comum é a computação em nuvem gerenciada por um provedor de nuvem, como AWS Elastic Compute Cloud (EC2) ou GCP. Em geral, a camada de processamento pode ser dividida em unidades de processamento menores para serem usadas simultaneamente. Por exemplo, um núcleo de CPU pode suportar dois threads concorrentes; cada thread é usado como uma unidade de processamento para executar o próprio job. Ou diversos núcleos de CPU podem ser unidos para formar uma unidade de processamento maior a fim de executar um job maior. Uma unidade de processamento pode ser criada para um job específico de curta duração, como uma AWS Step Function ou um GCP Cloud Run — a unidade será eliminada após conclusão do job. Uma unidade de processamento também pode ser criada para ser mais "permanente", ou seja, sem estar vinculada a um job, como uma máquina virtual. Ás vezes, uma unidade de processamento mais permanente é chamada de "instância".

---

[8] Sei de uma empresa cujos dados estão espalhados pelo Amazon Redshift e GCP BigQuery, e seus engenheiros não estão nada felizes com isso.
[9] Discutimos apenas o armazenamento de dados aqui, pois discutimos os sistemas de dados no Capítulo 2.

No entanto, a camada de processamento nem sempre usa threads ou núcleos como unidades de processamento. Existem camadas de processamento que abstraem as noções de núcleos e usam outras unidades de processamento. Por exemplo, engines de computação como Spark e Ray usam "job" como unidade, e o Kubernetes usa "pod", um wrapper em torno de contêineres, como menor unidade implementável. Embora seja possível ter diversos contêineres em um pod, é impossível iniciar ou interromper contêineres diferentes no mesmo pod de forma independente.

Para executar um job, primeiro você precisa carregar os dados necessários na memória da sua unidade de processamento e, em seguida, executar as operações necessárias — adição, multiplicação, divisão, convolução etc. — nesses dados. Por exemplo, para adicionar dois arrays, primeiro será necessário carregar esses dois arrays na memória e, em seguida, realizar a adição nos dois arrays. Se a unidade de processamento não tiver memória suficiente para carregar esses dois arrays, sem um algoritmo para lidar com a computação out-of-memory, a operação é impossível. Por isso, uma unidade de processamento é caracterizada essencialmente por duas métricas: quanta memória tem e a rapidez com que executa uma operação.

A métrica de memória pode ser especificada usando unidades como GB, e geralmente é simples de avaliar: uma unidade de processamento com 8GB de memória pode manipular mais dados na memória do que uma unidade de processamento com apenas 2GB e normalmente é mais cara.[10] Algumas empresas se preocupam não somente com a quantidade de memória que uma unidade de processamento tem, mas também com a rapidez com que os dados são carregados e retirados da memória; por isso, alguns provedores de nuvem fazem propaganda de que suas instâncias têm "memória de alta largura de banda" ou especificam a largura de banda de I/O de suas instâncias. A velocidade de operação é mais controversa. A métrica mais comum é FLOPS — floating point operations per second [operações de ponto flutuante por segundo]. Como o nome sugere, essa métrica denota o número de operações de ponto flutuante que uma unidade de processamento pode executar por segundo. Podemos ver um fornecedor de hardware anunciando que suas GPUs ou TPUs ou IPUs (unidades de processamento de inteligência) têm teraFLOPS (um trilhão de FLOPS) ou um outro número gigante de FLOPS.

Contudo, essa métrica é controversa porque, primeiro, as empresas que calculam essa métrica podem ter ideias diferentes sobre o que é considerado uma operação. Por exemplo, se uma máquina une duas operações em uma e executa esta operação,[11] isso conta como uma operação ou duas? Segundo, só porque uma unidade de processamento é capaz de fazer um trilhão de FLOPS não significa que você poderá executar seu job na velocidade de um trilhão de FLOPS. A proporção do

---

[10] Ao escrever este livro, uma carga de trabalho de ML normalmente requeria entre 4GB e 8GB de memória; 16GB de memória são suficientes para lidar com a maioria das cargas de trabalho de ML.
[11] Veja fusão de operação na seção "Otimização do Modelo" do Capítulo 7.

número de FLOPS que um job pode executar para o número de FLOPs que uma unidade de processamento é capaz de manipular é chamada de utilização.[12] Se uma instância for capaz de fazer um milhão de FLOPs e seu job for executado com 0,3 milhão de FLOPS, temos uma taxa de utilização de 30%. Claro que queremos ter a taxa de utilização mais alta possível. No entanto, é quase impossível atingir 100% de taxa de utilização. Dependendo do backend de hardware e da aplicação, a taxa de utilização de 50% pode ser considerada boa ou ruim. A utilização também depende da rapidez com que podemos carregar dados na memória para realizar as próximas operações — daí a importância da largura de banda de I/O.[13]

Ao avaliar uma nova unidade de processamento, é importante avaliar quanto tempo essa unidade levará para realizar cargas de trabalho comuns. Por exemplo, MLPerf (*https://oreil.ly/XuVka*) é um benchmark popular para fornecedores de hardware calcularem o desempenho de seu hardware, mostrando quanto tempo levará para o hardware treinar um modelo ResNet-50 no conjunto de dados ImageNet ou usar um modelo BERT grande a fim de gerar predições para o conjunto de dados SQuAD. Como pensar em FLOPS não é lá muito útil, para facilitar as coisas, ao avaliar o desempenho de processamento, muitas pessoas apenas analisam o número de núcleos que uma unidade de processamento tem. Portanto, você pode usar uma instância com 4 núcleos de CPU e 8GB de memória. Lembre-se de que a AWS usa o conceito de vCPU, que significa CPU virtual e que, para fins práticos, pode ser considerado meio núcleo físico.[14] Você pode ver o número de núcleos e memória oferecidos por algumas instâncias do AWS EC2 e do GCP na Figura 10-3.

---

[12] "What Is FLOP/s and Is It a Good Measure of Performance?", Stack Overflow, última atualização: 7 de outubro de 2020. Disponível em: *https://oreil.ly/M8jPP*.

[13] Para leitores interessados em FLOPS e largura de banda e como otimizá-los para modelos de aprendizado profundo, recomendo o post "Making Deep Learning Go Brrrr From First Principles" (disponível em: *https://oreil.ly/zvVFB*) (He 2022).

[14] Segundo a Amazon, "as instâncias do EC2 suportam multithreading, possibilitando que vários threads sejam executados simultaneamente em um único núcleo de CPU. Cada thread é representado como uma CPU virtual (vCPU) na instância. Uma instância tem um número padrão de núcleos de CPU, que varia de acordo com o tipo de instância. Por exemplo, um tipo de instância m5.xlarge tem dois núcleos de CPU e dois threads por núcleo por padrão — quatro vCPUs no total" ("Optimize CPU Options", Amazon Web Services. Acessado pela última vez em abril de 2020. Disponível em: *https://oreil.ly/eeOtd*).

Some GPU instances on AWS					Some TPU instances on GCP		
Instance	GPUs	vCPU	Mem (GiB)	GPU Mem (GiB)	TPU type (v2)	v2 cores	Total memory
p3.2xlarge	1	8	61	16	v2-8	8	64 GiB
p3.8xlarge	4	32	244	64			
p3.16xlarge	8	64	488	128	TPU type (v3)	v3 cores	Total memory
p3dn.24xlarge	8	96	768	256	v3-8	8	128 GiB

Figura 10-3. Exemplos de instâncias [instances] de GPU e TPU disponíveis na AWS e no GCP a partir de fevereiro de 2022. Fonte: Capturas de tela de sites da AWS e GCP.

Nuvem Pública versus Data Centers Privados

Assim como o armazenamento de dados, a camada de processamento é amplamente comoditizada. Ou seja, em vez de montar os próprios data centers para armazenamento e processamento, as empresas podem pagar a provedores de nuvem como AWS e Azure pela quantidade exata de processamento que usam. A computação em nuvem facilita e muito com que as empresas comecem a construir sem ter que se preocupar com a camada de processamento. É bastante atraente para empresas que têm cargas de trabalho de tamanho variável. Imagine se suas cargas de trabalho precisarem de 1.000 núcleos de CPU em um dia por ano e apenas 10 núcleos de CPU no resto do ano. Se você construir os próprios data centers, precisará pagar antecipadamente por 1.000 núcleos de CPU. Com a computação em nuvem, basta pagar por 1.000 núcleos de CPU em um dia do ano e 10 núcleos de CPU no restante do ano. É conveniente conseguir adicionar mais processamento ou encerrar instâncias conforme necessário — a maioria dos provedores de nuvem até faz isso automaticamente — reduzindo a sobrecarga operacional de engenharia. Isso é bastante útil em ML, pois as cargas de trabalho de ciência de dados são intermitentes. Os cientistas de dados costumam realizar muitos experimentos por algumas semanas durante o desenvolvimento, o que exige um aumento no poder computacional. Mais tarde, durante a produção, a carga de trabalho fica mais consistente.

Tenha em mente que computação em nuvem é elástica, não mágica. Na verdade, não existe processamento infinito. A maioria dos provedores de nuvem impõem limites (*https://oreil.ly/TzUOv*) sobre os recursos de processamento que podemos usar por vez. Alguns, mas não todos, desses limites podem ser aumentados por meio de solicitação. Por exemplo, ao escrever este livro, a maior instância do AWS EC2 era X1e (*https://oreil.ly/29lsT*) com 128 vCPUs e quase 4 TB de memória.[15]

---
[15] Que custa U$$26.688/hora.

Ter muitos recursos processamento não significa que é sempre fácil usá-los, ainda mais se você precisar trabalhar com instâncias spot para economizar custos.[16] Devido à elasticidade e facilidade de uso da nuvem, cada vez mais empresas estão optando por pagar pela nuvem em vez de construir e manter o próprio armazenamento e camada de processamento. A pesquisa do Synergy Research Group mostra que, em 2020, "os gastos das empresas com serviços de infraestrutura em nuvem [cresceram] 35%, chegando a quase US$130 bilhões", enquanto "os gastos das empresas com data centers caíram 6%, menos de US$90 bilhões"[17], como mostrado na Figura 10-4.

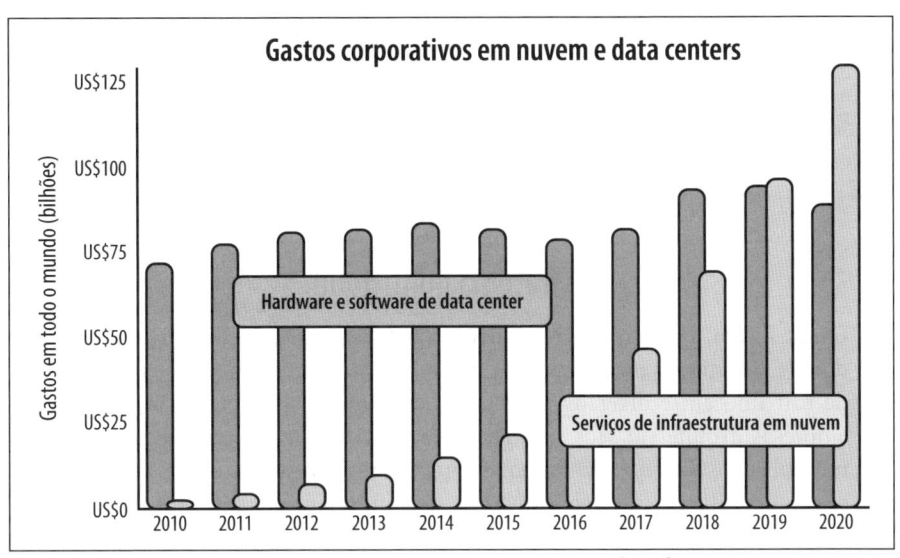

Figura 10-4. Em 2020, os gastos corporativos com serviços de infraestrutura em nuvem cresceram 35%, enquanto os gastos com data centers caíram 6%. Fonte: Adaptado de uma imagem do Synergy Research Group.

Apesar de costumar fornecer às empresas retornos mais altos do que construir as próprias camadas de armazenamento e processamento desde o início, o uso da nuvem se torna menos justificável à medida que a empresa cresce. Com base nos gastos divulgados com infraestrutura em nuvem por empresas privadas de software, a empresa de capital de risco a16z mostra que os gastos com nuvem representam aproximadamente 50% do custo da receita dessas empresas.[18]

---

[16] Instâncias sob demanda são instâncias que estão disponíveis quando você as solicita. Instâncias spot são instâncias que estão disponíveis quando ninguém mais as está usando. Os provedores de nuvem costumam oferecer instâncias spots com desconto em comparação às instâncias sob demanda.
[17] Synergy Research Group, "2020—The Year That Cloud Service Revenues Finally Dwarfed Enterprise Spending on Data Centers", 18 de março de 2021. Disponível em: *https://oreil.ly/uPx94*.
[18] Sarah Wang e Martin Casado, "The Cost of Cloud, a Trillion Dollar Paradox", a16z. Disponível em: *https://oreil.ly/3nWU3*.

O alto custo da nuvem levou as empresas a começarem a migrar suas cargas de trabalho de volta aos próprios data centers, processo chamado "repatriação de nuvem". O arquivamento S-1 do Dropbox (*https://oreil.ly/zRm9j*) mostra que a empresa conseguiu economizar US$75 milhões nos dois anos anteriores ao IPO devido à remodelação de otimização de infraestrutura — migraram grande parte das cargas de trabalho da nuvem pública para os próprios data centers. O alto custo da nuvem é exclusivo do Dropbox porque a empresa está no ramo de armazenamento de dados? Nem tanto. Na análise acima mencionada, a16z estimou que "das 50 principais empresas privadas de software que atualmente utilizam infraestrutura em nuvem, perde-se o valor de mercado estimado em US$100 bilhões devido ao impacto da nuvem sobre os lucros — em relação à própria infraestrutura".[19] Embora seja fácil começar a usar a nuvem, sair da nuvem é difícil. A repatriação de nuvem exige investimentos iniciais significativos em commodities e empenhos tecnológicos. Cada vez mais empresas estão adotando uma abordagem híbrida: mantendo a maior parte de suas cargas de trabalho na nuvem, mas aumentando aos poucos seus investimentos em data centers.

> ## Estratégia Multicloud
>
> Outra forma de as empresas reduzirem a dependência de um único provedor de nuvem é adotar uma estratégia multicloud: distribuir suas cargas de trabalho entre diversos provedores de nuvem.[20] Isso possibilita que as empresas arquitetem seus sistemas para que possam ser compatíveis com múltiplas nuvens, viabilizando que aproveitem as melhores e mais econômicas tecnologias disponíveis em vez de ficarem reféns de serviços fornecidos por um único provedor de nuvem, situação conhecida como vendor lock-in [aprisionamento tecnológico, em tradução livre]. Um estudo de 2019 da Gartner demonstra que 81% das organizações estão trabalhando com dois ou mais provedores de nuvem pública.[21] Um padrão comum que tenho visto para cargas de trabalho de ML é fazer treinamento no GCP ou Azure e implementação na AWS. A estratégia multicloud geralmente não acontece por escolha. Como Josh Wills, um de nossos primeiros revisores, disse: "Ninguém em sã consciência pretende usar multicloud." É dificílimo migrar dados e orquestrar cargas de trabalho entre nuvens. Não raro, a multicloud acontece porque diferentes partes da organização operam de forma independente e cada parte toma sua própria decisão sobre a nuvem. Isso também pode acontecer após uma aquisição — a equipe adquirida já usa uma nuvem diferente da organização principal e a migração ainda não

---

[19] Wang e Casado, "The Cost of Cloud".
[20] Laurence Goasduff, "Why Organizations Choose a Multicloud Strategy", Gartner, 7 de maio de 2019. Disponível em: *https://oreil.ly/ZiqzQ*.
[21] Goasduff, "Why Organizations Choose a Multicloud Strategy".

ocorreu. No meu trabalho, vi multicloud acontecer devido a investimentos estratégicos. A Microsoft e o Google são grandes investidores do ecossistema de startups, e diversas empresas com as quais trabalho que antes usavam a AWS migraram para o Azure/GCP após receberem investimentos da Microsoft e do Google.

Ambiente de Desenvolvimento

O ambiente de desenvolvimento é onde os engenheiros de ML escrevem código, rodam experimentos e interagem com o ambiente de produção, onde os modelos campeões são implementados e os modelos adversários são avaliados. O ambiente de desenvolvimento é composto dos seguintes componentes: IDE (ambiente de desenvolvimento integrado), versionamento e CI/CD. Caso seja um cientista de dados ou engenheiro de ML que escreve código diariamente, provavelmente conhece bem todas essas ferramentas e talvez se pergunte o que dizer a respeito. Em minha experiência, tirando algumas empresas tecnológicas, o ambiente de desenvolvimento é severamente menosprezado e com poucos investimentos na maioria das empresas. Segundo Ville Tuulos, em seu livro *Effective Data Science Infrastructure* "você ficaria surpreso ao saber quantas empresas têm infraestrutura de produção bem ajustada e escalável, mas a questão de como o código é desenvolvido, debugado e testado em primeiro lugar é resolvida de maneira ad-hoc".[22]

Ele sugeriu que "se você tiver tempo para configurar adequadamente apenas uma parte da infraestrutura, transforme-a em ambiente de desenvolvimento para cientistas de dados". Como o ambiente de desenvolvimento é onde os engenheiros trabalham, as melhorias no ambiente se traduzem diretamente em melhorias na produtividade de engenharia. Nesta seção, abordaremos primeiro os diferentes componentes do ambiente de desenvolvimento e, em seguida, discutiremos a padronização do ambiente de desenvolvimento antes de abordamos como introduzir mudanças do ambiente de desenvolvimento no ambiente de produção com contêineres.

Setup do Ambiente de Desenvolvimento

O ambiente de dev deve ser configurado para englobar todas as ferramentas que podem facilitar o trabalho dos engenheiros. Deve também ter ferramentas para *versionamento*. No momento em que eu escrevia este livro, as empresas usavam um conjunto ad hoc de ferramentas para versionar seus fluxos de trabalho de ML, como Git para controle de versão, o DVC para controle de versão de dados, o Weights & Biases ou o Comet.ml para rastrear experimentos durante o desen-

---

[22] Ville Tuulos, *Effective Data Science Infrastructure* (Manning, 2022).

volvimento e o MLflow para rastrear artefatos de modelos ao implementá-los. A Claypot AI está trabalhando em uma plataforma que pode ajudá-lo a versionar e controlar todos os seus fluxos de trabalho de ML em um só lugar. O controle de versão é importante para qualquer projeto de engenharia de software, e ainda mais importante para projetos de ML devido ao grande número de coisas que você pode alterar (código, parâmetros, os próprios dados etc.) posteriormente. Abordamos esse tema na seção "Controle de Versionamento e Monitoramento de Experimento" do Capítulo 6. Deve-se também configurar o ambiente de dev com uma suíte de testes *CI/CD* para testar seu código antes de enviá-lo para o ambiente de teste ou produção. Exemplos de ferramentas para orquestrar sua suíte de testes CI/CD incluem o GitHub Actions e a CircleCI. Como CI/CD é uma preocupação de engenharia de software, foge ao escopo desse livro. Nesta seção, focaremos o local onde os engenheiros escrevem código: o IDE.

IDE

IDE é o editor onde escrevemos o código. IDEs costumam suportar diversas linguagens de programação. IDEs podem ser aplicações nativas como o VS Code ou o Vim. Os IDEs podem ser baseados em navegador. Ou seja, são executados em navegadores, como o AWS Cloud9. Muitos cientistas de dados escrevem código não apenas em IDEs, como também em notebooks como no Jupyter Notebooks e no Google Colab.[23] Notebooks são mais do que lugares para escrever código. É possível incluir artefatos arbitrários, como imagens, gráficos, dados em bons formatos tabulares etc., o que os tornam muito úteis para análise exploratória de dados e análise de resultados de treinamento de modelo.

Notebooks têm uma bela propriedade: são stateful — podem reter estados após execuções. Caso seu programa falhe no meio do caminho, você poderá executá-lo novamente a partir da etapa com falha em vez de executar o programa desde o início. Isso é uma mão na roda quando precisamos lidar com conjuntos grandes de dados que podem levar muito tempo para carregar. Com os notebooks, basta carregar seus dados uma vez — os notebooks podem reter esses dados na memória — em vez de precisar carregá-los toda vez que quisermos executar o código. Como mostrado na Figura 10-5, se o código falhar na etapa 4 em um notebook, basta executar novamente a etapa 4.

---

[23] Ao escrever este livro, o Google Colab ainda oferecia GPUs gratuitas (disponível em: *https://oreil.ly/9ij7E*) aos seus usuários.

```
In [1]: import pandas as pd

In [2]: fname = "large-dataset.csv"

In [3]: df = pd.read_csv(fname)

In [4]: features = df["Timestamp", "Cost"]
---------------------------------------------------------------------
KeyError                                  Traceback (most recent call last)
~/miniconda3/envs/stove39/lib/python3.9/site-packages/pandas/core/indexes/base.py in get_loc(self, key, method, tolerance)
   3360
   3361             try:
-> 3362                 return self._engine.get_loc(casted_key)
                   except KeyError as err:
```

Figura 10-5. No Jupyter Notebooks, se a etapa 4 falhar, basta executar a etapa 4 novamente, em vez de executar novamente as etapas 1 a 4.

Repare que esse statefulness pode ser uma faca de dois gumes, pois possibilita que você execute suas células fora de ordem. Por exemplo, em um script normal, a célula 4 deve ser executada após a célula 3 e a célula 3 deve ser executada após a célula 2. No entanto, nos notebooks, podemos executar as células 2, 3 e 4 ou as células 4, 3 e 2. Isso dificulta e muito a reprodutibilidade do notebook, a menos que seu notebook venha com uma instrução sobre a ordem em que as células serão executadas. Essa dificuldade é mostrada na piada de Chris Albon (veja a Figura 10-6).

Figura 10-6. O statefulness dos notebooks possibilita que executemos células fora de ordem, dificultando a reprodução de um notebook. Piada de Albon: "Eu explicando a ordem de execução das minhas células do Jupyter Notebook."

Como são muito úteis para exploração e experimentos de dados, os notebooks se tornaram uma ferramenta indispensável para cientistas de dados e ML. Algumas empresas fizeram dos notebooks o centro de sua infraestrutura de ciência de dados. Em seu artigo pioneiro, "Beyond Interactive: Notebook Innovation at Netflix" a Netflix incluiu uma lista de ferramentas de infraestrutura que podem ser usadas para tornar os notebooks ainda mais poderosos.[24] A lista inclui:

Papermill (https://oreil.ly/569ot)
Para gerar vários notebooks com diferentes conjuntos de parâmetros, como quando queremos executar diferentes experimentos com conjuntos distintos de parâmetros e executá-los simultaneamente. Pode ajudar também a resumir as métricas de uma coleção de notebooks.

Commuter (https://oreil.ly/dFlYV)
Um hub de notebook para visualizar, localizar e compartilhar notebooks em uma organização.

Outro projeto interessante que visa melhorar a experiência do notebook é o nbdev (*https://nbdev.fast.ai*), biblioteca baseada no Jupyter Notebooks que o incentiva a escrever documentação e testes no mesmo lugar.

Padronização de Ambientes de Dev

Primeira coisa: o ambiente de desenvolvimento deve ser padronizado, se não em toda a empresa, pelo menos em toda a equipe. Analisaremos uma história para entender o que significa ter o ambiente de desenvolvimento padronizado e por que isso é necessário.

No início de nossa startup, cada um de nós trabalhava em seu próprio computador. Tínhamos um arquivo bash que um novo membro da equipe poderia executar para criar um novo ambiente virtual — em nosso caso, usamos o Conda para ambientes virtuais — e instalar os pacotes necessários para rodar nosso código. A lista dos pacotes necessários era o bom e velho *requirements.txt* em que adicionávamos coisas quando começávamos a usar um novo pacote. Às vezes, batia a preguiça em um de nós e apenas adicionávamos um nome de pacote (por exemplo, `torch`) sem especificar qual era a versão do pacote (por exemplo, `torch==1.10.0+cpu`). Ocasionalmente, um novo pull request funcionava bem no meu computador, mas não no computador de outro colega de trabalho,[25] e descobrimos rapidamente que era porque usávamos versões diferentes do mesmo pacote. Resolvemos sempre especificar o nome do pacote junto com a versão do pacote ao adicionar um novo pacote ao *requirements.txt*, e isso nos poupou de muitas dores de cabeça desnecessárias.

Um dia, encontramos um bug estranho que só acontecia durante algumas execuções e não em outras. Pedi ao meu colega de trabalho para investigar, mas ele

---

[24] Michelle Ufford, M. Pacer, Matthew Seal e Kyle Kelley, "Beyond Interactive: Notebook Innovation at Netflix", *Netflix Technology Blog*, 16 de agosto de 2018. Disponível em: *https://oreil.ly/EHvAe*.

[25] Para os leigos, um novo pull request pode ser entendido como um novo pedaço de código sendo adicionado à base de código.

não conseguiu reproduzir o bug. Eu lhe disse que o bug acontecia apenas algumas vezes, então ele poderia executar o código umas 20 vezes apenas para ter certeza. Ele executou o código 20 vezes e não encontrou nada. Comparamos nossos pacotes e tudo batia. Após algumas horas arrancando os cabelos de tanta frustração, descobrimos um problema de simultaneidade, apenas um problema da versão 3.8 do Python ou da anterior. Eu tinha o Python 3.8 e meu colega de trabalho tinha o Python 3.9, logo ele não viu o bug. Resolvemos todos usar a mesma versão do Python, e isso nos poupou de mais algumas dores de cabeça.

Mas um belo dia meu colega de trabalho comprou um novo laptop. Era um MacBook com o novo chip M1. Ele tentou seguir nossas etapas de configuração no novo laptop, mas teve problemas. Como o chip M1 era novo, algumas das ferramentas que usamos, incluindo o Docker, ainda não funcionavam bem com os chips M1. Depois de vê-lo se descabelando para fazer o setup do ambiente por um dia, decidimos migrar para um ambiente de desenvolvimento em nuvem. Ou seja, ainda padronizamos o ambiente virtual e as ferramentas e pacotes, mas agora todos usavam o ambiente virtual e as ferramentas e pacotes também no mesmo tipo de máquina, fornecido por um provedor de nuvem.

Ao usar um ambiente de desenvolvimento em nuvem, é possível usar um ambiente de desenvolvimento em nuvem que também vem com um IDE de nuvem como o AWS Cloud9 (*https://oreil.ly/xFEZx*) (que não tem notebooks integrados) e o Amazon SageMaker Studio (*https://oreil.ly/m1yFZ*) (que vem com o JupyterLab). Enquanto eu escrevia este livro, aparentemente o Amazon SageMaker Studio era mais utilizado do que o Cloud9. No entanto, a maioria dos engenheiros que conheço que usam IDEs de nuvem instalam os IDEs de sua escolha, como o Vim, em suas instâncias de nuvem. Uma opção mais popular é usar um ambiente de desenvolvimento em nuvem com um IDE local. Por exemplo, podemos usar o VS Code instalado em nosso computador e conectar o IDE local ao ambiente de nuvem usando um protocolo seguro como Secure Shell (SSH). Apesar de ser geralmente aceito que ferramentas e pacotes devem ser padronizados, algumas empresas hesitam em padronizar IDEs. Os engenheiros podem criar laços emocionais com os IDEs, e alguns se esforçaram muito para defender seu IDE de escolha,[26] por isso será difícil forçar todos a usar o mesmo IDE. No entanto, ao longo dos anos, alguns IDEs se tornaram mais populares. Dentre eles, o VS Code é uma boa escolha, pois possibilita fácil integração com instâncias de desenvolvimento em nuvem.

Em nossa startup, escolhemos o GitHub Codespaces (*https://oreil.ly/bQdUW*) como nosso ambiente de desenvolvimento em nuvem, mas uma instância AWS EC2 ou GCP na qual seja possível usar SSH também é uma boa opção. Antes de migrar para ambientes em nuvem, como muitas outras empresas, estávamos preo-

---

[26] Veja o editor war (disponível em: *https://oreil.ly/OOkqJ*), o debate acalorado de uma década sobre Vim versus Emacs.

cupados com o custo — e se esquecêssemos de desativar nossas instâncias quando não estivessem em uso e mesmo assim nos cobrassem? Contudo, essa preocupação desapareceu por dois motivos. Primeiro, ferramentas como o GitHub Codespaces desativam automaticamente sua instância após 30 minutos de inatividade. Segundo, algumas instâncias são muito baratas. Por exemplo, uma instância da AWS com 4 vCPUs e 8GB de memória custa cerca de US$0,1/hora, o que equivale a aproximadamente US$73/mês se você nunca a desativar. Como o tempo não produtivo é caro, se um ambiente de desenvolvimento em nuvem pode ajudá-lo a economizar algumas horas de tempo por mês, vale a pena para muitas empresas.

Migrar de ambientes de desenvolvimento local para ambientes de desenvolvimento em nuvem tem muitas outras vantagens. Primeiro, facilita o suporte de TI — imagine ter que dar suporte a 1.000 máquinas locais diferentes em vez de dar suporte a apenas um tipo de instância de nuvem. Segundo, é conveniente para trabalho remoto — você pode simplesmente acessar seu ambiente de desenvolvimento via SSH, onde quer que vá, a partir de qualquer computador. Terceiro, os ambientes de desenvolvimento em nuvem podem ajudar na segurança. Por exemplo, se o laptop de um funcionário for roubado, basta revogar o acesso às instâncias de nuvem desse laptop para impedir que o criminoso acesse sua base de código e informações proprietárias. Claro que algumas empresas podem não conseguir migrar para ambientes de desenvolvimento em nuvem também devido a questões de segurança. Por exemplo, serem proibidas de terem o código ou dados na nuvem. A quarta vantagem, que eu diria ser a maior para empresas com ambiente em produção na nuvem, é que ter o ambiente de desenvolvimento na nuvem reduz o gap entre o ambiente de desenvolvimento e o ambiente de produção. Caso seu ambiente de produção esteja na nuvem, migrar o ambiente de desenvolvimento para a nuvem é natural.

Ocasionalmente, uma empresa precisa migrar seus ambientes de desenvolvimento para a nuvem não somente por uma questão de vantagens, mas também por necessidade. Para os casos de uso em que os dados não podem ser baixados ou armazenados em uma máquina local, a única forma de acessá-los é por meio de um notebook na nuvem (SageMaker Studio) que pode ler os dados do S3, desde que tenha as permissões adequadas. Óbvio que os ambientes de desenvolvimento em nuvem podem não funcionar para todas as empresas devido a custos, segurança ou outras preocupações. O setup de ambientes de desenvolvimento em nuvem também exige alguns investimentos iniciais, e talvez você precise educar seus cientistas de dados sobre saneamento na nuvem, incluindo estabelecer conexões seguras com a nuvem, conformidade de segurança ou evitar o uso desnecessário da nuvem. Contudo, a padronização de ambientes de desenvolvimento pode facilitar a vida de seus cientistas de dados e economizar dinheiro a longo prazo.

De Dev à Prod: Contêineres

Durante o desenvolvimento, normalmente podemos trabalhar com um número fixo de máquinas ou instâncias (em geral, uma) porque as cargas de trabalho não oscilam muito — o modelo não muda de repente de atender 1.000 requisições por hora para 1 milhão de requisições por hora.

Um serviço de produção, por outro lado, pode ser distribuído em diversas instâncias. O número de instâncias muda ao longo do tempo, dependendo das cargas de trabalho recebidas, que às vezes podem ser imprevisíveis. Por exemplo, uma celebridade tweeta sobre seu novo app e, de repente, seu tráfego aumenta 10 vezes. Você terá que ativar novas instâncias conforme necessário, e essas instâncias precisarão ser configuradas com ferramentas e pacotes exigidos para executar as cargas de trabalho. Antes, você teria que ativar e encerrar as instâncias por conta própria, porém a maioria dos provedores de nuvem pública se encarrega da parte do autoscaling. Mas ainda é necessário se preocupar em configurar novas instâncias.

Ao trabalhar consistentemente com a mesma instância, é possível instalar dependências uma vez e usá-las sempre que utilizar essa instância. Em produção, se alocarmos instâncias dinamicamente conforme necessário, o ambiente é inerentemente stateless. Quando uma nova instância for alocada para a carga de trabalho, será necessário instalar dependências usando uma lista de instruções predefinidas.

Mas eis uma pergunta: como recriar um ambiente em qualquer instância nova? A tecnologia de contêiner — o Docker é a mais popular — foi projetada para responder a essa pergunta. Com o Docker, criamos um Dockerfile com instruções passo a passo sobre como recriar um ambiente no qual um modelo pode ser executado: instale este pacote, faça o download deste modelo pré-treinado, defina as variáveis de ambiente, navegue em uma pasta etc. Essas instruções possibilitam que o hardware rode seu código em qualquer lugar. No Docker, temos dois conceitos fundamentais: imagem e contêiner. A execução de todas as instruções em um Dockerfile fornece uma imagem Docker. Se executarmos essa imagem Docker, receberemos de volta um contêiner Docker. Pense em um Dockerfile como a receita para construir um molde, que é uma imagem Docker. A partir deste molde, podemos criar diversas instâncias em execução; cada uma é um contêiner Docker.

Podemos criar uma imagem Docker do zero ou a partir de outra imagem Docker. Por exemplo, a NVIDIA pode fornecer uma imagem Docker que contém o TensorFlow e todas as bibliotecas necessárias para otimizar o TensorFlow para GPUs. Caso queira criar uma aplicação que execute o TensorFlow em GPUs, não é má ideia usar essa imagem Docker como base e instalar dependências específicas para sua aplicação sobre essa imagem base.

Um container registry é onde podemos compartilhar uma imagem Docker ou encontrar uma imagem criada por outras pessoas para ser compartilhada publicamente ou somente com pessoas dentro de suas organizações. Os container registries comuns incluem o Docker Hub e o AWS ECR (Elastic Container Registry). Vejamos um exemplo de um Dockerfile simples que executa as seguintes instruções. O exemplo mostra como os Dockerfiles funcionam em geral e podem não ser executáveis.

1. Faça o download da imagem base do PyTorch mais recente.
2. Clone o repositório apex da NVIDIA no GitHub, navegue até a pasta *apex* recém-criada e instale o apex.
3. Defina *fancy-nlp-project* como diretório de trabalho.
4. Clone o repositório de transformers do Hugging Face no GitHub, navegue até a pasta recém-criada *transformers* e instale os transformers.

```
FROM pytorch/pytorch:latest
RUN git clone https://github.com/NVIDIA/apex
RUN cd apex && \
    python3 setup.py install && \
    pip install -v --no-cache-dir --global-option="--cpp_ext" \
    --global-option="--cuda_ext" ./

WORKDIR /fancy-nlp-project
RUN git clone https://github.com/huggingface/transformers.git && \
    cd transformers && \
    python3 -m pip install --no-cache-dir .
```

Caso sua aplicação faça algo curioso, você provavelmente precisará de mais de um contêiner. Vamos supor que seu projeto é um código de featurização, rápido de executar, mas exige muita memória, e o código de treinamento do modelo é lento de executar, mas exige menos memória. Se executar ambas as partes do código nas mesmas instâncias de GPU, precisará de instâncias de GPU com alta memória, o que pode ser muito caro. Em vez disso, é possível executar seu código de featurização em instâncias de CPU e o código de treinamento de modelo em instâncias de GPU. Ou seja, você precisará de um contêiner para featurização e outro contêiner para treinamento.

Contêineres diferentes também podem ser necessários quando etapas diferentes em seu pipeline têm dependências conflitantes: o código de featurização exige o NumPy 0.8, porém seu modelo exige o NumPy 1.0. Se tiver 100 microsserviços e cada microsserviço exigir o próprio contêiner, você poderá ter 100 contêineres em execução ao mesmo tempo. Construir, executar, alocar recursos e interromper manualmente 100 contêineres pode ser uma tarefa difícil. A ferramenta para ajudá-lo a gerenciar diversos contêineres se chama orquestração de contêineres. O Docker Compose é um orquestrador de contêineres leve que pode gerenciar contêineres em um único host. Mas como cada um de seus contêineres pode ser executado no próprio host, e é aí que o Docker Compose ultrapassa seu limite. O

Kubernetes (K8s) é uma ferramenta que faz justamente isso. O K8s cria uma rede para que os contêineres se comuniquem e compartilhem recursos. Pode ajudá-lo a habilitar contêineres em mais instâncias quando for necessário mais processamento/memória, bem como encerrar contêineres quando não precisar mais deles, além de ajudar a manter a alta disponibilidade do seu sistema.

O K8s foi uma das tecnologias que mais cresceram na década de 2010. Desde sua criação em 2014, tornou-se onipresente nos sistemas de produção hoje. Jeremy Jordan tem uma excelente introdução ao K8s (*https://oreil.ly/QLAC3*) para leitores interessados em saber mais. No entanto, o K8s não é a ferramenta mais amigável para cientistas de dados, e tem havido muitas discussões sobre manipular as cargas de trabalho de ciência de dados.[27] Na próxima seção, falaremos mais sobre o K8s.

Gerenciamento de Recursos

No mundo pré-nuvem (e ainda hoje em empresas que mantêm os próprios data centers), armazenamento e processamento eram finitos. Naquela época, o gerenciamento de recursos se concentrava em como aproveitar ao máximo os recursos limitados. Aumentar os recursos para uma aplicação pode significar diminuir os recursos para outras aplicações, e era necessário uma lógica complexa para maximizar a utilização dos recursos, mesmo que isso exigisse mais tempo computacional improdutivo. No entanto, no mundo nuvem, onde os recursos de armazenamento e processamento são bem mais elásticos, o problema mudou de como maximizar a utilização de recursos para melhor relação custo-benefício. Adicionar mais recursos a uma aplicação não significa diminuir recursos para outras aplicações, o que simplifica consideravelmente o desafio de alocação. Muitas empresas aceitam adicionar mais recursos a uma aplicação, desde que o custo adicional seja justificado pelo retorno, por exemplo, receita extra ou economia de tempo computacional improdutivo.

Em todo o mundo praticamente, o tempo dos engenheiros é mais valioso do que o tempo de processamento. Logo, as empresas não têm problema em usar mais recursos se isso ajudar seus engenheiros a se tornarem mais produtivos. Ou seja, talvez faça sentido para as empresas investirem na automatização de suas cargas de trabalho, podendo tornar o uso de recursos menos eficiente do que planejar manualmente suas cargas de trabalho, deixando seus engenheiros livres para focarem as tarefas com retornos mais altos. Não raro, se um problema pode ser resolvido

---

[27] Chip Huyen, "Why Data Scientists Shouldn't Need to Know Kubernetes", 13 de setembro de 2021. Disponível em: *https://huyen chip.com/2021/09/13/data-science-infrastructure.html*; Neil Conway e David Hershey, "Data Scientists Don't Care About Kubernetes", Determined AI, 30 de novembro de 2020. Disponível em: *https://oreil.ly/FFDQW*; I Am Developer on Twitter (@iamdevloper): "I barely understand my own feelings how am I supposed to understand kubernetes", 16 de junho de 2021. Disponível em: *https://oreil.ly/T2eQE*.

usando mais recursos não humanos (por exemplo, com mais processamento) ou mais recursos humanos (por exemplo, exigindo mais tempo para reprojetar), talvez primeira solução seja a preferida. Nesta seção, discutiremos como gerenciar recursos para fluxos de trabalho de ML. Focaremos recursos baseados em nuvem; no entanto, as ideias abordadas também podem ser válidas a data centers privados.

Cron, Schedulers e Orquestradores

Existem duas características principais dos fluxos de trabalho de ML que influenciam o gerenciamento de recursos: repetibilidade e dependências. Neste livro, abordaremos detalhadamente como o desenvolvimento de sistemas de ML é um processo iterativo. Da mesma forma, as cargas de trabalho de ML raramente são operações únicas, e sim repetitivas. Por exemplo, você pode treinar um modelo toda semana ou gerar um novo lote de predições a cada quatro horas. Esses processos repetitivos podem ser agendados e orquestrados para serem executados sem problemas e com a melhor relação custo-benefício usando os recursos disponíveis.

Agendar jobs repetitivos para serem executados em horários fixos é exatamente o que o *cron* faz. É também tudo o que o cron faz: executa um script em um horário predeterminado e informa se o job rodou ou falhou. O cron não se importa com as dependências entre os jobs que executa — podemos executar o job A após o job B com o cron, mas não podemos agendar nada complicado como executar B se A for bem-sucedido e executar C se A falhar.

Isso nos leva à segunda característica: dependências. As etapas em um fluxo de trabalho de ML podem ter relações de *dependência* complexas entre si. Por exemplo, um fluxo de trabalho de ML pode compreender as seguintes etapas:

1. Fazer o pull dos dados da semana passada dos data warehouses.
2. Extrair as features desses dados.
3. Treinar dois modelos, A e B, nas features extraídas.
4. Comparar A e B no conjunto de teste.
5. Fazer o deploy de A se A for melhor; caso contrário, fazer o deploy de B.

Cada etapa depende do sucesso da etapa anterior. A etapa 5 é o que chamamos de dependência condicional: a ação dessa etapa depende do resultado da etapa anterior. A ordem de execução e dependências entre essas etapas podem ser representadas por meio de um grafo, conforme mostrado na Figura 10-7.

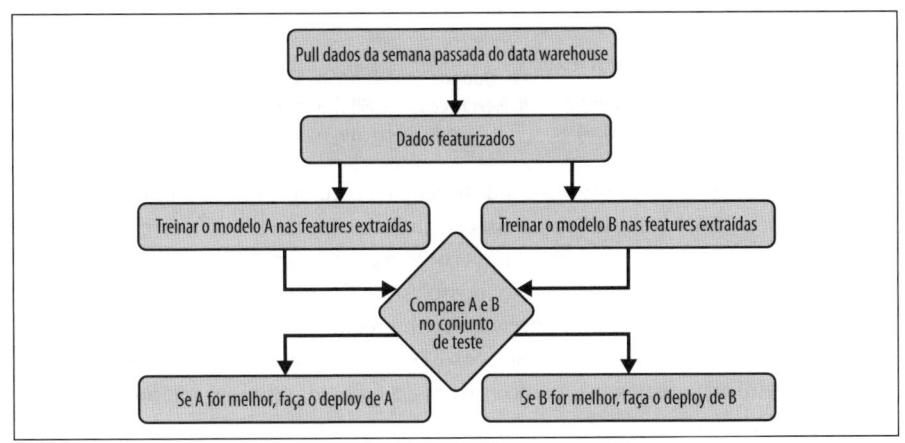

```
┌─────────────────────────────────────────────┐
│  Pull dados da semana passada do data warehouse  │
└─────────────────────────────────────────────┘
                      ↓
            ┌──────────────────┐
            │ Dados featurizados │
            └──────────────────┘
               ↓              ↓
┌───────────────────────────┐   ┌───────────────────────────┐
│ Treinar o modelo A nas    │   │ Treinar o modelo B nas    │
│ features extraídas        │   │ features extraídas        │
└───────────────────────────┘   └───────────────────────────┘
               ↓              ↓
                  ◇ Compare A e B
                    no conjunto
                    de teste ◇
               ↓              ↓
┌───────────────────────────┐   ┌───────────────────────────┐
│ Se A for melhor, faça o   │   │ Se B for melhor, faça o   │
│ deploy de A               │   │ deploy de B               │
└───────────────────────────┘   └───────────────────────────┘
```

Figura 10-7. Grafo que mostra a ordem de execução de um simples fluxo de trabalho de ML, que é essencialmente um DAG (grafo acíclico dirigido).

Talvez muitos leitores reconheçam que a Figura 10-7 é um DAG: grafo acíclico dirigido. O grafo deve ser dirigido para expressar as dependências entre as etapas. Não pode conter ciclos, pois, se contiver, o job continuará sendo executado infinitamente. O DAG é uma forma comum de representar fluxos de trabalho de processamento em geral, não apenas fluxos de trabalho de ML. A maioria das ferramentas de gerenciamento de fluxo de trabalho exige que você especifique seus fluxos de trabalho em forma de DAGs.

Schedulers são programas cron que podem lidar com dependências. Os schedulers recebem o DAG de um fluxo de trabalho e agendam cada etapa de acordo. Podemos até definir um scheduler para iniciar um job com base em um trigger/evento, por exemplo, iniciar um job sempre que um evento X ocorrer. Os schedulers também permitem especificar o que fazer se um job falhar ou for bem-sucedido, por exemplo, se falhar, quantas vezes tentar novamente antes de desistir. Schedulers tendem a aproveitar as filas para acompanhar os jobs. Os jobs podem ser enfileirados, priorizados e alocados aos recursos necessários para serem executados. Ou seja, os schedulers precisam estar cientes dos recursos disponíveis e necessários para rodar cada job — os recursos necessários são especificados como opções quando agendamos um job ou estimados pelo scheduler. Por exemplo, se um job exigir 8GB de memória e duas CPUs, o scheduler precisa encontrar entre os recursos que gerencia uma instância com 8GB de memória e duas CPUs e esperar até que a instância não esteja executando outros jobs para executar esse job na instância. Vejamos um exemplo de como agendar um job com o popular scheduler Slurm, onde você especifica o nome do job, a hora em que o job precisa ser executado e a quantidade de memória e CPUs a serem alocadas para o job:

```
#!/bin/bash
#SBATCH -J JobName
#SBATCH --time=11:00:00          # Quando começar o job
#SBATCH --mem-per-cpu=4096       # Memória, em MB, a ser alocada por CPU
#SBATCH --cpus-per-task=4        # Número de núcleos por tarefa
```

Schedulers também devem otimizar a utilização de recursos, já que têm informações sobre recursos disponíveis, jobs a serem executados e recursos necessários para cada job a ser executado. No entanto, o número de recursos especificado pelos usuários nem sempre está correto. Por exemplo, posso estimar e, portanto, especificar que um job precisa de 4GB de memória, porém esse job precisa somente de 3GB de memória ou de 4GB de memória no máximo, caso contrário, apenas 1GB a 2GB de memória. Schedulers sofisticados, como o Borg do Google, estimam quantos recursos um job realmente precisará e recuperam recursos não utilizados para outros jobs,[28] otimizando ainda mais a utilização de recursos. Projetar um scheduler de uso geral é difícil, pois esse scheduler precisará ser capaz de gerenciar praticamente qualquer número de máquinas e fluxos de trabalho simultâneos. Caso esteja inativo, todos os fluxos de trabalho que seu scheduler tem contato serão interrompidos.

Se os schedulers se encarregam com *quando* executar jobs e quais recursos são necessários para executar esses jobs, os orquestradores se encarregam com *onde* obter recursos. Os schedulers lidam com abstrações do tipo job, como DAGs, filas de prioridade, cotas de nível de usuário (ou seja, o número máximo de instâncias que um usuário pode usar em um determinado momento) etc. Os orquestradores lidam com abstrações de nível inferior, como máquinas, instâncias, clusters, agrupamento de nível de serviço, replicação etc. Se perceber que há mais jobs do que o pool de instâncias disponíveis, o orquestrador poderá aumentar o número de instâncias no pool de instâncias disponíveis. Dizemos que o orquestrador "provisiona" mais poder computacional para lidar com a carga de trabalho. Em geral, os schedulers são usados para jobs periódicos, enquanto os orquestradores são usados para serviços em que você tem um servidor de longa execução que responde às requisições.

Atualmente, o orquestrador mais conhecido é, sem sombra de dúvidas, o Kubernetes, orquestrador de contêineres que discutimos na seção "De Dev à Prod: Contêineres". Os K8s podem ser usados localmente (mesmo em seu laptop via minikube). No entanto, nunca conheci ninguém que gostasse de configurar os próprios clusters K8s, então a maioria das empresas usa o K8s como um serviço hospedado gerenciado por seus provedores de nuvem, como o Elastic Kubernetes Service (EKS) da AWS ou o Google Kubernetes Engine (GKE).

Muitas pessoas usam schedulers e orquestradores de forma intercambiável, pois os schedulers geralmente rodam em cima dos orquestradores. Schedulers como Slurm

---

[28] Abhishek Verma, Luis Pedrosa, Madhukar Korupolu, David Oppenheimer, Eric Tune e John Wilkes, "Large-Scale Cluster Management at Google with Borg", *EuroSys '15: Anais da Décima Conferência Europeia sobre Sistemas Computacionais* (abril de 2015): 18. Disponível em: *https://oreil.ly/9TeTM*.

e Borg do Google têm um pouco de capacidade de orquestração, e orquestradores como HashiCorp Nomad e K8s têm um pouco de capacidade de agendamento de tarefas. Mas podemos ter schedulers e orquestradores separados: executar o job scheduler do Spark no Kubernetes ou o scheduler AWS Batch no EKS. Orquestradores como HashiCorp Nomad e orquestradores específicos de ciência de dados, incluindo Airflow, Argo, Prefect e Dagster, têm os próprios schedulers.

Gerenciamento de Fluxo de Trabalho de Ciência de Dados

Vimos as diferenças entre schedulers e orquestradores e como podem ser usados para executar fluxos de trabalho em geral. Talvez os leitores familiarizados com ferramentas de gerenciamento de fluxo de trabalho, destinadas especialmente à ciência de dados, como Airflow, Argo, Prefect, Kubeflow, Metaflow etc., se perguntem onde essas ferramentas se encaixam em nossa discussão de scheduler versus orquestrador. Abordaremos esse assunto agora.

Em sua forma mais simples, as ferramentas de gerenciamento de fluxo de trabalho gerenciam fluxos de trabalho. Em geral, possibilitam que você especifique seus fluxos de trabalho como DAGs, semelhante ao da Figura 10-7. Um fluxo de trabalho pode ser composto das seguintes etapas: uma etapa de featurização, uma etapa de treinamento de modelo e uma etapa de avaliação. Os fluxos de trabalho podem ser definidos usando código (Python) ou arquivos de configuração (YAML). Cada etapa em um fluxo de trabalho é chamada de tarefa.

Quase todas as ferramentas de gerenciamento de fluxo de trabalho vêm com alguns schedulers. Logo, podemos considerá-las schedulers que, em vez de focarem tarefas individuais, focam o fluxo de trabalho como um todo. Após um fluxo de trabalho ser definido, o scheduler subjacente normalmente trabalha com um orquestrador para alocar recursos a fim de executar o fluxo de trabalho, conforme mostrado na Figura 10-8.

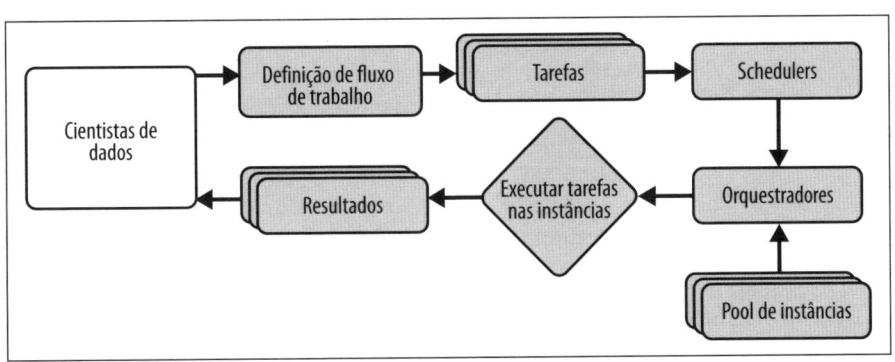

Figura 10-8. Depois que se define um fluxo de trabalho, as tarefas nele são agendadas e orquestradas.

Existem muitos artigos online comparando diferentes ferramentas de gerenciamento de fluxo de trabalho de ciência de dados. Nesta seção, abordaremos cinco das ferramentas mais comuns: Airflow, Argo, Prefect, Kubeflow e Metaflow. Esta seção não tem a intenção de servir como comparação abrangente dessas ferramentas, mas, sim, dar uma ideia das diferentes funcionalidades que uma ferramenta de gerenciamento de fluxo de trabalho pode precisar.

Originalmente desenvolvido no Airbnb e lançado em 2014, o Airflow é um dos primeiros orquestradores de fluxo de trabalho. Trata-se de um scheduler de tarefas incrível que vem com uma enorme biblioteca de operadores que facilita o uso do Airflow com diferentes provedores de nuvem, bancos de dados, opções de armazenamento e assim por diante.

O Airflow é defensor do princípio "configuration as code" ["configuração como código", em tradução livre] (Cac) (*https://oreil.ly/aNVdq*). Seus criadores acreditavam que os fluxos de trabalho de dados são complexos e devem ser definidos usando código (Python) em vez de YAML ou outra linguagem declarativa. Vejamos um exemplo de um fluxo de trabalho do Airflow, extraído do repositório do GitHub (*https://oreil.ly/Ubgf1*):

```python
from datetime import datetime, timedelta

from airflow import DAG
from airflow.operators.bash import BashOperator
from airflow.providers.docker.operators.docker import DockerOperator

dag = DAG(
    'docker_sample',
    default_args={'retries': 1},
    schedule_interval=timedelta(minutes=10),
    start_date=datetime(2021, 1, 1),
    catchup=False,
)

t1 = BashOperator(task_id='print_date', bash_command='date', dag=dag)
t2 = BashOperator(task_id='sleep', bash_command='sleep 5', retries=3, dag=dag)
t3 = DockerOperator(
    docker_url='tcp://localhost:2375',  # Set your docker URL
    command='/bin/sleep 30',
    image='centos:latest',
    network_mode='bridge',
    task_id='docker_op_tester',
    dag=dag,
)

t4 = BashOperator(
    task_id='print_hello',
    bash_command='echo "hello world!!!"',
    dag=dag
)

t1 >> t2
t1 >> t3
t3 >> t4
```

No entanto, como foi criado antes da maioria das outras ferramentas, o Airflow não tinha nenhuma ferramenta para aprender lições e apresenta muitos pontos negativos, conforme discutido em detalhes em uma postagem no blog da Uber Engineering (*https://oreil.ly/U7gkM*). Aqui, veremos somente três desses pontos negativos para termos uma ideia das coisas.

Primeiro, o Airflow é monolítico. Ou seja, empacota todo o fluxo de trabalho em um contêiner. Se, em seu fluxo de trabalho, duas etapas diferentes tiverem requisitos diferentes, você pode, em teoria, criar contêineres distintos usando o DockerOperator do Airflow (*https://oreil.ly/NwVFF*), mas fazer isso não é nada fácil. Segundo, os DAGs do Airflow não são parametrizados. Ou seja, você não pode passar parâmetros para seus fluxos de trabalho. Portanto, caso queira executar o mesmo modelo com diferentes taxas de aprendizagem, precisará criar fluxos de trabalho diferentes. Terceiro, os DAGs do Airflow são estáticos. Ou seja, você não pode criar automaticamente novas etapas no runtime, conforme necessário. Imagine que você está lendo um banco de dados e deseja criar uma etapa para processar cada registro no banco de dados (por exemplo, fazer uma predição), mas não sabe de antemão quantos registros existem no banco de dados. O Airflow não consegue lidar com isso.

A próxima geração de orquestradores de fluxo de trabalho (Argo, Prefect) foi criada para abordar diferentes pontos negativos do Airflow. O CEO do Prefect, Jeremiah Lowin, foi um dos principais colaboradores do Airflow. Sua campanha de marketing inicial gerou comparação intensa (*https://oreil.ly/E19Pg*) entre o Prefect e o Airflow. Os fluxos de trabalho do Prefect são parametrizados e dinâmicos, uma melhoria enorme em comparação com o Airflow. O Prefect também adota o princípio "configuração como código", de modo que os fluxos de trabalho sejam definidos em Python.

No entanto, como o Airflow, as etapas em contêiner não são a primeira prioridade do Prefect. É possível executar cada etapa em um contêiner, mas ainda é necessário lidar com Dockerfiles e registrar o Docker com seus fluxos de trabalho no Prefect. O Argo aborda o problema do contêiner. Cada etapa em um fluxo de trabalho Argo é executada em seu próprio contêiner. No entanto, os fluxos de trabalho do Argo são definidos em YAML, possibilitando definir cada etapa e seus requisitos no mesmo arquivo. O exemplo de código a seguir, extraído do repositório GitHub do Argo (*https://oreil.ly/Su1XX*), demonstra como criar um fluxo de trabalho para mostrar um lançamento de moeda:

```yaml
apiVersion: argoproj.io/v1alpha1
kind: Workflow
metadata:
  generateName: coinflip-
  annotations:
    workflows.argoproj.io/description: |
      This is an example of coin flip defined as a sequence of conditional steps.
      You can also run it in Python:
      https://couler-proj.github.io/couler/examples/#coin-flip
spec:
  entrypoint: coinflip
  templates:
  - name: coinflip
    steps:
    - - name: flip-coin
        template: flip-coin
    - - name: heads
        template: heads
        when: "{{steps.flip-coin.outputs.result}} == heads"
      - name: tails
        template: tails
        when: "{{steps.flip-coin.outputs.result}} == tails"

  - name: flip-coin
    script:
      image: python:alpine3.6
      command: [python]
      source: |
        import random
        result = "heads" if random.randint(0,1) == 0 else "tails"
        print(result)
  - name: heads
    container:
      image: alpine:3.6
      command: [sh, -c]
      args: ["echo \"it was heads\""]

  - name: tails
    container:
      image: alpine:3.6
      command: [sh, -c]
      args: ["echo \"it was tails\""]
```

O principal ponto negativo, além de seus arquivos YAML confusos, é que o Argo só pode ser executado em clusters K8s, disponíveis apenas em produção. Caso queira testar o mesmo fluxo de trabalho localmente, terá que usar o minikube para simular um K8s em seu laptop, o que pode deixar as coisas complicadas. Entre no Kubeflow e no Metaflow, duas ferramentas que têm como intuito ajudá-lo a executar o fluxo de trabalho em ambientes de desenvolvimento e produção, abstraindo o código boilerplate de infraestrutura geralmente necessário para executar o Airflow ou o Argo. Essas ferramentas prometem fornecer aos cientistas de dados acesso a todo o poder computacional do ambiente de produção a partir de notebooks locais, possibilitando efetivamente que os cientistas de dados usem o mesmo código em ambientes de desenvolvimento e produção. Embora as ferramentas tenham pouca capacidade de agendamento, ambas devem ser usadas com um scheduler e orquestrador autênticos. Um componente do Kubeflow é o Kubeflow Pipelines, integrado ao Argo e deve ser usado com o K8s. O Metaflow pode ser usado com AWS Batch ou com o K8s.

Ambas as ferramentas são totalmente parametrizadas e dinâmicas. Atualmente, o Kubeflow é o mais popular. No entanto, do ponto de vista da experiência do usuário, o Metaflow é superior, em minha opinião. No Kubeflow, embora possamos definir um fluxo de trabalho em Python, ainda precisamos escrever um Dockerfile e um arquivo YAML para especificar as especificações de cada componente (por exemplo, processar dados, treinar, fazer deploy) antes de juntá-los em um fluxo de trabalho Python. Basicamente, o Kubeflow o ajuda a abstrair o código boilerplate de outras ferramentas, possibilitando escrevê-lo no Kubeflow.

No Metaflow, é possível usar o decorator Python `@conda` a fim de especificar os requisitos para cada etapa — bibliotecas necessárias, requisitos de memória e processamento — e o Metaflow criará automaticamente um contêiner com todos esses requisitos para rodar a etapa. É possível salvar em arquivos Dockerfiles ou YAML. O Metaflow possibilita que você trabalhe de forma integrada com ambientes dev e prod do mesmo notebook/script. É possível executar experimentos com conjuntos pequenos de dados em máquinas locais e, quando estiver pronto para executar um conjunto grande de dados na nuvem, basta adicionar o decorator `@batch` para executá-lo no AWS Batch (*https://aws.amazon.com/batch*). É possível até mesmo executar etapas diferentes no mesmo fluxo de trabalho em ambientes diferentes. Por exemplo, se exigir um pequeno volume de memória, uma etapa poderá ser executada em sua máquina local. Mas se a próxima etapa exigir um grande volume de memória, basta adicionar @batch para rodá-la na nuvem.

```python
# Examplo: sketch de um sistema de recomendação que usa um ensemble de dois modelos.
# O modelo A será executado em sua máquina local e o modelo B será executado na AWS.

class RecSysFlow(FlowSpec):
    @step
    def start(self):
        self.data = load_data()
        self.next(self.fitA, self.fitB)
    # fitA requer uma versão diferente do NumPy em comparação com fitB
    @conda(libraries={"scikit-learn":"0.21.1", "numpy":"1.13.0"})
    @step
    def fitA(self):
        self.model = fit(self.data, model="A")
        self.next(self.ensemble)

    @conda(libraries={"numpy":"0.9.8"})
    # Exige 2 GPUs de 16 GB de memória
    @batch(gpu=2, memory=16000)
    @step
    def fitB(self):
        self.model = fit(self.data, model="B")
        self.next(self.ensemble)

    @step
    def ensemble(self, inputs):
        self.outputs = (
                (inputs.fitA.model.predict(self.data) +
                 inputs.fitB.model.predict(self.data)) / 2
                for input in inputs
```

```
    )
    self.next(self.end)

def end(self):
    print(self.outputs)
```

Plataforma de ML

O gerente da equipe da plataforma de ML de uma grande empresa de streaming me contou a história de como sua equipe começou. A princípio, ele entrou na empresa para trabalhar com sistemas de recomendação. Para implementar sistemas de recomendação, era necessário criar ferramentas como gerenciamento de recursos, gerenciamento de modelos, monitoramento etc. No ano passado, sua empresa percebeu que essas mesmas ferramentas poderiam ser usadas por outras aplicações de ML, não apenas em sistemas de recomendação. A empresa criou uma nova equipe, a equipe da plataforma de ML, com o objetivo de fornecer infraestrutura compartilhada entre aplicações de ML. Como a equipe do sistema de recomendação tinha as ferramentas mais maduras, essas ferramentas foram adotadas por outras equipes e alguns membros da equipe do sistema de recomendação foram convidados a ingressar na nova equipe da plataforma de ML.

Esta história representa uma tendência crescente desde o início de 2020. À medida que as empresas encontram usos para o ML em cada vez mais aplicações, ganha-se mais aproveitando o mesmo conjunto de ferramentas para diversas aplicações, em vez de oferecer suporte a um conjunto separado de ferramentas para cada aplicação. Esse conjunto compartilhado de ferramentas para implementação de ML compõe a plataforma de ML.

Como as plataformas de ML são relativamente novas, o que exatamente constitui uma plataforma varia de empresa para empresa. Mesmo dentro da mesma empresa, trata-se de um debate permanente. Aqui, focarei os componentes que vejo com mais frequência nas plataformas de ML, que incluem desenvolvimento de modelos, model e feature stores. Avaliar uma ferramenta para cada uma dessas categorias depende do seu caso de uso. No entanto, vejamos dois aspectos gerais que talvez você queira considerar:

Se a ferramenta funciona com seu provedor de nuvem ou possibilita que você a use em seu data center

> Será necessário executar e disponibilizar seus modelos a partir de uma camada de processamento e, geralmente, as ferramentas suportam integração apenas com alguns provedores de nuvem. Ninguém gosta de ter que adotar um novo provedor de nuvem para outra ferramenta.

Seja open source ou um serviço gerenciado
No caso de open source, você mesmo pode hospedá-lo e precisa se preocupar menos com a segurança e a privacidade dos dados. No entanto, auto-hospedagem significa tempo extra de processamento necessário para mantê-lo. No caso de serviço gerenciado, seus modelos e provavelmente alguns de seus dados estarão em serviço, o que talvez não funcione com determinadas regulamentações. Alguns serviços gerenciados funcionam com nuvens privadas virtuais, possibilitando implementar suas máquinas em seus clusters de nuvem, ajudando na conformidade. Abordaremos mais a respeito na seção "Construir versus Comprar".

Vamos começar com o primeiro componente: deploy do modelo.

Deploy do Modelo

Após um modelo ser treinado (e testado, assim espero), queremos tornar sua capacidade preditiva acessível aos usuários. No Capítulo 7, conversamos muito sobre como um modelo pode disponibilizar suas predições: predição online ou em lote. Abordamos também como a forma mais simples de fazer deploy de um modelo é enviar seu modelo e suas dependências para um local acessível em produção e expô-lo como um endpoint para seus usuários. Se fizer predição online, esse endpoint fará com que seu modelo gere uma predição. Se fizer uma predição em lote, esse endpoint buscará uma predição pré-computada.

Um serviço de deploy pode ajudar a enviar seus modelos e suas dependências para produção e expor seus modelos como endpoints. Visto que é imprescindível, o deploy é o mais maduro dentre todos os componentes da plataforma de ML, e existem muitas ferramentas para fazê-lo. Todos os principais provedores de nuvem oferecem ferramentas para deploy: AWS com o SageMaker (*https://oreil.ly/S7IR4*), GCP com o Vertex AI (*https://oreil.ly/JNnGr*), Azure com Azure ML (*https://oreil.ly/7deF1*), Alibaba com o Machine Learning Studio (*https://oreil.ly/jzQfg*), e assim por diante. Existe também uma infinidade de startups que oferecem ferramentas de deploy de modelo, como a MLflow Models (*https://oreil.ly/tUJz9*), Seldon (*https://www.seldon.io*), Cortex (*https://oreil.ly/UpnsA*), Ray Serve (*https://oreil.ly/ WNEL5*), e assim por diante.

Ao analisar uma ferramenta de deploy, é importante considerar a facilidade de fazer a predição online e a predição em lote com a ferramenta. Ainda que normalmente seja simples fazer a predição online em uma escala menor com a maioria dos serviços de deploy, fazer a predição em lote em geral é mais complicado.[29] Algumas ferramentas possibilitam agrupar requisições em lote para predição onli-

---

[29] Ao fazer predições online em uma escala menor, você pode simplesmente usar um endpoint com payloads e receber predições. A predição em lote exige a configuração de batch jobs e o armazenamento de predições.

ne, diferentemente da predição em lote. Muitas empresas têm pipelines de deploy separados para predição online e predição em lote. Por exemplo, é possível usar o Seldon para predição online, mas utilizar o Databricks para predição em lote. Um problema em aberto com o deploy do modelo é como garantir a qualidade de um modelo antes do deploy. No Capítulo 9, falamos sobre diferentes técnicas para teste em produção, como o shadow deployment, release canário, teste A/B e muitas outras. Ao escolher um serviço de deploy, convém verificar se esse serviço facilita a execução dos testes desejados.

Model Store

Muitas empresas descartam as model stores porque parecem simples. Na seção "Deploy do Modelo", falamos sobre como, para fazer o deploy de um modelo, você precisa empacotar seu modelo e carregá-lo em um local acessível em produção. A model store sugere o armazenamento de modelos — é possível fazer isso carregando os modelos para um serviço de armazenamento como o S3. Mas as coisas não são tão simples assim. Imagine agora que o desempenho do seu modelo caiu para um grupo de entradas. A pessoa que foi alertada sobre o problema é uma engenheira de DevOps que, após analisar o problema, decidiu que precisava informar a cientista de dados que criou esse modelo. Mas pode haver 20 cientistas de dados na empresa; com quem ela deve entrar em contato?

Imagine agora que a cientista de dados está a par do problema. Primeiro, a cientista de dados quer reproduzir os problemas localmente. Ela ainda tem o notebook que usou para gerar este modelo e o modelo final. Assim, ela inicia o notebook e usa o modelo com os conjuntos problemáticos de entradas. Para a surpresa dela, as saídas que o modelo gera localmente são diferentes das saídas geradas em produção. Muitas coisas podem ter causado essa discrepância; vejamos alguns exemplos:

- O modelo que está sendo usado atualmente em produção não é o mesmo modelo que ela tem localmente. Talvez ela tenha carregado o binário do modelo errado em produção?
- O modelo usado em produção está correto, mas a lista de features usadas está errada. Talvez ela tenha esquecido de reconstruir o código localmente antes de fazer o push em produção?
- O modelo está correto, a lista de features está correta, mas o código de featurização está desatualizado.
- O modelo está correto, a lista de features e o código de featurização estão corretos, mas algo está errado com o pipeline de processamento de dados.

Sem saber a causa do problema, será muito difícil corrigi-lo. Neste exemplo simples, presumimos que a cientista de dados responsável ainda tinha acesso ao código usado para gerar o modelo. Mas e se ela não tiver mais acesso a esse notebook, ou já se demitiu ou está de férias?

Muitas empresas perceberam que armazenar o modelo sozinho no armazenamento de blobs não é suficiente. Para ajudar no debugging e manutenção, é importante rastrear o máximo possível de informações associadas a um modelo. Vejamos oito tipos de artefatos que talvez você queira armazenar. Observe que muitos artefatos mencionados aqui são informações que devem ser incluídas no model card [cartão modelo, em tradução livre] conforme discutido na seção "Crie cartões modelo".

Definição do modelo

Informação necessária para criar a forma do modelo, por exemplo, qual função de perda o modelo usa. Se for uma rede neural, convém incluir quantas camadas ocultas a rede tem e quantos parâmetros estão em cada camada.

Parâmetros do modelo

Os valores reais dos parâmetros do modelo. Esses valores são então combinados com a forma do modelo para recriar um modelo que pode ser usado para fazer predições. Alguns frameworks possibilitam exportar os parâmetros e a definição do modelo juntos.

Funções de predição e featurização

Dada uma requisição de predição, como extraímos features e inserimos essas features no modelo para termos uma predição? As funções de features e predições fornecem a instrução para tal. Em geral, essas funções estão em um wrapper de endpoints.

Dependências

As dependências — por exemplo, versão do Python, pacotes do Python — necessárias para executar seu modelo geralmente são empacotadas em um contêiner.

Dados

Os dados usados para treinar esse modelo podem ser ponteiros para o local onde os dados são armazenados ou o nome/versão de seus dados. Caso use ferramentas como o DVC para versionar seus dados, talvez o commit DVC tenha gerado os dados.

Código de geração do modelo

Código que especifica como o modelo foi criado, como:

- Quais frameworks usados
- Como foi treinado
- Os detalhes sobre como as divisões de treinamento/validação/teste foram criadas

- O número de experimentos executados
- O intervalo de hiperparâmetros considerado
- O conjunto real de hiperparâmetros que o modelo final usou

Não raro, os cientistas de dados geram modelos escrevendo código em notebooks. Em empresas com pipelines mais maduros, os cientistas de dados fazem o commit do código de geração de modelo por meio do Git nos repositórios GitHub ou GitLab. No entanto, em muitas empresas, esse processo é ad hoc, e os cientistas de dados nem verificam seus notebooks. Se o cientista de dados responsável pelo modelo perder o notebook, pedir demissão ou sair de férias, não é possível mapear o código que gerou o modelo em produção, nem para fins de debugging ou manutenção.

Artefatos do experimento
Artefatos gerados durante o processo de desenvolvimento do modelo, conforme discutido na seção "Controle de Versionamento e Monitoramento de Experimento". Esses artefatos podem ser grafos, como a curva de perda. Esses artefatos podem ser números brutos, como o desempenho do modelo no conjunto de teste.

Tags
Tags ajudam na descoberta e filtragem do modelo, como o owner (a pessoa ou a equipe proprietária desse modelo) ou tarefa (o problema de negócios que esse modelo resolve, como detecção de fraude).

A maioria das empresas armazena um subconjunto, mas não todos, desses artefatos. Os artefatos que uma empresa armazena podem não estar no mesmo lugar, e sim distribuídos. Por exemplo, definições de modelo e parâmetros de modelo podem estar no S3. Os contêineres que contêm dependências podem estar no ECS (Elastic Container Service). Os dados podem estar no Snowflake. Os artefatos do experimento podem estar no Weights & Biases. As funções de featurização e predição podem estar no AWS Lambda. Alguns cientistas de dados podem manter um registro manual desses locais em, digamos, um README, mas esse arquivo pode ser facilmente perdido.

Um model store que pode armazenar casos de uso gerais suficientes está longe de ser um problema resolvido. Ao escrever este livro, o MLflow era, sem dúvida, o model store mais popular, não associado a um grande provedor de nuvem. No entanto, três das seis principais perguntas do MLflow no Stack Overflow são a respeito do armazenamento e do acesso a artefatos no MLflow, conforme mostrado na Figura 10-9. Os model stores estão passando por uma reformulação, e espero que em um futuro próximo uma startup agilize e resolva isso.

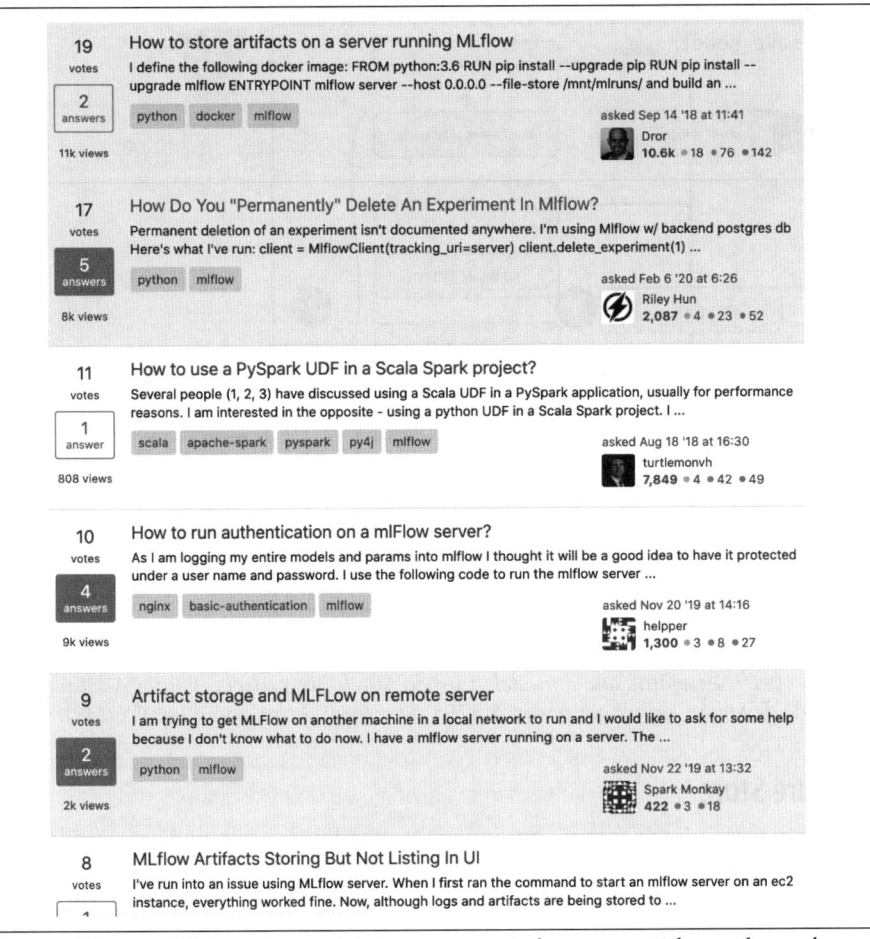

Figura 10-9. O MLflow é o model store mais popular, mas está longe de resolver o problema do artefato. Três das seis principais perguntas do MLflow no Stack Overflow são a respeito do armazenamento e do acesso a artefatos no MLflow. Fonte: Captura de tela da página do Stack Overflow. Tradução das perguntas por ordem, três perguntas em cinza: [19 votos — Como armazenar artefatos em um servidor rodando MLflow], [17 votos — Como deletar "permanentemente" um experimento no MLflow?] e [9 votos — Armazenamento de artefatos e MLflow em servidor remoto].

Devido à ausência de uma boa solução de model store, empresas como a Stitch Fix resolvem construir seu próprio model store. A Figura 10-10 mostra os artefatos que o model store do Stitch Fix rastreia. Quando carregado na model store, o modelo vem com o link para o modelo serializado, as dependências necessárias para executar o modelo (ambiente Python), o Git commit onde a geração do código do modelo é criada (informações do Git), tags (para pelo menos especificar a equipe dona do modelo) etc.

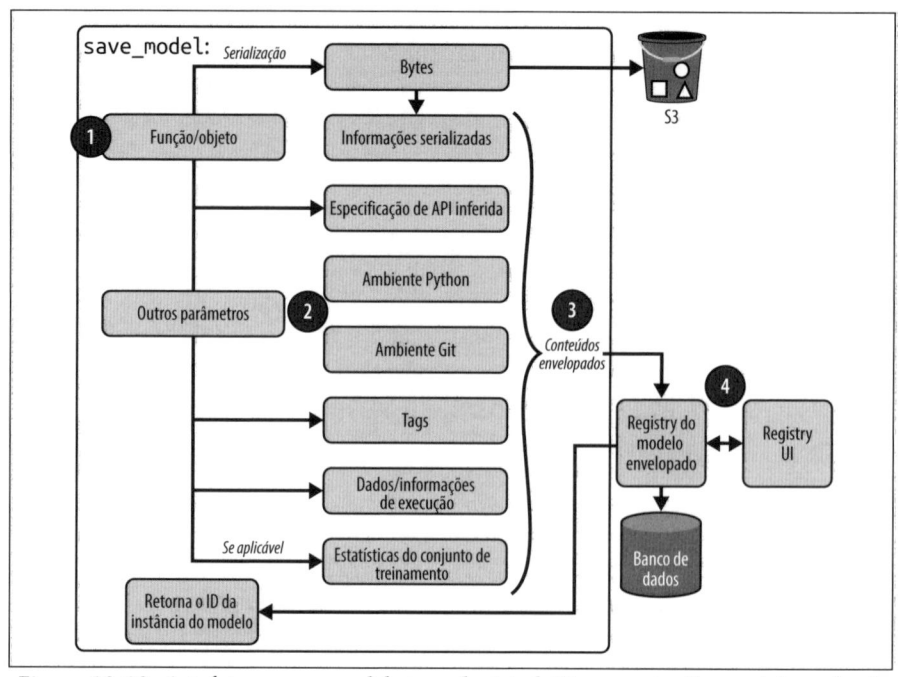

Figura 10-10. Artefatos que a model store do Stitch Fix rastreia. Fonte: Adaptado de um slide de Stefan Krawczyk para CS 329S (Stanford) (https://oreil.ly/zWQM9).

Feature Store

"Feature store" é um termo com inúmeros significados que pode ser usado por pessoas diferentes para se referir a coisas absolutamente distintas. Houve muitas tentativas de profissionais da área para definir quais features uma feature store deve ter.[30] Basicamente, há três problemas principais que uma feature store pode ajudar a resolver: gerenciamento de features, transformação e consistência de features. Uma solução de feature store pode resolver um ou uma combinação destes problemas:

Gerenciamento de features

Uma empresa pode ter diversos modelos de ML, e cada modelo usa muitas features. Em 2017, as equipes da Uber usavam cerca de 10 mil features![31] Muitas vezes, as features usadas para um modelo podem ser úteis para outro modelo. Por exemplo, a equipe A pode ter um modelo para predizer a proba-

---

[30] Neal Lathia, "Building a Feature Store", 5 de dezembro de 2020. Disponível em: *https://oreil.ly/DgsvA*; Jordan Volz, "Why You Need a Feature Store", *Continual*, 28 de setembro de 2021. Disponível em: *https://oreil.ly/kQPMb*; Mike Del Balso, "What Is a Feature Store?" *Tecton*, 20 de outubro de 2020. Disponível em: *https://oreil.ly/pzy0I*.

[31] Jeremy Hermann e Mike Del Balso, "Meet Michelangelo: Uber's Machine Learning Platform", *Uber Engineering*, 5 de setembro de 2017. Disponível em: *https://oreil.ly/XteNy*.

bilidade de um usuário deixar de usar um app e a equipe B tem um modelo para predizer a probabilidade de um usuário gratuito se converter em um usuário pagante. Esses dois modelos podem compartilhar muitas features. Se a equipe A descobrir que a feature X é superútil, a equipe B poderá utilizá-la também. Uma feature store pode ajudar as equipes a compartilhar e descobrir features, bem como gerenciar funções e configurações de compartilhamento para cada feature. Por exemplo, talvez você não queira que todos na empresa tenham acesso a informações financeiras confidenciais da empresa ou de seus usuários. Por isso, uma feature store pode ser considerada um catálogo de features. Exemplos de ferramentas para gerenciamento de features incluem Amundse (*https://oreil.ly/Cm5Xe*) (desenvolvido na Lyft) e DataHub (*https://oreil.ly/ApXeL*) (desenvolvido no LinkedIn).

Computação de feature[32]

A lógica da engenharia de features, após definida, precisa ser computada. Por exemplo, a lógica da feature pode ser: use o tempo médio de preparação da refeição de ontem. A parte de computação envolve examinar seus dados e calcular essa média.

Anteriormente, discutimos como diversos modelos podem compartilhar uma feature. Se o cálculo dessa feature não for muito oneroso, talvez seja aceitável computá-la sempre que exigido por um modelo. No entanto, se o cálculo for oneroso, talvez o ideal seja executá-lo somente uma vez, na primeira vez que for necessário e, em seguida, armazená-lo para usos de features. Uma feature store pode ajudar tanto na execução da computação da feature quanto no armazenamento dos resultados desse cálculo. Assim, uma feature store funciona como um data warehouse.

Consistência de feature

No Capítulo 7, falamos sobre o problema de ter dois pipelines separados para o mesmo modelo: o pipeline de treinamento extrai features em lote de dados históricos e o pipeline de inferência extrai features de streaming. Durante o desenvolvimento, os cientistas de dados podem definir features e criar modelos usando o Python. O código de produção, no entanto, pode ser escrito em outra linguagem, como Java ou C, para desempenho.

Ou seja, as definições de features escritas em Python durante o desenvolvimento podem precisar ser convertidas nas linguagens usadas em produção. Logo, é necessário escrever as mesmas features duas vezes, uma para treinamento e outra para inferência. Primeiro, isso é irritante e demorado. Segundo, cria uma superfície extra para bugs, pois uma ou mais features em produção podem diferir de suas equivalentes em treinamento, ocasionando comportamentos

---

[32] Algumas pessoas usam o termo "transformação de features".

estranhos no modelo. Um recurso-chave das features stores modernas é justamente unificarem a lógica para features em lote e em streaming, garantindo a consistência entre as features durante o treinamento e durante a inferência.

Feature store é uma categoria mais nova que só começou a decolar por volta de 2020. Embora normalmente seja aceito que as feature stores devem gerenciar as definições e garantir a consistência de features, suas capacidades exatas variam de fornecedor para fornecedor. Algumas feature stores gerenciam apenas definições de features sem computação de features a partir de dados; algumas fazem as duas coisas. Algumas feature stores também fazem validação de features, ou seja, detectam quando uma feature não está em conformidade com um esquema predefinido, e algumas relegam esse aspecto a uma ferramenta de monitoramento.

Quando escrevia este livro, a feature store open source mais popular era a Feast. No entanto, o poder da Feast reside nas features em lote, não nas features em streaming. A Tecton é uma feature store totalmente gerenciada que promete ser capaz de lidar com features em lote e online, mas sua aderência é custosa porque exige integração profunda. Plataformas como SageMaker e Databricks também oferecem as próprias interpretações de feature stores. Das 95 empresas que pesquisei em janeiro de 2022, apenas cerca de 40% delas usavam uma feature store. Daquelas que usavam, metade constrói a própria feature store.

Construir versus Comprar

No início deste capítulo, discutimos como é difícil configurar a infraestrutura adequada para suas necessidades de ML. A infraestrutura necessária depende das aplicações que temos e da escala na qual rodamos essas aplicações. O quanto precisamos investir em infraestrutura também depende do que queremos construir internamente e do que queremos comprar. Por exemplo, caso queira usar clusters Databricks totalmente gerenciados, provavelmente será necessário somente um engenheiro. Contudo, se quiser hospedar os próprios clusters Spark Elastic MapReduce, talvez seja necessário mais cinco pessoas.

Em um extremo, pode-se terceirizar todos os casos de uso de ML para uma empresa que fornece aplicações de ML de ponta a ponta e, depois, talvez a única infraestrutura necessária seja a movimentação de dados: migrar os dados da aplicação para o fornecedor, e as predições desse fornecedor para os usuários. O restante da infraestrutura é gerenciada pelo fornecedor. No outro extremo, caso trabalhe em uma empresa que lida com dados confidenciais que o impede de usar serviços gerenciados por outra empresa, talvez seja necessário construir e manter toda a infraestrutura internamente, mesmo com os próprios data centers.

A maioria das empresas, no entanto, não se encontra em nenhum desses extremos. Caso trabalhe para uma dessas empresas, provavelmente terá alguns componentes gerenciados por outras empresas e alguns componentes desenvolvidos internamente. Por exemplo, talvez a computação seja gerenciada pelo AWS EC2 e o data warehouse pelo Snowflake, mas você usa a própria feature store e os próprios dasboards de monitoramento. As decisões de construir versus comprar dependem de muitos fatores. Aqui, discutiremos três dos mais comuns que frequentemente vejo ao conversar com os responsáveis pela infraestrutura sobre como avaliam essas decisões:

O estágio em que sua empresa está
   No início, você pode querer utilizar as soluções do fornecedor para começar o mais rápido possível, de modo que consiga concentrar seus recursos limitados nas ofertas principais do produto. À medida que os casos de uso crescem, no entanto, os custos do fornecedor podem se tornar exorbitantes e talvez seja mais barato investir em sua própria solução.

O que você acredita ser o foco ou as vantagens competitivas da sua empresa
   Stefan Krawczyk, gerente da equipe de plataforma de ML da Stitch Fix, me explicou sua decisão de construir versus comprar: "Se é algo em que queremos ser realmente bons, vamos investir internamente. Caso contrário, vamos recorrer a um fornecedor." Para a grande maioria das empresas fora do setor tecnológico — por exemplo, empresas de varejo, bancos, manufatura — a infraestrutura de ML não é o foco. Logo, elas são propensas à compra. Quando converso com essas empresas, elas preferem serviços gerenciados, até mesmo soluções pontuais (por exemplo, soluções que resolvam um problema de negócios delas, como um serviço de forecasting por demanda). Muitas empresas tecnológicas, em que a tecnologia é sua vantagem competitiva e cujas equipes sólidas de engenharia preferem ter controle sobre suas stacks, tendem a ser propensas a construir. Se usarem um serviço gerenciado, talvez prefiram que esse serviço seja modular e customizável, para que possam recorrer a sistemas plug-and-play.

A maturidade das ferramentas disponíveis
   Por exemplo, sua equipe pode decidir que você precisa de uma feature store e prefere um fornecedor. No entanto, não existe fornecedor maduro o suficiente para suas necessidades, então é necessário desenvolver sua própria feature store, talvez com base em uma solução open source. É o que acontece nos primeiros dias da adoção do ML no setor. As empresas pioneiras, ou seja, as big techs, constroem a própria infraestrutura porque não há soluções maduras o suficiente às suas necessidades. Isso leva à situação em que a infraestrutura de cada empresa é diferente. Após alguns anos, as ofertas de soluções amadurecem. No entanto, é difícil vender para as big techs, já que é impossível criar uma solução que funcione com a maioria das infraestruturas customizadas.

À medida que criamos a Claypot AI, outros fundadores nos aconselharam a evitar vender para as big techs porque, se vendermos, seremos arrastados para o chamado "inferno da integração" — dispender um tempão integrando nossa solução com infraestrutura customizada em vez de desenvolver nossos recursos principais. Fomos aconselhados a focar startups com infraestrutura menos customizada.

Algumas pessoas pensam que construir é mais barato do que comprar, mas não é bem assim. Construir significa contratação de mais engenheiros para desenvolver e manter a própria infraestrutura. Pode vir também com um custo futuro: o custo da inovação. A infraestrutura interna customizada dificulta a adoção de novas tecnologias disponíveis devido aos problemas de integração. As decisões de construção versus compra são complexas, extremamente dependentes do contexto e é bem possível que os responsáveis pela infraestrutura gastam um bom tempo refletindo. Erik Bernhardsson, ex-CTO da Better.com, disse em um tweet que "uma das tarefas fundamentais de um CTO é a escolha de fornecedores/produtos e a importância disso cresce exponencialmente a cada ano, já que o espaço de infraestrutura cresce de modo vertiginoso".[33] Não tem como abordar todas essas nuances em uma breve seção de um livro. Mas espero que esta seção forneça algumas dicas para iniciar a discussão.

Recapitulando

Se você ficou comigo até agora, espero que concorde que disponibilizar modelos de ML em produção é um problema de infraestrutura. A fim de possibilitar que os cientistas de dados desenvolvam e implementem modelos de ML, é crucial ter as ferramentas e a infraestrutura configuradas adequadamente.

Neste capítulo, abordamos diferentes camadas de infraestrutura necessárias aos sistemas de ML. Começamos pelas camadas de armazenamento e processamento, que fornecem recursos vitais para qualquer projeto de engenharia que exija dados intensivos e recursos de processamento, como projetos de ML. A camada de armazenamento e processamento é bastante comoditizada. Ou seja, a maioria das empresas paga serviços de nuvem pela quantidade exata de armazenamento e processamento que usam, em vez de montarem os próprios data centers. Mas embora os provedores de nuvem facilitem com que uma empresa comece com ML, o custo se torna astronômico à medida que essa empresa cresce, e grandes empresas estão procurando cada vez mais repatriar da nuvem para data centers privados.

Em seguida, continuamos a discutir o ambiente de desenvolvimento em que os cientistas de dados escrevem código e interagem com o ambiente de produção.

---

[33] Erik Bernhardsson on Twitter (@bernhardsson), 29 de setembro de 2021. Disponível em: *https://oreil.ly/GnxOH*.

Como o ambiente de desenvolvimento é onde os engenheiros passam a maior parte do tempo, as melhorias nesse ambiente se traduzem diretamente em melhorias na produtividade. Uma das primeiras coisas que uma empresa pode fazer para melhorar o ambiente de desenvolvimento é padronizá-lo para cientistas de dados e engenheiros de ML que trabalham na mesma equipe. Neste capítulo, vimos por que a padronização é recomendada e como fazê-la.

Depois, abordamos o tópico de infraestrutura cuja relevância para os cientistas de dados tem sido muito debatida nos últimos anos: gerenciamento de recursos. O gerenciamento de recursos é importante para os fluxos de trabalho de ciência de dados, mas a questão é se os cientistas de dados devem lidar com isso. Nesta seção, vimos a evolução das ferramentas de gerenciamento de recursos: desde o cron, schedulers e orquestradores. Vimos também por que os fluxos de trabalho de ML são diferentes de outros fluxos de trabalho de engenharia de software e por que precisam das próprias ferramentas de gerenciamento de fluxo de trabalho. Comparamos diversas ferramentas de gerenciamento de fluxo de trabalho, como Airflow, Argo e Metaflow.

A plataforma de ML é uma equipe que surgiu recentemente à medida que a adoção do ML amadurece. Por ser um conceito emergente, ainda há divergências sobre o que deve ser uma plataforma de ML. Escolhemos focar os três conjuntos de ferramentas essenciais para a maioria das plataformas de ML: deploy, model store e feature store. Ignoramos o monitoramento da plataforma de ML, pois já foi abordado no Capítulo 8. Ao trabalhar com infraestrutura, os gerentes de engenharia e os CTOs são afligidos constantemente por uma pergunta: construir ou comprar? Concluímos este capítulo com alguns pontos de discussão que espero que possam fornecer a você ou a sua equipe contexto suficiente para tomar decisões difíceis.

CAPÍTULO 11
O Lado Humano do Machine Learning

No decorrer deste livro, abordamos muitos aspectos técnicos a respeito de como projetar um sistema de ML. No entanto, os sistemas de ML não são apenas técnicos, envolvem tomadores de decisão de negócios, usuários e, é claro, desenvolvedores de sistemas. Nos Capítulos 1 e 2, abordamos as partes interessadas e seus objetivos. Neste capítulo, discutiremos como os usuários e desenvolvedores de sistemas de ML podem interagir com esses sistemas. Primeiro, consideraremos como a experiência do usuário pode ser alterada e impactada devido à natureza probabilística dos modelos de ML. Continuaremos abordando a estrutura organizacional para possibilitar que diferentes desenvolvedores do mesmo sistema de ML trabalhem juntos de modo eficaz. Encerraremos o capítulo falando sobre como os sistemas de ML podem impactar a sociedade como um todo na seção "IA Responsável".

Experiência do Usuário

Temos abordado minuciosamente como os sistemas de ML se comportam de forma diferente dos sistemas tradicionais de software. Primeiro, os sistemas de ML são probabilísticos em vez de determinísticos. Normalmente, se rodarmos o mesmo software na mesma entrada duas vezes em momentos diferentes, podemos esperar o mesmo resultado. No entanto, se rodarmos o mesmo sistema de ML duas vezes em momentos diferentes na mesma entrada, podemos obter resultados diferentes.[1] Segundo, devido a essa natureza probabilística, as predições dos sistemas de ML estão na maior parte das vezes corretas, a parte difícil é que geralmente não sabemos em quais entradas as predições estão corretas! Terceiro, os sistemas de ML também podem ser grandes e levar um tempo inesperadamente longo para gerar uma predição.

---

[1] Às vezes, você pode obter resultados diferentes se executar o mesmo modelo na mesma entrada duas vezes *ao mesmo tempo*.

Essas diferenças significam que os sistemas de ML podem impactar a experiência do usuário de maneira diferente, sobretudo para usuários que até agora estão acostumados com software tradicional. Devido ao uso relativamente novo do ML no mundo real, existem poucos estudos a respeito de como os sistemas de ML impactam a experiência do usuário. Nesta seção, discutiremos três desafios que os sistemas de ML representam para uma boa experiência do usuário e como resolvê-los.

Garantindo a Consistência da Experiência do Usuário

Ao usar um app ou um site, os usuários esperam determinado nível de consistência. Por exemplo, estou acostumada com o botão do Chrome "minimizar" no canto superior esquerdo do meu MacBook. Se o Chrome colocasse este botão para a direita, eu ficaria confusa, até mesmo frustrada. As predições de ML são probabilísticas e inconsistentes. Ou seja, as predições geradas para um usuário hoje podem ser diferentes do daquelas que serão geradas para o mesmo usuário no dia seguinte, dependendo do contexto dessas predições. Para tarefas que querem utilizar o ML a fim de melhorar a experiência dos usuários, a inconsistência nas predições talvez seja um impeditivo.

Para concretizar as coisas, considere um estudo de caso (*https://oreil.ly/qBLV2*) publicado pela Booking.com em 2020. Ao reservar acomodações no Booking.com, existem cerca de 200 filtros que podemos usar para especificar nossas preferências, como "café da manhã incluído", "pet friendly" e "quartos para não fumantes". Há tantos filtros que leva tempo para os usuários encontrarem os filtros que desejam. A equipe de ML da Booking.com queria usar o ML para sugerir automaticamente os filtros que um usuário pode querer, com base nos filtros usados em uma determinada sessão de navegação.

A equipe se deparou com o seguinte desafio: se o modelo de ML continuasse sugerindo filtros diferentes a cada vez, os usuários poderiam ficar confusos, ainda mais se não conseguissem encontrar um filtro que já tivessem usado antes. A equipe resolveu esse desafio criando uma regra para especificar as condições em que o sistema deve retornar as mesmas recomendações de filtro (por exemplo, quando o usuário usou um filtro) e as condições em que o sistema pode retornar novas recomendações (por exemplo, quando o usuário altera seu destino). Isso é conhecido como trade-off consistência/acurácia: as recomendações consideradas com mais acurácia pelo sistema talvez não sejam as recomendações que podem fornecer consistência ao usuário.

Evitando as Predições "Na Maior Parte das Vezes Corretas"

Na seção anterior, falamos sobre a importância de garantir a consistência das predições de um modelo. Nesta seção, falaremos sobre como, em alguns casos, queremos menos consistência e mais diversidade nas predições de um modelo.

Desde 2018, o grande modelo de linguagem GPT (*https://oreil.ly/sY39d*) e seus sucessores, GPT-2 (*https://oreil.ly/TttNU*) e GPT-3 (*https://oreil.ly/ug9P4*), estão conquistando o mundo. Uma vantagem desses grandes modelos de linguagem é ser capaz de gerar predições para um amplo leque de tarefas com pouca ou nenhuma necessidade de dados de treinamento específicos da tarefa. Por exemplo, é possível usar os requisitos de uma página web como uma entrada para o modelo, e o modelo gerará o código React necessário para criar essa página web, conforme mostrado na Figura 11-1.

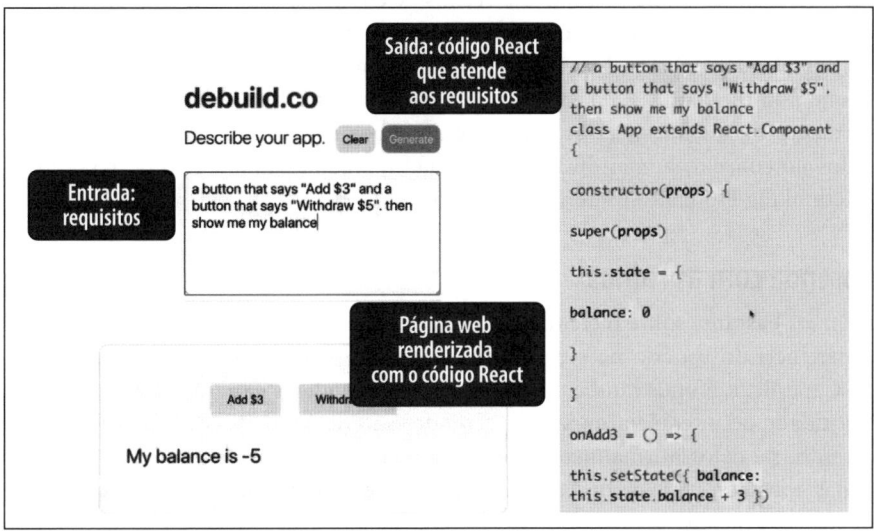

Figura 11-1. O GPT-3 pode ajudá-lo a escrever código para seu site. Fonte: Adaptado de capturas de tela de um vídeo de Sharif Shameem (https://oreil.ly/VEuml).

No entanto, um ponto negativo desses modelos é que essas predições nem sempre estão corretas, sendo bastante oneroso fazer o ajuste fino delas em dados específicos de tarefas para melhorá-las. As predições na maior parte das vezes corretas podem ser úteis aos usuários que podem corrigi-las facilmente. Por exemplo, no caso de atendimento ao cliente, para cada solicitação do cliente, os sistemas de ML podem gerar respostas na maior parte das vezes corretas e os operadores humanos podem editar rapidamente essas respostas. Isso pode acelerar a resposta em comparação a escrevê-la do zero.

Contudo, essas predições na maior parte das vezes corretas não serão lá muito úteis se os usuários não souberem ou não puderem corrigir as respostas. Considere a mesma tarefa de usar um modelo de linguagem a fim de gerar código React para uma página web. O código gerado pode não funcionar ou, se funcionar, pode não ser renderizado em uma página web que atenda aos requisitos especificados. Um engenheiro React pode corrigir esse código rapidamente, porém muitos usuários dessa aplicação talvez não conheçam o React. E essa aplicação pode atrair muitos usuários que não conhecem o React — é justamente por isso que eles precisam dessa aplicação!

Para superar isso, uma abordagem é mostrar aos usuários diversas predições resultantes para a mesma entrada, aumentando assim, a chance de, pelo menos, uma delas estar correta. Essas predições devem ser renderizadas de forma que mesmo usuários não especialistas possam avaliá-las. Nesse caso, dado um conjunto de requisitos inseridos pelos usuários, é possível fazer com que o modelo produza vários trechos de código React. Os trechos de código são renderizados em páginas visuais web para que usuários não engenheiros possam avaliar qual é o melhor na opinião deles. Essa abordagem é muito comum e às vezes é chamada de IA "human-in-the-loop" (HITL), pois envolve humanos para escolher as melhores predições ou melhorar as predições geradas por máquina. Para leitores interessados no conceito human-in-the-loop (HITL), recomendo o artigo de Jessy Lin's "Rethinking Human-AI Interaction" (*https://oreil.ly/6o4pu*).

Aprenda com as Falhas

Falamos bastante sobre o efeito da latência de inferência de um modelo de ML na experiência do usuário na seção "Prioridades de processamento computacional" do Capítulo 1. Vimos também como comprimir modelos e otimizá-los para maior velocidade de inferência na seção "Compressão de Modelo" do Capítulo 7. No entanto, modelos normalmente rápidos ainda podem levar tempo com determinadas consultas. Isso pode ocorrer principalmente com modelos que lidam com dados sequenciais, como modelos de linguagem ou de séries temporais — por exemplo, o modelo demora mais para processar séries longas do que séries mais curtas. O que devemos fazer com as consultas em que os modelos demoram muito para responder?

Algumas empresas com as quais trabalhei usam um sistema de backup menos otimizado do que o sistema principal, mas com garantia de geração rápida de predições. Esses sistemas podem ser heurísticos ou modelos simples. Podem até ser predições pré-computadas em cache. Isso significa que podemos ter uma regra que especifica: se o modelo principal demorar mais do que X milissegundos para gerar predições, use o modelo de backup. Algumas empresas, em vez de ter essa regra simples, têm outro modelo para predizer quanto tempo o modelo principal levará a fim de gerar predições para uma determinada consulta e encaminhar devidamente essa predição ao modelo principal ou ao modelo de backup. Obviamente, esse modelo adicionado também pode adicionar latência de inferência extra ao seu sistema. Isso está associado ao trade-off velocidade/acurácia: um modelo pode ter desempenho pior do que outro modelo, mas pode fazer inferência bem mais rápido. Esse modelo menos otimizado, porém rápido, pode fornecer aos usuários predições piores, mas ainda pode ser preferido em situações em que a latência é determinante. Muitas empresas precisam escolher um modelo em detrimento de outro, mas com um sistema de backup, podemos fazer as duas coisas.

Estrutura de Equipe

Um projeto de ML envolve não apenas cientistas de dados e engenheiros de ML, como também outros tipos de engenheiros, como engenheiros de DevOps e engenheiros de plataforma, bem como partes interessadas não desenvolvedoras, como especialistas no assunto (SMEs). Dado um conjunto diversificado de partes interessadas, a questão é qual é a estrutura ideal ao organizar equipes de ML. Focaremos dois aspectos: colaboração de equipes multidisciplinares e o papel muito debatido e ponta a ponta de um cientista de dados.

Colaboração entre Equipes Multidisciplinares

Os SMEs (médicos, advogados, banqueiros, agricultores, estilistas etc.) são frequentemente negligenciados no design de sistemas de ML. No entanto, muitos sistemas de ML nem funcionariam sem esses especialistas no assunto. Eles não são apenas usuários, mas também desenvolvedores de sistemas de ML.

A maioria das pessoas só pensa na expertise do assunto durante a fase de rotulagem de dados — por exemplo, é necessário profissionais treinados para rotular se uma tomografia computadorizada de um pulmão mostra sinais de câncer. Contudo, como o treinamento de modelos de ML se torna um processo contínuo em produção, a rotulagem e a rerrotulagem também podem se tornar um processo contínuo que abrange todo o ciclo de vida do projeto. Um sistema de ML ficaria melhor se os SMEs estivessem envolvidos no restante do ciclo de vida do projeto, como formulação de problemas, engenharia de features, análise de erros, avaliação de modelos, predições de reclassificação e interface do usuário: como apresentar melhor os resultados aos usuários e/ou outras partes do sistema.

Quando se tem diversos perfis diferentes trabalhando em um projeto, surgem muitos desafios. Por exemplo, como explicar as limitações e capacidades dos algoritmos de ML para SMEs que talvez não tenham formação em engenharia ou estatística? Para construir um sistema de ML, queremos que tudo seja versionado, mas como traduzir a expertise no assunto (por exemplo, se houver um pequeno ponto nessa região entre X e Y, pode ser um sinal de câncer) em código e versão? Desejo boa sorte para aqueles que tentam fazer um médico usar o Git.

É importante envolver os SMEs desde o início da fase de planejamento do projeto e capacitá-los para fazer contribuições sem sobrecarregar os engenheiros para dar-lhes acesso. Por exemplo, para ajudar os SMEs a se envolverem mais no desenvolvimento de sistemas de ML, muitas empresas estão construindo plataformas no-code/low-code, possibilitando que as pessoas façam mudanças sem escrever código. A maioria das soluções no-code de ML para SMEs está atualmente nos estágios de rotulagem, garantia de qualidade e feedback, porém mais plataformas estão sendo desenvolvidas para ajudar em outras junções críticas, como criação de conjuntos de dados e visualizações para investigar problemas que exigem entrada de SMEs.

Cientistas de Dados de Ponta a Ponta

No decorrer deste livro, espero tê-lo convencido de que o ML em produção não é somente um problema de ML, mas também um problema de infraestrutura. Para adotar o MLOps, precisamos não somente de expertise em ML como também em operações, sobretudo com deploy, conteinerização, orquestração de jobs e gerenciamento de fluxo de trabalho. Para conseguir agrupar todas essas áreas de especialização em um projeto de ML, as empresas costumam adotar uma das duas abordagens a seguir: ter uma equipe separada para gerenciar todos os aspectos de operações ou incluir cientistas de dados na equipe e fazer com que sejam "donos" de todo o processo. Vejamos como cada uma dessas abordagens funciona na prática.

Abordagem 1: ter uma equipe separada para administrar a produção

Nessa abordagem, a equipe de ciência de dados/ML desenvolve modelos no ambiente de desenvolvimento. Depois, uma equipe separada, normalmente a equipe de engenharia Ops/plataforma/ML, disponibiliza os modelos em prod. Essa abordagem facilita a contratação, pois é mais fácil contratar pessoas com um conjunto de habilidades em vez de pessoas com diversos conjuntos de habilidades. Pode também facilitar a vida de cada pessoa envolvida, pois cada uma só precisa focar uma preocupação (por exemplo, desenvolver modelos ou fazer deploy de modelos). No entanto, esta abordagem tem muitos pontos negativos:

Sobrecarga de comunicação e coordenação
  Uma equipe pode se tornar bloqueadora de outras equipes. Segundo Frederick P. Brooks, "O que um programador pode fazer em um mês, dois programadores podem fazer em dois meses".

Desafios de debugging
  Quando algo falha, você não sabe se o código da sua equipe ou o código de alguma outra equipe pode ter ocasionado a falha. Talvez nem tenha sido por causa do código da empresa. É necessário a cooperação de diversas equipes para descobrir o que está errado.

Troca de acusações
  Mesmo quando descobrimos o que deu errado, cada equipe pode pensar que é responsabilidade de outra equipe corrigir as coisas.

Contexto restrito
Ninguém tem visibilidade de todo o processo para otimizá-lo/melhorá-lo. Por exemplo, a equipe de plataforma tem ideias sobre como melhorar a infraestrutura, mas só pode agir de acordo com as solicitações dos cientistas de dados, porém os cientistas de dados não precisam lidar com a infraestrutura, logo eles têm menos incentivos para realizar mudanças de forma proativa.

Abordagem 2: os cientistas de dados são donos de todo o processo

Nessa abordagem, a equipe de ciência de dados também precisa se preocupar com a disponibilização de modelos. Os cientistas de dados se tornam unicórnios mal-humorados, que devem saber tudo sobre o processo, e podem acabar escrevendo mais código boilerplate do que ciência de dados.

Há cerca de um ano, eu tuitei (*https://oreil.ly/DPpt0*) sobre um conjunto de habilidades que considerava importantes para me tornar uma engenheira de ML ou cientista de dados, conforme mostrado na Figura 11-2. A lista abrange quase todas as partes do fluxo de trabalho: consulta de dados, modelagem, treinamento distribuído e configuração de endpoints. Ainda inclui ferramentas como Kubernetes e Airflow.

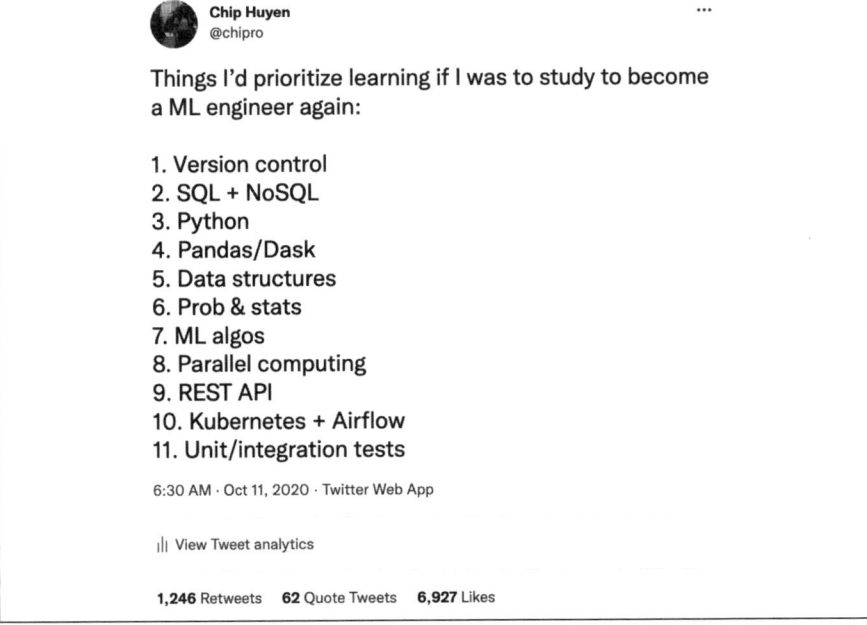

> **Chip Huyen**
> @chipro
>
> Things I'd prioritize learning if I was to study to become a ML engineer again:
>
> 1. Version control
> 2. SQL + NoSQL
> 3. Python
> 4. Pandas/Dask
> 5. Data structures
> 6. Prob & stats
> 7. ML algos
> 8. Parallel computing
> 9. REST API
> 10. Kubernetes + Airflow
> 11. Unit/integration tests
>
> 6:30 AM · Oct 11, 2020 · Twitter Web App
>
> ⅲ View Tweet analytics
>
> **1,246** Retweets **62** Quote Tweets **6,927** Likes

Figura 11-2. Eu costumava pensar que um cientista de dados precisaria saber todas essas coisas. Tradução: "Coisas que eu priorizaria, se eu tivesse que começar a estudar novamente para me tornar uma engenheira de ML."

O tweet repercutiu com meus seguidores. Eugene Yan também escreveu sobre como "os cientistas de dados devem ser ponta a ponta".[2] Eric Colson, responsável pelos algoritmos da Stitch Fix (que anteriormente também foi vice-presidente de ciência e engenharia de dados da Netflix), escreveu um post sobre "o poder do generalista de ciência de dados full-stack e os perigos da divisão do trabalho por meio da função".[3] Quando escrevi esse tweet, eu acreditava que o Kubernetes era essencial para o fluxo de trabalho de ML. Esse sentimento nasceu da frustração com meu próprio trabalho — minha vida como engenheira de ML teria sido mais fácil se eu fosse mais fluente em K8s.

No entanto, à medida que aprendi mais sobre infraestrutura de baixo nível, percebi como é descabido esperar que os cientistas de dados saibam sobre isso. A infraestrutura exige um conjunto de habilidades bem diferente da ciência de dados. Em teoria, podemos aprender os dois conjuntos de habilidades. Na prática, quanto mais tempo gastamos em um, menos tempo gastamos em outro. Adoro a analogia de Erik Bernhardsson de que esperar que os cientistas de dados saibam sobre infraestrutura é o mesmo que esperar que os desenvolvedores de app saibam como funcionam os kernels do Linux.[4] Entrei em uma empresa de ML porque queria passar mais tempo com dados, não com a criação de instâncias da AWS, escrevendo Dockerfiles, agendando/escalonando clusters ou debugando arquivos de configuração YAML.

Para que os cientistas de dados sejam donos de todo o processo, precisamos de boas ferramentas. Em outras palavras, precisamos de uma boa infraestrutura. E se tivermos uma abstração para possibilitar que os cientistas de dados sejam dono do processo de ponta a ponta sem ter que se preocupar com a infraestrutura?

E se eu puder dizer a essa ferramenta: "Aqui é onde armazeno meus dados (S3), aqui estão as etapas para rodar meu código (featurização, modelagem), aqui é onde meu código deve ser executado (instâncias EC2, coisas serverless como AWS Batch, Function etc.), aqui está o que meu código precisa para ser executado em cada etapa (dependências)", e essa ferramenta gerenciar todas as coisas de infraestrutura para mim?

Segundo a Stitch Fix e a Netflix, o sucesso de um cientista de dados full-stack depende das ferramentas que usam. É necessário ferramentas que "abstraiam os cientistas de dados das complexidades de conteinerização, processamento distribuído,

---

[2] Eugene Yan, "Unpopular Opinion—Data Scientists Should be More End-to-End", EugeneYan.com, 9 de agosto de 2020. Disponível em: *https://oreil.ly/A6oPi*.

[3] Eric Colson, "Beware the Data Science Pin Factory: The Power of the Full-Stack Data Science Generalist and the Perils of Division of Labor Through Function", MultiThreaded, 11 de março de 2019. Disponível em: *https://oreil.ly/m6WWu*.

[4] Erik Bernhardsson no Twitter (@bernhardsson), 20 de julho de 2021. Disponível em: *https://oreil.ly/7X4J9*.

failover automático e outros conceitos avançados de ciência da computação".[5] No modelo da Netflix, os especialistas — pessoas que originalmente são donas de uma parte do projeto — primeiro criam ferramentas que automatizam suas partes, conforme mostrado na Figura 11-3. Os cientistas de dados podem utilizar essas ferramentas para controlar seus projetos de ponta a ponta.

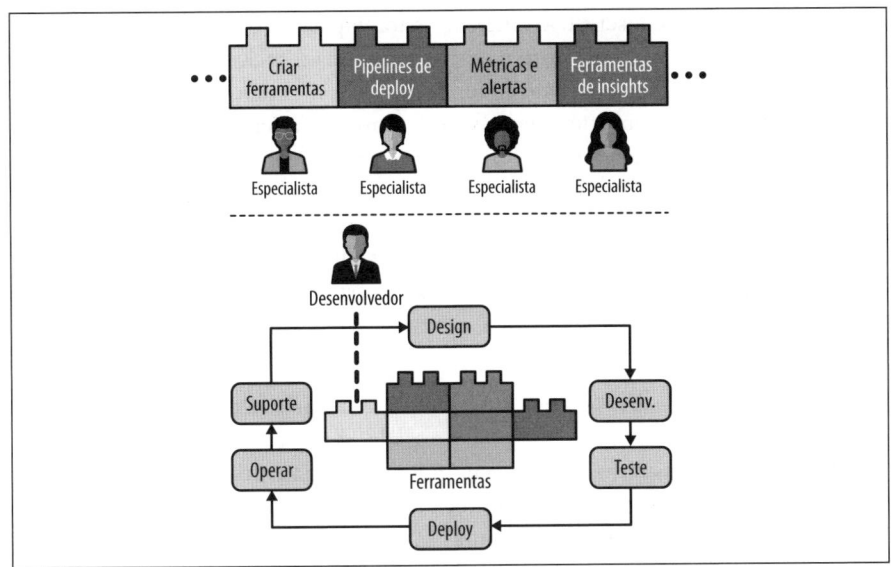

Figura 11-3. Desenvolvedores full-cycle na Netflix. Fonte: Adaptado de uma imagem da Netflix.[6]

Falamos sobre como os sistemas de ML podem impactar a experiência do usuário e como a estrutura organizacional pode influenciar a produtividade dos projetos de ML. Na segunda metade deste capítulo, focaremos um aspecto ainda mais determinante: como os sistemas de ML podem impactar a sociedade, e o que os desenvolvedores desses sistemas devem fazer para garantir que os desenvolvidos por eles sejam mais benéficos do que nocivos.

IA Responsável

Esta seção foi escrita com as contribuições generosas de Abhishek Gupta (*https://oreil.ly/AGJHF*), fundador e pesquisador responsável pelo Montreal AI Ethics Institute (*https://montrealethics.ai*). O trabalho de Abhishek se concentra em medidas técnicas e políticas aplicadas para construir sistemas éticos, seguros e inclusivos de IA.

---

[5] Colson, "Beware the Data Science Pin Factory".
[6] "Full Cycle Developers at Netflix — Operate What You Build", *Netflix Technology Blog*, 17 de maio de 2018. Disponível em: *https://oreil.ly/iYgQs*.

A questão de como responsabilizar os sistemas inteligentes é relevante não somente para os sistemas de ML, como também para os sistemas gerais de inteligência artificial. IA é um termo mais amplo que abarca o machine learning. Por isso, nesta seção, usamos IA em vez de ML.

IA responsável é a prática de projetar, desenvolver e implementar sistemas de IA com boa intenção e consciência suficiente para capacitar os usuários, gerar confiança e garantir um impacto justo e positivo em toda a sociedade. É composta de áreas como imparcialidade, privacidade, transparência e responsabilidade. São termos que não representam somente reflexões filosóficas, mas considerações graves tanto para os formuladores de políticas quanto para os profissionais cotidianos. Visto que o ML está sendo implementado em quase todos os aspectos de nossas vidas, a incapacidade de tornar nossos sistemas de ML justos e éticos pode levar a consequências catastróficas, conforme descrito no livro *Algoritmos de Destruição em Massa* (Cathy O'Neil) e por meio de outros estudos de caso mencionados ao longo deste livro.

Como desenvolvedores de sistemas de ML, temos a responsabilidade não apenas de pensar em como nossos sistemas impactarão os usuários e a sociedade em geral, como também ajudar todas as partes interessadas a perceber melhor suas responsabilidades com os usuários, implementando concretamente a ética, a segurança e a inclusão nos sistemas de ML. Esta seção é uma breve introdução ao que pode acontecer quando empenhos insuficientes são empreendidos para responsabilizar os sistemas de ML. Começaremos com dois estudos de caso de falhas bastante infelizes e públicas do ML. Em seguida, proporemos um framework preliminar para cientistas de dados e engenheiros de ML selecionarem as ferramentas e diretrizes que melhor ajudam a tornar seus sistemas responsáveis.

Isenção de responsabilidade: IA responsável é um tópico complexo com literatura crescente que merece bastante atenção e pode facilmente englobar múltiplos livros. Esta seção está longe de ser um guia completo. Nosso objetivo é fornecer aos desenvolvedores de ML uma visão geral para se nortearem efetivamente pelos progressos neste campo. Aos interessados em saber mais, recomendamos muito que confiram os seguintes recursos (conteúdo em inglês):

- NIST Special Publication 1270: Towards a Standard for Identifying and Managing Bias in Artificial Intelligence (*https://oreil.ly/Glvnp*)
- ACM Conference on Fairness, Accountability, and Transparency (ACM FAccT) publications (*https://facctconference.org*)
- Lista de recursos recomendados e artigos fundamentais do Trustworthy ML (*https://oreil.ly/NmLxU*) para pesquisadores e profissionais que desejam aprender mais sobre ML confiável

- O incrível conjunto de slides de Sara Hooker (*https://oreil.ly/upBxx*) sobre imparcialidade, segurança e governança em machine learning (2022)
- Tutoriais de Timnit Gebru e Emily Denton (*https://oreil.ly/jdAyF*) sobre imparcialidade, responsabilidade, transparência e ética (2020)

IA Irresponsável: Estudos de Caso

Começaremos esta seção analisando duas falhas de sistemas de IA que causaram graves prejuízos não apenas aos usuários desses sistemas, como também às organizações que desenvolveram esses sistemas. Investigaremos onde as organizações erraram e o que os profissionais poderiam ter feito para potencialmente prever esses pontos falhos. Esses pontos servirão como pano de fundo à medida que mergulhamos na estrutura de engenharia para a IA responsável. Existem outros exemplos curiosos de "incidentes de IA" registrados no AI Incident Database (*https://incidentdatabase.ai*). Lembre-se de que, embora os dois exemplos a seguir e os registrados no AI Incident Database sejam os que chamaram a atenção, há muito mais casos de IA irresponsável que acontecem sorrateiramente e ninguém fala nada.

Estudo de caso I: Vieses de um classificador automatizado

No verão de 2020, o Reino Unido cancelou os A-levels (tipo um Enem britânico), exame dificílimo para estudantes que concluem o ensino secundário e que determinam o ingresso e colocação na faculdade, devido à pandemia da Covid-19. O Ofqual (Office of Qualifications and Examinations Regulation), órgão de regulamentação para educação e exames no Reino Unido, sancionou o uso de um sistema automatizado para atribuir notas finais do A-levels aos estudantes — sem que os próprios estudantes fizessem o exame. Segundo Jones e Safak do Ada Lovelace Institute, "A atribuição de notas aos estudantes com base na avaliação de professores foi inicialmente rejeitada pelo Ofqual em virtude do caráter injusto entre as escolas, incomparabilidade entre gerações e desvalorização dos resultados por causa da inflação de notas. A opção mais justa, o Ofqual supôs, era combinar dados de desempenho anterior e avaliação de professores para atribuir notas, usando um modelo estatístico específico — um 'algoritmo'".[7]

Os resultados publicados por este algoritmo, no entanto, revelaram-se injustos e não confiáveis. Mais do que de depressa, isso resultou em indignação pública, e centenas de estudantes protestaram gritando palavras de ordem.[8] O que causou tamanha indignação? À primeira vista, era por causa do desempenho insatisfatório do algoritmo. O Ofqual afirmou que seu modelo, testado em dados de 2019,

---

[7] Elliot Jones e Cansu Safak, "Can Algorithms Ever Make the Grade?" *Ada Lovelace Institute Blog*, 2020. Disponível em: *https://oreil.ly/ztTxR*.

[8] Tom Simonite, "Skewed Grading Algorithms Fuel Backlash Beyond the Classroom", *Wired*, 19 de agosto de 2020. Disponível em: *https://oreil.ly/GFRet*.

teve cerca de 60% de acurácia média nos tópicos requeridos do A-level.[9] Ou seja, esperava-se que 40% das notas atribuídas por esse modelo fossem diferentes das verdadeiras notas dos estudantes.

Ainda que, aparentemente, a acurácia do modelo fosse baixa, o Ofqual defendeu seu algoritmo como sendo amplamente comparável à acurácia de avaliadores humanos. Ao comparar as notas de um avaliador com as de um avaliador sênior, a concordância também ficava em torno de 60%.[10] A acurácia dos avaliadores humanos e do algoritmo expõe a incerteza subjacente na avaliação dos estudantes em um único ponto no tempo,[11] o que alimentava ainda mais a frustração do público. Caso esteja lendo este livro até agora, você sabe que a simples acurácia por si só não chega nem perto de ser suficiente para avaliar o desempenho de um modelo, sobretudo de um modelo cujo desempenho pode influenciar o futuro de tantos estudantes. Um estudo mais detalhado deste algoritmo revela pelo menos três grandes falhas ao longo do processo de design e desenvolvimento deste sistema de classificação automatizado:

- Falha em definir o objetivo adequado
- Falha ao realizar uma avaliação refinada para descobrir possíveis vieses
- Falha em tornar o modelo transparente

Detalharemos cada uma dessas falhas. Lembre-se de que, mesmo que essas falhas sejam corrigidas, os estudantes ainda podem ficar chateados com o sistema de classificação automática.

Falha 1: Definir inadequadamente o objetivo. No Capítulo 2, vimos como o objetivo de um projeto de ML impactará o desempenho do sistema de ML. Ao desenvolver um sistema automatizado para avaliar estudantes, podemos pensar que o objetivo desse sistema seria "avaliar a acurácia das notas dos estudantes".

No entanto, o objetivo que o Ofqual aparentemente escolheu otimizar foi "manter padrões" em todas as escolas — ajustando as notas preditas do modelo às distribuições históricas de notas de cada escola. Por exemplo, se antes a escola A tivesse historicamente superado a escola B, o Ofqual queria um algoritmo que, em média, também atribuísse aos alunos da escola A notas mais altas do que aos alunos da escola B. O Ofqual priorizou a imparcialidade entre as escolas em detrimento da imparcialidade entre os alunos — preferiu-se um modelo que usava os resultados corretos de nível escolar em detrimento de outro modelo que usava as notas corretas de cada estudante.

---

[9] Ofqual, "Awarding GCSE, AS & A Levels in Summer 2020: Interim Report", Gov.uk, 13 de agosto de 2020. Disponível em: *https://oreil.ly/r22iz*.
[10] Ofqual, "Awarding GCSE, AS & A levels".
[11] Jones e Safak, "Can Algorithms Ever Make the Grade?".

Devido a esse objetivo, o modelo desclassificou desproporcionalmente grupos com alto desempenho de escolas historicamente com baixo desempenho. Os estudantes de turmas que historicamente tiraram Ds passaram a ter Bs e Cs.[12] O Ofqual não levou em conta o fato de que as escolas com mais recursos tendem a superar as escolas com menos recursos. Ao priorizar o desempenho histórico das escolas em detrimento do desempenho atual dos estudantes, esse autoclassificador penalizou alunos de escolas com menos recursos, que costumam a ter mais alunos de origens desprivilegiadas.

Falha 2: Avaliação refinada e insuficiente de modelo para detectar vieses. O viés contra alunos de escolas historicamente com baixo desempenho é apenas um dos muitos vieses detectados nesse modelo, após os resultados serem publicamente divulgados. O sistema de classificação automatizado levou em consideração as avaliações dos professores como entradas, mas não conseguiu resolver a inconsistência dos professores na avaliação entre os grupos demográficos. Também "não leva em consideração o impacto de múltiplos prejuízos em alguns grupos protegidos [pelo] 2010 Equalities Act, que serão duplamente/triplamente prejudicados pelas baixas expectativas dos professores, [e] discriminação racial, endêmica em algumas escolas".[13]

Como o modelo considerava o desempenho histórico de cada escola, o Ofqual reconheceu que seu modelo não tinha dados suficientes para escolas pequenas. Para essas escolas, em vez de usar o algoritmo para atribuir notas finais, usou-se apenas as notas das avaliações dos professores. Na prática, resultou em "melhores notas para alunos de escolas particulares que costumam estudar em turmas menores".[14] Talvez fosse possível detectar esses vieses por meio da divulgação pública das notas preditas do modelo junto com a avaliação refinada para entender o desempenho do modelo em diferentes fatias de dados — por exemplo, avaliando a acurácia do modelo em escolas de diferentes tamanhos e em alunos com diferentes origens.

Falha 3: Ausência de transparência. A transparência é o primeiro passo na construção de confiança nos sistemas, mas o Ofqual não conseguiu divulgar publicamente aspectos importantes de seu autoclassificador antes que fosse tarde demais. Por exemplo, até as notas serem publicadas, as pessoas nem sequer sabiam que o objetivo do sistema era manter a imparcialidade entre as escolas. Logo, os estudantes e as pessoas não puderam expressar suas preocupações com o objetivo à medida que o modelo estava sendo desenvolvido. Além do mais, o Ofqual não permitiu que os professores soubessem como suas avaliações seriam usadas pelo autoclassificador até que as avaliações e a classificação dos estudantes fossem enviadas. O critério do Ofqual era evitar que os professores tentassem alterar suas avaliações para influenciar as predições do modelo. O Ofqual optou por não divulgar o modelo

---

[12] Jones and Safak, "Can Algorithms Ever Make the Grade?".
[13] Ofqual, "Awarding GCSE, AS & A Levels".
[14] Jones and Safak, "Can Algorithms Ever Make the Grade?".

exato que estava sendo usado até o dia dos resultados para garantir que todos ficassem sabendo dos resultados ao mesmo tempo.

O Ofqual fez isso com boas intenções; no entanto, a decisão de manter o desenvolvimento do modelo às escuras significou que seu sistema não teve escrutínio externo independente e suficiente. Qualquer sistema que opere com base na confiança das pessoas deve ser revisto por especialistas independentes de confiança do público. A Royal Statistical Society (RSS), em inquérito sobre o desenvolvimento deste autoclassificador, manifestou preocupação com a composição do "grupo de aconselhamento técnico" que o Ofqual reuniu para avaliar o modelo. A RSS sinalizou que "sem uma base processual mais forte para garantir o rigor estatístico e maior transparência sobre as questões que o Ofqual está examinando",[15] a legitimidade do modelo estatístico do Ofqual é questionável.

Este estudo de caso demonstra a importância da transparência na construção de um modelo, que pode impactar diretamente a vida de tantas pessoas, e quais podem ser as consequências por não divulgar aspectos importantes do modelo no momento certo. Demonstra também a importância de escolher o objetivo adequado para otimizar, pois o objetivo inadequado (por exemplo, priorizar a imparcialidade entre as escolas) pode não somente levar as pessoas a escolher um modelo com desempenho insatisfatório em relação ao objetivo adequado, como perpetuar vieses. Exemplifica também a fronteira atualmente confusa entre o que deve ser automatizado por algoritmos e o que não deve ser. No governo do Reino Unido, talvez haja pessoas que pensem ser bacana automatizar via algoritmos a classificação do A-level, mas podemos argumentar que, antes de mais nada, devido ao potencial de consequências catastróficas dessa classificação, esse processo de automatização nunca deveria ter sido nem sequer considerado. Até que haja fronteiras mais transparentes, haverá mais casos de uso indevido de algoritmos de IA. Fronteiras mais transparentes só podem ser alcançadas com mais investimentos em tempo e recursos, bem como considerações sérias dos desenvolvedores de IA, das pessoas e das autoridades.

Estudo de caso II: O perigo dos dados "anonimizados"

Este estudo de caso é interessante para mim porque aqui o algoritmo não é um culpado explícito. Ao contrário, é como se a interface e a coleta de dados fossem projetadas para permitir o data leakage de dados confidenciais. Como o desenvolvimento de sistemas de ML depende muito da qualidade dos dados, é importante que os dados do usuário sejam coletados. A comunidade de pesquisa precisa de acesso a conjuntos de dados de alta qualidade para desenvolver novas técnicas.

---

[15] "Royal Statistical Society Response to the House of Commons Education Select Committee Call for Evidence: The Impact of COVID-19 on Education and Children's Services Inquiry", Royal Statistical Society, 8 de junho de 2020. Disponível em: *https://oreil.ly/ernho*.

Profissionais e empresas exigem acesso a dados para descobrir novos casos de uso e desenvolver novos produtos com tecnologia IA.

No entanto, coletar e compartilhar conjuntos de dados pode infringir a privacidade e a segurança dos usuários cujos dados fazem parte desses conjuntos de dados. Para proteger os usuários, houve pedidos de anonimização de informações de identificação pessoal (PII). Segundo o Departamento do Trabalho dos EUA, a PII é definida como "qualquer representação de informações que possibilite que a identidade de um indivíduo a quem as informações se apliquem seja razoavelmente inferida por meios diretos ou indiretos", como nome, endereço ou número de telefone.[16]

Contudo, a anonimização pode não ser uma garantia suficiente para evitar o uso indevido de dados e a destruição das expectativas de privacidade. Em 2018, o rastreador fitness online Strava publicou um mapa de calor mostrando os caminhos registrados de seus usuários em todo o mundo enquanto se exercitam, por exemplo, corriam, praticavam jogging ou nadavam. O mapa de calor foi agregado a partir de um bilhão de atividades registradas entre 2015 e setembro de 2017, englobando 27 bilhões de quilômetros de distância. O Strava alegou que os dados usados foram anonimizados e "excluía atividades marcadas como zonas de privacidade privadas e definidas pelo usuário".[17] Como o Strava era usado por militares, seus dados públicos, apesar de anonimizados, possibilitou que as pessoas descobrissem padrões que expunham atividades de bases militares norte-americanas no exterior, incluindo "bases operacionais avançadas no Afeganistão, patrulhas militares turcas na Síria e uma possível patrulha de guardas em uma área operacional russa da Síria".[18] A Figura 11-4 mostra um exemplo desses padrões discriminatórios. Alguns analistas até sugeriram que os dados poderiam revelar os nomes e os batimentos cardíacos de usuários do Strava.[19]

Como a anonimização deu errado? Primeiro, a configuração de privacidade padrão do Strava era "opt-out". Ou seja, os usuários tinham que desativar a configuração de privacidade manualmente, caso optassem pela não coleta de seus dados. No entanto, os usuários ressaltaram que essas configurações de privacidade nem sempre eram claras, podendo surpreendê-los.[20] Algumas dessas configurações de privacidade só podem ser alteradas no site do Strava e não no app móvel. Isso demonstra a importância de educar os usuários sobre suas configurações de pri-

---

[16] "Guidance on the Protection of Personal Identifiable Information", US Department of Labor. Disponível em: *https://oreil.ly/FokAV*.

[17] Sasha Lekach, "Strava's Fitness Heatmap Has a Major Security Problem for the Military", *Mashable*, 28 de janeiro de 2018. Disponível em: *https://oreil.ly/9ogYx*.

[18] Jeremy Hsu, "The Strava Heat Map and the End of Secrets", *Wired*, 29 de janeiro de 2018. Disponível em: *https://oreil.ly/mB0GD*.

[19] Matt Burgess, "Strava's Heatmap Data Lets Anyone See the Names of People Exercising on Military Bases", *Wired*, 30 de janeiro de 2018. Disponível em: *https://oreil.ly/eJPdj*.

[20] Matt Burgess, "Strava's Heatmap Data Lets Anyone See"; Rosie Spinks, "Using a Fitness App Taught Me the Scary Truth About Why Privacy Settings Are a Feminist Issue", *Quartz*, 1 de agosto de 2017: *https://oreil.ly/DO3WR*.

vacidade. Melhor, o opt-in de dados deve ser o padrão (a coleta autorizada de dados), e não opt-out.

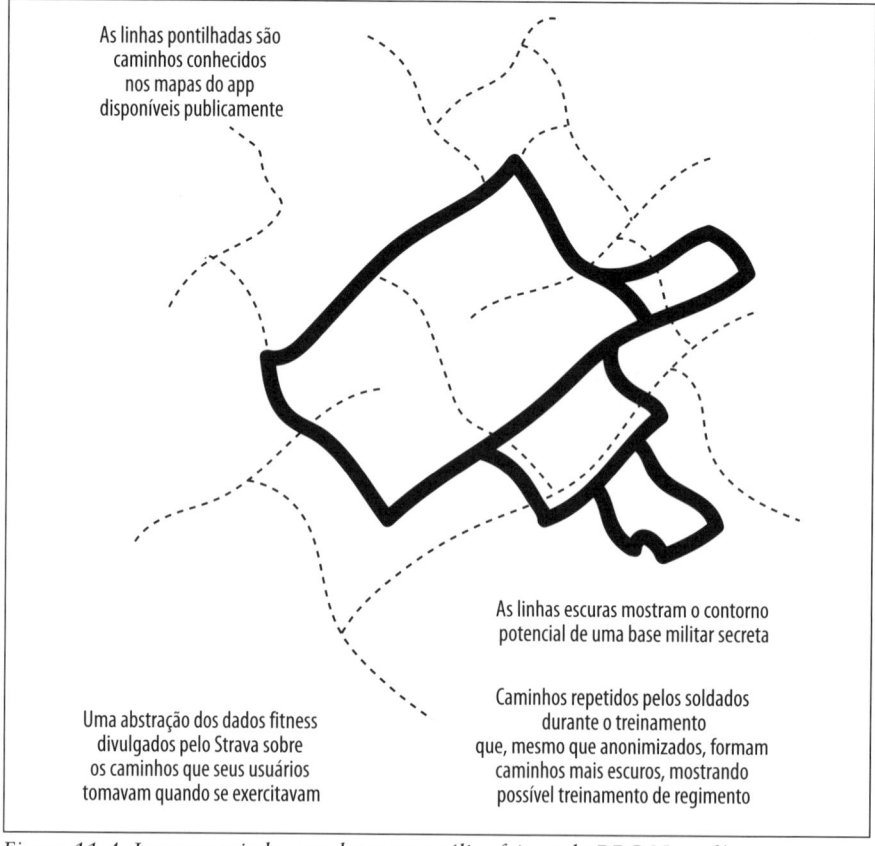

```
As linhas pontilhadas são
caminhos conhecidos
nos mapas do app
disponíveis publicamente

As linhas escuras mostram o contorno
potencial de uma base militar secreta

Uma abstração dos dados fitness
divulgados pelo Strava sobre
os caminhos que seus usuários
tomavam quando se exercitavam

Caminhos repetidos pelos soldados
durante o treinamento
que, mesmo que anonimizados, formam
caminhos mais escuros, mostrando
possível treinamento de regimento
```

Figura 11-4. Imagem criada com base na análise feita pela BBC News.[21]

Quando o problema com o mapa de calor do Strava veio a público, algumas das responsabilidades recaíram sobre os usuários: por exemplo, os militares não deveriam usar dispositivos não militares com GPS e os serviços de localização deveriam ser desativados pelos usuários.[22]

No entanto, as configurações de privacidade e as escolhas dos usuários abordam o problema apenas superficialmente. O problema sistêmico é: os dispositivos que usamos hoje estão coletando e enviando incessantemente dados sobre nós. É necessário migrar e armazenar esses dados em algum lugar, criando oportunidades para que sejam interceptados e indevidamente utilizados. Os dados que o Strava

---

[21] "Fitness App Strava Lights Up Staff at Military Bases", *BBC News*, 29 de janeiro de 2018: *https://oreil.ly/hXwpN*.
[22] Matt Burgess, "Strava's Heatmap Data Lets Anyone See".

tem são pequenos em comparação com os apps mais usados, como Amazon, Facebook, Google etc. O erro do Strava pode ter exposto as atividades das bases militares, mas outras falhas de privacidade podem ocasionar ainda mais prejuízos não somente para pessoas, como também para a sociedade em geral.

Coletar e compartilhar dados é essencial para o desenvolvimento de tecnologias data-driven, como a IA. Entretanto, este estudo de caso mostra os perigos ocultos de coletar e compartilhar dados, mesmo quando os dados são supostamente anonimizados e divulgados com boa intenção. Desenvolvedores de aplicações que coletam dados de usuários devem compreender que esses usuários talvez não tenham conhecimento técnico e consciência de privacidade para definir as configurações de privacidade adequadas. Assim sendo, os desenvolvedores devem trabalhar proativamente para que as configurações adequadas sejam o padrão, mesmo a custo de coletar menos dados.

Um Framework para IA Responsável

Nesta seção, estabeleceremos os alicerces para você, profissional de ML, auditar o comportamento do modelo e definir as diretrizes que melhor o ajudarão a atender às necessidades de seus projetos. Este framework não é suficiente para todos os casos de uso. Existem determinadas aplicações em que o uso da IA talvez seja totalmente inapropriado ou antiético (por exemplo, decisões de sentenças criminais, policiamento preditivo), independentemente de qual framework adotado.

Identifique fontes de vieses de modelo

Como alguém que acompanha discussões sobre o design de sistemas de ML, sabemos bem que vieses podem se infiltrar em nosso sistema durante todo o fluxo de trabalho. O primeiro passo é identificar como esses vieses podem se infiltrar. Vejamos a seguir alguns exemplos de fontes de dados, mas lembre-se de que esta lista está longe de ser abrangente. Um dos motivos pelos quais os vieses são tão difíceis de evitar é o fato de serem provenientes de qualquer etapa durante o ciclo de vida do projeto.

Dados de treinamento
   Os dados usados para desenvolver o modelo são representativos dos dados que o modelo manipulará no mundo real? Se não, o modelo pode ser tendencioso em relação aos grupos de usuários com menos dados representados nos dados de treinamento.

Rotulagem
   Caso recorra a anotadores humanos para rotular os dados, como calcular a qualidade desses rótulos? Como assegurar que os anotadores sigam as diretrizes padrão em vez de confiar na experiência subjetiva para rotular os dados? Quanto mais os anotadores confiarem na experiência subjetiva, mais espaço temos para vieses humanos.

Engenharia de features
   O modelo usa alguma feature que contém informações confidenciais? O modelo causa impacto diferente em um subgrupo de pessoas? O impacto desigual ocorre "quando um processo de seleção tem resultados muito diferentes para diferentes grupos, mesmo que pareça neutro".[23] Isso pode ocorrer quando a decisão de um modelo se baseia em informações correlacionadas com grupos tutelados juridicamente (por exemplo, etnia, gênero, prática religiosa), mesmo quando essas informações não são utilizadas no treinamento direto do modelo. Por exemplo, um processo de contratação pode causar impacto desigual racial se utilizar variáveis correlacionadas com a raça, como CEP e diplomas do ensino médio. Para mitigar esse impacto desigual em potencial, talvez você queira usar técnicas de remoção de impacto desiguais propostas por Feldman *et al.* em "Certifying and Removing Disparate Impact" (*https://oreil.ly/a9vxm*) ou a função `DisparateImpactRemover` (*https://oreil.ly/6LyA8*) implementada pela AI Fairness 360 (*https://oreil.ly/TjavU*) (AIF360). É possível também identificar vieses ocultos em variáveis (que podem ser removidas do conjunto de treinamento) usando o método Infogram (*https://oreil.ly/JFZ-CL*), implementado pela H2O.

Objetivo do modelo
   Você está otimizando o modelo usando um objetivo que viabiliza imparcialidade para todos os usuários? Por exemplo, você está priorizando o desempenho do modelo em todos os usuários, inclinando-o para o grupo majoritário de usuários?

Avaliação
   Você está realizando uma avaliação adequada e minuciosa para entender o desempenho do modelo em diferentes grupos de usuários? Abordamos essa avaliação na seção "Avaliação baseada em slicing" do Capítulo 6. A avaliação justa e adequada depende da existência de dados de avaliação justos e adequados.

---

[23] Michael Feldman, Sorelle Friedler, John Moeller, Carlos Scheidegger e Suresh Venkatasubramanian, "Certifying and Removing Disparate Impact", *arXiv*, 16 de julho de 2015: *https://oreil.ly/FjSve*.

Entenda as limitações da abordagem data-driven

ML é uma abordagem data-driven para solucionar problemas. No entanto, é importante entender que os dados não são suficientes. Os dados dizem respeito às pessoas do mundo real, com aspectos socioeconômicos e culturais a serem considerados. Precisamos entender melhor os pontos cegos causados pelo excesso de confiança nos dados. Não raro, isso significa cruzar fronteiras disciplinares e funcionais, tanto dentro quanto fora da organização, para que possamos representar as mundividências daqueles que serão impactados pelos sistemas que criamos. Por exemplo, para desenvolver um sistema de avaliação automatizado equitativo, é primordial trabalhar com especialistas do domínio, a fim de compreender a distribuição demográfica da população estudantil e como os fatores socioeconômicos se refletem nos dados históricos de desempenho.

Entenda os trade-offs entre os diferentes desideratos

Ao construir um sistema de ML, talvez seja bom que esse sistema tenha diferentes propriedades. Por exemplo, pode ser útil o sistema ter baixa latência de inferência, que pode ser obtida por técnicas de compressão de modelo, como o pruning. Talvez também seja ideal que o modelo tenha alta acurácia preditiva, o que pode ser alcançado adicionando mais dados. Você também pode querer que o modelo seja justo e transparente, o que pode exigir que o modelo e os dados usados para desenvolver esse modelo sejam disponibilizados para escrutínio público.

A literatura de ML muitas vezes faz a suposição irrealista de que a otimização de uma propriedade, como a acurácia do modelo, mantém todas as outras estáticas. As pessoas podem discutir técnicas para melhorar a imparcialidade de um modelo com a suposição de que a acurácia ou latência desse modelo permanecerá a mesma. Entretanto, na realidade, melhorar uma propriedade pode causar a degradação de outras propriedades. Vejamos dois exemplos desses trade-offs:

Trade-off acurácia versus privacidade
 Segundo a Wikipédia, a privacidade diferencial é "um sistema para compartilhar publicamente informações sobre um conjunto de dados, descrevendo os padrões de grupos dentro do conjunto de dados enquanto retém informações sobre indivíduos no conjunto de dados. A ideia subjacente da privacidade diferencial é que, se o impacto de fazer uma única substituição arbitrária no banco de dados for pequeno o bastante, o resultado da consulta não poderá ser usado para inferir muito sobre um único indivíduo, fornecendo assim, privacidade".[24] A privacidade diferencial é uma técnica popular usada no treinamento de dados para modelos de ML. O trade-off aqui é que quanto maior o nível de privacidade que a privacidade diferencial fornece, menor a acurácia do

---

[24] Wikipédia, s.v. "Differential privacy". Disponível em: *https://oreil.ly/UcxzZ*.

modelo. No entanto, essa redução de acurácia não é igual em todas as amostras. Conforme salientado por Bagdasaryan e Shmatikov (2019), "a acurácia dos modelos de privacidade diferencial reduz bem mais as classes e subgrupos sub-representados".[25]

Trade-off compactabilidade versus imparcialidade

No Capítulo 7, falamos bastante sobre diversas técnicas para compressão de modelos, como pruning e quantização. Aprendemos que é possível reduzir significativamente o tamanho de um modelo com custo mínimo de acurácia, por exemplo, reduzindo a contagem de parâmetros de um modelo em 90%.

O custo mínimo de acurácia é mínimo se for distribuído uniformemente por todas as classes, mas e se o custo estiver concentrado em apenas algumas classes? Em seu artigo de 2019, "What Do Compressed Deep Neural Networks Forget?", Hooker et al. descobriram que "modelos com números radicalmente diferentes de pesos têm métricas de desempenho superior comparáveis, mas divergem de modo considerável em comportamento em um subconjunto muito pequeno do conjunto de dados".[26] Por exemplo, os pesquisadores descobriram que as técnicas de compressão amplificam o dano algorítmico quando a feature protegida (por exemplo, sexo, raça, deficiência) está na cauda longa da distribuição. Ou seja, a compressão impacta desproporcionalmente as features sub-representadas.[27] Outra constatação importante é que, apesar de todas as técnicas de compressão avaliadas terem impacto não uniforme, nem todas as técnicas têm o mesmo nível de impacto desigual. O prunning implica em um impacto desigual bem maior do que o observado nas técnicas de quantização avaliadas pelos pesquisadores.[28]

Trade-offs semelhantes continuam a ser descobertos. É importante saber desses trade-offs a fim de que possamos tomar decisões embasadas de design para nossos sistemas de ML. Caso esteja trabalhando com um sistema que passou por compressão ou seja diferencialmente privado, recomenda-se alocar mais recursos para auditar o comportamento do modelo a fim de evitar danos indesejáveis.

Aja antes

Considere um novo prédio sendo construído no centro da cidade. Um empreiteiro foi chamado para construir algo que ficará de pé nos próximos 75 anos. Para economizar custos, o empreiteiro usa cimento de baixa qualidade. O proprietário não investe em supervisão, pois deseja evitar sobrecarga para conseguir se movi-

---

[25] Eugene Bagdasaryan e Vitaly Shmatikov, "Differential Privacy Has Disparate Impact on Model Accuracy", *arXiv*, 28 de maio de 2019. Disponível em: *https://oreil.ly/nrJGK*.

[26] Sarah Hooker, Aaron Courville, Gregory Clark, Yann Dauphin e Andrea Frome, "What Do Compressed Deep Neural Networks Forget?", *arXiv*, 13 de novemvro de 2019. Disponível em: *https://oreil.ly/bgfFX*.

[27] Sara Hooker, Nyalleng Moorosi, Gregory Clark, Samy Bengio e Emily Denton, "Characterising Bias in Compressed Models", *arXiv*, 6 de outubro de 2020. Disponível em: *https://oreil.ly/ZTI72*.

[28] Hooker *et al.*, "Characterising Bias in Compressed Models".

mentar mais rápido. O empreiteiro continua construindo sobre alicerces medíocres e termina a construção a tempo. No espaço de um ano, as rachaduras começam a aparecer e, ao que tudo indica, o prédio pode desabar. A cidade decide que este prédio representa um risco de segurança e solicita sua demolição. A decisão do empreiteiro de economizar nos gastos e a decisão do proprietário de economizar tempo agora acabam custando ao proprietário bem mais dinheiro e tempo.

Podemos encontrar essa narrativa com frequência nos sistemas de ML. As empresas talvez decidam burlar questões éticas nos modelos de ML para economizar tempo e custo, e acabam por arcar com mais riscos futuros que custam bem mais, como os estudos de caso anteriores do Ofqual e do Strava. Quanto mais cedo começarmos a pensar no ciclo de desenvolvimento de um sistema, como esse sistema impactará a vida dos usuários e quais vieses podem se infiltrar nesse sistema, mais barato será lidar com esses vieses. Um estudo da NASA mostra que, no desenvolvimento de software, o custo dos erros aumenta uma ordem de magnitude em cada estágio do ciclo de vida do projeto.[29]

Crie cartões modelo

Cartões modelos são documentos breves que acompanham modelos treinados de ML e que fornecem informações sobre como esses modelos foram treinados e avaliados. Os cartões modelo também revelam o contexto em que os modelos devem ser usados, bem como suas limitações.[30] Segundo os autores do artigo sobre os cartões modelo, "O objetivo dos cartões modelo é padronizar a prática e os relatórios éticos, possibilitando que as partes interessadas comparem os modelos candidatos para implementação não apenas com as métricas tradicionais de avaliação, como também com as considerações de ética, inclusão e imparcialidade". A lista a seguir foi adaptada do conteúdo do artigo "Model Cards for Model Reporting" a fim de demonstrar as informações que podemos querer incluir para nossos modelos:[31]

- *Detalhes do modelo*: informações básicas sobre ele.
  — Pessoa ou organização que desenvolveu o modelo
  — Data do modelo
  — Versão do modelo
  — Tipo de modelo

---

[29] Jonette M. Stecklein, Jim Dabney, Brandon Dick, Bill Haskins, Randy Lovell e Gregory Moroney, "Error Cost Escalation Through the Project Life Cycle", NASA Technical Reports Server (NTRS). Disponível em: *https://oreil.ly/edzaB*.

[30] Margaret Mitchell, Simone Wu, Andrew Zaldivar, Parker Barnes, Lucy Vasserman, Ben Hutchinson, Elena Spitzer, Inioluwa Deborah Raji e Timnit Gebru, "Model Cards for Model Reporting", *arXiv*, 5 de outubro de 2018. Disponível em: *https://oreil.ly/COpah*.

[31] Mitchell *et al.*, "Model Cards for Model Reporting".

— Informações sobre algoritmos de treinamento, parâmetros, restrições de imparcialidade ou outras abordagens usadas e features

— Documento ou outro recurso para mais informações

— Detalhes desses documentos ou recursos

— Licença

— Para onde enviar perguntas ou comentários sobre o modelo

- *Uso pretendido*: casos de uso que foram previstos durante o desenvolvimento.

  — Principais usos pretendidos

  — Usuários pretendidos primários

  — Casos de uso fora do escopo

- *Fatores*: fatores podem incluir grupos demográficos ou fenotípicos, condições ambientais, atributos técnicos ou outros.

  — Fatores relevantes

  — Fatores de avaliação

- *Métricas*: as métricas devem ser escolhidas para retratar os possíveis impactos do modelo no mundo real.

  — Medidas de desempenho do modelo

  — Limiares de decisão

  — Abordagens de variação

- *Dados de avaliação*: detalhes sobre os conjuntos de dados usados para as análises quantitativas no cartão.

  — Conjunto de dados

  — Motivação

  — Pré-processamento

- *Dados de treinamento*: talvez, na prática, seja impossível fornecê-los. Quando possível, esta seção deve espelhar os Dados de avaliação. Se tal detalhe for impossível, informações mínimas permitidas devem ser fornecidas aqui, como detalhes da distribuição sobre vários fatores nos conjuntos de dados de treinamento.

- *Análise quantitativa*

  — Resultados unitários

  — Resultados intersecionais

- *Considerações éticas*

- *Ressalvas e recomendações*

Os cartões modelo são um passo para aumentar a transparência no desenvolvimento de modelos de ML. São imprescindíveis nos casos em que as pessoas que usam um modelo não são as mesmas pessoas que desenvolveram esse modelo. Repare que os cartões modelo precisarão ser atualizados sempre que um modelo for atualizado. Para modelos atualizados com frequência, os cientistas de dados podem ficar sobrecarregados, caso os cartões modelo sejam criados de forma manual. Por isso, é importante ter ferramentas para gerar cartões modelo automaticamente, seja aproveitando o recurso de geração de cartão modelo de ferramentas como TensorFlow (*https://oreil.ly/iQtrS*), Metaflow (*https://oreil.ly/nucaZ*), e scikit-learn (*https://oreil.ly/Yk16x*) ou criando esse recurso internamente. Como as informações que devem ser rastreadas no cartão de um modelo se sobrepõem às que devem ser rastreadas por uma model store, não me surpreenderia se, em um futuro próximo, as model stores evoluíssem para gerar cartões modelo de forma automática.

Estabeleça processos para mitigar vieses

Construir uma IA responsável é um processo complexo e, quanto mais ad hoc for o processo, mais espaço há para erros. É essencial que as empresas estabeleçam processos sistemáticos para tornar seus sistemas de ML responsáveis. Talvez você queira criar um portfólio de ferramentas internas facilmente acessíveis por diferentes partes interessadas. Grandes corporações têm conjuntos de ferramentas que podemos consultar. Por exemplo, o Google publicou as melhores práticas recomendadas para IA responsável (*https://oreil.ly/ 0C30s*) e a IBM disponibilizou a AI Fairness 360 (*https://aif360.mybluemix.net*), que contém um conjunto de métricas, explicações e algoritmos para mitigar o viés em conjuntos de dados e modelos. Você também pode considerar o uso de auditorias externas.

Mantenha-se atualizado sobre a IA responsável

A IA é um campo em rápida evolução. Novas fontes de vieses na IA estão sendo constantemente descobertas e novos desafios para a IA responsável surgem constantemente. Novas técnicas para combater esses vieses e desafios estão sendo desenvolvidas ativamente. É importante se manter atualizado com as pesquisas mais recentes sobre IA responsável. Talvez você queira acompanhar a ACM FAccT Conference (*https://oreil.ly/dkEeG*), a Partnership on AI (*https://part nershiponai.org*), o Grupo de Imparcialidade, Transparência e Privacidade do Alan Turing Institute (*https://oreil.ly/5aiQh*) e o AI Now Institute (*https://ainowinstitute.org*).

Recapitulando

A despeito da natureza técnica das soluções de ML, projetar sistemas de ML não pode ficar restrito ao domínio técnico. Esses sistemas são desenvolvidos por humanos, usados por humanos, e deixam suas marcas na sociedade. Neste capítulo, nos desviamos do tema técnico dos últimos oito capítulos para focar o lado humano do ML.

Primeiro, nos concentramos em como a natureza probabilística, na maior parte das vezes correta e de alta latência dos sistemas de ML pode impactar a experiência do usuário de várias maneiras. A natureza probabilística pode levar à inconsistência na experiência do usuário, causando frustração — "Ei, acabei de ver esta opção aqui e agora não consigo encontrá-la em nenhum lugar". A natureza "na maior parte das vezes correta" de um sistema de ML pode inutilizá-lo, se os usuários não puderem corrigir facilmente as predições. Para enfrentar isso, talvez você queira mostrar aos usuários diversas predições "mais corretas" para a mesma entrada, na esperança de que, pelo menos, uma delas esteja correta.

Via de regra, a criação de um sistema de ML exige vários conjuntos de habilidades, e uma organização pode se perguntar como distribuir esses conjuntos de habilidades necessários: envolver equipes diferentes com conjuntos de habilidades diferentes ou esperar que a mesma equipe (por exemplo, cientistas de dados) tenha todas as habilidades. Exploramos os prós e os contras de ambas as abordagens. O principal contra da primeira abordagem é a sobrecarga na comunicação. O principal contra da segunda abordagem é que é difícil contratar cientistas de dados que dominem processo de desenvolvimento de um sistema de ML de ponta a ponta. E ainda que dominem, esses cientistas não estão nada contentes. No entanto, a segunda abordagem pode ser possível se esses cientistas de dados de ponta a ponta tiverem ferramentas e infraestrutura suficientes, foco do Capítulo 10.

Finalizamos o capítulo com o que acredito ser o tópico mais importante deste livro: IA responsável. A IA responsável não é reles abstração, mas prática essencial no setor atual de ML que merece medidas imperiosas. A incorporação de princípios éticos em suas práticas organizacionais e de modelagem não apenas o ajudará a se destacar como um cientista de dados profissional e de ponta e engenheiro de ML, como também ajudará sua organização a ganhar a confiança de seus clientes e usuários. Ajudará também sua organização a obter vantagem competitiva no mercado à medida que cada vez mais clientes e usuários enfatizam sua necessidade de produtos e serviços de IA responsáveis.

É indispensável não tratar a IA responsável apenas como um checkbox a ser selecionado, coisa que fazemos para atender aos requisitos de conformidade de nossa organização. É verdade que o framework proposto neste capítulo o ajudará a atender aos requisitos de conformidade de sua organização, mas não substituirá o pensamento crítico sobre se um produto ou serviço deve ser construído.

Epílogo

Uau, você chegou até aqui! Você acabou de terminar um livro bastante técnico de 100 mil palavras e mais de 100 ilustrações escritas por uma escritora cuja língua natal não é o inglês. Com a ajuda de muitos colegas e mentores, trabalhei arduamente neste livro e sou grata por você, leitor, ter escolhido lê-lo em meio a tantos livros por aí. Espero que as lições que você pode obter deste livro facilitem um pouco seu trabalho.

Com as melhores práticas e ferramentas que temos agora, já existem muitos casos incríveis de uso de ML influenciando nossa vida cotidiana. Não tenho dúvidas de que o número de casos de uso impactantes crescerá com o tempo à medida que as ferramentas amadurecerem, e você pode estar entre as pessoas que farão isso acontecer. Estou ansiosa para ver o que você pode criar!

Os sistemas de ML têm muitos desafios. Nem todos são divertidos, mas todos são oportunidades de crescimento e impacto. Se você quiser falar sobre esses desafios e oportunidades, não hesite em entrar em contato. Posso ser encontrada no Twitter @chipro ou via e-mail em *chip@claypot.ai*.

Sobre a Autora

Chip Huyen (*https://huyenchip.com*) é cofundadora e CEO da Claypot AI, desenvolvendo infraestrutura para machine learning em tempo real. Anteriormente, trabalhou na NVIDIA, Snorkel AI e Netflix, onde ajudou algumas das maiores organizações do mundo a desenvolver e implementar sistemas de machine learning.

Quando estudante em Stanford, criou e ministrou o curso TensorFlow for Deep Learning Research. Atualmente, ensina CS 329S: Machine Learning Systems Design em Stanford. Este livro é baseado nas notas de aula do curso.

Chip também é autora de quatro livros vietnamitas mais vendidos, incluindo a série *Xách ba lô lên và Đi* (Quảng Văn 2012, 2013). A série estava entre os 10 melhores livros de escolha dos leitores da FAHASA em 2014.

A experiência de Chip reside na interseção de engenharia de software e machine learning. O LinkedIn a incluiu entre as 10 Principais Vozes em Desenvolvimento de Software em 2019 e as Principais Vozes em Ciência de Dados e IA em 2020.

Cólofon

O animal na capa do *Projetando Sistema de Machine Learning* é uma perdiz de patas vermelhas (*Alectoris rufa*), também conhecida como perdiz francesa.

Criada por séculos como um pássaro de caça, este membro economicamente importante e em grande parte não migratório da família dos faisões é nativo da Europa continental ocidental, embora as populações tenham sido introduzidas em outros lugares, incluindo Inglaterra, Irlanda e Nova Zelândia. Relativamente pequena, mas corpulenta, perdiz-vermelha tem coloração extravagante e penas modeladas, com plumagem marrom-clara a cinza ao longo do dorso, ventre rosa-claro, garganta de cor creme, bico vermelho brilhante e penugem ruiva ou preta em seus flancos.

Alimenta-se principalmente de sementes, folhas, gramíneas e raízes, mas também de insetos. As perdizes-vermelhas se reproduzem todos os anos em áreas secas de planície, como terras agrícolas, colocando seus ovos em ninhos no solo. Embora continuem a ser criadas em grande número, essas aves são agora consideradas quase ameaçadas devido ao declínio acentuado da população atribuído, em parte, à caça excessiva e ao desaparecimento do habitat. Como todos os animais nas capas da O'Reilly, são de vital importância para o nosso mundo.

A ilustração da capa é de Karen Montgomery, baseada em uma gravura antiga da Obra *The Riverside Natural History*. As fontes da capa são Gilroy Semibold e Guardian Sans. A fonte do texto é Adobe Minion Pro; a fonte do título é Adobe Myriad Condensed; e a fonte do código é Ubuntu Mono da Dalton Maag.

Índice

A

Abhishek Gupta, 345
abordagem data-driven, 355
adaptabilidade, 34
Airflow, 320
ajuste de hiperparâmetros, 176
algoritmos bandits, 290
    bandits contextuais, 293
    multi-armed bandit, 292
Amazon, 33
amostragem, 86
    aleatória, 88
    estratificada, 88
    não probabilística, 87
    ponderada, 89
    por importância, 91
    reamostragem, 113
        oversampling, 113
            SMOTE, 114
        undersampling, 113
            Tomek links, 114
    reservoir, 90
análise de sentimentos, 13
anonimização, 351
aprendizado contínuo, 265, 267, 270
    retreinamento stateless, 267
    treinamento stateful, 267
aprendizado por transferência, 251
aprendizado zero-shot, 5
Argo, 322
AutoML, 175
avaliação baseada em fatiamento, 190

B

backtest, 285
bancos de dados
    internos, 53
    transacionais, 71
        ACID, 71
BERT (Bidirectional Encoder
    Representations from Transformers), 24
big data, 51

C

calibração de modelo, 186
cartões modelo, 357
casos limite, 233
churn prediction, 12
classes desbalanceadas, 107
classificação
    binária, 39
    multiclasse, 39
    multirrótulo, 40

Claypot AI, 308
cold start problem, 271
   continuous cold start, 271
compressão de modelo, 208
   destilação de conhecimento, 209
   fatoração low-rank, 208
   pruning, 210
   quantização, 211
computação
   de borda, 214
   em nuvem, 215, 304
      elasticidade, 305
      estratégia multicloud, 306
      repatriação de nuvem, 306
confiabilidade, 31–32
contêiner, 313
   Docker, 313
   orquestrador de contêineres, 314
continual learning, 269
   aprendizado contínuo, 269
continuos learning, 269
   aprendizado continuado, 269
controle de versionamento, 164

D

dados, 301
   ambiente de desenvolvimento, 307
   camada de armazenamento, 301
   camada de processamento, 301
   de entrada do usuário, 52
   estruturados, 68
      data warehouse, 69
   first-party, 54
   gerados pelo sistema, 52
   não estruturados, 69
      data lake, 69
   third-party, 54

DAG, 317
dashboard rot, 260
Data augmentation, 118
data engineering, 36
dataflow, 75
data leakage, 129, 139
data poisoning attacks, 24
Deploy, 193
detecção de fraudes, 11
deterioração de software, 197
DevOps, 2
discretização, 131
distribuição long tail, 236
downscaling, 32

E

ELT, 74
embedding, 136
engenharia de dados, 51
engenharia de features, 123, 125, 143
   feature stores, 123
ensemble, 15, 158, 160
   bagging, 160
   boosting, 161
      GBM, 162
      XGBoost, 163
   stacking, 163
entropia cruzada, 42
escala, 199
escalabilidade, 32–33
escalonamento de features, 129
estrutura organizacional, 345
ETL, 73
event-driven, 79
experiência do usuário, 338

F

F1-score, 112

fadiga de alerta, 261
falhas de sistema de software, 229
falhas específicas de ML, 229
feature crossing, 135
feature store, 330
formatos, 56
    CSV, 56
    JSON, 56
    Parquet, 56
Fourier features, 138
função objetivo, 42

G
GDPR, 167
GPT-3, 339
GSD, 176

H
HITL, 340

I
IA responsável, 346–347, 359–360
imparcialidade, 21
infraestrutura, 297
interpretabilidade, 22
iteração de dados, 283
iteração de modelo, 283

L
linguagem de consulta, 62
loop de feedback degenerado, 234, 236

M
machine learning (ML), 1, 9, 27, 32, 37, 64
    H2O AutoML, 64
    Ludwig, 64
    retornos do investimento em, 30
MAE, 43
manutenibilidade, 31

medição de confiança, 187
métricas relacionadas à acurácia, 254
MLflow, 328
MLOps, 2, 27, 342
modelo relacional, 61
    bancos de dados relacionais, 62
    SQL, 62
modelos não relacionais, 65
    modelo orientado a documento, 65
    modelo orientado a grafo, 67
    NoSQL, 65
monitoramento, 252
    de experimentos, 164
mudanças na distribuição de dados, 238
    data shifts, 238
    de conceito, 243
    de covariável, 241
        ponderação de importância, 241
    de rótulo, 242

N
naive Bayes, 153

O
observabilidade, 252
Ofqual, 347
OLAP, 72
OLTP, 70
orquestradores, 318
otimização
    de inferência, 208
    de Pareto, 44
    de preços, 11

P
padronização, 130
paralelismo, 171
    de dados, 171

de modelo, 173
de pipeline, 174
perturbação, 119
precisão, 112
predição, 254
  assíncrona, 200
  de taxas de cliques (CTR), 29
  em lote, 200–201
  online, 200–201
prefect, 321
privacidade diferencial, 355
processamento
  de fluxo, 81
  em lote, 81

R
randomização, 237
redes neurais, 152
revocação, 112
RMSE, 42
rotulagem, 92
  aprendizado ativo, 105
  aprendizado por transferência, 104
  data lineage, 94
  rotulagem manual, 92
  rótulos naturais, 95
  semissupervisão, 102
  weak supervision, 99

S
schedulers, 317
separação de preocupações, 23
serialização de dados, 55
sistema
  de ML, 2
  de recomendação, 7

SLAs, 252
SLOs, 252
SMEs, 341

T
telemetria, 262
teste em produção, 285
  experimentos interleave, 288
    team-draft interleaving, 289
  release canário, 288
  shadow deployment, 285
  teste A/B, 286
    significância estatística, 287
teste Kolmogorov-Smirnov, 245
TikTok, 272
transformação logarítmica, 130

U
upscaling, 32

V
validação de features, 255
valores ausentes, 127
  deleção, 128
  MAR, 127
  MCAR, 127
  MNAR, 127
versionamento de dados, 166
vieses humanos, 354

W
WASM, 224